职业技术·职业资格培训教材

电焊工

（四级）

第2版

编审委员会

主　任　亓安芳

副主任　孙卫国　周新美

委　员　张德禄　李忠杰　傅育文

编审人员

主　编　李忠杰

编　者　崔凤清　李　杰　曲生志

　　　　黄继才　曹敏勇　赵　阳

主　审　亓安芳

审　稿　叶上云　陈仕来

中国劳动社会保障出版社

图书在版编目(CIP)数据

电焊工：四级/上海市职业技能鉴定中心组织编写. —2版. —北京：中国劳动社会保障出版社，2012

1+X职业技术·职业资格培训教材

ISBN 978-7-5045-9977-3

Ⅰ.①电… Ⅱ.①上… Ⅲ.①电焊-技术培训-教材 Ⅳ.①TG443

中国版本图书馆CIP数据核字(2012)第271880号

中国劳动社会保障出版社出版发行

（北京市惠新东街1号　邮政编码：100029）

出版人：张梦欣

*

北京市艺辉印刷有限公司印刷装订　新华书店经销

787毫米×1092毫米　16开本　26印张　486千字

2013年1月第2版　2021年4月第2次印刷

定价：56.00元

读者服务部电话：（010）64929211/84209101/64921644

营销中心电话：（010）64962347

出版社网址：http://www.class.com.cn

内 容 简 介

本教材由人力资源和社会保障部教材办公室、中国就业培训技术指导中心上海分中心、上海市职业技能鉴定中心依据上海电焊工（四级）职业技能鉴定细目组织编写。教材从强化培养操作技能，掌握实用技术的角度出发，较好地体现了当前最新的实用知识与操作技术，对于提高从业人员基本素质，掌握中级电焊工的核心知识与技能有直接的帮助和指导作用。

本教材在编写中根据本职业的工作特点，以能力培养为根本出发点，采用模块化的编写方式。全书共分为7章，内容包括焊接基础理论、焊接方法与设备、常用金属材料的焊接、常用焊接操作技能、焊接应力和变形、焊接检验、特种切割等。

本教材可作为电焊工职业技能培训与鉴定考核教材，也可供全国中、高等职业院校相关专业师生参考使用，以及本职业从业人员培训使用。

改版说明

1+X职业技术·职业技术资格培训教材《电焊工（中级)》自2004年出版以来，在职业技能培训和资格鉴定考试中发挥了很大的作用，取得了较好的社会效益，受到广大读者的欢迎和好评。

随着我国科技进步、产业结构调整、市场经济的不断发展，新的国家和行业标准的相继颁布和实施，对中级焊工的职业技能提出了新的要求。为此，国家人力资源和社会保障部教材办公室、中国就业培训技术指导中心上海分中心、上海市职业技能鉴定中心联合组织了有关方面的专家和技术人员，按照新的中级电焊工职业技能鉴定目录对教材进行了改版，使其更适应社会发展和行业需要，更好地为从业人员和社会广大读者服务。

为保持本套教材的延续性，顾及原有读者的层次，本次修订围绕中级工应知应会培训大纲，根据教学和技能培训的实践以及初级焊工鉴定细目表，在原教材基础上进行了修改。新版教材在结构安排上作了调整，对废旧知识进行了更新和适当删除，对旧标准相关的技术内容进行了修订，删除了与初级工重复度高的知识，同时补充了一些较为新颖的内容，如激光切割等知识，使教材内容更广，更具有实用性。在操作技能方面，紧扣中级工技能鉴定考题。教材编写内容涵盖教学实训和生产实践的重点、难点，对焊工操作技能的学习和鉴定更具针对性。

第2版教材由上海锅炉厂有限公司人力资源部负责总体策划。编写过程得到有关组织和领导的支持与指导。在此，对给予帮助和支持的单位和个人表示衷心的感谢。

因时间仓促，教材中的不足之处和疏漏之处在所难免，欢迎读者及业内同仁批评指正。

编者

2012年12月

前　言

职业培训制度的积极推进，尤其是职业资格证书制度的推行，为广大劳动者系统地学习相关职业的知识和技能，提高就业能力、工作能力和职业转换能力提供了可能，同时也为企业选择适应生产需要的合格劳动者提供了依据。

随着我国科学技术的飞速发展和产业结构的不断调整，各种新兴职业应运而生，传统职业中也越来越多、越来越快地融进了各种新知识、新技术和新工艺。因此，加快培养合格的、适应现代化建设要求的高技能人才就显得尤为迫切。近年来，上海市在加快高技能人才建设方面进行了有益的探索，积累了丰富而宝贵的经验。为优化人力资源结构，加快高技能人才队伍建设，上海市人力资源和社会保障局在提升职业标准、完善技能鉴定方面做了积极的探索和尝试，推出了1+X培训与鉴定模式。1+X中的1代表国家职业标准，X是为适应上海市经济发展的需要，对职业的部分知识和技能要求进行的扩充和更新。随着经济发展和技术进步，X将不断被赋予新的内涵，不断得到深化和提升。

上海市1+X培训与鉴定模式，得到了国家人力资源和社会保障部的支持和肯定。为配合上海市开展的1+X培训与鉴定的需要，人力资源和社会保障部教材办公室、中国就业培训技术指导中心上海分中心、上海市职业技能鉴定中心联合组织有关方面的专家、技术人员共同编写了职业技术·职业资格培训系列教材。

职业技术·职业资格培训教材严格按照1+X鉴定考核细目进行编写，教材内容充分反映了当前从事职业活动所需要的核心知识与技能，较好地体现了适用性、先进性与前瞻性。聘请编写1+X鉴定考核细目的专家，以及相关行业的专家参与教材的编审工作，保证了教材内容的科学性及与鉴定考核细目以及题库的紧密衔接。

职业技术·职业资格培训教材突出了适应职业技能培训的特色，使读者通过学习与培训，不仅有助于通过鉴定考核，而且能够有针对性地进行系统学习，真正掌握本职业的核心技术与操作技能，从而实现从懂得了什么到会做什么的飞跃。

职业技术·职业资格培训教材立足于国家职业标准，也可为全国其他省市开展新职业、新技术职业培训和鉴定考核，以及高技能人才培养提供借鉴或参考。

新教材的编写是一项探索性工作，由于时间紧迫，不足之处在所难免，欢迎各使用单位及个人对教材提出宝贵意见和建议，以便教材修订时补充更正。

人力资源和社会保障部教材办公室
中国就业培训技术指导中心上海分中心
上海市职业技能鉴定中心

目　录

第 1 章

焊接基础理论

学习目标

- 了解焊接冶金的基本知识。
- 熟悉气孔、夹杂、裂纹等常见缺陷的分类及特征。
- 掌握熔池的构成，气孔、夹杂、裂纹等常见缺陷的产生原因及预防措施。

第1节　焊接冶金基础

一、焊接冶金过程

1. 焊接熔池的构成

熔焊时在焊接热源作用下，焊件上所形成的具有一定几何形状的液态金属部分称为焊接熔池。在电弧焊时热源就是电弧，当电弧移开时，熔池温度迅速下降，液态金属凝固后就形成焊缝金属，如图1—1所示。

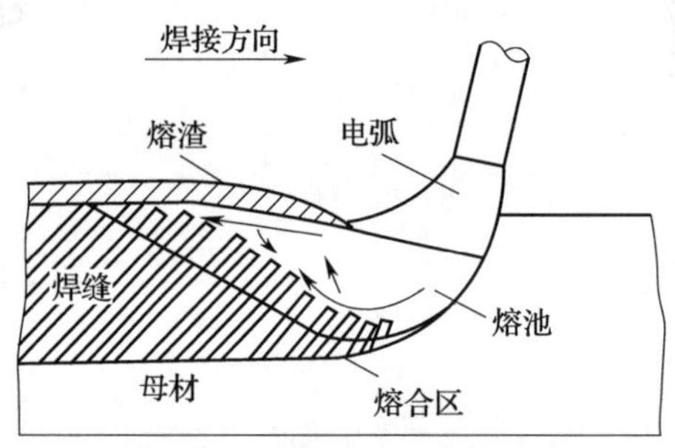

图1—1　焊接熔池的构成

焊接熔池是焊接过程冶金反应集中进行的部位。在一定的热功率条件下，焊接速度与焊接熔池存在时间的关系见表1—1。从表中可看出，降低焊接速度可增加焊接熔池的存在时间，即熔池存在时间与焊接热输入成正比关系。

焊缝金属是熔化了的基本金属和填充金属经过相应的冶金反应后形成的合金。它的性能随着基本金属和填充金属在焊缝中的比例不同而改变，而它所占的比例与焊接方法、焊接规范、钢板厚度及坡口形式等因素有关。焊条电弧焊和埋弧自动焊焊缝中基本金属和填充金属所占的比例见表1—2。

表 1—1　　焊接速度与焊接熔池存在时间的关系

焊接方法	焊条电弧焊					埋弧自动焊				
焊接速度（m/h）	3	5	7	9	11	30	40	50	60	70
焊接熔池存在时间（s）	30	18	13	10	8.2	12	9	7	6	5.2

表 1—2　　焊缝中基本金属和填充金属所占的比例

焊接方法	基本金属在焊缝中所占的比例	填充金属在焊缝中所占的比例
焊条电弧焊	20%～70%	30%～80%
埋弧自动焊	60%～70%	30%～40%

2. 焊接冶金过程的特点

焊接时的冶金反应过程对焊缝金属的化学成分和力学性能产生重要影响。焊接冶金过程与熔池的下列特点有关：

（1）熔池中液态金属的温度高且梯度大。作为热源的电弧温度高，极易将金属加热到高温，焊接熔池的平均温度在 2 000℃以上，这样就增强了各种元素的化学活泼性，有利于化学反应的进行。

（2）焊接熔池体积小，冶金反应时间较短。焊接熔池的体积很小，焊条电弧焊时为 2～10 cm^3，埋弧自动焊时为 9～30 cm^3，同时因熔池的存在时间短，对冶金反应达到平衡状态是不利的，容易导致化学成分的偏析。

（3）化学反应很复杂。焊条熔化的液态金属以熔滴形式进入熔池，熔滴在电弧的高温下与气体、熔渣的接触面积大，因此化学反应很剧烈且很复杂。

（4）熔池中的液态金属被剧烈搅动。因电弧吹力的作用，熔池中的液态金属经常处于搅动状态，这有利于液态金属和熔渣相互作用，且也有利于气体的逸出。

焊接冶金反应的结果对焊缝金属成分起着决定性的影响。为保证和提高焊缝金属的质量，就必须了解和研究熔池中所发生的冶金反应过程的基本规律，利用这个规律，消除或防止一些不利因素，创造有利条件，从而达到控制和调整焊缝的化学成分、获得优质焊缝的目的。

二、焊缝金属的结晶过程

焊缝金属是由熔池的液体金属凝固而成的。熔池从高温冷却到常温，中间经过两次组织变化过程，第一次是从液态转变成固态时的结晶过程，称为一次结晶。第二次是当焊缝金属温度低于相变温度时，又发生了组织转变，称为二次结晶。

1. 焊缝金属的一次结晶

焊缝金属的一次结晶组织对焊缝性能有很大影响。即使焊缝的化学成分相同，如果一次结晶组织结构不同，则焊缝的力学性能和产生裂纹的倾向也不一样。

熔池中液态金属的结晶是从熔合线上开始的，即熔池边缘液态金属和基本金属的交界处。在整个熔池中，温度最高点是熔池前端的中心，熔合线是熔池中温度最低的地方，这里的散热条件最好。随着电弧的移去，熔合线上的基本金属就成为附近液态金属的结晶核心，焊缝金属的一次结晶的晶粒就从这里“生长”起来，它们生长的方向称为结晶方向。结晶方向与散热方向是相反的。由于熔池是立体的，所以实际上熔池中的晶粒是从两侧的熔合线朝熔池中心生长的。焊缝的结晶方向如图 1—2 所示。

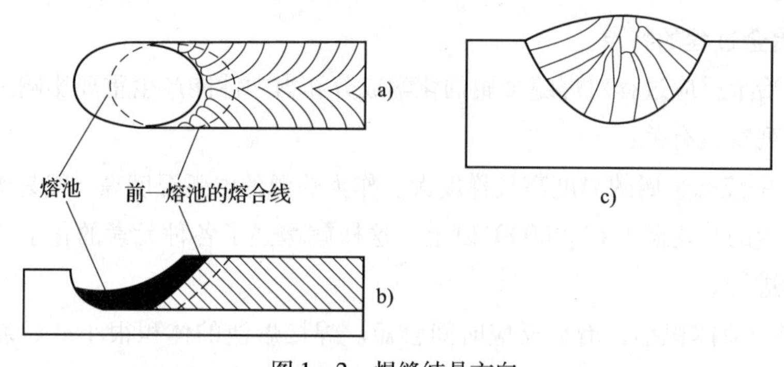

图 1—2　焊缝结晶方向

a）焊缝的俯视图　b）焊缝的纵剖面　c）焊缝的横剖面

从图 1—2 可看出，焊缝金属的晶粒是柱状的，这是由于晶粒生长的方向与散热方向相反，散热有明显的方向性，因此，结晶朝一定的方向发展。

由于熔池体积小，受到周围低温金属的散热作用较强烈，因此冷却较快，结晶速度较快。结晶速度等于焊接速度，即电弧向前移动得越快，熔池结晶向前发展得也越快；焊接速度越慢，熔池体积越大，则焊缝的冷却速度也越慢，其晶粒也越粗大，焊缝金属的塑性和韧性也越差。

2. 焊缝中的偏析现象

熔池金属结晶时必然要在不同程度上产生偏析。所谓偏析，即合金中各种组成元素分布不均匀的现象。偏析现象对焊缝质量有很大影响，它是使焊缝产生气孔和裂纹的一个主要根源。焊缝中的偏析一般有枝晶偏析和区域偏析两种。

（1）枝晶偏析

在一个柱状晶粒内部合金元素分布不均匀的现象称为枝晶偏析。柱状晶粒“生长”的过程包括结晶的轴向延长和径向扩展两个方面，如图 1—3 所示。最先结晶的晶粒中心部分为枝晶轴处，其金属最纯，某些合金元素和杂质被推向结晶的外缘和前端。结晶过程是无数个柱状晶粒同时“生长”起来的过程，每个晶粒都有自己的枝晶轴，很多相邻的晶粒都以自己的晶轴为中心，向四周和前方发展，因此，相邻晶粒之间的液体结晶较慢，含有较多的合金元素和杂质。

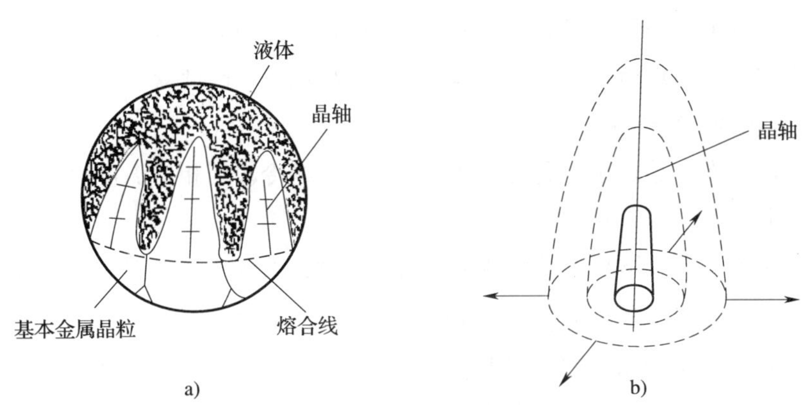

图 1—3　熔池金属结晶过程

a）结晶过程中的相邻晶粒　b）晶粒的生长方向

（2）区域偏析

在整个焊缝范围内合金元素分布不均匀的现象称为区域偏析。对整个焊缝的横剖面来说，焊缝的边界处结晶较早，金属成分较纯。而合金元素和杂质集中在焊缝中部，由于杂质较多使其塑性、韧性低，从而成为焊缝的薄弱区。这种偏析所造成的杂质集中区在焊缝中的部位与焊缝形状有关。窄而深的焊缝，杂质都集中在焊缝中心轴上（见图 1—4a）；宽而浅的焊缝，杂质主要集中在焊缝的上部（见图 1—4b）。前者不但是导致焊缝裂纹的主要根源，也使其力学性能严重恶化；后者的危害性则不太明显。在焊条电弧焊时，焊缝截面小，很少发现明显的区域偏析。在对厚板采用埋弧自动焊时，由于焊接规范选择不当，造成窄而深的大截面焊缝时，区域偏析现象就较明显。

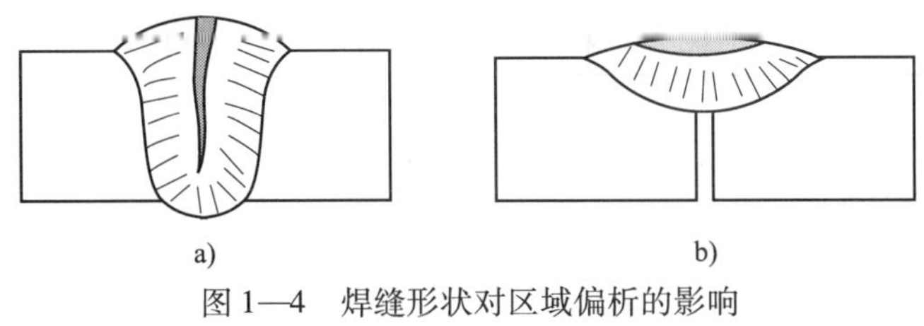

图 1—4　焊缝形状对区域偏析的影响

a）窄而深的焊缝　b）宽而浅的焊缝

对于整个焊缝来说，产生区域偏析时杂质是相对集中的，产生枝晶偏析时杂质是相对分散的。显然枝晶偏析倾向大时，就减少了区域偏析的倾向。偏析形式主要取决于熔池的冷却速度，当冷却速度快时，熔池金属结晶快，焊缝偏析主要是枝晶偏析；而当冷却速度慢时，则主要是区域偏析。因为液态金属结晶时，优先结晶的高熔点金属的原子向晶轴移动，而某些合金元素和杂质的原子移向外缘，这种杂质聚集的过程需要一定的能量和时间。当熔池冷却慢时，金属在液体状态停留的时间较长，合金元素和杂质有较充裕的时间向焊缝中心或焊缝上部聚集，形成区域偏析。而熔池冷却快时，合金元素和杂质在每个晶粒的外周界上来不及向焊缝中心或上部集中就已经凝固了，因此就造成了枝晶偏析。

3. 焊缝金属的二次结晶

焊缝金属的二次结晶是在一次结晶之后，金属继续冷却到相变温度以下，经过二次结晶而产生的实际组织。

以低碳钢为例，一次结晶的晶粒都是奥氏体晶粒，当冷却到低于相变温度时，奥氏体分解为铁素体和珠光体。在低碳钢的铁碳平衡组织（即非常缓慢冷却的条件下所得到的组织）中，珠光体的含量是很少的。但由于焊缝的冷却速度较快，所得珠光体的含量一般都比平衡组织中的含量多，而且冷却速度越快，珠光体所占的比例也越大，导致焊缝金属强度和硬度有所提高，而塑性和韧性有所降低。冷却速度对低碳钢焊缝组织和硬度的影响见表1—3。

表1—3　冷却速度对低碳钢焊缝组织和硬度的影响

冷却速度（℃/s）	组织（%）		含碳量（%）		焊缝金属硬度（HBW）
	铁素体	珠光体	按总化学成分	在珠光体中	
110	38	62	0.13	0.18	96
60	40	60	0.13	0.22	93
50	49	51	0.14	0.21	91
35	61	39	0.13	0.27	90
10	65	35	0.14	0.33	88
5	70	21	0.13	0.47	83
1	82	18	0.15	0.82	83

三、焊接热循环

1. 焊接热循环的意义

焊接过程中，在热源作用下，焊件上某点的温度随时间变化的过程称为焊接热循环。它描述了焊接过程中热源对母材金属的热作用。处于热源作用中心区的焊件部位熔化、冷却凝固后即形成焊缝，而距离焊缝较远的部位则处于固态，但都受到焊接热源的热作用。

焊接热源移动过程中，热源越接近焊件上某点，其加热升温的速度越快，达到峰值温度后，便立即开始冷却降温至焊件上的平均温度为止。所以，在焊缝两侧距其远近不同的各点，所经历的热循环是不同的，如图 1—5 所示即为与焊缝不同距离各点的焊接热循环。

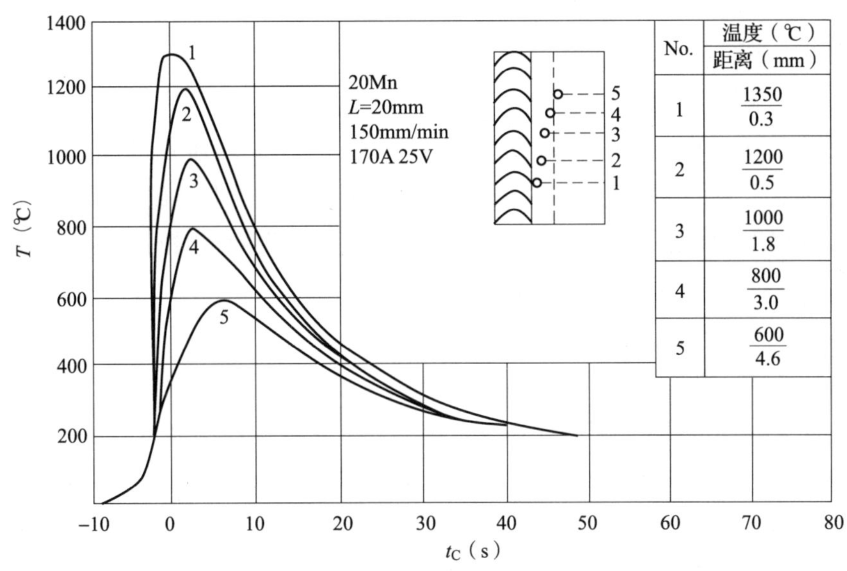

图 1—5　与焊缝不同距离各点的焊接热循环

从图中可见，距离焊缝越近的点其加热速度越快，峰值温度越高，冷却速度也越快，且加热速度比冷却速度快得多。值得注意的是，当峰值温度超过 1 100℃时，各点的冷却速度相差极小。总之，焊接过程是一个不均匀的加热和冷却过程，也是一种特殊的热处理，这种过程必然会形成不均匀的组织和性能。正确控制焊接热循环对于控制焊接热影响区的组织和性能具有重要的意义。

2．焊接热循环的主要参数

决定每一个焊接热循环特性的主要参数包括加热速度（v_H）、加热的最高温度（T_m）、在相变温度以上的停留时间（t_H）、冷却速度（v_C）或冷却时间（t_C）等。

（1）加热速度（v_H）

在焊接条件下的加热速度比热处理过程要快得多，而随着加热温度的提高，使相变温度也随之提高，同时导致奥氏体的均质化和碳化物的溶解过程也不充分，这样必然影响到焊接接头在冷却过程中热影响区的组织和性能。焊接过程的加热速度受许多因素影响，如焊接方法、被焊材料、板厚以及焊接热输入等。

（2）加热的最高温度（T_m）

金属组织的变化除与化学成分有关外，主要与加热温度和冷却速度有关。焊接过程中，焊件上不同的点其加热的最高温度和冷却速度不同，因此会产生不同的组织和性能。如在熔合线附近，由于温度高使母材金属晶粒粗大现象严重，导致塑性降低。对于低碳钢和低合金钢来说，此处的温度可达 1 300 ~ 1 350℃。另外，研究加热的最高温度可以间接判断焊件上产生内应力的情况以及塑性变形区的范围。总之，对于了解热影响区组织性能变化的规律具有重要意义。

（3）在相变温度以上的停留时间（t_H）

在相变温度以上的停留时间越长，越有利于奥氏体的均质化过程，但当温度达到 1 100℃以上时，即使停留时间不长，对于某些金属也将会产生严重的晶粒粗大现象，如低碳钢和某些低合金钢的电渣焊。为便于研究分析，把高温停留时间 t_H 又分为加热过程的停留时间 t' 和冷却过程停留时间 t''，所以 $t_H = t' + t''$。

（4）冷却速度（v_C）或冷却时间（t_C）

冷却速度是决定热影响区组织和性能的最重要参数之一，是研究热过程的主要内容。应该指出，这里所研究的是指在一定温度范围内的平均冷却速度（或冷却时间），或者是指在某一瞬时温度的冷却速度。对于低碳钢和低合金钢来说，主要是熔合线附近（1 350℃）冷却过程中，在 540℃左右的瞬时冷却速度，或者是由 800℃冷却到 500℃所需要的时间，因为这个温度范围的相变最剧烈。

以上焊接热循环的四个特性参数，如图 1—6 所示。焊接热循环是焊接接头经历的特殊热处理过程，也是对焊件上热分布的清晰描述。研究它对于了解焊接应力和变形、接头的组织和性能，提高焊接质量都是十分重要的。低合金钢单道焊时，近缝区的热循环参数见表 1—4。

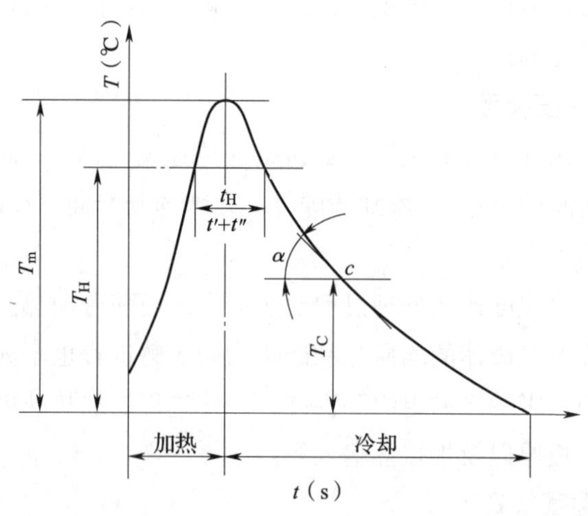

图 1—6　焊接热循环的特性

表 1—4　　　　低合金钢单道焊时近缝区热循环参数

板厚（mm）	焊接方法	焊接热输入（J/cm）	900℃时的加热速度 v_H（℃/s）	900℃以上的停留时间 t_H（s）		冷却速度 v_C（℃/s）	
				加热时间 t'	冷却时间 t''	900℃	550℃
1	钨极氩弧焊（对接不开坡口）	840	1 700	0.4	1.2	240	60
2		1 680	1 200	0.6	1.8	120	30
3	埋弧自动焊（对接不开坡口）	3 780	700	2.0	5.5	54	12
5		7 140	400	2.5	7	40	9
10		19 320	200	4.0	13	22	5
15	埋弧自动焊（60°V 形坡口）	42 000	100	9.0	22	9	2
25		105 000	60	25.0	75	5	1
50	电渣焊（双丝）	504 000	4	162.0	335	1.0	0.3
220		966 000	3.0	144	395	0.8	0.25
100	电渣焊（三丝）	672 000	7	36.0	168	2.3	0.7
100	电渣焊（板极）	1 176 000	3.5	125.0	312	0.83	0.28

3. 影响焊接热循环的因素

（1）焊接规范和热输入

电弧焊时，焊接电流、电弧电压和焊接速度等焊接规范的选用对焊接热循环的影响很大。由于焊接电流和电弧电压的乘积就是电弧的功率，在其他条件不变的情况下，电弧功率越大，加热范围也越大。而在相同功率下，焊接速度变慢时，加热时间长，加热范围宽，冷却速度慢；焊接速度快时，则相反。

另外，热输入是单位长度焊缝内输入的焊接热量，它综合了焊接电流、电弧电压和焊接速度等焊接规范参数对热循环的影响。当热输入增大时，热影响区宽度也增大，加热到高温的区域增宽，在高温的停留时间也增长，同时冷却速度减慢。因此，可根据钢材的成分不同，在保证焊缝成形良好的条件下，选用合适的焊接规范和热输入，可得到具有良好性能的焊接接头。但对于强度较高的低合金钢和低温钢，必须严格控制热输入，以防因热输入增大而导致焊接接头的塑性和韧性下降。

（2）预热和层间温度

焊接有淬硬倾向的钢材时往往在焊前需预热。其目的是降低焊接接头的冷却速度，从而达到减少淬硬倾向、防止裂纹产生的目的，但基本上不影响在高温的停留时间，这是十分理想的。因此，焊接具有淬硬倾向的钢材时，降低冷却速度、减少淬硬倾向的主要工艺措施是进行预热，而不是增大热输入。

层间温度是指多层多道焊时，后道焊缝焊接时前道焊缝的最低温度。焊接要求预热的钢材时，一般层间温度应控制在略高于预热温度，目的是降低冷却速度，促使扩散氢的逸出，防止裂纹的产生。

（3）板厚、接头形式和钢材的导热性

板厚、接头形式和钢材的导热性对焊接热循环也有很大影响。当板厚增大时，冷却速度也增大，高温停留时间缩短。角焊缝比对接焊缝的冷却速度快，因为三向导热的冷却速度大于双向导热的冷却速度。

四、焊接热影响区的组织和性能

在焊接热源的作用下，焊缝两侧发生组织和性能变化的区域称为热影响区或近缝区。焊接热影响区的组织和性能与焊接热循环的温度分布、作用时间以及冷却条件有密切关系，焊接热循环对热影响区的组织和性能有如此重要的影响，主要是与焊接条件下的相变规律有关，这种组织转变的规律是研究热影响区性能的本质问题。下面以低碳钢或某些低合金钢为例进行分析。

1. 焊接热影响区的组织分布

在焊接热影响区，某点的加热速度、加热的最高温度、高温停留时间和随后的冷却速度决定了该点的组织和性能。由于近缝区各点距离焊缝的远近不同，所以各点所经历的焊接热循环也不同，因此各点的组织也不一样。对于一般常用低碳钢和某些不易淬硬的低合金钢（如 Q345、15MnTi、15MnV 等）来讲，在焊接热影响区根据其组织特征，可分为熔合区、过热区、正火区（相变重结晶区）以及不完全重结晶区，如图 1—7 所示。

（1）熔合区

熔合区又称半熔化区，位于焊缝金属与母材相邻的熔合线附近，其温度处于固、液相之间。此区在化学成分、组织和性能上都有较大的不均匀性，在靠近母材一侧的金属组织处于过热状态，塑性很差。在各种熔化焊的条件下，这个区的范围虽然很窄，但对焊接接头的强度和塑性都有很大的影响。许多情况下，熔合区是产生裂纹、局部脆性破坏的发源地，因此引起了普遍的重视。

（2）过热区

过热区的最高加热温度范围是固相线以下到 1 100℃左右。此区的金属处于过热状态，在此高温下，奥氏体晶粒严重粗大，冷却后获得晶粒粗大的过热组织。在气焊和电渣焊条件下，甚至可得到魏氏组织。过热区的塑性很低，特别是冲击韧度通常要降低 20% ~ 30%。为此，当焊接刚度较大的结构时，常在过热区产生裂纹。过热区的大小与焊接方

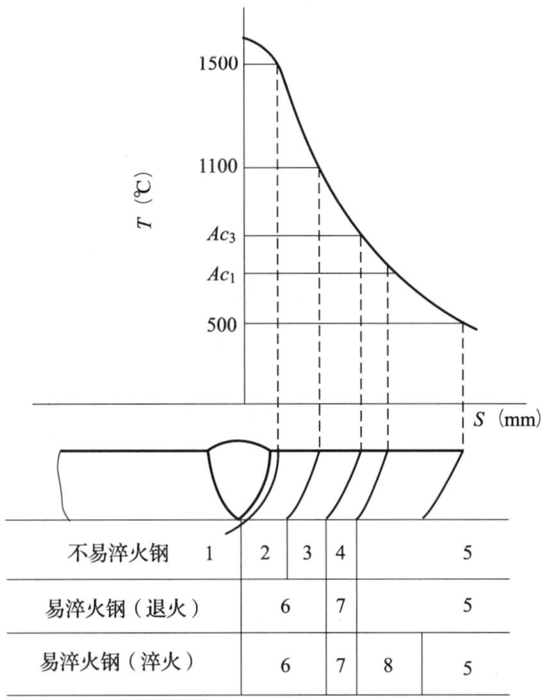

图 1—7　焊接热影响区分区

1—熔合区　2—过热区　3—正火区　4—不完全重结晶区

5—母材　6—淬火区　7—部分淬火区　8—回火区

法、焊接规范及焊件的板厚等有关，气焊和电渣焊时比较宽，焊条电弧焊和埋弧自动焊时较窄，而真空电子束焊时过热区几乎不存在。

（3）正火区（相变重结晶区）

当金属被加热到 Ac_3 以上稍高的温度时，金属将发生重结晶，即铁素体和珠光体全部转变为奥氏体，然后在空气中冷却，就会得到均匀而细小的铁素体和珠光体晶粒，相当于热处理时的正火组织，故又称正火区。正火区的最高加热温度为 Ac_3 ~1 000℃。

（4）不完全重结晶区

焊接时最高加热温度处于 Ac_1 ~ Ac_3 的热影响区属于不完全重结晶区。低碳钢和某些低合金钢焊接时，当金属的加热温度稍高于 Ac_1 时，珠光体转变为奥氏体。随着温度的升高，铁素体逐步向奥氏体中溶解，温度越高溶解得越多，直至 Ac_3 时，铁素体全部溶解于奥氏体中。当金属冷却时，又从奥氏体中析出微细的铁素体，直至 Ac_1 时残余的奥氏体转变为共析组织——珠光体。这样最高加热温度处于 Ac_1 ~ Ac_3 时只有一部分组织发生了相变重结晶过程，而始终未溶入奥氏体中的铁素体晶粒便不断长大，变成了粗大的铁素体组织。所以这个区的金属组织是不均匀的，晶粒大小不一，一部分是经重结晶的细小晶粒的铁素体和珠光体；另外一部分则是粗大的铁素体晶粒。由于晶粒大小不同，因此力学性能也不均匀。

焊接热影响区的大小受到诸方面因素的影响。不同的焊接方法、板厚、热输入以及不同的施工条件等都会使热影响区的尺寸发生变化。采用不同焊接方法焊接低碳钢时，热影响区的平均尺寸见表1—5。

表1—5　　采用不同焊接方法焊接低碳钢时热影响区的平均尺寸　　mm

焊接方法	各区平均尺寸			总宽
	过热区	正火区（相变重结晶区）	不完全重结晶区	
焊条电弧焊	2.2～3.0	1.5～2.5	2.2～3.0	6.0～8.5
埋弧自动焊	0.8～1.2	0.8～1.7	0.7～1.0	2.3～4.0
电渣焊	18～20	5.0～7.0	2.0～3.0	25～30
氧乙炔气焊	21	4.0	2.0	27.0
真空电子束焊	—	—	—	0.05～0.75

对于低碳钢和一些淬硬倾向不大的钢种，如Q345、15MnTi和15MnV等，除了过热区外，其他各区的组织基本相同。低碳钢的过热区主要是魏氏组织；而Q345由于锰的加入，使过热区还有少量粒状贝氏体；又如15MnTi、15MnV，在过热区除锰之外，还有部分钛和钒的碳化物、氮化物溶入奥氏体，提高了奥氏体的稳定性，因此，过热区可全部获得粒状贝氏体组织。

至于焊接淬硬倾向较大的钢种，包括中碳钢（40、45等）、低碳调质高强钢（含碳量≤0.25%）和中碳调质高强钢（含碳量为0.25%～0.45%），其焊接热影响区的组织分布和母材焊前的热处理状态有关，即热影响区组织和性能不仅与母材化学成分有关，同时也与焊前热处理状态有关。若焊前母材是正火或退火状态，则焊后热影响区的组织分布可以分为完全淬火区和不完全淬火区。

高合金钢、铸铁、有色金属以及某些特种合金焊接热影响区的组织特征，比低碳钢和低合金高强钢要复杂得多。

总之，金属在焊接热循环作用下，热影响区的组织分布是不均匀的，熔合区和过热区出现了严重的晶粒长大现象，这是整个焊接接头的薄弱地带。对于含碳量高、含合金元素较多及淬硬倾向较大的钢种，还会出现淬火组织马氏体，使金属塑性降低，且容易产生裂纹。

上述所分析的焊接热影响区的组织特征仅是一般性的规律，实际上由于各种原因可能出现某些特殊问题，这就需要根据具体的母材条件和施焊工艺进行分析。如在急热急冷的焊接条件下，即使是低碳钢，它的珠光体部分也能表现出高碳钢的特性，这必须引起充分的注意。特别是在高频焊管或薄板点焊时，会在不完全重结晶区出现高碳马氏体，由于这种马氏体的含碳量高而脆硬，并浸埋在软的铁素体中，对钢的韧性十分有害。

现以低碳钢为例，把热影响区各部分所经受的焊接热循环，对照铁碳平衡状态图的组织转变归纳如图 1—8 所示，其焊接热影响区的组织分布特征及性能见表 1—6。

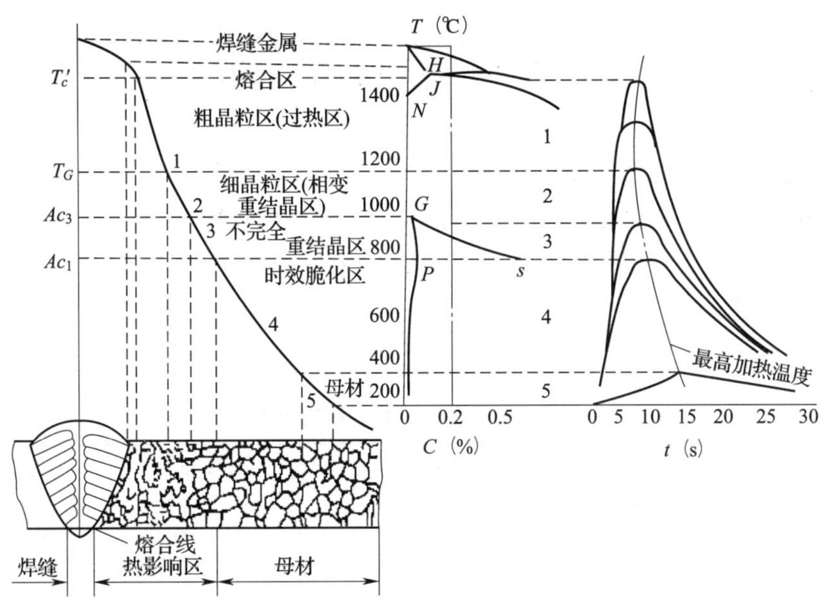

图 1—8　焊接热影响区不同温度范围与铁碳平衡状态图的关系

表 1—6　　　　　　　　低碳钢焊接热影响区的组织分布特征及性能

部位	加热温度范围（℃）	组织特征及性能	图 1—8 上的位置
焊缝	>1 400	铸造组织，柱状树枝晶	
熔合区及过热区	1 250 ~ 1 400	晶粒粗大，可能出现魏氏组织，硬化后易产生裂纹，塑性不好	1
	1 100 ~ 1 250	粗晶与细晶混合	
正火区（相变重结晶区）	900 ~ 1 100	晶粒细化，力学性能良好	2
不完全重结晶区	730 ~ 900	粗大铁素体和细小珠光体、铁素体，在急冷条件下，可能出现高碳马氏体，力学性能不均匀	3

续表

部位	加热温度范围（℃）	组织特征及性能	图1—8上的位置
时效脆化区	300～730	由于热应力及脆化物析出，经时效而产生脆化现象，在显微镜下观察不到组织的变化	4
母材	室温～300	没有受到热影响的母材部分	5

2. 焊接热影响区的性能

焊接热影响区组织的分布不同，必然会导致性能上的差异。焊接热影响区的性能包括硬度分布、常温力学性能、高温和低温力学性能以及腐蚀条件下的疲劳性能等，视焊接结构的具体应用条件而定。

（1）焊接热影响区的硬度分布

研究焊接热影响区的硬度分布，可以间接地估计焊接热影响区的强度、塑性和裂纹倾向等。一般来说，凡是硬度高的区域，它的强度也高，但塑性和韧性较低。而硬度的变化实质上反映了不同金相组织的固有特性，对于一般低碳钢和淬硬倾向不大的某些低合金高强钢，不同金相组织及其混合组织的硬度值见表1—7。

表1—7　不同金相组织和混合组织的硬度

显微硬度（HV）				金相组织的百分比				最高宏观硬度（HV）
铁素体（F）	珠光体（P）	中间组织（Z）	马氏体（M）	F	P	Z	M	
202～246	232～249	240～285	—	10	7	83	0	212
216～258	—	273～336	245～383	1	0	70	29	298
—	—	293～323	446～470	0	0	19	81	384
—	—	—	454～508	0	0	0	100	393

应该指出，各种组织的硬度与钢种的含碳量、合金元素含量以及冷却条件等有关。如高碳马氏体的硬度可达到600 HV，而低碳马氏体的硬度只有350 HV左右，同时在性能上也有较大的差别。同样，焊接热影响区的硬度与钢种的化学成分有关，同时还与冷却条件有关。

实验得出，随着钢种的碳当量（C_{eq}）的增大，硬度增大，实际上也就是淬硬倾向增大。如图1—9所示为三个不同碳当量的钢种，随着冷却速度的增大其硬度也随之增大。当冷却速度增至40～50℃/s时，再增大冷却速度，硬度变化却不大，这表明硬度已达到饱和值。

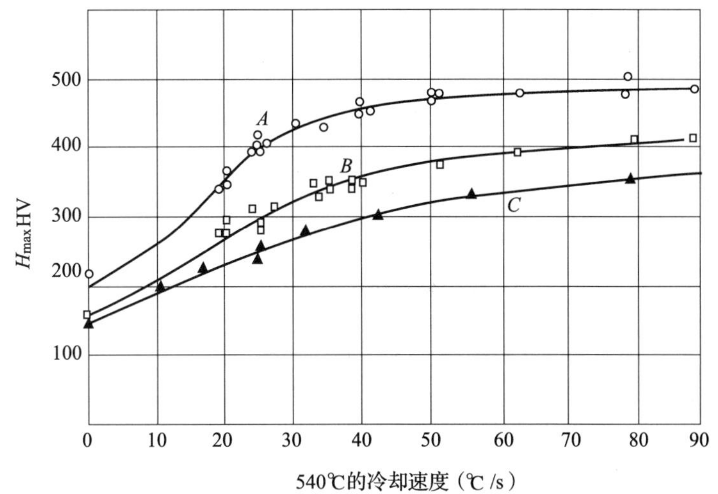

图1—9　不同碳当量（C_{eq}）钢的硬度与冷却速度的关系

A—C_{eq} = 0.54　B—C_{eq} = 0.43　C—C_{eq} = 0.40

通过焊接热影响区的最高硬度（H_{max}），也可根据不同焊接方法和不同焊接热输入所决定的冷却时间，求出不同钢种与冷却时间的关系。焊接热影响区由于组织分布得不均匀，各区加热的最高温度和冷却时间也不一致，所以在硬度的分布上也是复杂的。

应该指出，仅从硬度值来判断钢的焊接性是不可靠的，因为焊接性还受钢种的应力条件、氢含量等其他因素的影响。研究表明，若减少焊接过程中的含氢量，允许 H_{max} 达 400 HV以上，即允许存在一定量的马氏体。如 Q345 按国际焊接协会（ⅡⅤ）的标准方法试验时，H_{max} = 375 ~ 430 HV，已超出了这个规定，但 Q345 的焊接性还是很好的，这是因为低碳马氏体具有较高硬度的同时，也具有较好的塑性。

总之，热影响区的最高硬度是确定焊接性的一个参考指标，当焊接接头的各项性能都满足要求，而又没有出现裂纹等缺陷时，硬度偏高些还是允许的。因此，对于不同强度级别的钢种，应当通过其他试验确定出不同的允许最高硬度。

（2）焊接热影响区的力学性能

一般来说，对焊接热影响区的力学性能主要从两个方面进行考虑：一方面是考虑焊接热影响区不同部位，如过热区、正火区以及不完全重结晶区等的各种性能，即热影响区最高加热温度不同对力学性能的影响；另一方面是考虑熔合区附近（T_m = 1 300 ~ 1 400℃）的性能，因为这两个区是焊接接头中问题较多的部位。对于淬硬倾向不大的钢种（如热轧钢和正火钢），其热影响区不同部位的力学性能如图 1—10 所示。钢的成分相当于 Q345（含碳量 0.17%，含锰量 1.28%，含硅量 0.40%），系采用模拟焊接热循环试样进行的力学性能试验。从图中可看出，当加热温度超过 Ac_1 时，随着温度的提高，强度和硬度随之提高，而塑性（断后伸长率和断面收缩率）不断降低。但在不完全重结晶区，由于晶粒大小极不均匀，所以屈服强度反而最低。直到1 300℃附近，强度达到最高值，即属于过热区的粗晶粒范围。而在1 300℃以上，因过热晶粒过于粗大，在使塑性继续降低的同时，强度也有所下降。

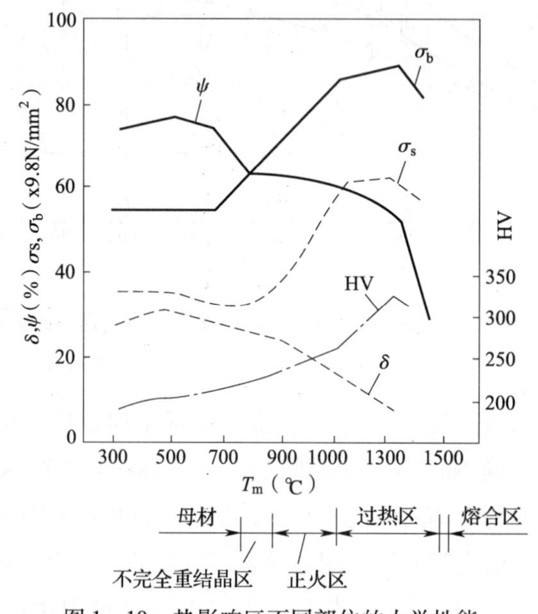

图1—10　热影响区不同部位的力学性能

焊接热影响区中过热组织的力学性能除与化学成分和加热的最高温度有关外，还与冷却速度有关。随着冷却速度的增加，强度、硬度增高，而断后伸长率和断面收缩率下降。特别是Q345，由于淬硬倾向比低碳钢大，所以塑性有明显的下降。这是由于随着冷却速度的增加，马氏体的含量有明显的增加，如果采用预热降低冷却速度和采用后热使马氏体回火软化，则可以使塑性有所恢复。

（3）焊接热影响区的脆化

焊接热影响区出现的脆化现象有多种类型，如粗晶脆化、Ac_1 变态点以下的脆化及石墨脆化等。对于焊接热影响区的脆化试验通常采用热影响区各部位的缺口冲击韧度和低速静弯试验进行判断，利用脆性转变温度（T_{er}）作为判断依据。

低碳钢热影响区不同部位 T_{er} 的变化如图1—11所示。

当 T_{er} 高时，说明脆性倾向较大。由图可知，从焊缝至热影响区发现有两个峰值，即粗晶过热区和 Ac_1 以下（400～600℃）的区域。而在900℃左右的细晶区则具有最低的脆性转变温度，也即这个区域的韧性高，抗脆化能力较强。

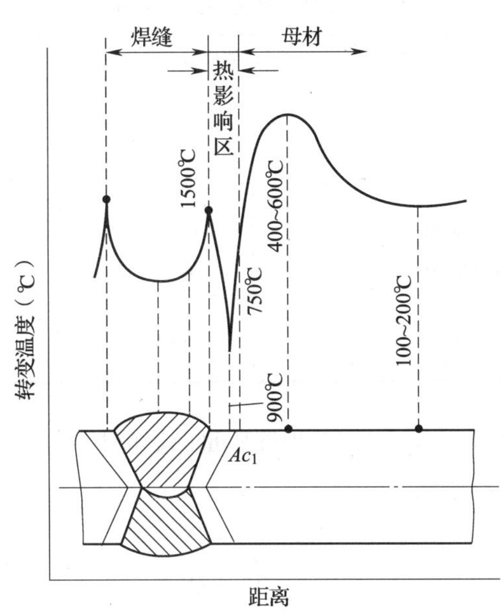

图 1—11 低碳钢热影响区脆性转变温度的分布

五、焊接区的气体及其对焊缝金属的影响

在焊接过程中，焊接区内充满着各种成分的气体。这些气体主要来自于周围的空气；焊条药皮及焊剂分解和燃烧的产物；焊件和焊丝表面的杂质，如铁锈、油脂、涂料、吸附的水分等受热后所产生的气体等。所有这些气体都不断地与熔池金属发生作用，有些还进入到焊缝金属中去。因此，了解这些气体与熔化金属间的相互作用以及对焊缝金属的影响，对提高焊接质量有重要的意义。

1. 焊接区中的气体成分和它们的分解反应

焊接区气体中的主要成分为一氧化碳（CO）、二氧化碳（CO_2）、氢气（H_2）、水蒸气（H_2O）、氮气（N_2）和氧气（O_2），以及少量金属与熔渣的蒸气等。焊接时，气体的成分和数量是随焊接方法、焊接规范以及焊条药皮或焊剂的种类等而变化的。表 1—8 所列数值是用三种焊接方法焊接碳钢时，焊接区中的气体成分及含量的百分率。

从表 1—8 中可得出，采用酸性焊条焊接时，气体主要成分是 CO、H_2、H_2O，并有少量的 CO_2、O_2、N_2 和金属蒸气。采用碱性焊条时，气体主要成分是 CO 和 CO_2，而 H_2O 和 H_2 很少，故称为低氢型焊条。埋弧自动焊时，气体的主要成分是 CO、H_2，而 N_2、O_2、H_2O 很少。氧乙炔中性焰气焊时，气体的主要成分是 CO 和 H_2，还有少量的 CO_2、H_2O。

表1—8　　焊接碳钢时焊接区中的气体成分

焊接方法	焊条和焊剂类型	气体成分（%）					备注
		CO	CO_2	H_2	H_2O	N_2	
焊条电弧焊	钛钙型	50.7	5.9	37.7	5.7	—	焊条在110℃烘干2 h
	低氢型	79.8	16.9	1.8	1.5	—	
埋弧自动焊	焊剂330	86.2	—	9.3	—	4.5	焊剂为玻璃状
	焊剂431	89~93	—	7~9	—	<1.5	
气焊	O_2/C_2H_2 =1.1~1.2（中性焰）	60~66	有	34~40	有	—	

总之，上述气体中以 O_2、N_2、H_2 对焊缝质量的影响最大。它们在电弧的高温作用下，不同程度地分解为原子和离子状态。如：

$$O_2 \rightarrow 2O - Q$$

$$N_2 \rightarrow 2N - Q$$

$$H_2 \rightarrow 2H - Q$$

式中Q指热量，“-Q”表示 H_2 等分解时需要吸收热量。H_2O 和 CO_2 也是电弧中常见的气体，它们对焊接冶金过程也有较大的影响。H_2O 来自于焊件边缘的铁锈以及药皮和焊剂的受潮。H_2O 在高温下发生分解：$2H_2O \rightarrow 2H_2 + O_2 - Q$

CO_2 主要来自于药皮中碳酸钙受热后的分解：$CaCO_3 \rightarrow CaO + CO_2 - Q$，焊接区中存在大量的 CO_2，一方面可以排开空气，防止空气中 O_2、N_2 的侵入，保护熔化金属；另一方面它也具有一定的氧化性，这是因为它在高温下分解出氧：

$$2CO_2 \rightarrow 2CO + O_2 - Q$$

H_2O 和 CO_2 在高温分解出的氧都使电弧气氛具有一定的氧化性。由于气体只能以原子或离子状态才能溶解于金属中，因此，在电弧的高温作用下，气体的大量分解给其溶入金属创造了有利的条件。

2. 焊接区中氧及其对焊缝金属的影响

焊接区中的氧首先来自于周围的空气，在保护不好时，由空气中进入的氧更多；其次是药皮中高价氧化物（如 MnO_2、Fe_3O_4）的分解；焊件表面的铁锈和水分等也分解出氧。氧在电弧高温作用下分解为原子或离子，原子氧对金属的影响比分子氧更大。焊接时金属的氧化发生在熔滴过渡时以及熔池表面金属与氧的直接作用时，如：

$$Fe + O \rightarrow FeO + Q$$

$$Mn + O \rightarrow MnO + Q$$

$$Si + 2O \rightarrow SiO_2 + Q$$

$$C + O \rightarrow CO + Q$$

式中“+Q”表示铁等元素氧化时放出热量。生成的几种氧化物中，只有 FeO 能溶解于熔池的液态金属中。溶解于液态金属中的 FeO，在熔池结晶之后可以继续存在于焊缝金属中，并溶解在铁的固溶体中，其溶解度随温度的降低而降低。570℃时 FeO 以细颗粒状的 Fe_3O_4形式析出，成为夹杂物存在于焊缝金属中。熔池中由于有 FeO 存在，还会发生由 FeO 使其他元素氧化的反应。如：

$$FeO + C \rightarrow CO + Fe - Q$$

$$FeO + Mn \rightarrow MnO + Fe - Q$$

$$2FeO + Si \rightarrow SiO_2 + 2Fe - Q$$

这种氧化方式称为间接氧化。焊缝中的 C、Mn、Si 等元素与 FeO 发生反应，将铁还原出来，从而在一定程度上减少熔池中 FeO 的含量。氧化后生成的 SiO_2、MnO、CO 等不溶于熔池中，密度又比熔池小，便漂浮到熔渣中去，有时也会以夹杂或气孔的形式存在于焊缝金属中。

焊条电弧焊其焊缝中氧的含量除与焊条的成分有关外，还与焊接电流和电弧电压有关。电流越大，熔滴越细小，从而增大了熔滴在空气中与氧的接触面积，使焊缝金属的含氧量增多；电弧电压高则使熔滴的过渡路程加大，从而增加了熔滴与空气中氧的接触机会与时间，结果也使焊缝金属中含氧量增加，如图 1—12 所示。在焊缝金属中的各种氧化物主要以颗粒状夹杂物形式存在。

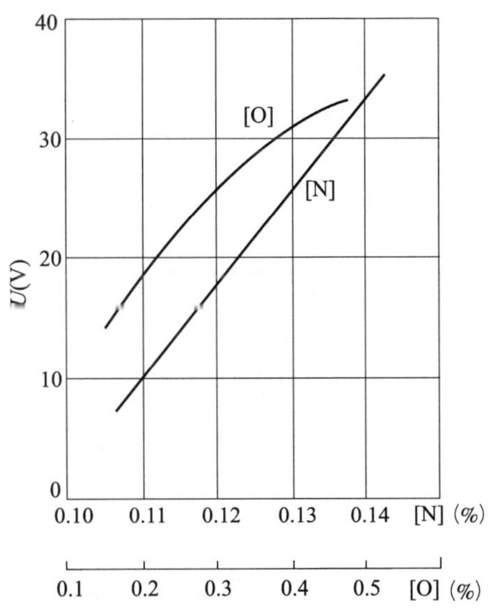

图 1—12　焊条电弧焊时焊缝金属中含氧、氮量与电弧电压的关系

焊缝金属中含氧量的增加，使焊缝金属的抗拉强度、屈服强度、塑性和冲击韧度都会降低，特别是冲击韧度的降低更为明显，如图 1—13 所示。此外，还使焊缝金属的抗腐蚀性能降低，冷脆的倾向增加。所谓冷脆，就是在低温 -40 ~ 0℃时，金属的冲击韧度、塑性明显降低。

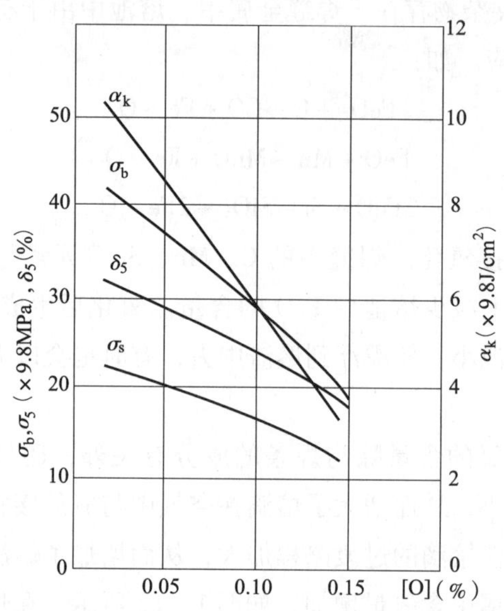

图 1—13　氧含量对焊缝金属力学性能的影响

在焊接过程中，氧还能与碳和氢等反应，形成不溶于金属的 CO 和 H_2O 等，增加产生气孔的可能性。

3. 焊接区中氮及其对焊缝金属的影响

焊接区中的氮主要来自于空气，氮在高温时溶入熔池中，在熔池结晶后，氮继续溶解在焊缝金属中。随着温度的下降，溶解度降低，氮析出后与铁形成 Fe_4N，它以针状夹杂物形式存在于焊缝金属中，并分布在晶界和固溶体内，因而对焊缝金属的力学性能有很大影响，使硬度和强度提高，塑性和韧性急剧下降，如图 1—14 所示。若焊缝中含氮量 <0.01%，则对焊缝金属的力学性能没有明显的影响。

此外，氮还会使焊缝金属产生气孔。由于氮主要来自于空气，因此，焊缝中氮的含量与电弧长度及熔池保护的好坏有密切关系。如果电弧较长，则空气中的氮易侵入熔池，从而增加焊缝金属中氮的含量。一般在采用气体保护焊、埋弧自动焊或厚药皮焊条焊接时，由于保护情况比较好，能显著降低焊缝中的含氮量。因此，为了减少焊缝金属中的含氮量，保证焊接质量，应尽量采用短弧焊接。

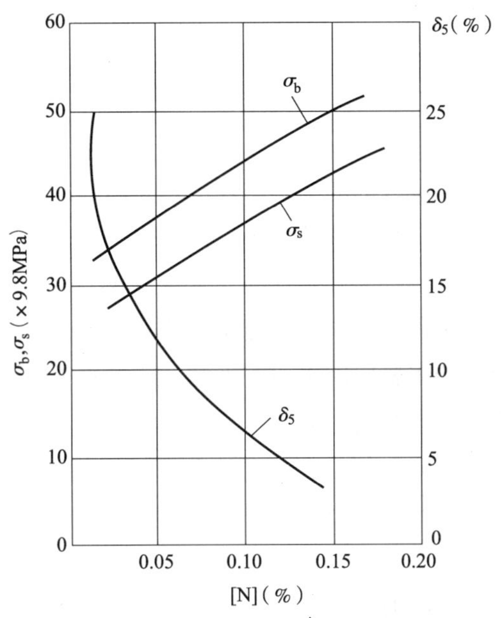

图 1—14 含氮量对焊缝金属力学性能的影响

焊芯或药皮中的碳可以降低焊缝金属中的含氮量，因碳能降低氮在铁中的溶解度，碳氧化生成的 CO、CO_2 加强了保护作用，降低了氮的分压，碳引起的熔池沸腾有利于氮的逸出。另外，钛、铝、锆等元素对氮也有较大的亲和力，能形成稳定的氮化物，且这些氮化物不溶于熔池金属而进入熔渣，所以有一定的脱氮能力。实践证实，加强焊接区的保护是控制氮的最有效的措施。

4. 焊接区中氢及其对焊缝金属的影响

焊接区中的氢主要来自于受潮的焊剂和焊条药皮中的水分，焊条药皮中的有机物以及焊件和焊丝表面的铁锈、油脂及涂料等物质。另外，在气体保护焊时还来自于保护气体中的水分。气焊时则来自于碳氢化合物分解和燃烧的产物。

在焊接过程中，氢是一种害多利少的气体。虽然在某些条件下，它能起还原 FeO 的脱氧作用，但在大多数情况下，它会给焊接质量带来一系列的危害。

氢在熔池金属中的溶解度很大。在气体保护焊时，氢能以原子或质子状态溶于液态金属。在有熔渣保护时，氢是通过熔渣以 OH^- 离子状态和部分原子氢通过搅拌等作用直接进入熔池的，并且不会与铁形成化合物。氢在液态金属中的溶解度在变态点突然下降，大量的过饱和氢在结晶过程中部分可从液态金属中析出，如果熔池很快冷却凝固而来不及逸出，就会产生气孔。残留在焊缝金属中的原子和质子氢，自由扩散能力很强，能在金属晶格中自由扩散（即为扩散氢）。氢在钢中的分布很特殊，钢在过饱和状态下所析出的氢会集中于一个很小的体积内，具有极大的内压力，当应力超过金属的强度极限时，就会形成裂纹，这种现象称为“氢脆”。由于氢扩散是随时间变化的，因而从扩散、聚集到开裂具有延迟的特征。

氢脆现象可以在焊缝拉伸试件的断面上呈现出光亮圆形的局部脆性断裂点，此断裂点称为白点，其周围为韧性断口，在多数情况下，白点的中心有气孔或小的夹杂物。碳钢和含有铬、镍、钼合金元素的焊缝，尤其是这些元素含量较大时，对白点很敏感。

氢对焊缝金属的强度几乎没有影响，但能明显地降低塑性，如图1—15所示。氢在低合金钢焊接中是引起冷裂纹的主要原因之一。因此，首先必须设法减少氢的来源，同时还应采用有效措施，减少电弧区中游离氢的浓度。大量的生产实践证明，减少焊接区中游离氢的有效物质是氧和氟，它们能和氢结合成稳定且不溶于熔池金属的HF和OH，从而减少焊缝金属中的含氢量。如上所述，当要求减少合金元素的氧化烧损时，氧的作用是有害的，但当要求有效地去除电弧气氛中的游离氢时，氧又是一种十分有利的元素。氧与游离氢化合后生成不溶于熔池金属的H_2O和OH。

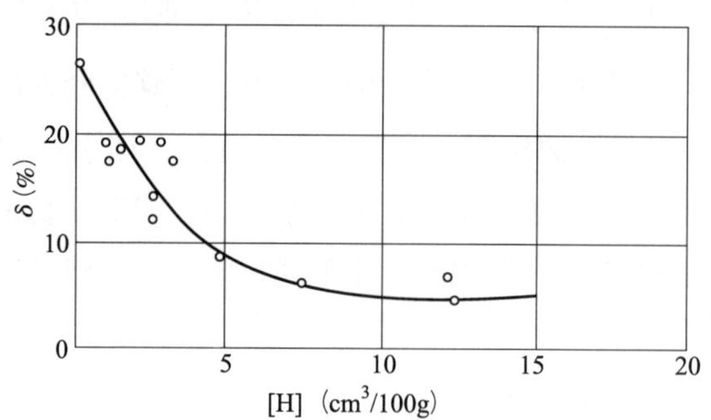

图1—15　含氢量对低碳钢焊缝塑性的影响

$$2H + O \rightarrow H_2O$$

$$H + O \rightarrow OH$$

因此，在实际生产中当使用药皮中含有有机物的酸性焊条时，为避免熔池被氢所饱和而产生气孔，可在药皮中加入一定量的含氧物质，使熔池保持一定的氧化性。当采用CO_2气体保护焊焊接低合金结构钢时，由于电弧气氛中有一定的氧化性，可以使氢的危害显著降低。用氩弧焊方法焊接某些钢材时，在保护气体氩中加入少量氧气，可以提高抗氢的能力。

在用碱性焊条焊接时，由于电弧的氧化性弱，为了增强抗氢的能力，可在药皮中加入

适量的 CaF_2（即萤石），CaF_2 与 SiO_2 配合起来，进行下列反应过程，可以达到消除电弧中游离氢的目的，从而可减少焊缝金属的含氢量。

$$2CaF_2 + SiO_2 \rightarrow 2CaO + SiF_4$$

$$SiF_4 + 3H \rightarrow SiF + 3HF$$

但药皮中加入 CaF_2 会使电弧稳定性降低，并产生有害气体 HF。如图 1—16 所示为焊条药皮中 CaF_2 含量与焊缝中含氢量的关系。

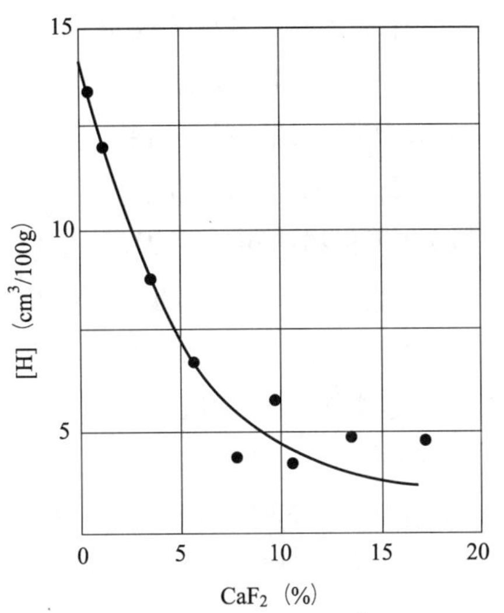

图 1—16　焊条药皮中 CaF_2 含量与焊缝中含氢量的关系（直流反极性）

鉴于氢的上述危害作用，要以预防为主来尽量减少焊缝金属中的含氢量。具体措施有：限制焊接材料中的含氢量；清除焊件和焊丝表面的杂质；对焊条药皮和焊剂进行冶金处理以及焊后对焊件做去氢处理等。

六、焊接熔渣及其对金属的作用

在焊接过程中，可以看到漂浮在熔池表面的一层覆盖物，通常把它叫做焊接熔渣（简称熔渣）。

熔渣是焊条药皮或焊剂熔化以及冶金反应的产物，它由金属氧化物或非金属氧化物及其他盐类组成，熔渣与液态金属组成焊接熔池。焊接冶金过程中，熔渣有很重要的作用，对焊缝质量影响很大。

1. 熔渣的作用

（1）机械保护作用

一般情况下，不论是在熔滴上还是在熔池中，熔渣总是覆盖着液态金属，使得液态金属与空气隔离开来，防止空气中的氧、氢和氮等有害气体的侵入，从而使液态金属在高温下得到保护。

（2）冶金处理作用

由于熔渣可以溶解一定量的 FeO，因此减少了氧对焊缝金属的不良影响。此外，去除硫和磷的过程也要依靠熔渣来完成，从而去除了焊缝金属中的有害杂质，改善了焊缝质量。

（3）提高电弧燃烧的稳定性

当熔渣中加入容易电离的成分时，就可以增强电弧的导电性，从而保证了电弧的稳定燃烧，尤其在使用交流电源焊接时，其作用更为明显。

（4）改善焊接热规范

熔渣覆盖在熔池表面，使焊接过程中焊缝的冷却速度略减慢些，从而使焊缝金属的组织和性能得到改善，这在焊接合金钢时更为有利。

2. 熔渣的化学成分与化学性质

（1）熔渣的化学成分

熔渣实际上是一种复合物，在熔渣中有：

1）氧化物。主要包括：

酸性氧化物：SiO_2、TiO_2、P_2O_5、B_2O_3 等。

碱性氧化物：CaO、MgO、Na_2O、K_2O、MnO、FeO 等。

两性氧化物：Fe_2O_3、Al_2O_3、Cr_2O_3、V_2O_5 等。

2）硅酸盐。主要包括：

硅酸铁 $FeO \cdot SiO_2$、硅酸锰 $MnO \cdot SiO_2$、硅酸钙 $CaO \cdot SiO_2$ 等。

亚硅酸铁 $(FeO)_2 \cdot SiO_2$、亚硅酸锰 $(MnO)_2 \cdot SiO_2$、亚硅酸钠 $(Na_2O)_2 \cdot SiO_2$ 等。

其余还包括钛酸钙盐、磷酸铁、铝酸钙等。

一般认为，当熔渣刚形成时，它主要是由游离的氧化物组成，而当它与焊缝金属发生作用以后进行结晶时主要是由硅酸盐、钛酸盐及其他稳定的复合物所组成。两性氧化物的性质视熔渣的成分而定，它们遇到强碱性氧化物时就呈弱酸性；遇到强酸性氧化物时就呈弱碱性。在低氢型焊条的熔渣中，还有氟化物如 CaF_2 等。

在熔渣的氧化物中，最强的碱性氧化物是碱土金属及碱土金属的氧化物，如 K_2O、Na_2O、CaO 等；最强的酸性氧化物是 SiO_2，其次是 TiO_2 和 P_2O_5；而最弱的两性氧化物是 Fe_2O_3、Al_2O_3 等。

（2）熔渣的化学性质

熔渣中碱性氧化物和酸性氧化物的相对数量，对熔渣在冶金过程中的作用有很大影响，特别是熔渣去除杂质的能力，在很大程度上取决于熔渣中碱性氧化物和酸性氧化物的比值。于是产生了碱度这个概念，碱度是在总体上表示熔渣碱性强弱的程度。

熔渣的碱度是由其组成物的性质所决定的。当熔渣中的碱性氧化物多于酸性氧化物时，熔渣就表现为碱性；反之，则表现为酸性。因此，熔渣的碱度即是这两类氧化物的质量之比：

$$B_1 = \text{各种碱性氧化物的总质量} / \text{各种酸性氧化物的总质量}$$

式中 B_1 为熔渣的碱度。当 B_1 大于 1.0 时为碱性渣，B_1 小于 1.0 时则为酸性渣。熔渣的碱度不但对冶金反应有重要影响，而且对熔渣的物理性质有重要影响。

3. 熔渣的物理性质

对焊接质量有重要影响的熔渣物理性质有熔点、黏度、脱渣性及密度等。

（1）熔渣的熔点

焊接时，焊条的药皮或焊剂熔化后即形成熔渣。熔渣形成后，过一段时间开始凝固，熔渣开始凝固的温度称为熔渣的熔点。

熔渣的熔点过高，在焊接过程中会形成较长的药皮套筒，焊接时容易断弧。此外，熔点过高，凝固超前于熔池金属，会产生压铁水现象，使焊缝成形变坏，同时也容易造成焊缝夹渣。

熔渣熔点过低，则在高温时易于流淌，不能很好地覆盖在焊缝表面，失去保护作用，也不利于焊缝成形。实践证明，熔渣的熔点应比被焊金属的熔点稍低为宜，对于低碳钢和某些低合金钢来说，一般熔点为 1 100 ~ 1 300℃最合适。

熔渣的熔点主要由熔渣的化学成分决定。实际生产中常采用多种氧化物以不同的比例配合，以获得适合于焊接的熔渣熔点。

（2）熔渣的黏度

焊接时，熔渣的黏度越小（即渣稀），其流动性越好，虽然与熔池金属的冶金反应加快，但容易从焊缝表面流走，失去对熔池的保护作用，并会妨碍仰焊和立焊操作的正常进行。相反，如果熔渣黏度太大，将使冶金反应缓慢，而且焊缝成形不好，也容易形成夹渣。

熔渣黏度主要受其成分和温度的影响，在高温时，不论碱性渣或酸性渣，黏度都很小。但在熔渣冷却并开始凝固时，不同成分的熔渣的黏度变化规律却大不相同。凝固时黏度增加很快的渣称为“短渣”；黏度增加很慢的渣称为“长渣”。碱性渣多属于“短渣”，含 SiO_2 较多的酸性渣属于“长渣”，以 TiO_2 为主要成分的酸性渣属于“短渣”。产生长渣的焊条适宜焊平焊缝；产生短渣的焊条能进行全位置焊接，因为在立焊或仰焊时，熔渣很快地凝固，能把尚处在液态的铁水托住，防止其流失。

（3）熔渣的脱渣性

焊件焊后都要求将渣壳清理干净，以便于检查焊接质量并进行涂装工作，多层焊时为了避免夹渣，一定要将渣壳清理干净才能焊下一层，因此，要求熔渣冷却后必须具有良好的脱渣性。脱渣性好不仅可以节省许多时间，提高生产效率，而且焊缝成形质量也好。影响脱渣性的因素，主要有以下几个方面：

1）熔渣的氧化性。熔渣的氧化性强，产生的 FeO 就多，而 FeO 既能溶解于熔渣中，又能溶解在金属中，因此它与金属、熔渣都有较大的结合力，在焊缝金属与熔渣交界处形成的一层氧化铁，像黏结剂一样将渣壳和焊缝表面粘在一起，使脱渣困难。当熔渣具有较强的脱氧能力时，熔渣与熔池金属中的 FeO 含量会显著减少，这有利于熔渣与焊缝金属之间的分离，改善了脱渣性能。

2）熔渣与金属的膨胀系数。两者的膨胀系数相差越大，则脱渣性越好，因为在冷却时两者收缩程度不同，而使熔渣与焊缝金属之间产生应力，显然这种应力的产生大大有利于熔渣从焊缝表面脱落。

此外，焊缝成形良好、表面光滑、没有缺陷，脱渣性也会有所改善。

七、焊缝金属的脱氧

氧对焊缝质量有严重的危害。因此，在焊接时防止熔化金属的氧化，去除或减少已经进入熔池金属中的氧，是保证焊缝质量的重要措施。要防止熔池金属的氧化，首先必须采取有效措施，减少氧的来源，特别是防止空气中 O_2 的侵入。已经进入熔池金属中的氧通常以 FeO 的形式溶于其中，必须设法将其去除，此过程称为焊缝金属的脱氧。脱氧的目的就是要尽量减少熔池金属中的含氧量，使氧对焊缝金属的危害减轻到最小程度。

焊接时脱氧方法主要有两种：置换脱氧（又叫集结脱氧）和扩散脱氧。

1. 置换脱氧

置换脱氧的过程就是直接利用与氧结合力（亲和力）比铁更强的合金元素来夺取溶于熔池金属中氧化亚铁中的氧，而将铁还原，生成新的不溶于熔池金属的氧化物，并从熔池金属中浮起而进入熔渣中的过程。用来进行置换脱氧的合金元素称为脱氧剂。

显然，作为脱氧剂的元素，其与氧的化学结合力必须大于铁。元素与氧的化学结合能力叫做和氧的亲和力。脱氧剂的脱氧能力，取决于它和氧的亲和力，元素与氧的亲和力越大，则它的脱氧能力越强。与氧的亲和力高于铁的各种元素，都可以作为 FeO 的脱氧剂。

为了保证脱氧剂所生成的氧化物能够进入熔渣中，氧化物的密度应小于熔池金属，熔点不应过高，且应具有良好的流动性。只有这样才能使脱氧后的氧化物以最快的速度从熔池金属中排出而进入熔渣内。

考虑到脱氧反应后生成的氧化物有可能不能充分排出，所以要求残留在焊缝中的夹杂物对焊缝金属的质量的影响应最小。

为了改善焊缝金属的力学性能，作为脱氧剂的元素除能充分地与 FeO 进行脱氧反应外，还应具有作为合金元素的作用，以改善焊缝金属的力学性能。在焊接过程中最常见的脱氧剂是锰、硅、钛和铝等。

（1）锰

在普通钢焊接时，锰是最常用的脱氧剂，锰的脱氧反应如下：

$$Mn + FeO \rightarrow MnO + Fe$$

脱氧产物 MnO 不溶于铁中，呈碱性，能与酸性氧化物 SiO_2 形成 $MnO \cdot SiO_2$、$(MnO)_2 \cdot SiO_2$ 等硅酸盐，其熔点及密度均比较低，故易浮于熔池表面成为熔渣。脱氧后残留在焊缝中的锰，可以提高焊缝金属的强度，另外锰还能去除焊缝金属中的有害杂质硫。

（2）硅

硅的脱氧能力虽强，但脱氧产物 SiO_2 的熔点高达 1 713℃，且黏度大，容易造成焊缝金属夹渣。因此，生产中常以硅与锰同时作为脱氧剂，以便于形成复合硅酸盐 $MnO \cdot SiO_2$，它的密度小、熔点低，容易聚集为半径大的质点浮到熔渣中，从而减少焊缝中的夹杂物，降低焊缝中的总含氧量。

（3）钛

与锰和硅比较起来，钛的脱氧能力更强，脱氧后形成的 TiO_2 不溶于铁中，并能与 FeO 或其他碱性氧化物形成钛酸盐浮出熔池金属；脱氧后残留在焊缝中的钛还可细化晶粒，改善焊缝金属的力学性能。钛除脱氧外，还能与氮形成稳定的、不溶于铁的氮化钛，从而消除氮对焊缝金属的不良影响。

（4）铝

铝的脱氧能力比钛还强，脱氧产物 Al_2O_3 熔点高（2 050℃）且不溶于焊缝金属中，易引起夹杂。此外，以铝做脱氧剂时，易引起强烈的飞溅，故应用较少。

碳和氧也有较大的亲和力，特别在高温时作用更强，但是用碳做脱氧剂时，会引起强烈的飞溅和气孔，一般不用它做脱氧剂。

2. 扩散脱氧

利用氧化物能溶解于熔渣中的特性，通过扩散使氧化物自熔池金属进入熔渣中，从而降低熔池金属中氧化物的浓度的过程叫做扩散脱氧。只有既能溶解于熔池金属中又能溶解于熔渣中的氧化物，才有条件对它进行扩散脱氧，焊接钢时 FeO 就具备了这一条件。在一定的温度下，熔池金属中的 FeO 和熔渣中的 FeO 的浓度比是一个常数。这一规律可用下式表达：

$$(FeO) = L\,[FeO]$$

式中 L——分配常数；

(FeO)——熔渣中 FeO 的浓度；

[FeO]——熔池金属中 FeO 的浓度。

当熔渣中的 FeO 浓度还未达到这个数量时，熔池金属中的 FeO 就自动地继续向熔渣中扩散，直到使熔渣中 FeO 的浓度达到上述比例时，FeO 的扩散才暂停，这是分配定律所表达的规律。应该指出，上式中的（FeO）是指在熔渣中游离存在的（即未结合成复合物的）氧化物，如果进入熔渣的FeO立即与酸性氧化物SiO_2结合成FeO·SiO_2或$(FeO)_2 \cdot SiO_2$，那么这时FeO在熔渣中的浓度就减小了，按照分配定律的规律熔池中的FeO又会继续向熔渣中转移。人们正是利用了这一规律，有意地使熔渣中含有较多的SiO_2和TiO_2等酸性氧化物，用以不断地减少熔渣中游离FeO的数量，从而将熔池金属中的FeO吸收到熔渣中去。总之，利用分配定律和酸性氧化物减少熔渣中游离FeO的浓度，能不断地去除熔池金属中FeO。

3. 酸性渣和碱性渣脱氧过程的不同特点

不论酸性渣或碱性渣，它们都是利用扩散脱氧和置换脱氧两种方式进行脱氧的。但在具体运用上，各有不同的特点。

（1）酸性渣脱氧过程的特点

酸性渣由于酸度大，即酸性氧化物多，有条件把扩散脱氧作为主要脱氧方式。渣中的大量SiO_2或TiO_2有利于进行下列反应：

$$FeO + TiO_2 \rightarrow FeO \cdot TiO_2$$

$$FeO + SiO_2 \rightarrow FeO \cdot SiO_2$$

上述反应大大提高了扩散脱氧的效果。从提高扩散脱氧效果出发，要求熔渣的酸度高，这可以通过增加渣中的SiO_2含量来达到（SiO_2的酸性最强）。但SiO_2含量太高又会增加渣的黏度，减缓FeO向渣中扩散的速度。为了既提高渣的酸度，又降低渣的黏度，可以用TiO_2代替部分SiO_2。TiO_2既可以稀释熔渣，又可以提高电弧的稳定性，改善焊条的工艺性能。

在酸性熔渣中除了利用扩散脱氧来减少熔池金属中的FeO外，同时在熔渣中加入一定量的脱氧剂Mn进行置换脱氧，以进一步改善脱氧效果。

（2）碱性渣脱氧过程的特点

在碱性渣中存在着大量的强碱性氧化物CaO，而酸性氧化物SiO_2或TiO_2为数不多，它们首先要与渣中的CaO结合成CaO·SiO_2或CaO·TiO_2，这样，FeO与SiO_2或TiO_2结合的机会就很少了，从而增加了渣中游离的FeO的数量。因此，碱性渣很难利用扩散脱氧方式，而必须以置换脱氧作为主要脱氧方式。在碱性渣中加入较多的脱氧剂可以达到置换脱氧的目的。除此以外，它也可以提高熔渣的扩散脱氧能力，因为脱氧剂不仅可以还原熔池金属中的FeO，而且可以还原熔渣中的FeO，从而减少了熔渣中FeO的数量，使熔池金属中的FeO得以向熔渣中扩散。此外，在熔渣中加入一定量的CaF_2来稀释熔渣的黏度，以有利于脱氧反应的进行，加强脱氧效果。

八、焊缝金属的脱硫和脱磷

1. 焊缝金属的脱硫

硫在焊缝金属中是有害杂质，它以硫化物形式存在于金属中，其中以 FeS 形式存在的危害最大，当它的含量超过一定值时，会显著降低焊缝金属的力学性能。焊缝结晶时，FeS 与 Fe 或 FeO 都能形成低熔点共晶体，因此也是促使焊缝金属产生热裂纹的主要原因之一。

焊接时硫主要来自药皮或基本金属，为了获得优良的焊缝，首先必须限制硫的来源，同时尽可能减少已进入焊缝金属的硫的含量。目前实际采用的脱硫原则是：在熔池金属中加入一些对硫的亲和力比铁更大的元素，把铁从 FeS 中还原出来，使脱硫后所生成的硫化物能很好地溶解在熔渣中。最常用的是以锰和氧化钙（CaO）来脱硫。锰的脱硫反应按下式进行：

$$FeS + Mn \rightarrow MnS + Fe$$

硫化锰不溶解于液态金属，而进入熔渣被去除。除锰外，加入 MnO 也能达到脱硫的效果，其反应式如下：

$$FeS + MnO \rightarrow FeO + MnS$$

用 CaO 脱硫时与 FeS 的反应如下：

$$FeS + CaO \rightarrow FeO + CaS$$

硫化钙不溶解于液态金属中，而进入熔渣被去除。

2. 焊缝金属的脱磷

磷也是焊缝中的有害杂质，它是以 Fe_3P、Fe_2P 及 FeP 的形式存在于焊缝中，不仅降低焊缝金属的力学性能，还能使焊缝金属产生冷脆和偏析现象。焊缝中的磷主要来自于焊条药皮和基本金属。

焊接时的脱磷过程主要可以分为两个步骤，首先使磷氧化生成 P_2O_5：

$$2Fe_2P + 5FeO \rightarrow P_2O_5 + 9Fe$$

$$2Fe_3P + 5FeO \rightarrow P_2O_5 + 11Fe$$

生成的 P_2O_5 在高温时很不稳定，容易分解。因此，第二步应采用强碱性氧化物（CaO）和酸性的 P_2O_5 结成稳定的磷酸盐，其反应式为：

$$3CaO + P_2O_5 \rightarrow (CaO)_3 \cdot P_2O_5$$

$$4CaO + P_2O_5 \rightarrow (CaO)_4 \cdot P_2O_5$$

反应后生成的磷酸盐进入熔渣中。

从上述的脱硫和脱磷的反应过程可以得出：增加熔渣的碱度对去除硫和磷都是有利

的。因此，利用酸性焊条的熔渣来除去硫、磷是困难的；而碱性焊条在这方面具有显著的有利条件，从而可以降低焊缝金属中硫和磷的含量，进一步提高焊缝金属的质量。

九、焊缝金属的合金过渡

1. 合金化的目的及方式

焊接过程中，熔池金属中的合金元素会产生氧化和蒸发等损失，因而降低了焊缝金属的合金元素的含量和力学性能，为了使焊缝金属的成分、组织和性能符合预定的要求，就必须根据合金元素可能损失的情况向熔池中添加一些合金元素，这种方法称为焊缝金属的合金化。

合金化不但可以获得成分、组织和性能与基本金属相同或相近的焊缝金属，还可以向焊缝金属中渗入基本金属不含或含量较少的合金元素，以形成化学成分、组织和性能与基本金属完全不同的焊缝金属，以满足焊件对焊缝金属的特殊要求，如常用堆焊的方法来提高焊件表面耐磨或耐蚀性能，就是通过焊接时合金化来实现的。

焊缝合金化一般是通过焊芯、药皮两个途径。通过焊芯时，考虑到焊接时的氧化和蒸发损失，焊芯中的合金元素含量应高于基本金属，但有时要制成这样成分的焊芯，工艺上有一定困难。通过药皮合金化，就是在焊条的药皮中加入各种粉状铁合金和合金元素，然后从药皮中把这些元素过渡到焊缝金属中去。

把合金元素过渡到焊缝中去时，要注意的问题仍然是如何防止和减少元素过渡时的氧化损失，以保证尽可能多的合金元素进入焊缝。在生产实践中，已积累了大量提高合金元素过渡量的经验，归纳起来，主要有以下几个方面：

（1）用氧化性小的熔渣。渣的氧化性大小，主要取决于渣内所含氧化物的稳定性，从元素对氧的亲和力顺序来看，含 CaO 较多的碱性渣比含其他氧化物的渣氧化性要小，所以对合金元素的过渡是有利的。而含其他氧化物如 SiO_2 等较多的酸性渣，合金元素的过渡就比较差。

（2）加入脱氧剂。可以在药皮中加入对氧亲和力比要过渡的元素大的物质，就可以使这种元素的过渡量增加。如要过渡锰，就加入铝，由于氧优先和铝发生反应，就保护了锰，使更多的锰进入焊缝。在脱氧剂问题上，不仅要看到元素对氧的亲和力大小，也要考虑到元素在焊条中的含量，某一与氧亲和力稍小的元素，数量上大大超过了与氧亲和力稍大的元素，也可以为亲和力强的元素脱氧，使它能向焊缝过渡。例如，为了过渡锰，除了在焊条中加入一定量的铝之外，还可加其他脱氧剂，如钛铁、锰铁等，以提高锰的过渡量。

（3）控制氧化反应过程。当合金元素过渡时，会发生部分合金元素的氧化，其反应过程如下：

$$FeO + Me \rightarrow MeO + Fe$$

式中　Me——任一种合金元素；

MeO——任一种合金元素的氧化物。

根据生产实践经验，合金元素 Me 的氧化过程中有这样一个规律，即当熔渣中 MeO 的含量高时，则该合金元素 Me 的氧化就会减少，这就相应提高了合金元素的过渡量。根据这个规律，如要想提高锰的过渡量时，可以在焊条药皮中除加锰铁外，同时加入一定量锰的氧化物。

（4）制造焊条时把要过渡的原料粉碎得颗粒大一些，这样就减少了它与周围氧的接触面积，从而减少了过渡时的氧化损失。

（5）在焊接操作时尽量采用短电弧，以减少空气中氧的侵入，并缩短熔滴过渡的路程，从而减少熔滴过渡时与氧的接触时间，这样有利于提高合金元素的过渡量。

2. 合金元素的过渡系数

为了说明合金元素利用率的高低，常用合金元素过渡系数来衡量。它是焊接材料中的合金元素过渡到焊缝金属中的数量与原始含量的百分比。即：

$$\eta = C_F / C_T \times 100\%$$

式中　η——某合金元素的过渡系数（%）；

C_F——熔敷金属中某合金元素的含量，即由焊接材料过渡到焊缝中的合金元素的含量；

C_T——焊接材料（焊条、焊丝、焊剂）中某合金元素的原始总含量。

焊条电弧焊时，合金元素的过渡系数可通过下式计算：

$$\eta = C_d / C_e = C_d / (C_{ew} + K_b C_{co}) \times 100\%$$

式中　η——某合金元素的过渡系数（%）；

C_e——合金元素在焊条中的含量；

C_d——合金元素在熔敷金属中的含量；

C_{ew}——合金元素在焊芯中的含量；

K_b——焊条药皮的质量系数；

C_{co}——合金元素在焊条药皮中的含量。

现以 E4303 焊条为例，计算其中锰的过渡系数。

已知：$C_d = 0.42\%$（由实际分析焊缝的含锰量）；

$C_{ew} = 0.45\%$；$K_b = 50\%$；

C_{co} = 药皮中加入 12.5% 含锰量为 80% 的中碳锰铁，所以药皮中含锰量 = 12.5% ×

80%×50%=5%。

$$\eta = C_d / (C_{ew} + K_b C_{co}) = 0.42/(0.45+5) \times 100\% = 7.7\%$$

实际上，用不同配方的焊条有不同的过渡系数值的变化，可作为衡量焊接过程中脱氧程度和合金获得率的重要标志。

但是必须指出，各种合金元素在焊芯和药皮中的过渡系数是不同的，一般是焊芯的过渡系数较高。此外，各种合金元素在焊条药皮类型及工艺因素变化时，它们的过渡系数也是不同的。合金元素在酸性焊条E4303和碱性焊条E5015中的过渡系数参考值见表1—9。

表1—9　　合金元素的过渡系数参考值

焊条药皮类型	焊条型号	合金元素过渡系数 η				
		C	Mn	Si	Cr	Mo
钛钙型	E4303	—	4%~8%	50%~60%	50%~60%	70%~80%
低氢型	E5015	44%~55%	40%~55%	35%~50%	55%~65%	80%~90%

第2节　焊缝中的气孔和夹杂物

一、焊缝中的气孔

焊缝中的气孔是一种常见的焊接缺陷。气孔的存在对焊缝的性能影响很大，它会使焊缝的有效工作截面减少，降低焊缝的力学性能，破坏焊缝的致密性，造成应力集中，严重时还会由此而引起整个金属结构的破坏。所以，防止焊缝产生气孔，保证焊缝的质量，就成为焊接时应当重视的问题。

在焊接生产中遇到气孔问题是十分普遍的，几乎从碳钢到高合金钢、有色金属都有产生气孔的可能。例如，焊条、焊剂烘干不足，被焊金属和焊丝表面有锈、油污或其他杂质，焊接工艺不够稳定（电弧电压偏高、焊速太大和电流太小等），焊接区保护不良以及脱氧不足等都会不同程度地出现气孔。

电渣焊低碳钢时，由于脱氧不足在焊缝内部出现的气孔；手弧焊时因有锈在焊缝表面出现的气孔。

1. 气孔的类型

气孔的类型有很多。有表面气孔，也有焊缝内部气孔；有时单个分布，有时成堆密集；有时贯穿整个焊缝断面，还有时弥散分布在焊缝内部。

根据多年研究，焊缝中产生气孔的根本原因是高温时金属溶解了较多的气体（如氮、氢）；另外，在进行冶金反应时又产生了相当多的气体（如 CO、H_2O）。这些气体在焊缝凝固过程中来不及逸出时就会产生气孔。经过进一步研究查明，能形成气孔的气体一般有两类：

第一类：高温时溶解于熔池金属中，当凝固和相变时溶解度突然下降来不及逸出而残留在焊缝内部的气体，如氢和氮。

第二类：由于冶金反应产生的不溶于熔池金属的气体，如 CO 和 H_2O 等。

2. 气孔的分布特征

由于产生气孔的气体不同，因而气孔的形态和特征也有所不同。

（1）氢气孔

对于低碳钢和低合金钢的焊接来讲，在大多数情况下，氢气孔出现在焊缝的表面上，气孔的断面形状如同螺钉状，在焊缝的表面上看呈喇叭口形，而气孔的四周有光滑的内壁。

但这类气孔在个别的情况下也会出现在焊缝的内部。如焊条药皮中含有较多的结晶水，使焊缝中的含氢量过高，因而在凝固时来不及逸出而残存在焊缝内部，铝、镁合金的氢气孔也常出现在焊缝内部。

因为高温时氢在熔池和熔滴金属中的溶解度很高，液态金属吸收了大量的氢气。当冷却时，氢在金属中的溶解度急剧下降，特别是从液态转为固态的 δ 铁时，氢的溶解度可从 32 mL/100 g 降至 10 mL/100 g。因焊接熔池冷却很快，氢来不及逸出，就会在焊缝中产生气孔。

由以上可知，氢气孔是在结晶过程中形成的，在相邻树枝晶的凹陷最深处是氢气泡的胚胎场所，浮出就更困难。但氢又具有较大的扩散能力，极力挣脱现成表面，上浮逸出，两者综合作用的结果，最后形成了具有喇叭口形的表面气孔。

（2）氮气孔

关于氮气引起的气孔，其机理一般认为与氢气孔相似，气孔的类型也多在焊缝表面，但多数情况下是成堆出现，与蜂窝相似。在焊接生产中由氮引起气孔较少。氮的来源主要是由于保护不好，有较多的空气侵入熔池所致。

（3）CO 气孔

CO 不能溶解于金属中。在进行碳钢的焊接时，由于冶金反应产生了大量的 CO，结晶过程中来不及逸出而残留在焊缝内形成气孔，且多数产生在焊缝的内部，气孔沿结晶方向分布，并呈椭圆形或条虫状，表面较光滑。

由于碳在高温时是非常活泼的脱氧元素，从熔池刚熔化开始，碳就把 FeO 还原而生成 CO 气泡，这时因熔池金属还处于高温液体状态，生成的 CO 气泡极易从熔池中高速逸出，因而只造成熔池的沸腾现象，并不至于形成气孔。但是当热源移开，熔池开始结晶时，熔池金属的黏度不断增大，生成的CO不易逸出熔池表面，来不及逸出的CO便生成了气孔。

又因CO形成的气泡是在结晶过程中产生的，且气泡逸出速度慢于结晶速度，因此，形成了沿结晶方向分布的内气孔。

根据上述分析得出，防止CO气孔的产生，应注意对熔池进行良好的保护，防止熔池金属在高温时过度地氧化，焊前要清除焊件表面的氧化皮和铁锈等氧化物，同时要保证熔池金属有足够的脱氧剂等。

3. 影响气孔形成的因素及预防措施

影响气孔形成的因素可归纳为冶金因素和工艺因素两个方面。

（1）冶金因素对气孔形成的影响及预防措施

冶金因素的影响主要包括：熔渣氧化性、焊条药皮和焊剂成分以及铁锈和水分等。

1）熔渣氧化性的影响。熔渣氧化性对焊缝中气孔的形成影响较大。当熔渣氧化性增大时，形成CO气孔的倾向增加；而熔渣的还原性增大时，则形成氢气孔的倾向增加。因此，使熔渣具有适当的氧化性，是防止焊缝中上述两类气孔形成的有效方法。

2）焊条药皮和焊剂成分的影响。碱性焊条药皮中，通常含有一定量的萤石（CaF_2），焊接时它直接与氢发生作用。另外，低碳钢埋弧焊用焊剂中，也含有一定数量的CaF_2和较多的SiO_2，焊接时也与氢发生作用，并且上述反应都产生了大量的HF。在高温下，HF是一种较稳定的气体化合物，且不溶于液体金属，当温度高达6 000 K时，它只分解30%，为此，大大降低了气相氢的分压，有效地降低形成氢气孔的倾向。

试验证明，当熔渣中CaF_2和SiO_2同时存在，并适当地分配两者的比例，对于消除气孔具有相互补偿的作用，如图1—17所示。从图中可以看出，当CaF_2含量较多而SiO_2含量较少时，可以消除气孔；相反，CaF_2含量较少而SiO_2含量较多时，也有消除气孔的作用。

另外，在焊条药皮和焊剂中，适量增加氧化性组成物，如SiO_2、MnO和FeO等，也能有效地消除氢气孔。因为这些氧化物在高温时能与氢化合生成稳定的OH，由于其不溶于液体金属，这样可降低电弧气氛中的氢分压，从而减少焊缝金属的含氢量。

碱性焊条药皮中除含有CaF_2外，还含有一定量的碳酸盐，它受热后分解出CO_2，使电弧气氛的氧化性增强，高温时CO_2与氢生成OH和H_2O，降低了电弧气氛中氢的分压，同样具有防止氢气孔的作用。酸性焊条药皮中不含CaF_2，主要依靠药皮中较强氧化性的药皮组成物来防止氢气孔的产生。

3）铁锈、水分等的影响。铁锈是指焊件接缝处或焊丝表面上的黄色铁锈。铁锈中含有较多的Fe_2O_3和结晶水（H_2O），对熔池金属不但起着氧化作用，同时会析出大量的氢。加热时，铁锈将进行氧化反应，由于增加氧化作用，在结晶时会促使生成CO气孔。铁锈

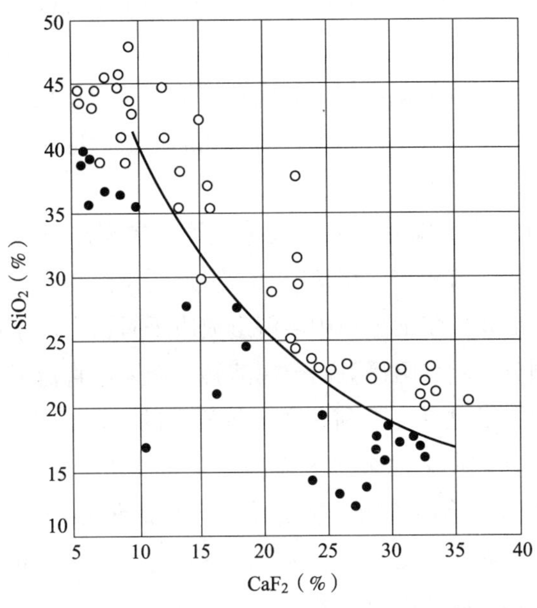

图 1—17　CaF_2 和 SiO_2 对焊缝形成气孔的影响

○ 无气孔　• 有气孔

中的结晶水，在高温时分解出氢气，因而增加了熔池金属形成氢气孔的可能性。因此，铁锈是很有害的杂质，它对两类气孔的生成都有敏感性。另外，钢板上的氧化皮主要是由 Fe_3O_4 和少量 Fe_2O_3 组成，无结晶水，但它会增强熔池金属的氧化性，对 CO 气孔的形成有较大的影响。

总之，焊前应尽可能清除焊件接缝处或焊丝表面上的铁锈以及氧化皮等杂质，尤其是采用低氢焊条或埋弧自动焊时，更应注意。但清理工作应该在焊件点焊之前，防止清除后的铁锈、氧化皮等杂质落入接缝中而引起气孔产生；同样在角接缝焊接时，对这个问题也要加以重视。另外，焊条、焊剂受潮或烘干不足而残存的水分以及空气潮湿等，同样会增加产生气孔的倾向。所以，焊条在使用前应该根据要求进行烘干和保存，尤其是碱性低氢焊条更应注意，因为碱性焊条比酸性焊条对气孔的敏感性强。

（2）工艺因素对气孔形成的影响及预防措施

工艺因素主要包括焊接规范、焊接电流种类和极性以及操作工艺等。

1）焊接规范的影响。焊接电流增大时能增加熔池的存在时间，这有利于气体逸出。但焊接电流增大，则熔滴变细，表面积增大，使熔滴吸收气体也增多；又因熔深增加，而使气体逸出时间加长，从而增加了生成气孔的倾向。

焊接速度加快时，熔池存在时间变短，生成气孔的倾向增加，由于焊接速度影响熔池结晶速度，为此，适当减慢焊接速度，有利于气体的逸出，从而减少生成气孔的倾向。

电弧电压增大时，空气中的氮易侵入熔滴和熔池，从而促使气孔增加。通常使用碱性焊条焊接时都采用短弧焊接。总之，为了预防气孔的形成，应结合具体条件选择适当的焊接规范。

2）焊接电流种类和极性的影响。用交流电源焊接较直流电源焊接时气孔形成的倾向大；用直流反接法焊接较直流正接法焊接时气孔形成的倾向小。这些均与氢向金属中的溶解形态有关。氢以原子形式向熔池金属中溶解形成质子时，由原子中释放一个电子，当熔池金属表面上电子过剩时，就会阻碍氢向金属溶解。当采用直流反接法焊接时，因焊件接负极，熔池金属表面的电子过剩，不利于产生氢质子的反应，这时气孔形成的倾向最小。当采用直流正接法焊接时，在熔池金属表面易产生氢质子的反应，使部分氢质子溶入熔池，另一部分在电场作用下移向负极，从而使气孔形成的倾向增大。当采用交流电焊接时，因交流时弧柱温度呈周期性变化，焊接电流每通过零点的瞬间，氢质子可顺利地进入熔池金属，因而，使气孔形成的倾向最大。

3）操作工艺的影响。一般生产条件下，由于操作工艺的不当，导致作业过程中生成较多的气孔。为此，应采取以下几方面的工艺措施。

①焊前要仔细清除焊件及焊丝表面的污锈、水分，特别是油脂。

②焊条和焊剂在焊前一定要严格烘干。应根据焊条和焊剂的不同种类来确定烘干温度和时间。

③焊接过程中要保持稳定的焊接规范。焊接电流不宜过大，酸性焊条焊接时电流可适当增大，但以不引起焊条发红为宜；低氢型焊条焊接时，电流可适当减小。

④焊接操作时电弧长度要保持适当。尤其是低氢型焊条焊接时电弧要尽量短，以不产生黏铁液为宜。同时低氢型焊条不宜采用造成焊缝过宽的摆动方法。

⑤注意保证装配时的定位焊质量，尤其是用低氢型焊条焊接重要结构的低合金结构钢时，定位焊用焊条和焊接用的焊条牌号要一致，且定位焊操作要求应与焊接相同，以避免由于定位焊质量不好而产生气孔。

二、焊缝中的夹杂物

焊缝或母材中有夹杂物存在时，不仅降低焊缝金属的韧性，增加低温脆性，同时也增加了产生热裂纹和层状撕裂的倾向。

1. 焊缝中夹杂物的种类及其危害性

焊缝中常遇到的夹杂物有以下三种：

（1）氧化物

焊接金属材料时，氧化物夹杂是普遍存在的，在手工电弧焊和埋弧自动焊焊接低碳钢时，氧化物夹杂主要是 SiO_2，其次是 MnO、TiO_2 和 Al_2O_3 等，一般多以硅酸盐的形式存在。这种夹杂物如果密集地以块状或片状分布时，在焊缝中会引起热裂纹，在母材中也易引起层状撕裂。如图 1—18 所示是 14MnMoVN 钢采用 E5016 即 J506 焊条焊接时，焊缝中硅酸盐夹杂物引起的裂纹。

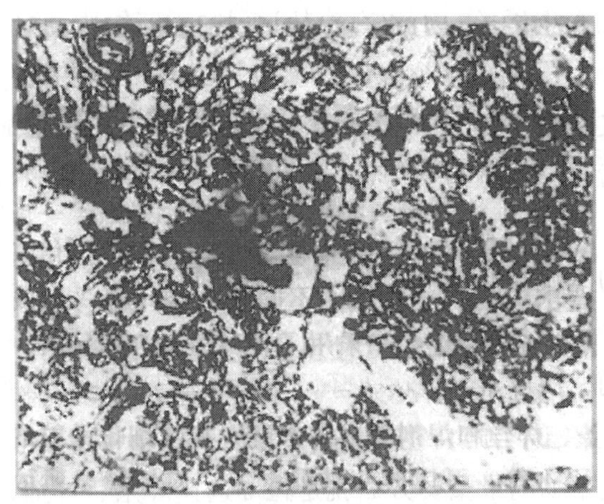

图 1—18　硅酸盐夹杂引起的裂纹

焊接过程中熔池的脱氧越完全，焊缝中氧化物夹杂越少。实践证明，这些氧化物夹杂主要是在熔池进行冶金反应时产生的，如 SiO_2、MnO 等，只有少量夹杂物是由于操作不当而混入焊缝中。

（2）氮化物

焊接低碳钢和低合金钢时，氮化物夹杂主要是 Fe_4N。Fe_4N 是焊缝在时效过程中由过饱和固溶体中析出的，并以针状分布在晶粒上或贯穿晶界，如图 1—19 所示。

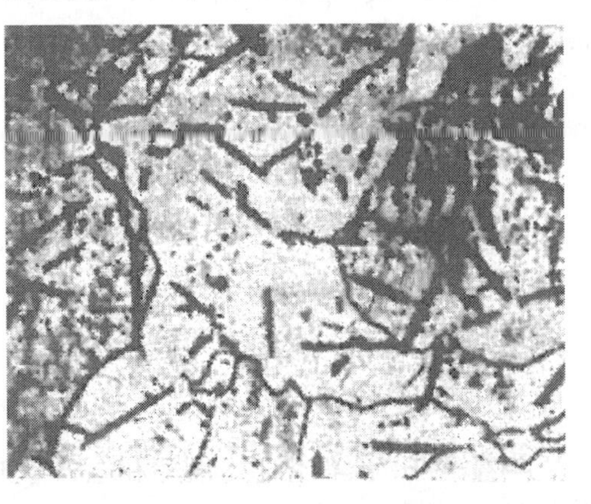

图 1—19　焊缝中的氮化物

由于 Fe_4N 是一种脆硬的化合物，会使焊缝的硬度增高，塑性、韧性急剧下降。一般焊接条件下焊缝很少存在氮化物夹杂，只有在保护不好时才可能发生。

应当指出，由于氮化物具有强化作用，从 20 世纪 40 年代开始已把氮作为合金元素加入钢中。例如，钢中含有 Mo、V、Nb、Ti 和 Al 等合金元素时，能与氮形成弥散状的氮化物，从而在不过多损失韧性的条件下，大幅度地提高强度。经过热处理后（如正火），可使钢具有良好的力学性能，如15MnVN钢、06AlNbCuN钢等。

（3）硫化物

硫化物夹杂主要来源于焊条药皮或焊剂，经冶金反应转入熔池。但也有时是由于母材或焊丝中含硫量偏高而形成硫化物夹杂。

硫在铁中的溶解度随温度而有较大的变化。高温时，硫在δ铁中的溶解度为0.18%，而在γ铁中的溶解度只有0.05%，所以在冷却过程中，硫便从过饱和固溶体中析出而成为硫化物夹杂。

焊缝中的硫化物夹杂主要有两种，即MnS和FeS。MnS的影响较小，而FeS的影响较大。因FeS是沿晶界析出，并与Fe或FeO形成低熔点共晶（988℃），它是引起热裂纹的主要原因之一。

关于硫化物夹杂的危害性近年来有不同的看法是值得注意的。从实验中发现，当钢中的含硫量极低（S≈0）时，反而会引起裂纹。当有微量的硫化物，以弥散状态分布于金属时，它具有溶氢的作用，使氢不易聚集，降低了氢的有害作用，因而提高了抗裂性能。

2. 防止焊缝中夹杂物的措施

防止焊缝中产生夹杂物的最重要方面就是正确选择焊条、焊剂，使之更好地脱氧、脱硫等。其次是注意工艺操作：

（1）选用合适的焊接工艺参数，以利于熔渣的浮出。

（2）多层焊时，应注意清除前层焊缝的熔渣。

（3）焊条要适当地摆动，以便熔渣浮出。

（4）操作时注意保护熔池，防止空气侵入。

应注意，如果原材料中的夹杂物较多（包括母材和焊丝中），势必造成焊缝中产生夹杂物。

第3节 焊接接头的裂纹

一、概述

随着钢铁、石油化工、舰船和电力等工业的发展，在焊接结构方面都向大型化、大容量和高参数的方向发展，有的还在低温、深冷、腐蚀介质等环境下工作。因此，各种低合金高强钢，中、高合金钢，超高强钢，以及各种合金材料的应用日益广泛。但是随着这些钢种和合金材料的应用，在焊接生产上带来了许多新的问题，其中较为普遍而又十分严重的就是焊接裂纹。

1. 焊接裂纹的危害性

焊接裂纹不仅给生产带来许多困难，而且可能带来灾难性的事故。据统计，世界上焊接结构所出现的各种事故中，除少数是由于设计不当、选材不合理和运行操作上的问题之外，绝大多数是由裂纹而引起的脆性破坏。因此，裂纹是引起焊接结构发生破坏事故的主要原因。

如图 1—20 所示是 20 世纪 30 年代比利时断裂的桥梁。

图 1—20　断裂的桥梁

压力容器的破坏事故常常造成巨大的损失。例如，1944 年 10 月美国俄亥俄州煤气公司液化天然气储罐发生连锁式爆炸，造成大火，死亡 133 人，损失 680 万美元。

1971 年西班牙马德里一台 5 000 m^3的煤气球罐发生爆炸而死伤 15 人。

我国近年来焊接结构的各类事故也时有发生，对国民经济的发展造成很大影响。尤其是 1979 年 12 月 18 日吉林液化石油气厂发生的球罐爆炸事故造成很大损失，炸毁的球罐现场如图 1—21 所示。由以上来看，焊接结构中裂纹问题危害甚大，已成为世界各国所关注的课题。

2. 焊接裂纹分类及其特点

在焊接生产中由于钢种和结构的类型不同，可能出现各种裂纹（见图 1—22）。裂纹的形态和分布特征都是很复杂的，有焊缝的表面裂纹、内部裂纹，有热影响区（HAZ）的横向、纵向裂纹，有焊缝和焊道下的深埋裂纹，也有在弧坑处出现的所谓弧坑（火口）裂纹。

图1—21　炸毁的球罐

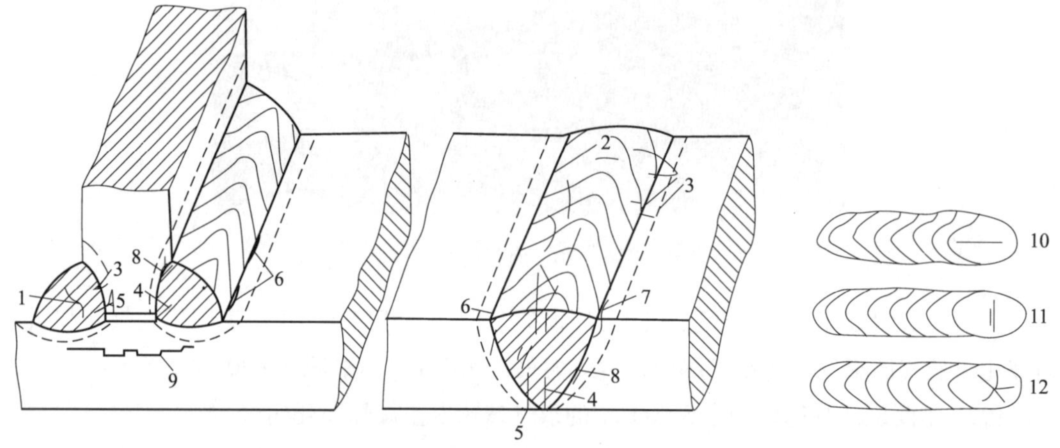

图1—22　焊接裂纹的宏观形态及其分布

1—焊缝中纵向裂纹　2—焊缝中横向裂纹　3—熔合区裂纹　4—焊缝根部裂纹　5—焊趾根部裂纹　6—焊趾纵向裂纹（延迟裂纹）　7—焊趾纵向裂纹（液化裂纹、再热裂纹）　8—焊道下裂纹（延迟裂纹、液化裂纹、多边化裂纹）　9—层状撕裂　10—弧坑纵向裂纹　11—弧坑横向裂纹　12—弧坑星形裂纹

值得注意的是，裂纹有时出现在焊接过程中，也有时出现在放置或运行过程中，即所谓延迟裂纹。因为延迟裂纹在生产中无法检测，所以危害性就更为严重。总而言之，焊接生产中所遇到的裂纹多种多样，远非上述所能概括。但就目前的研究，如果按产生裂纹的本质来分，大体上可分为以下五大类：

(1) 热裂纹

热裂纹是在焊接时高温下产生的，故称热裂纹（Hot Cracking），它的特征是沿原奥氏体晶界开裂。根据所焊金属的材料不同（低合金高强钢、不锈钢、铸铁、铝合金和某些特种金属等），产生热裂纹的形态、温度区间和主要原因也各有不同。因此，就目前的认识水平，又把热裂纹分为结晶裂纹、液化裂纹和多边化裂纹三类。

(2) 再热裂纹

厚板焊接结构，并采用含有某些沉淀强化合金元素的钢材，在进行消除应力热处理或在一定温度下服役的过程中，在焊接热影响区粗晶部位发生的裂纹称为再热裂纹。由于这种裂纹是在再次加热过程中产生的，故称为“再热裂纹”，又称“消除应力处理裂纹”（Stress Relief Cracking，SR 裂纹）。

再热裂纹多发生在低合金高强钢、珠光体耐热钢、奥氏体不锈钢和某些镍基合金的焊接热影响区粗晶部位。再热裂纹的敏感温度视钢种的不同在 550～650℃。这种裂纹也具有沿晶界开裂的特征，但在本质上与结晶裂纹不同。

(3) 冷裂纹

冷裂纹（Cold Cracking）是焊接生产中较为普遍的一种裂纹，它是焊后冷至较低温度下产生的。对于低合金高强钢来讲，大约在钢马氏体转变温度 M_s 附近，由于拘束应力、淬硬组织和氢的共同作用而产生的。冷裂纹主要发生在低合金钢、中合金钢、中碳和高碳钢的焊接热影响区。个别情况下，如焊接超高强钢或某些钛合金时，冷裂纹也出现在焊缝金属上。

根据被焊钢种和结构的不同，冷裂纹也有不同的类别，大致可分以下三类：延迟裂纹、淬硬脆化裂纹、低塑性脆化裂纹。

(4) 层状撕裂

近年来在建造大型采油平台和厚壁压力容器的过程中，有时出现平行于轧制方向的阶梯形裂纹，即所谓层状撕裂（Lamellar Tear）。

产生层状撕裂的主要原因是轧制钢材的内部存在不同程度的分层夹杂物（特别是硫化物、氧化物夹杂），在焊接时产生的垂直于轧制方向的应力，致使热影响区附近或稍近的地方，产生呈“台阶”形的层状开裂，并可穿晶扩展。

层状撕裂属于低温开裂，一般低合金钢产生层状撕裂的温度不超过 400℃，但它的特征与冷裂纹截然不同。层状撕裂易发生在厚壁结构的 T 形接头、十字接头和角接头，是一种难以修复的失效类型，甚至会造成灾难性事故。因此，世界各国对层状撕裂的问题都十分重视，一些工业发达的国家，为发展海洋工程，建造大型采油平台和厚壁容器的需要，已采用抗层状撕裂的 Z 向钢。

影响层状撕裂的因素很多，如钢板的材质、夹杂的分布及类别、焊接接头的含氢量、接头的形式和受力状态、焊接施工的工艺等。此外，当焊接接头中存在其他缺陷时，如微裂纹、微气孔、咬边、未焊透等缺口效应都可能在应力作用下发展成为层状撕裂。

二、焊接热裂纹

1. 热裂纹的特点及其分类

（1）热裂纹的特点

1）产生的温度和时间。热裂纹一般产生在结晶过程中，在金属凝固之后的冷却过程中还可能继续发展。但总体说来，它的发生和发展都处在高温下，因此从时间上说，热裂纹产生在焊接过程中。

2）产生的部位。热裂纹绝大多数产生在焊缝金属中，有的是纵向的，有的是横向的，如图 1—23 所示。发生在弧坑中的热裂纹往往是星状的。有时热裂纹也产生在焊接热影响区。

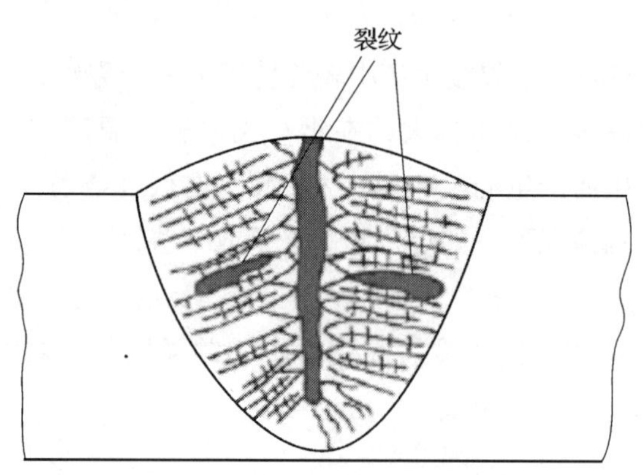

图 1—23　热裂纹产生的部位

3）外观特征。热裂纹或者处在焊缝中心，露在焊缝表面时有明显的锯齿形状；或者处在焊缝两侧，其方向与焊缝的波纹线垂直，也带有不明显的锯齿形状。凡是露出焊缝表面的热裂纹，由于氧在高温下进入裂纹内部，所以裂纹断面上都可以发现明显的氧化色彩（深蓝色或黑色）。

4）金相结构特征。当对产生热裂纹处的金属断面做宏观分析时，发现热裂纹的分布和方向与金属的结晶方向有密切的关系。显微分析发现热裂纹都发生在晶界上，热裂纹的外形之所以是锯齿形的，是因为晶界就是交错生长的晶粒的轮廓线，它不可能是平滑的。

(2) 热裂纹的分类

热裂纹是在高温下产生的，而且都是沿奥氏体晶界开裂。随着各种金属材料的广泛应用，产生热裂纹的形态、机理和温度区间等也各不相同。因此，把热裂纹又分为结晶裂纹、高温液化裂纹和多边化裂纹等。

1）结晶裂纹。焊缝在结晶过程中，固相线附近由于金属凝固收缩时残余液相不足致使沿晶界开裂，故称结晶裂纹。这种裂纹在显微镜下观察时，可以发现具有晶间破坏的特征，多数情况下在焊缝的断面上发现有氧化的色彩，说明这种裂纹是在高温下产生的。

结晶裂纹主要出现在含杂质较多的碳钢焊缝（特别是含硫、磷、硅及碳较多的钢种焊缝），单相奥氏体钢、镍基合金以及某些铝及铝合金的焊缝中。个别情况下，结晶裂纹也出现在焊接热影响区。

2）高温液化裂纹。在焊接热循环峰值温度作用下，焊件近缝区和多层焊缝的层间金属中，由于含有低熔点共晶组成物（如硫、磷、硅、镍等）而被重新熔化，在收缩应力的作用下，沿奥氏体晶界发生开裂。应当指出，在不平衡的加热与冷却条件下，由于金属间化合物的分解与元素的扩散不相适应，造成了局部地区共晶成分偏高而发生液化，同样也会产生高温液化裂纹。

液化裂纹是在高温下产生的，并且是沿奥氏体晶界开裂，因此也是属于热裂纹的另一种形态。这种裂纹主要发生在含有铬镍的高强钢、奥氏体钢以及某些镍基合金的近缝区或多层焊焊层间的金属中，如果焊件及焊丝中的硫、磷、硅、碳的含量偏高时，产生液化裂纹的倾向将显著增加。

3）多边化裂纹。焊接时，焊缝或近缝区在固相线温度以下的高温区间，由于刚凝固的金属存在很多晶格缺陷（主要是位错和空位）和严重的物理及化学的不均匀性，在一定的温度和应力作用下，由于晶格缺陷的移动和聚集，便形成了二次边界，即所谓“多边化边界”，这个边界上堆积了大量的晶格缺陷，所以它的组织疏松，高温时的强度和塑性都很低，此时只要受少量的拉伸变形，就会沿着多边化边界开裂，产生所谓的多边化裂纹，又称高温低塑性裂纹。它是热裂纹的又一种形态，这种裂纹多发生在纯金属或单相奥氏体合金的焊缝中或近缝区。

2. 热裂纹的产生原因

通过一系列的实验研究表明，热裂纹产生过程的基本规律是焊缝金属在结晶将近结束时，晶粒之间存在着少量低熔点合金的液态薄层，如果此时焊缝受到拉应力的作用，就可能引起晶粒之间产生裂纹。

在熔池金属结晶的前半段，熔池中液相的数量较多，固相的数量较少（见图 1—24a），晶粒与晶粒之间存在着较多的液态金属，它们的温度较高，流动性也较好。在这种情况下，晶粒间不会产生裂纹。到了结晶将近结束时，固相多，液相少，相邻的晶粒已经生长到一起，焊缝已经基本形成，只有少数低熔点的液态金属薄层被夹在晶粒之间，它们割断了晶粒之间的联系，造成了可能产生热裂纹的脆弱面（见图1—24b）。但是此时是否产生裂纹，还要看焊缝金属中是否存在着足够的拉应力。

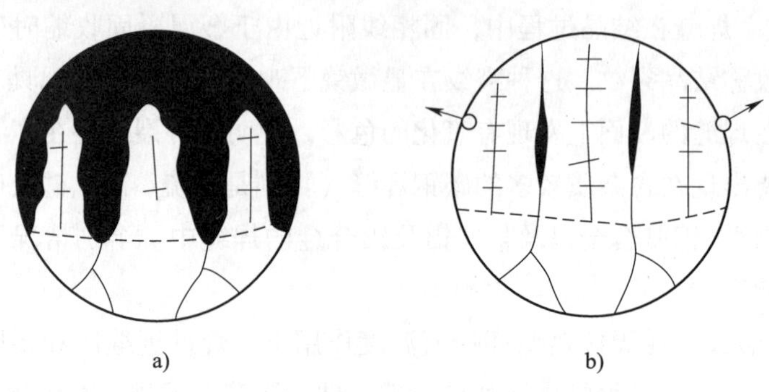

图1—24 结晶过程中晶间液态数量的变化

a）液相多 b）晶间液态薄层被拉出空隙

焊缝金属在冷却时力图收缩，而周围焊件金属的刚度很大，阻止了焊缝的收缩，给了它一个拉应力，焊缝金属的温度越低，这个拉应力就越大。当焊缝受到的拉应力增大到一定程度时，如果晶间液态薄层依然存在，就会在此处产生热裂纹。

晶间的低熔点合金液态薄层的形成过程，可根据焊缝结晶过程中的偏析现象加以说明。较纯的金属其结晶温度高，先进行结晶，而杂质则被推到了晶粒的边缘（或结晶方向的前端）。这些杂质集中到少量液态金属中之后，它的浓度就相应增大很多倍，进一步降低了液态金属的熔点。例如，含硫浓度较高的液态金属，形成了 Fe + FeS 的共晶液体，它的熔点只有988℃，这个温度大大低于一般低碳钢、低合金钢的固相线温度（1 350 ~ 1 500℃）。显然，含硫较多的焊缝金属，在钢的固相线温度以下，焊缝结晶已经结束后，含硫的这种低熔点液体薄层还要在焊缝某些部位的晶粒之间继续存在一定的时间。因此，对于某些含有杂质较多的钢来说，产生热裂纹的危险温度范围的下限可能远远低于这种钢的固相线温度。

某些高合金钢在焊接时，由于基本金属的晶界上原来就存在着能够形成低熔点共晶的杂质或合金元素，它在热影响区金属上也可能产生热裂纹。

总之，对于正在结晶的金属来说，晶间存在着低熔点合金的液体薄层是产生热裂纹的根本，是内因；焊缝给它一定的拉应力，是使它产生热裂纹的条件，是外因。假如在产生应力时，焊接金属中不存在晶间的液体薄层，热裂纹便没有产生的可能性；假如金属内存在着液体晶间薄层，但结晶区还未受到明显的拉应力作用，也不具备产生热裂纹的条件。

3. 防止热裂纹的措施

防止热裂纹主要从以下三方面采取措施。

（1）焊缝金属的化学成分

常用的碳钢和低合金钢中，造成热裂纹的主要杂质是碳和硫。焊接时使用的焊接材料（焊条、焊丝），一般都要求含碳量低于基本金属，以减少焊缝中的含碳量。同样，对于焊芯和焊丝中硫的含量也都做了严格的限制。但有时焊条药皮或基本金属会向焊缝过渡一些硫。所以在冶金过程中应尽量创造条件，以利于脱硫。

实践证明，锰是提高焊缝抗热裂纹能力的有效元素。锰脱硫后生成的 MnS 不溶于铁水，即使它残留在焊缝中也危害不大。因为 MnS 是一种高熔点的化合物（熔点 1 620℃），以圆球形分散存在，不会形成促成热裂纹产生的液体薄层。锰的存在，可以显著地减轻碳和硫的危害。

硫、锰和碳的含量对焊缝抗热裂能力的综合影响如图 1—25 所示。从图中可看出：在含锰量相同的钢中，含碳量越高，要想保证无裂纹，则所允许的含硫量应越低，如含锰量同为 0.7%，在含碳量为 0.12% 时，含硫量最高不可超过 0.06%；而含碳量为 0.14% 时，含硫量最高不可超过 0.035%。另外，在含碳量相同的钢中，硫含量越高，消除热裂纹所需要的含锰量也越高。如含碳量同为 0.12%，在含硫量为 0.04% 时，要求含锰量大于 0.5%；含硫量≈0.06% 时，要求含锰量大于 0.7%。

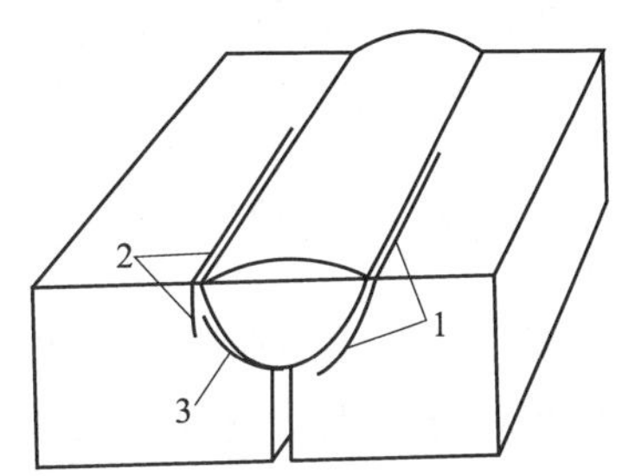

图 1—25　硫、锰和碳的含量对焊缝抗热裂能力的综合影响

铜在钢中也可以形成低熔点合金。如 16MnCu 钢中含有少量的铜，这有利于提高其在海水中的耐腐蚀作用。由于此钢的铜含量不高，所以热裂倾向也很小。但是在生产中如果不慎由于偶然原因向焊缝中过渡了铜元素（如自动焊时导电嘴熔化），则将会引起严重的热裂倾向。

往焊缝中过渡一定量的铝、钛、钒等合金元素也可减小热裂倾向。这些元素促使焊缝晶粒细化，从而也使低熔点杂质分散开，不致于集中成明显的晶间薄层。

总之，通过冶金手段调整焊缝化学成分是防止热裂纹的首要措施。

（2）焊缝的冷却和结晶条件

焊缝的冷却速度越快，结晶区金属受拉应力的破坏作用越大。例如，在厚板对接焊焊接第一道打底焊缝时，容易产生裂纹；在严寒中焊接时，焊缝也容易产生裂纹。

相同成分的焊缝金属，焊缝形状不同，其冷却和结晶的条件及结晶方向不同，杂质的分布不同，因此引起的热裂的倾向也不同。深而窄的自动焊缝，两侧冷却快，易形成焊缝中心的区域偏析，热裂的倾向较大。

针对以上特点，可以适当加大热输入量，以降低冷却速度，减少应力，改善焊缝的结晶条件。还可采用调整焊接电流、电弧电压来改善焊缝形状，一般焊缝的形状系数 $\psi>1.3$ 时，其冷却和结晶条件较好。对焊件进行预热也可以达到减小应力、改善结晶条件的效果。

（3）焊件或焊接接头的刚度

焊件或焊接接头的刚度越大，则焊缝中产生的应力也越大。焊件的刚度是由其本身的尺寸形状、钢板的厚度等因素所决定的，它们都是设计时确定的，在施工时是不允许改变的。但可以在装配焊接工艺、焊接方向和焊接程序等方面，选择最合理的方案来改善焊缝的抗裂性。

总之，针对具体的焊接结构、钢材成分及生产条件，哪一种因素是引起热裂纹的主要原因，要具体分析，区别不同情况选择相应的措施。

三、焊接冷裂纹

冷裂纹主要产生在中合金钢和具有马氏体组织的高合金钢中。厚度较大的低合金钢焊件也可能产生冷裂纹。低碳钢和具有奥氏体组织的高合金钢焊件，很少产生冷裂纹。

1. 冷裂纹的特点及其分类

（1）冷裂纹的特点

1）产生的温度和时间。冷裂纹产生在焊接之后，接头金属冷却到相变温度以下，特别是在温度低于200℃时。从产生时间上，一般在焊后几分钟到几天，甚至一两个月之后，所以冷裂纹又叫延时裂纹。大的冷裂纹不是一下子就生成的，它的生成规律是先发生几处小的（或显微的）裂纹，然后逐步向长度或深度上发展，几个小裂纹陆续连接起来。某些焊接结构，当小裂纹发展到一定程度后，裂纹可能在瞬间迅速扩大，引起结构整体的突然断裂，甚至同时产生较大的声响和机械振动。

2）产生的部位和方向。冷裂纹大多产生在基本金属上或基本金属与焊缝交界的熔合线上。它们的方向大多数是纵向的，即裂纹的长度方向与焊缝方向相平行。在少数情况下，也可能有横向裂纹，即裂纹的长度方向与焊缝方向相垂直。

3）外观特点。显露在接头金属表面的冷裂纹断面上没有明显的氧化色彩。

4）金相结构特征。冷裂纹可能发生在晶界上，也可能贯穿于晶粒内部。

（2）冷裂纹分类

根据被焊钢种和结构的不同，冷裂纹也有不同的类别，大致可分以下三类：

1）延迟裂纹。这种裂纹是冷裂纹的一种普遍形态，它的主要特点是不在焊后立即出现，而是有一定的孕育期，具有延迟现象，故称延迟裂纹。产生这种裂纹主要取决于钢种的淬硬倾向、焊接接头的应力状态和熔敷金属中的扩散氢含量。

2）淬硬脆化裂纹（或称淬火裂纹）。一些淬硬倾向很大的钢种，即使没有氢的诱发，仅在拘束应力的作用下也能导致开裂。焊接含碳较高的 Ni－Cr－Mo 钢、马氏体不锈钢、工具钢，以及异种钢等有可能出现这种裂纹。它完全是由冷却时马氏体相变而产生的脆性造成的，一般认为，与氢的关系不大。这种裂纹基本上没有延迟现象，焊后可以立即发现，有时出现在热影响区，有时出现在焊缝上。

一般来讲，采用较高的预热温度和使用高韧性的焊条，基本上可以防止这种裂纹。

3）低塑性脆化裂纹。某些塑性较低的材料，冷至低温时，由于收缩力而引起的应变超过了材质本身所具有的塑性储备或材质变脆而产生的裂纹，称为低塑性脆化裂纹。例如，铸铁补焊、堆焊硬质合金和焊接高铬合金时，就会出现这种裂纹。由于是在较低的温度下产生的，所以也是属于冷裂纹的一种形态，但无延迟现象。

2. 冷裂纹的产生原因

概括地说，冷裂纹的产生原因是有淬火倾向的钢在焊接后的冷却过程中产生了淬火的组织应力和氢的析集现象，在焊接应力的作用下晶间或晶粒内部发生断裂。

影响冷裂纹的主要因素包括热影响区的淬硬程度、焊缝及热影响区的含氢量以及焊接接头上的焊接应力的大小。

（1）热影响区的淬火脆化

淬硬倾向较强的钢，焊接接头热影响区的组织与低碳钢不同。在可淬硬合金钢的接头中，凡是加热温度超过了相变温度，从而出现奥氏体晶粒的区段，在焊后冷却较快的条件下都可能出现部分马氏体组织。马氏体的硬度高，塑性极差。针状马氏体越粗大，它所带来的脆化现象就越严重。淬硬钢焊接接头的熔合线和过热区中的淬火组织都是粗大的针状马氏体，因此，这里是整个接头中脆化最严重、抗裂性最差的薄弱区段。

从应力状态来看，熔合线和过热区也是整个接头中最复杂的。除了受到焊接接头纵向拉应力和横向拉应力的作用之外，还要额外加上组织应力。所谓组织应力，就是某些晶粒中发生了马氏体转化伴随着体积的膨胀，造成了对邻近金属的压应力，在这种压应力的作用下，晶界上的原子排列被挤歪，致使晶界脆化更严重。在以上这样的复杂应力作用下，熔合线和过热区最容易出现冷裂纹。

焊缝金属产生冷裂纹的现象是很少的。这是因为：焊接时所选用的焊接材料已经保证了焊缝金属的碳和合金元素的含量比基本金属低，因而焊缝金属比基本金属的淬硬倾向小、塑性好，具有较高的抗裂性。只有当焊缝金属中碳和合金元素含量与基本金属相同或相近时，才有可能产生焊缝的纵向或横向冷裂纹。

（2）氢的析集现象

焊接时溶入熔池的氢在焊缝结晶时有一些来不及从液态金属中逸出，就残留在焊缝金属中，因此，焊缝的含氢量比较高。氢能以原子状态溶解在铁的固溶体中，但是它在奥氏体和铁素体中的溶解度是不同的，即使对于同一种固溶体（A 或 F），随着温度的降低，氢的溶解度也不断地降低。溶解度的降低，使得越来越多的氢原子不能继续存在于固溶体中，而是从固溶体中析出。在焊缝金属还处于高温阶段时，γ 体中析出的氢原子能够以较大的扩散速度排出金属表面。但是金属的温度越低，氢原子在金属内部的扩散运动越困难。所以，低温时固溶体中析出的氢原子无法排出金属表面，只能在金属内部的某些地方集中起来，这种现象叫做“氢的析集”。氢原子析集的地方往往是那些原来就存在着缺陷的地方，例如，有非金属夹杂物的位置或原子排列比较混乱的晶界。氢原子析集到这些地方之后就合并成分子，也就是变成气体状态的氢，形成了很大的压力，在强大的气体压力之下，可能把这些存在缺陷的地区撑裂，形成显微裂纹，这就是冷裂纹的“萌芽”。

氢的析集和淬火脆化这两种因素是互相补充的。因为这两个现象都发生在低温，故它们经常是同时起作用的。

3. 防止冷裂纹的措施

（1）减少焊缝的含氢量

大量实验证明，在采取了一系列工艺措施，减少了焊缝金属中氢的含量之后，近缝区的冷裂倾向大为降低。这些措施的范围是比较广泛的，包括焊接材料的选择与烘干、焊件清理、电流与极性选择及操作方法等。

（2）正确选择焊接规范

要正确地选择焊接规范以得到合理的冷却速度。要求既能防止冷裂，又不造成严重过热以致影响接头的使用性能，这要通过实验来解决。

（3）焊件焊前预热

钢板厚度大、淬硬倾向大以及环境温度低等情况下，采取焊前预热或者一边焊接一边补充加热（如用氧乙炔焰）的方法，是防止冷裂纹的有效措施。预热温度不超过 150 ~ 200℃，可以是焊件整体加热，也可以是焊缝附近局部预热。预热的作用在于通过减缓冷却速度以改善焊接接头的显微组织，降低焊接热影响区的硬度和脆性，提高塑性，并加速焊缝中的氢向外扩散。预热也可以起到减少焊接应力的作用。但预热的方法是有局限性的，对于大型结构的预热是比较困难的，特别是整个结构在工地上总装焊接时，有时甚至根本没有条件进行预热。

（4）采用合理的装配焊接程序

合理的装焊程序、焊接方向的选择，可以改善焊件的应力状态，减缓焊件的冷却。这方面的措施，将在第四单元焊接应力和变形中详细讨论。

（5）焊件的焊后热处理

焊件在焊后及时进行热处理，如高温回火等，可以改善接头的组织和性能，可以使氢扩散逸出，也可以减少焊接应力。实际生产中，要求及时对产品进行回火往往不容易做到，为此有时容器制造厂将焊后的容器及时再加热到250～300℃，并保持这一温度达6 h后再使其冷却，这对克服延时裂纹有很明显的效果，然后再去进行比较正规的回火热处理。但是受设备条件的限制，并不可能对所有的焊件都进行焊后热处理。

以上各种措施对所有产生冷裂纹的钢而言是共同的规律。但是，具体的焊接结构，一定要从它的具体条件出发，找出造成冷裂纹的主要原因，然后有针对性地采取措施。

四、焊接再热裂纹

1. 焊接再热裂纹的发生

残余应力是造成低应力脆性破坏、焊接冷裂纹、结构几何形状失稳以及应力腐蚀裂纹等的重要原因之一。因此，对于一些重要的厚板焊接结构，如核电站的压力壳、厚壁容器和潜艇结构等，焊后进行消除应力热处理几乎是不可缺少的一道工序，因为这些结构焊后不可避免地存在不同程度的残余应力。

某些含有沉淀强化元素的高强钢和高温合金（包括低合金高强钢、珠光体耐热钢、沉淀强化的高温合金，以及某些奥氏体不锈钢等），在焊后并未发现裂纹，而在热处理过程中出现了裂纹，这种裂纹称为“消除应力处理裂纹”（Stress Relief Cracking，SR裂纹）。另外，有些焊接结构是在一定温度条件下工作的，即使在焊后消除应力处理过程中不产生裂纹，在500～600℃长期工作时也会产生裂纹。为此，在工程上常把上述两种情况下产生的裂纹（消除应力过程和服役过程），统称为“再热裂纹”（Reheat Cracking）。

20世纪60年代初国外报道了因再热裂纹发生多起事故，引起了各国的重视，并进行了大量的试验研究。70年代初我国制造大型锅炉汽包，采用德国钢种BHW38，也出现过再热裂纹的问题。为此，当时国内许多单位对国产低合金钢和部分国外钢种产生再热裂纹问题进行系统研究。

2. 再热裂纹的主要特征

（1）再热裂纹都是发生在焊接热影响区的粗晶部位并呈晶间开裂，如图1—26所示，母材、焊缝和热影响区的细晶部位均不产生再热裂纹。裂纹的走向是沿熔合线母材侧的奥氏体粗晶晶界扩展，有时裂纹并不连续，而是断续的，遇细晶就停止扩展。

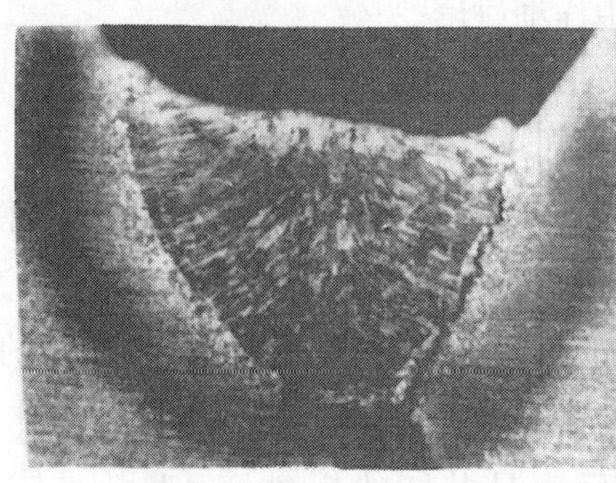
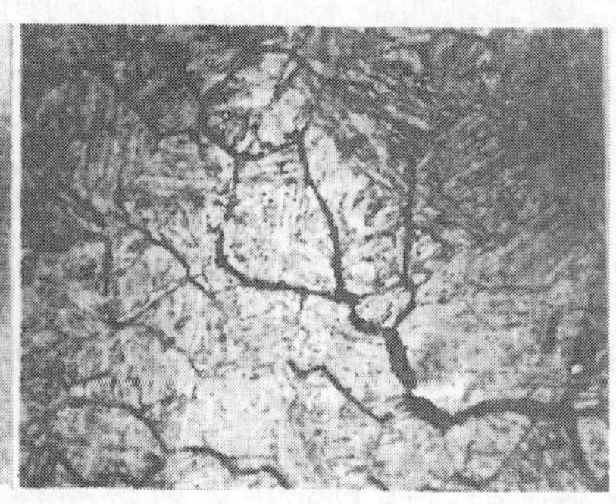

图1—26　18MnMoNb钢的再热裂纹

a）裂纹的部位×4　b）晶间开裂×100

（2）进行消除应力处理之前焊接区存在较大的残余应力并有不同程度的应力集中。残余应力与应力集中二者必须同时存在，否则不会产生再热裂纹。

（3）产生再热裂纹存在一个最敏感的温度区间。这个区间与再热温度及再热时间有关，对于奥氏体不锈钢和一些高温合金在700～900℃，对于沉淀强化的低合金钢在500～700℃，随材料的不同而变化。

（4）含有一定沉淀强化元素的金属材料才具有产生再热裂纹的敏感性。碳素钢和固溶强化的金属材料，一般都不产生再热裂纹。

以上就是再热裂纹的主要特征。在工程上和失效事故中，可以按上述的主要特征鉴别是否属于再热裂纹。

3. 再热裂纹的产生原因

再热裂纹产生的部位均在热影响区的粗晶区中，即在焊接时加热至1 200～1 300℃以上的区域，且大多发生在应力集中部位。它属于晶间断裂性质，裂纹大多数沿熔合线方向在奥氏体粗晶粒边界发展。再热裂纹的产生与加热温度和加热时间有密切关系。具有再热裂纹敏感性的钢种都有一个产生再热裂纹的最敏感的温度范围。如低合金高强钢的敏感温度范围一般为500～700℃。

产生再热裂纹的原因，一般认为是由于焊后对焊接接头进行热处理加热时，焊接热影响区的粗晶区会析出沉淀硬化相（如钼、钒、铌和钛等碳化物），强化了晶粒而相对地减弱了晶界所引起的。如由于焊接接头中存在较大残余应力并造成应力集中，则在热处理的加热作用下，由于应力的松弛而重新发生的塑性蠕变便集中在晶界上，若粗晶部位的蠕变塑性不足以适应应力松弛而产生变形时，便形成了裂纹。

再热裂纹和热裂纹虽然都是沿晶界开裂，但再热裂纹的产生本质和热裂纹有根本的不同，再热裂纹只在一定的温度区间敏感，而热裂纹是发生在固相线附近。

4. 防止再热裂纹的措施

防止再热裂纹可采取以下措施：

（1）控制预热温度

焊前预热是防止再热裂纹的有效措施之一，它能减少焊接残余应力和应力集中，从而使产生再热裂纹的倾向显著降低。一般预热温度控制在200～450℃，若焊后能及时在适当的温度下进行后热，也可产生类似预热的效果，此时也可适当降低预热温度。

（2）选择合适的焊接材料和控制基本金属的化学成分

适当减少基本金属中促使形成再热裂纹的合金元素，也是防止再热裂纹产生的有效措施。另外在满足设计要求的前提下，选择强度低而塑性好的焊接材料以适当降低焊缝强度，提高其塑性变形能力，也可减轻近缝区塑性应变的集中程度，有利于降低再热裂纹的敏感性。实践证明，仅在焊缝表层用低强度、高塑性的焊接材料来覆盖，也有一定的防止再热裂纹产生的效果。

（3）减小残余应力

尽量消除应力集中源，如对焊缝的余高的消除，可显著减少热影响区的应力集中。咬边及根部未焊透等缺陷也是应力集中源，根除上述缺陷可在一定程度上降低再热裂纹的产生倾向。另外，在焊接程序安排上和焊接规范的正确选用上，以及采用退火焊道和在结构设计上的合理布置焊缝等，都是减少残余应力的有力措施。

（4）适当提高消除应力的回火温度

使析出较粗大的强化物粒子，同时适当减慢回火时的加热速度，以减小温差应力。

五、层状撕裂

大型厚壁结构，在焊接过程中会沿钢板的厚度方向出现较大的拉伸应力，如果钢中有较多的夹杂，那么沿钢板轧制方向出现一种台阶状的裂纹，一般称为层状撕裂（Lamellar Tear）。

1. 层状撕裂的特点与危害

层状撕裂一般在钢表面上难以发现，即使超声探伤检测合格的钢板，仍可能在焊接后出现层状撕裂。层状撕裂是一种内部沿轧向的应力开裂，它的特征是呈阶梯状，这是其他裂纹所没有的。层状撕裂的全貌，基本是由平行于轧向的平台（ Terraces）和大体垂直于平台的剪切壁（Shear Walls）所组成。

层状撕裂常出现在T形接头、角接头和十字接头中，如图1—27所示。一般对接接头很少出现，但在焊趾和焊根处由于冷裂的诱发也会出现层状撕裂。

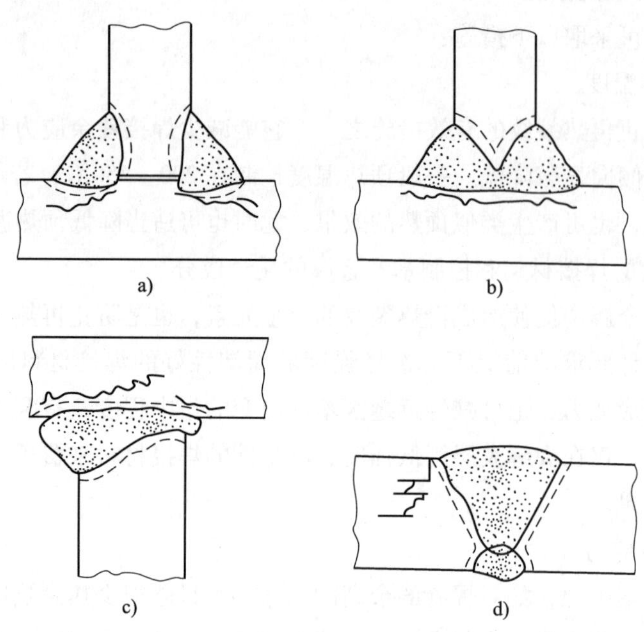

图 1—27　各种接头的层状撕裂

a）T 形接头　b）T 形接头（深熔）　c）角接头　d）对接接头

层状撕裂与冷裂纹不同，它的产生与钢种强度级别无关，主要与钢中的夹杂物数量及分布形态有关，因此，在撕裂的平台部位常发现不同种类的非金属夹杂物（如 MnS、硅酸盐和铝酸盐等）。层状撕裂不仅出现在厚钢板中（低碳钢和低合金高强钢），也出现在铝合金的板材中。根据层状撕裂产生的位置大体可分三类：

（1）在焊接热影响区焊趾或焊根处由冷裂纹诱发而形成的层状撕裂。

（2）在焊接热影响区沿夹杂开裂，是工程上最常见的层状撕裂。

（3）远离热影响区的母材中沿夹杂开裂，这种情况多出现在有较多 MnS 的片状夹杂的厚板结构中。

层状撕裂主要发生在低合金高强钢的厚板焊接结构中，多用于海洋采油平台、核反应堆压力容器及潜艇外壳等重要结构。由于层状撕裂在钢材外观上没有任何迹象，而现有的无损检测手段又难以发现，即使能判明结构中有层状撕裂，但也难以修复，造成了巨大的经济损失。特别严重的是，由层状撕裂引起的事故往往是灾难性的，因此，研究层状撕裂的形成机理，防止层状撕裂的发生已成为焊接工程上一项重要的研究任务。

2. 层状撕裂的产生原因

层状撕裂大多发生在厚度较大的高强度钢材的焊接结构中，其产生原因主要是在轧制钢板的过程中存在着带状夹杂物层，如硫化物、氧化物和硅酸盐等。这些夹杂物在轧制中被延展成片状并分布在与表面平行的各层中，从而使钢板在厚度方向上的力学性能特别是伸长率降低很多。当厚板 T 形接头或角接接头焊接时，如果处于刚性拘束的条件下，焊缝收缩会在基本金属内厚度方向（Z 向）上引起很大的收缩应力和应变，在夹杂物的边缘产生应力集中。当应力超过一定数值时，会使某些部位的夹杂物与基本金属基体之间的弱接合面首先发生开裂并扩展。之后这种开裂在各层之间相继发生并连成一体，造成层状撕裂且呈阶梯形。

氢的含量对层状撕裂的影响是很复杂的，它与很多具体条件有关。层状撕裂的产生主要取决于钢板中的夹杂物和接头 Z 向收缩应力。

3. 防止层状撕裂的措施

防止层状撕裂的主要措施如下：

（1）控制夹杂物

钢材中的夹杂物（主要是硫化物）起着破坏基体连续性的作用，因此，应要求夹杂物的数量少、形状圆钝且不集中。特别应严格控制钢材的含硫量，选择硫化物及硅酸盐夹杂少、厚度方向伸长率（$\delta \geqslant 25\%$）好的钢材。另外，除脱硫外，加入钛、钼或稀土元素等成分，也可促使夹杂物破碎和球化，从而改善 Z 向力学性能、提高钢材抗层状撕裂的能力。

（2）防止基本金属脆化

在夹杂物数量、形状和分布相似条件下的钢材，显然其基本金属的塑性和韧性对层状撕裂倾向有着不同的影响，即基体本身的塑性和韧性对裂纹的扩展条件有直接影响，它决定了钢材变形能力的大小，从而也决定了层状撕裂倾向的大小。这样通过基本金属的塑性和韧性的改善，可提高抗层状撕裂的性能。正确选用钢材、避免选用对淬火敏感的材料、控制焊接热循环、采用预热、控制层间温度及保温缓冷等措施，均可防止热影响区的淬硬脆化。

（3）采用合理的焊接工艺

这主要是减少 Z 向拘束度，使焊接接头的收缩应力和应变尽可能小一些。通过改善焊接接头形式，使接头中钢板塑性和韧性较差的 Z 向安排在与受力方向垂直的部位，以及采用预焊低强度高韧性焊道做成隔离焊缝来承受接头应变等，都是防止层状撕裂的常用措施。另外，控制预热和层间温度，采用多道焊减少收缩应力和应变等措施，也有利于防止层状撕裂。

复 习 题

1. 试述焊接冶金过程的特点。
2. 什么叫熔渣的碱度？如何确定熔渣的碱度？
3. 试述焊缝金属的脱氧方法。
4. 说明焊接过程中氢的来源及其危害性。
5. 焊缝金属渗合金的目的是什么？并叙述提高合金元素过渡量的方法。
6. 为减少气孔的产生应采取哪些工艺措施？
7. 热裂纹产生的主要原因是什么？应从哪几方面采取措施加以防止？

第 2 章

焊接方法与设备

学习目标

➢ 了解焊条电弧焊、熔化极气体保护焊、钨极氩弧焊、埋弧焊等常用焊接方法的定义和基本原理。

➢ 熟悉常用焊接方法中焊接材料的选用原则和焊接设备的构成。

➢ 掌握常用焊接方法的适用范围及工艺特性。

第1节　焊条电弧焊

一、概述

1. 焊条电弧焊的定义和基本原理

用手工操作焊条进行焊接的电弧焊方法称为焊条电弧焊（SMAW），曾被称为手工电弧焊（手弧焊）。焊条电弧焊是各种电弧焊方法中发展最早，目前应用最广泛的一种焊接方法。焊条电弧焊焊接时，在焊条末端和焊件之间燃烧电弧所产生的高温，使药皮、焊芯及焊件熔化，熔化的焊芯端部迅速地形成细小的金属熔滴，通过弧柱过渡到局部熔化的焊件表面，融合在一起形成熔池。药皮熔化过程中产生的气体和熔渣，不仅使熔池与周围的空气隔绝，而且也与熔化了的焊芯、母材发生一系列冶金反应，使熔池金属冷却结晶后形成符合要求的焊缝。焊条电弧焊原理如图2—1所示。

2. 焊条电弧焊的特点

（1）焊条电弧焊的优点

1）设备简单、维护方便。可采用交流弧焊设备（焊机）或直流弧焊设备（焊机）进行焊接，这些设备都比较简单，投资少且容易推广。

2）操作灵活。在空间任意位置的焊缝，凡焊条能到达的地方都能进行焊接。

3）适用范围广。

4）对焊接接头的装配要求较低。

（2）焊条电弧焊的缺点

1）对焊工操作技术要求高。焊接质量除了

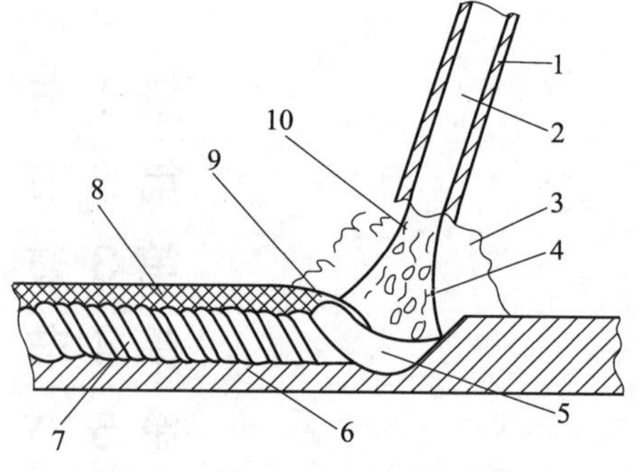

图2—1　焊条电弧焊的基本原理

1—药皮　2—焊芯　3—保护气　4—电弧　5—熔池　6—母材　7—焊缝　8—渣壳　9—熔渣　10—熔滴

靠合理的焊接工艺指导和设备外，还要靠焊工的操作技术来保证。

2）劳动条件差。高温烘烤、野外露天作业和有害烟尘等，致使焊工劳动条件很差。

3）生产效率低。频繁更换焊条，使之与自动焊相比效率很低。

4）不适于特殊金属和薄壁结构的焊接。焊条的保护作用不足以防止活泼难熔金属的氧化。

3. 焊条电弧焊的适用范围

焊条电弧焊具有设备简单、操作方便、适应性强、能在空间任意位置焊接的特点，它不仅可焊接碳钢、合金钢、有色金属等材料，还可以进行耐磨堆焊、耐蚀堆焊及特殊材料的焊接，所以被广泛应用于各个工业领域。

二、焊接材料

1. 焊条的选用原则

焊条的种类繁多，每种焊条均有一定的特性和用途，即使同一类别的焊条，由于不同的药皮类型，所反映出的使用特性也是不同的。在实际工作中，除了要认真了解各种焊条的成分、性能及用途等资料外，还必须结合被焊工件的状况、施焊条件及焊接位置等，并参照下列各条原则，予以综合考虑，才能正确地选择焊条。

（1）根据焊接材料的力学性能和化学成分来选择焊条

1）对于结构钢，通常应选用焊缝金属的韧性和抗拉强度等于或稍高于母材的焊条。

2）合金结构钢如耐热钢和不锈钢或镍基合金等，按母材的化学成分和使用性能，选用熔敷金属与母材成分相同或相近，同时性能相当的焊条。

3）当母材中 C、S、P 等元素含量偏高时，焊缝易产生裂纹，应选择抗裂性能较好的低氢型焊条。

（2）焊件的工作条件

1）焊件在腐蚀介质中工作时，必须分清介质种类、浓度、工作温度以及腐蚀类型，从而选择合适的不锈钢焊条。

2）在低温或高温下工作的工件，应选择能保证低温或高温性能的焊条。

3）焊件在承受动载荷和冲击载荷情况下，除了要求保证抗拉强度、屈服强度外，还应考虑熔敷金属的冲击韧度和塑性等。

（3）焊件的结构特点和受力状态

1）形状复杂或大厚度的焊件，由于其焊缝金属在冷却收缩时产生的内应力大，容易产生裂纹，因此，必须采用抗裂性好的焊条，如低氢型焊条或高韧性焊条。

2）焊接部位所处的位置不能翻转时，必须选择能进行全位置焊接的焊条。

（4）施工条件及设备

在没有直流电源，而结构又要求必须使用低氢型焊条的场合，应选用交直流两用低氢型焊条。在狭小或通风条件差的场所，应选用酸性焊条或低尘焊条。

（5）操作工艺性能

因受条件限制而使某些焊接部位难以清理干净时，应考虑选用氧化性强，对铁锈、氧化皮和油污反应不敏感的酸性焊条，以免产生气孔等缺陷。

（6）经济性

在保证使用性能和操作工艺性的前提下，尽量选用价格低廉的焊条。根据我国的矿藏资源，应大力推广钛铁矿型焊条。对焊接工作量大的结构，有条件时应尽量采用高效率焊条，如铁粉焊条、高效率不锈钢焊条、重力焊条及立向下焊条之类的专用焊条，以提高焊接生产效率。

2. 焊条的使用性能

所谓焊条的使用性能，是指使用该焊条时所能满足焊接要求的程度，它包括工艺性和焊接性。

（1）焊条的工艺性

焊条的工艺性是指焊条在使用和操作时的性能，它是衡量焊条好坏的重要指标。焊条的工艺性主要包括焊接电弧的稳定性、焊缝成形、在各种位置上焊接的适应性、飞溅、脱渣性、焊条的熔化速度、药皮发红程度和焊条发尘量等。

1）焊接电弧的稳定性。焊接电弧的稳定性直接影响焊接过程能否连续进行和焊接质量。它与焊接电源的特性、焊接参数和焊条药皮类型等很多因素有关。

2）焊缝成形。对焊缝成形的要求是表面光滑、波纹细密美观、焊缝几何形状正确，也就是焊缝圆滑地向母材过渡，余高符合标准，无咬边等缺陷。然而，不同类型焊条其焊缝成形是不同的，这主要是因为它们的熔渣物理性质不同。熔渣的熔点和黏度太高或太低都会使焊缝成形不良。

3）各种位置焊接的适应性。不同类型的焊条在各种位置焊接的适应性是不同的。几乎所有焊条都能进行平焊，而横焊、立焊、仰焊就不是所有焊条都能胜任的。横焊、立焊、仰焊与平焊相比，其主要困难是在重力作用下熔滴不易向熔池过渡；熔池金属和熔渣向下淌，以至于不能形成正常的焊缝。因此，应适当增加电弧和气流的吹力，以便把熔滴送向熔池并且阻止金属和熔渣下淌。同时，还应利用熔渣的表面张力阻止熔渣和熔化金属的下淌；设法使熔渣在较高温度和较短时间内，在熔渣和熔化金属下淌之前尽快凝固。

4）飞溅。飞溅是指在焊接过程中由熔滴和熔池中飞出并粘附在焊缝周围的金属颗粒。焊后须进行繁琐的清理。产生飞溅的因素很多，如药皮中水分多、熔渣的黏度大、金属中产生 CO 的剧烈反应、焊接电流过大、电弧过长、焊条偏心等。

5）脱渣。脱渣性是指焊后熔渣从焊缝表面清除的难易程度。如果脱渣困难，则会显著降低焊接生产效率。特别在多层焊时，还容易造成夹渣缺陷。金属与熔渣的线膨胀系数相差越大，则脱渣性越好。焊接时在凝固的焊缝表面常有黏渣现象，甚至造成脱渣困难，这是因为焊缝金属表面有一层氧化薄膜存在，它起着焊缝金属与熔滴之间的连接作用。若增强焊条的脱氧能力，可以明显地改善脱渣性。

6）熔敷效率。熔敷效率为熔敷金属量与熔化的填充金属量的百分比。焊条熔敷效率反映着焊接生产效率的高低，熔敷效率越高，生产效率越高。

7）焊条药皮发红。焊条药皮发红是指当焊接半根焊条以后，在剩余的后半段焊条上药皮温度过高而发红、开裂或脱落的现象。这样就使药皮失去保护作用及冶金作用，引起焊接工艺性能恶化，严重地影响焊接质量，同时也造成了严重的浪费。尤其是不锈钢焊条，其焊芯电阻大，产生大量的电阻热，以致引起药皮发红。

8）焊条发尘量。焊接时产生的烟尘常含有各种有毒物质，污染工作环境，危害焊工健康。为了消除烟尘，改善劳动条件，许多焊材制造单位研制了无毒或低尘低毒的碱性焊条，并已取得了一定的成果。

综上所述，焊条的工艺性能主要取决于焊条药皮的组成，焊条药皮的组成决定了熔渣的类型。焊接过程中焊条药皮熔化后，在熔池中参与化学反应的熔融态非金属物质称为熔渣。按熔渣的碱度将熔渣分为碱性渣和酸性渣。碱性渣为化学性质呈碱性的熔渣，酸性熔渣为化学性质呈酸性的熔渣。根据熔渣黏度随温度的变化情况，可将熔渣分为长渣和短渣。随着温度降低，黏度增加得较慢的熔渣为长渣。随着温度降低，开始时黏度增加得很慢，而在凝固瞬间黏度迅速增加的熔渣为短渣。

（2）焊条的焊接性

通过焊接，焊件能否得到充分的连接，以及焊接接头满足结构的使用要求的程度称为焊接性。也就是说，焊接时不产生气孔、凹痕、裂纹或焊接不良等缺陷，容易得到具有足够的强度、塑性及韧性的接头，或容易满足某些特殊的性能要求（如耐热、耐蚀及耐磨等），则表示具有良好的焊接性。但是，对于各种焊接缺陷的产生及焊接接头的强度、塑性及韧性等性能，还要受到母材的材质与板厚、焊接接头的设计、焊接施工方法等因素的影响。因此，对于焊条的焊接性的评定要进行具体的分析。

三、焊条电弧焊焊接规范

焊条电弧焊的焊接规范主要是指焊条直径、焊接电流、电弧电压。焊接规范选择的正确性直接影响产品的质量和生产效率。上述参数的选择需考虑钢材的材质、工作条件、焊接层次、电源种类及其极性等因素。所选用的规范参数还需按操作者的操作手法和焊接设备来确定。

1. 焊条直径的选择

焊条直径对焊接质量和生产效率有很大影响。选用较粗的焊条能提高生产效率，但用过粗的焊条会造成未焊透和焊缝成形不良的现象；用过细的焊条则生产效率低。焊条直径的选用主要取决于焊件厚度、焊接接头形式、焊缝空间位置、坡口角度和间隙大小、层次等因素。一般可根据表2—1数据选择焊条直径。

表2—1　根据焊件厚度选择焊条直径　mm

焊件厚度	3	4 ~10	>10
焊条直径	3.2	3.2 ~4	≥4

平对接及横角焊与立、横、仰对接相比可选用较大的焊条直径，特别是厚板横角焊选用的焊条直径可超过5 mm，横对接缝的焊条直径最大不超过5 mm，而立焊、仰焊一般不宜超过4 mm。

多层焊接时，为确保焊缝根部焊透，第一层打底焊采用3.2 ~4 mm直径的焊条，以后各层则根据焊件厚度和空间位置选用较大直径的焊条。

2. 焊接电流的选择

焊接电流的大小对焊接生产效率和焊接质量有较大影响。焊接电流过大，焊缝容易产生咬边、焊穿、飞溅增大、成形不良等缺陷；电流过小，则会使电弧不稳定、操作困难，同时易产生焊缝根部未焊透和夹渣、成形窄而高等缺陷，且生产效率低，因此电流选择要适当。

焊接电流的大小主要根据焊条直径、焊条类型（酸、碱性）、焊件厚度、接头形式、焊缝空间位置及焊接层次等因素来决定，最主要的是焊条直径。一般用碳钢焊条焊接时焊接电流可按下式计算：

$$I = (35 \sim 55)\ d$$

式中 I——焊接电流，A；

d——焊条直径，mm。

无论角接焊还是对接焊，随着焊缝空间位置的不同，使用的焊接电流、焊条直径也不同。如焊接平焊缝时，一般可选用较大的焊条直径和焊接电流，而横、立、仰焊时，为防止熔化金属从熔池中流出，应选用较小的焊接电流，使熔池的体积尽可能小些。在使用同一焊条直径时，横、立焊选用的焊接电流要比平焊减小10% ~15%，仰焊要比平焊减小15% ~20%。

3. 电弧电压的选择

焊接时的电弧电压是由电弧长度来决定的，为保证焊缝的质量，要求电弧燃烧稳定(即保持一定的电弧长度)。一般情况下，使用酸性焊条的电弧长度比碱性焊条长。使用碱性焊条时，应尽量保持短弧焊接。若电弧过长，会出现电弧燃烧不稳定、增加金属飞溅、减小熔深及产生咬边等缺陷。因此，焊接时一般要求电弧长度不得超过焊条直径。

第 2 节　熔化极气体保护焊

一、概述

1. 熔化极气体保护焊的基本原理

熔化极气体保护焊（GMAW）采用可熔化的焊丝与被焊工件之间的电弧作为热源来熔化焊丝与母材金属，并向焊接区输送保护气体，使电弧、熔化的焊丝、熔池及附近的母材金属免受周围空气的有害作用。连续送进的焊丝金属不断熔化并过渡到熔池，与熔化的母材金属融合形成焊缝金属，从而使工件相互连接起来，如图 2—2 所示。

2. 熔化极气体保护焊的分类

熔化极气体保护焊根据保护气体的种类不同可分为：熔化极惰性气体保护焊（MIG）、熔化极氧化性混合气体保护焊（MAG）和 CO_2 气体保护电弧焊三种。

(1) 熔化极惰性气体保护焊（MIG）

保护气体采用氩气、氦气或氩气与氦气的混合气体，它们不与液态金属发生冶金反应，只起保护焊接区使之与空气隔离的作用。因此，电弧燃烧稳定，熔滴过渡平稳、安定，无激烈飞溅。这种方法特别适用于铝、铜、钛等有色金属的焊接。

(2) 熔化极氧化性混合气体保护焊（MAG）

保护气体由惰性气体和少量氧化性气体混合而

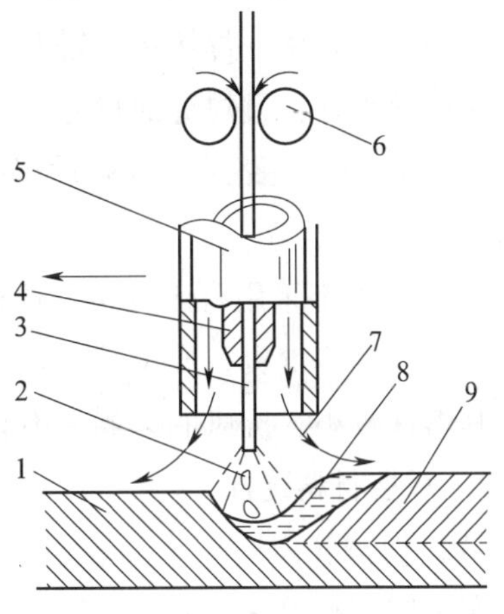

图 2—2　熔化极气体保护焊的工作原理

1—母材　2—电弧　3—焊丝
4—导电嘴　5—喷嘴　6—送丝轮
7—保护气体　8—熔池　9—焊缝金属

成。由于保护气体具有氧化性，常用于黑色金属的焊接。在惰性气体中混入少量氧化性气体的目的是在基本不改变惰性气体电弧特性的条件下，进一步提高电弧的稳定性，改善焊缝成形，降低电弧辐射强度。MAG 焊常焊接重要的金属结构。

（3）二氧化碳气体保护电弧焊（CO_2）

保护气体是 CO_2，有时采用 CO_2+O_2 的混合气体。由于保护气体的价格低廉，采用短路过渡时焊缝成形良好，加上使用含脱氧剂的焊丝可获得无内部焊接缺陷的高质量焊接接头，因此这种方法已成为焊接黑色金属材料最重要的方法之一。

二、MIG 焊接工艺

1. 工艺特点

MIG 焊通常采用惰性气体氩、氦或它们的混合气体作为焊接区的保护气体。在焊接工艺上有如下特点：

（1）惰性气体几乎不与任何金属发生化学作用，也不溶于金属中，所以几乎可以焊接所有金属。出于经济考虑，目前主要用于焊接铝、镁及其合金、不锈钢和某些低合金钢。

（2）焊丝表面没有涂料层，焊接电流可提高，因而母材熔深较大，焊丝熔化速度快，熔敷效率高（达 92% ~98%，而焊条电弧焊只有 60% ~70%），与 TIG 焊相比，其生产效率高。

（3）熔滴过渡主要采用射流过渡形式，短路过渡仅限于薄板焊接时采用，而滴状过渡在生产中很少采用。焊接铝、镁及其合金时，通常是采用亚射流过渡，因阴极雾化区大，熔池保护效果好，且焊缝成形好、缺陷少。

（4）若采用短路过渡或脉冲焊接方法，可以进行全位置焊接，但其焊接效率不及平焊和横焊。

（5）一般都采用直流反接，这样电弧稳定、熔滴过渡均匀、飞溅少，焊缝成形好。

但惰性气体价贵，成本较高。对母材及焊丝的油、锈很敏感，容易生成气孔。与 CO_2 相比其熔深较小，抗风能力弱，不宜室外焊接。

2. 焊接材料选择

（1）保护气体

实际应用有单一气体氩或氦，和氩与氦混合气体。

1）单一气体。氩和氦同属惰性气体，焊接过程中不与液态和固态金属发生化学冶金反应，故很适于焊接活泼性金属，如铝、镁、钛等。但这两种情性气体在焊接工艺性能上有差别。

在氩弧中，电弧电压和能量密度较低，电弧燃烧稳定，飞溅极小，很适合焊接薄板金属和热导率低的金属；在氦弧中，在给定的电弧长度和焊接电流下，其电弧电压比氩弧高很多，因而电弧温度和能量密度也高，其熔深大，焊接效率高，故适于焊接中、厚板和热导率高的金属材料。但氦稀少而昂贵，单独使用成本太高。

2）混合气体。以氩气为主混入一定量的氦，就综合了氩弧和氦弧的优点，不仅电弧燃烧稳定，温度高，而且焊丝熔化速度快，熔滴易呈现较稳定的射流过渡，熔池流动性得到改善，焊缝成形好，致密性提高，很适合于焊接铝、铜及其合金等高热导率材料。

（2）焊丝

MIG 焊使用的焊丝化学成分通常应与母材的相同，在某些情况下使用稍微不同于母材化学成分的焊丝是为了改善焊缝金属的力学性能和焊接工艺性能。

焊丝直径通常在 0. 8 ~2. 4 mm，使用前须经严格化学或机械清理。生产厂家最好以一定规格缠绕成盘状，经密封包装后供应用户直接使用。

3. 焊接工艺参数

MIG 焊接的工艺参数有焊接电流、电弧电压、焊接速度、焊丝直径、焊丝伸出长度、焊丝倾角、焊接位置和极性等。此外，还有保护气体及其流量大小等，它们都影响着焊接工艺性能、熔滴过渡形式、焊缝的几何形状和焊接质量。

（1）焊接电流

通常是根据焊件厚度确定焊丝直径，然后按所需的熔滴过渡形式确定焊接电流。MIG 焊的焊丝直径小于等于 1. 6 m 时属细焊丝，大于 1. 6 mm 时属粗焊丝。焊丝直径不同，熔滴过渡形式和使用焊接电流范围也不同，主要根据具体工艺要求而定。如图 2—3 所示为不同直径的铝焊丝和不锈钢焊丝的熔滴过渡形式及其使用电流范围。从图中可看出：

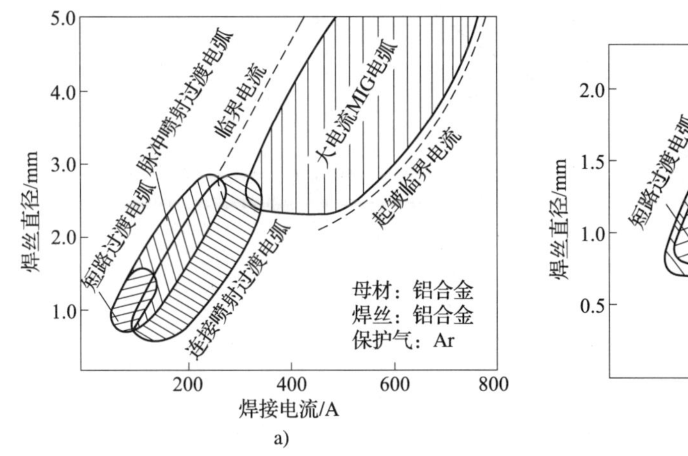

a)

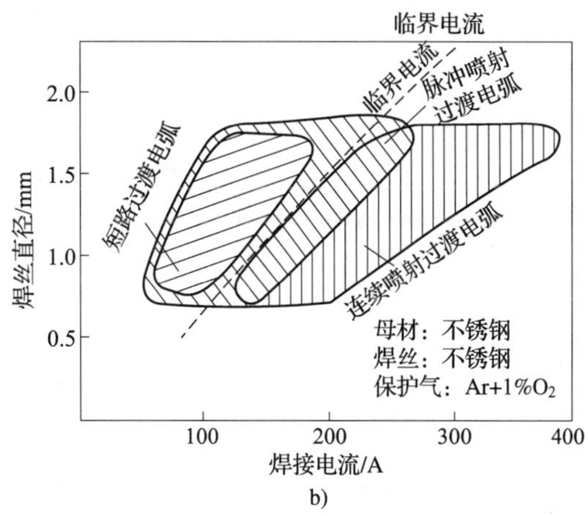

b)

图 2—3　MIG 焊中不同熔滴过渡形式对应的焊丝直径及使用电流范围

a）铝合金焊　b）不锈钢焊

1）焊丝直径一定时，要获得连续喷射过渡，其电流必须超过某一临界值。若焊丝直径增大其临界值亦增加。

2）焊丝直径一定时，可以通过选用不同的焊接电流范围获得不同的熔滴过渡形式。

3）不同的熔滴过渡形式的使用电流范围有一部分是相互重叠的。

4）短路过渡和脉冲喷射过渡采用的电流较小，因此，对母材的热输入都较小。

5）对铝合金粗焊丝大电流的连续喷射过渡其稳定区电流范围的上下限是由两个临界电流值决定的，一个是产生喷射过渡的临界电流，另一个是焊缝产生起皱现象的临界电流，该起皱临界电流也随焊丝直径的增大而增加。

（2）电弧电压

焊丝直径一定时，要获得稳定的熔滴过渡，除了要选用与之相适应的焊接电流外，同时还须匹配合适的电弧电压（即弧长）。

在稳定焊接过程中，其他条件不变的情况下，随着电弧电压的增加，熔深和余高减小，而缝宽增大，图2—4表示了这种趋势。

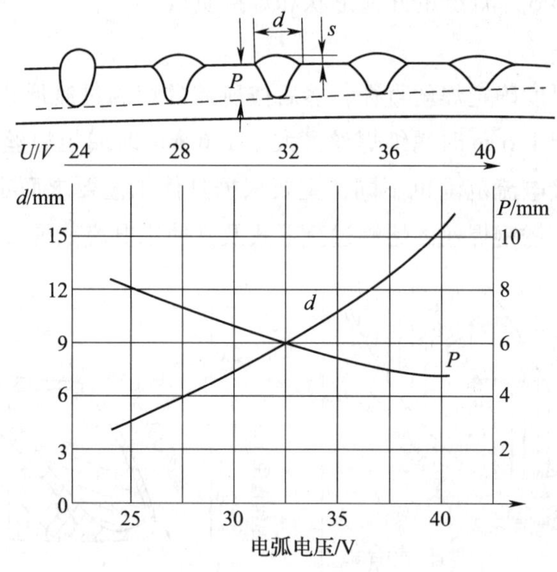

图2—4　电弧电压对焊缝成形的影响

（3）焊接速度

焊接速度是指焊枪沿焊缝中心线方向相对移动的速度。在其他条件不变的情况下，提高焊接速度，则单位长度上电弧传给母材的热量显著减少，母材熔化速度减慢，其熔深和熔宽则减小。若速度过高，就会引起咬边；若焊速过慢，单位长度上熔敷量增加，熔池体积增大，熔深反而减小而熔宽增加，其变化规律如图 2—5 所示。

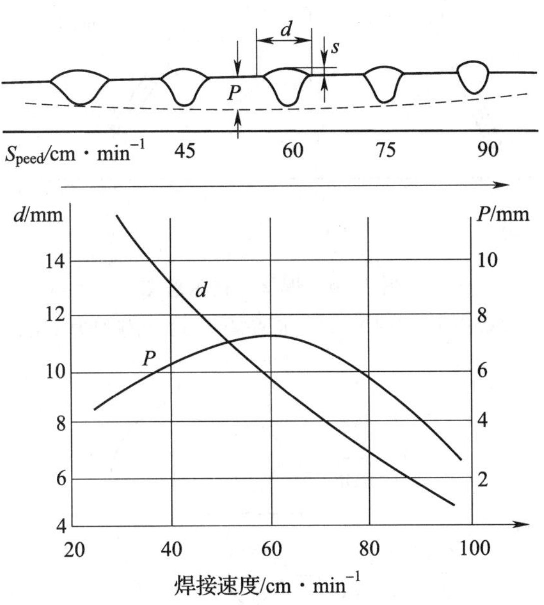

图 2—5　焊接速度的影响

（4）焊丝伸出长度

焊丝伸出长度是指导电嘴端部到焊丝端头的距离。焊丝伸出长度越长，焊丝的电阻热越大，其熔化速度越快。若伸出过长，则导致电弧电压下降，熔敷金属过多，焊缝成形不良，熔深减小，电弧不稳定。若伸出过短，则电弧烧损导电嘴，且金属飞溅，易堵塞喷嘴。一般对于短路过渡焊丝伸出长度以 6.4 ~ 13 mm 较合适，而其他形式的熔滴过渡，推荐伸出长度在 13 ~ 25 mm。

（5）焊丝的位置

焊丝轴线相对于焊缝轴线的角度和位置会影响焊缝的形状和熔深。

当焊丝轴线和焊缝轴线在一个平面内，则它们相互之间的夹角称为行走角，如图 2—6 所示。焊丝向前进方向倾斜焊接时，称为前倾焊法，焊丝向前进相反方向倾斜焊接时，称为后倾焊法；焊丝轴线与焊缝轴线垂直称为正直焊法。这三种焊接方法对焊缝形状和熔深的影响如图 2—7 所示。当其他条件不变时焊丝从垂直位置变为前倾焊时其熔深增加，而焊道变窄，余高增大。拖角在 15° ~ 20°熔深最大，一般不推荐大于 25°拖角。

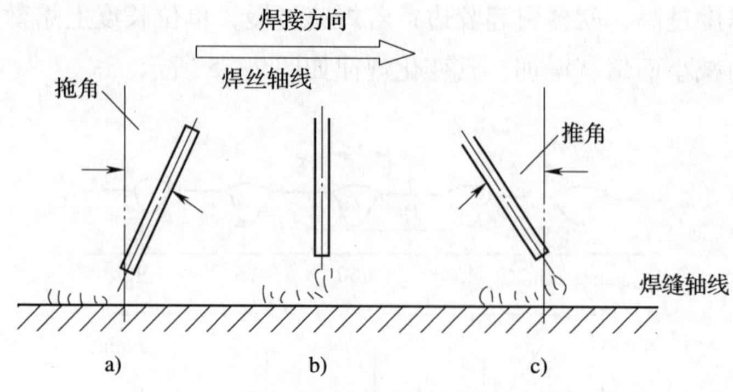

图2—6　焊丝位置示意图

a）前倾焊法（右焊法）　b）正直焊法　c）后倾焊法（左焊法）

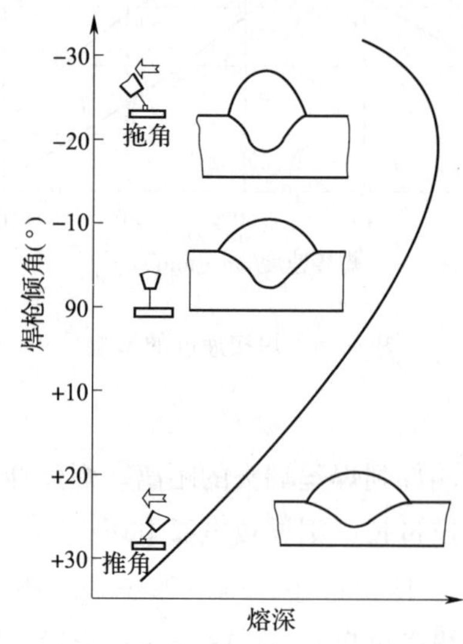

图2—7　焊枪倾角对熔深的影响

（6）焊接位置

喷射过渡焊接适于平焊而不宜于立焊和仰焊位置。平焊时，工件相对于水平面的斜度对焊缝成形、熔深和焊接速度有影响。图2—8表示上坡焊和下坡焊的两种情况。若用下坡焊（夹角≤15°），焊缝余高和熔深减小，焊接速度可以提高，有利于焊接薄板。若用上坡焊，重力会使液态金属后流，使熔深和余高增加，而熔宽减小。

短路过渡的焊接可用于薄板的平焊和全位置焊接。

圆柱形筒体内外环缝平焊时（工件旋转），为了使焊缝成形良好，焊丝应逆转方向偏移一定距离（见图2—9a）；若偏移量过大，则熔深变小而熔宽增加（见图2—9b）；若偏反方向（见图2—9c），则熔深和余高增加而熔宽变小。

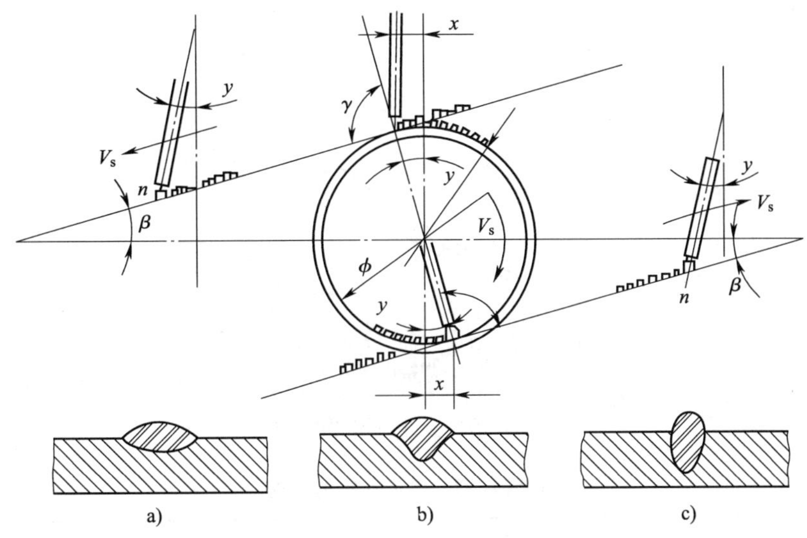

图 2—8　倾斜坡焊的焊丝形状

a）下坡焊　b）平焊　c）上坡焊

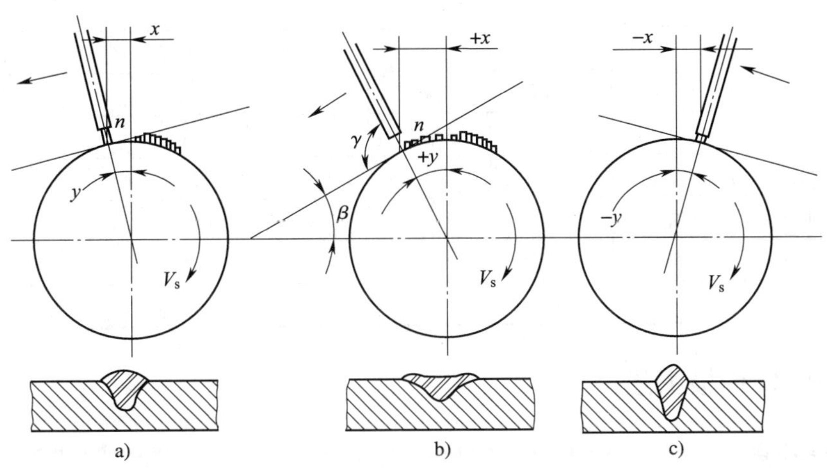

图 2—9　筒体外环缝焊接焊丝偏移位置

a）正确　b）偏移过大　c）偏反了方向

（7）极性

采用直流电源焊接时，极性对焊缝熔深有影响。直流反接（焊丝接正极）时熔深大于直流正接（焊丝接负极）。而交流电焊接时是介乎两者之间，如图 2—10 所示。

综合了上述各焊接工艺参数对焊缝形状尺寸及焊接生产效率的影响，给出表 2—2 所示调整焊缝几何形状及熔敷速度的方法。

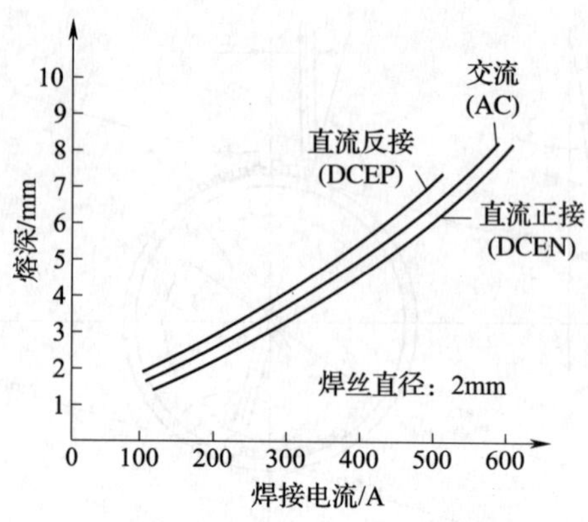

图2—10　极性对熔深的影响

表2—2　　调整焊缝几何形状等的方法

要求		电弧电压	焊接电流	焊接速度	焊丝倾角	焊丝伸出长度	焊丝直径	说明
熔深	深些		①* 增加		③拖角最大25°	②减小	④小	* 假定调整送丝速度而焊接电流恒定 ①表示第一选择 ②表示第二选择，依次类推
	浅些		①减少		③推角	②增加	④大	
余高	大些		①增大	②减少		③增大		
	小些		①减少	②增大		③减少		
熔宽	凸且窄	①减小			②拖角	③增大		
	平且窄	①增大			②90°	③减小		
熔敷速度	快些		①增大			②增大	③小	
	慢些		①减小			②减小	③大	

三、MAG焊接工艺

1. 工艺特点

在惰性气体中加入一定量的氧化性气体（又称活性气体）作为保护气体进行熔化极电弧焊的方法称为熔化极氧化性混合气体保护电弧焊，英文简称MAG（Metal Active Gas）焊。

实用中加入的氧化性气体主要是O_2或CO_2，或者同时加入O_2和CO_2。在焊接中使用氧化性混合气体作为保护气体有如下效果：

（1）提高熔滴过渡的稳定性。

（2）稳定阴极斑点，提高电弧燃烧的稳定性。

（3）改善焊缝形状及外观。

（4）增大电弧的热功率。

（5）控制焊缝的冶金质量，减少焊接缺陷。

（6）降低焊接成本。

MAG 焊可以采用短路过渡、射流过渡和脉冲射流过渡等形式。可用于平焊、立焊、横焊、仰焊以及全位置焊。适于焊接碳钢、合金钢和不锈钢等黑色金属。

2. MAG 焊焊接材料

（1）保护气体

1）$Ar+O_2$混合气体。氧是表面活性元素，能降低液体金属的表面张力，在氩中加入氧会降低临界电流，减小熔滴尺寸，改善过渡性能，具有氧化性的保护气体能稳定和控制电弧阴极斑点的位置，因而使电弧燃烧和熔滴过渡稳定，焊缝成形好。但是焊接不锈钢时，氧的加入量不能高，一般控制在φ（O_2）为1%～5%，否则合金元素氧化烧损多，引起夹渣和飞溅等问题。焊接低碳钢和低合金钢时，在 Ar 中 O_2的加入量φ（O_2）可达20%。

2）$Ar+CO_2$混合气体。CO_2是氧化性气体，在 Ar 中加φ（CO_2）≤15%的 CO_2时，其作用与氩中加φ（O_2）为2%～5%的 O_2相似，若加φ（CO_2）>25%的 CO_2，其工艺特征就接近纯 CO_2焊。但飞溅相对较少，可有效改善呈蘑菇状的焊缝截面形状，以减少气孔的生成。主要用于焊接碳钢和合金结构钢，也可焊接不锈钢。但要注意，CO_2气体热导率高，阳极弧根的扩展受限制，而且在电弧热作用下将发生强烈的吸热反应，所以在 Ar 中加入 CO_2会提高临界电流，其熔滴过渡特性随着 CO_2量的增加而恶化，飞溅也增大。通常 CO_2加入量φ（CO_2）在5%～30%。

此外，加 CO_2气体对母材有渗碳作用，因此，焊接含碳量低的钢材（如超低碳不锈钢）时，要注意检查其增碳的可能性。

3）$Ar+CO_2+O_2$混合气体。在 Ar 气中加入适量的 CO_2和 O_2焊接低碳钢、低合金钢比采用上述两种混合气体作保护气体焊接的焊缝成形、接头质量、金属熔滴过渡和电弧稳定性好。

（2）焊丝

在纯惰性气体保护下进行焊接，冶金反应较单纯，合金元素基本上没烧损。但在氧化性混合气体保护下焊接，就会对合金元素烧损，产生非金属夹杂物、焊缝中产生气孔和裂纹以及力学性能变坏等。在 Ar 中随着 O_2或 CO_2含量增加，其氧化性增强。如果是焊接碳钢、低合金钢和不锈钢，则钢中的脱氧元素硅和锰的烧损也随之增加，使焊缝强度下降。因此，对用氧化性强的混合气体焊接时，应采用高锰高硅焊丝；而对富氩混合气体，可用低锰低硅焊丝。

四、CO_2气体保护焊焊接工艺

利用二氧化碳（CO_2）作保护气体的熔化极气体保护电弧焊称为CO_2气体保护焊，简称CO_2焊。它是目前焊接黑色金属材料重要的熔焊方法之一，在许多金属结构的生产中已逐渐取代了焊条电弧焊和埋弧焊。

1. 工艺特点

（1）CO_2电弧的穿透力强，厚板焊接时可增加坡口的钝边和减小坡口；焊接电流密度大（通常为100～300 A/mm^2），故焊丝熔化率高；焊后一般不需清渣，所以CO_2焊的生产效率比焊条电弧焊高1～3倍。

（2）纯CO_2焊在一般工艺范围内不能达到射流过渡，实际上常用短路过渡和滴状过渡，加入混合气体后才有可能获得射流过渡。

（3）采用短路过渡技术可以用于全位置焊接，而且对薄壁构件焊接质量高，焊接变形小。因为电弧热量集中，受热面积小，焊接速度快，且CO_2气流对焊件起到一定的冷却作用，故可防止薄件烧穿和减少焊接变形。

（4）抗锈能力强，焊缝含氢量低，焊接低合金高强度钢时冷裂纹的倾向小。

（5）CO_2气体价格便宜，焊前对焊件清理可从简，其焊接成本只有埋弧焊和焊条电弧焊的40%～50%。

（6）焊接过程中金属飞溅较多，特别是当焊接工艺参数匹配不当时，更为严重。

（7）电弧气氛有很强的氧化性，不能焊接易氧化的金属材料。抗风能力较弱，室外作业需配备防风设施。

（8）焊接弧光较强，特别是大电流焊接时，要注意对操作人员进行防弧光辐射保护。

2. 焊接材料

（1）保护气体

CO_2气体来源广，可由专门生产厂提供，也可从食品加工厂（如酒精厂）的副产品中获得。用于焊接的CO_2气体，其纯度要求大于99.5%。

CO_2有固态、液态和气态三种状态。气态无色，易溶于水，密度为空气的1.5倍，沸点为－78℃。在不加压力下冷却时，气体将直接变成固体（称干冰）；增加温度，固态CO_2又直接变成气体。CO_2气体受压力后变成无色液体，其相对密度随温度而变化。当温度低于－11℃时，比水重；当温度高于－11℃时，则比水轻。在0℃和一个大气压下，1 kg CO_2液体可汽化为509 L CO_2气体。供焊接用的CO_2气体，通常是以液态装于钢瓶中，

容量为 40 L 的标准钢气瓶可灌入 25 kg 液态 CO_2，液态 CO_2 约占钢瓶体积的 80%，其余 20% 左右的空间充满气化了的 CO_2，气瓶压力表上所指压力值即是这部分气化气体的饱和压力，该压力大小与环境温度有关，室温为 20℃时，气体的饱和压力约为 57.2×10^5 Pa。注意：该压力并不反映液态 CO_2 的储量，只有当瓶内液态 CO_2 全部气化后，瓶内气体的压力才会随 CO_2 气体的消耗而逐渐下降，这时压力表读数才反映瓶内气体的储量。故正确估算瓶内 CO_2 储量可采用称钢瓶质量的方法。

瓶装 25 kg 液化 CO_2，若焊接时的流量为 20 L/min，则可连续使用 10 h 左右。

（2）焊丝

CO_2 焊用的焊丝对化学成分有特殊要求，主要是：

1）焊丝内必须含有足够数量的脱氧元素，以减少焊缝金属中的含氧量和防止产生气孔。

2）焊丝的含碳量要低，通常要求 ω（C）$<0.11\%$，以减少气孔和飞溅。

3）要保证焊缝具有良好的力学性能和抗裂性能。

此外，若要求得到更为致密的焊缝金属，则焊丝应含有固氮元素如 Al、Ti 等。

目前国内常用 CO_2 焊丝的直径为 0.6 mm、0.8 mm、1.0 mm、1.2 mm、1.6 mm、2.0 mm和 2.4 mm。近年又发展了直径为 3 ~4 mm 的粗焊丝。

焊丝应保证有均匀外径，其公差为 +0 ~ −0.025 mm，还应具有一定的硬度和刚度，一方面防止焊丝被送丝滚轮压扁或压出深痕，另一方面焊丝从导电嘴送出后要有一定的挺直度。因此，无论是何种送丝方式，都要求焊丝以冷拔状态供应，不能使用退火焊丝。

保存时，为了防锈，常在焊丝表面镀铜或涂油。在焊前要把油污清除干净。

低碳钢和低合金钢 CO_2 焊用的焊丝应符合 GB/T 8110—2008《气体保护电弧焊用碳钢、低合金钢焊丝》要求，根据用户需要有镀铜和不镀铜的。

合金钢用的焊丝冶炼和拔制困难，故 CO_2 焊用的合金钢焊丝逐渐向药芯焊丝方向发展。

3. 焊接参数

CO_2 焊的工艺参数与 MIG 焊基本相同，只是用短路过渡时，在直流焊接回路中多了短路电流峰值 I_{max} 和短路电流增长速度 di/dt 两个动态参数。而这两个参数可通过调节附加在直流回路上的电感来实现。自由过渡时，则无此要求。

（1）短路过渡焊接

在 CO_2 焊中，短路过渡焊接应用最广泛，主要在焊接薄板及全位置焊接时用。焊接的工艺参数有电弧电压、焊接电流、焊接回路电感、焊接速度、气体流量和焊丝伸出长度等。

1）电弧电压及焊接电流。对一定焊丝直径及焊接电流（即送丝速度），必须匹配合适的电弧电压，才能获得稳定的飞溅最小的短路过渡过程。如图2—11所示给出了四种直径焊丝适用的电弧电压和焊接电流范围。

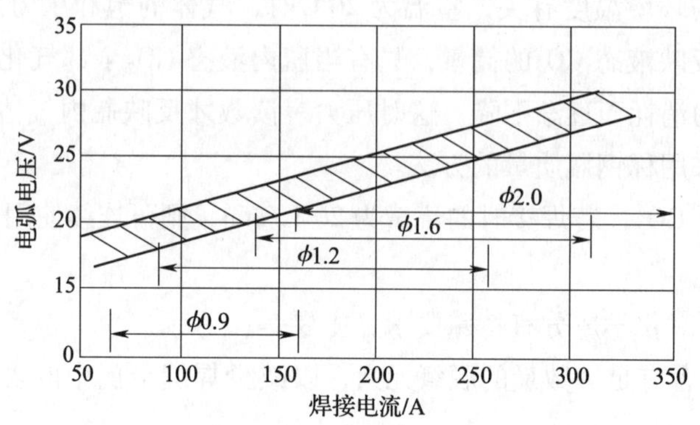

图2—11　短路过渡焊接时适用的电流和电压范围

2）焊接回路的电感。短路过渡焊接要求焊接回路中有合适的电感，用以调节短路电流增长速度d*i*/d*t*，使焊接过程的飞溅最小。通常细丝CO_2焊，焊丝熔化速度快，熔滴过渡周期短，需要较大的d*i*/d*t*。反之，粗丝要求d*i*/d*t*小些。表2—3给出了不同直径焊丝的焊接回路电感参考值。此外，通过调节电感，还可以调节电弧燃烧时间，进而控制母材的熔深。增大电感则过渡频率降低，燃弧时间增加，熔深将增大。

表2—3　CO_2焊短路过渡焊接回路电感参考值

焊丝直径（mm）	焊接电流（A）	电弧电压（V）	电感（mH）
0.8	100	18	0.01～0.08
1.2	130	19	0.02～0.20
1.6	150	20	0.30～0.70

3）焊丝伸出长度。短路过渡焊接所用的焊丝较细，若焊丝伸出过长，该段焊丝的电阻热大，易引起成段熔断，且喷嘴至工件距离增大，气体保护效果差，飞溅严重，焊接过程不稳定，熔深，气孔多；若伸出过小，则喷嘴至工件距离减小，喷嘴挡着视线，看不见坡口和熔池状态；飞溅的金属易引起喷嘴堵塞，从而增加导电嘴和喷嘴的消耗。故一般焊丝伸出长度在10～20 mm。

4）气体流量。细丝（≤1.6 mm）短路过渡焊接时的气体流量一般为5～15 L/min，粗丝（>1.6 mm）焊接时在10～20 L/min，如果焊接电流较大，焊接速度较快，焊丝伸出长度较长或在室外作业，气体流量应适当加大，以保证气流有足够挺度，加强保护效果，表2—4的数据可参考。但是，气体流量过大，会引起外界空气卷入焊接区，反而降低保护效果。在室外作业时，风速一般不应超过 1.5 ~2.0 m/s。风速的界限与喷嘴及流量大小有关。

表 2—4　　CO_2焊喷嘴距离与气体流量

焊丝直径（mm）	焊接电流（A）	喷嘴距离（mm）	气体流量（L/min）
1.2	100	10 ~ 15	15 ~ 20
	200	15	20
	300	20 ~ 25	20
1.6	300	20	20
	350	20	20
	400	20 ~ 25	20 ~ 25

5）焊接速度。焊枪移动过快，易引起焊缝两侧咬边，而且保护气体向后拖，影响保护效果；但焊速过慢，则易产生烧穿和焊缝组织变粗的缺陷。

6）电源极性。CO_2焊一般都应采用直流反接，可以获得飞溅小、电弧稳定、母材熔深大、焊缝成形好、焊缝金属含氢量低的效果。

（2）颗粒过渡焊接

CO_2保护的细颗粒过渡焊接，又称 CO_2长弧焊接。对于一定直径焊丝，当增大焊接电流并配以较高电弧电压时，焊丝熔化以颗粒状态非短路形式过渡到熔池中。这种颗粒过渡的电弧穿透力强，熔深大，适合于中厚板或大厚板焊接。

图 2—12 中Ⅱ为达到颗粒过渡的焊接电流和电弧电压的范围。

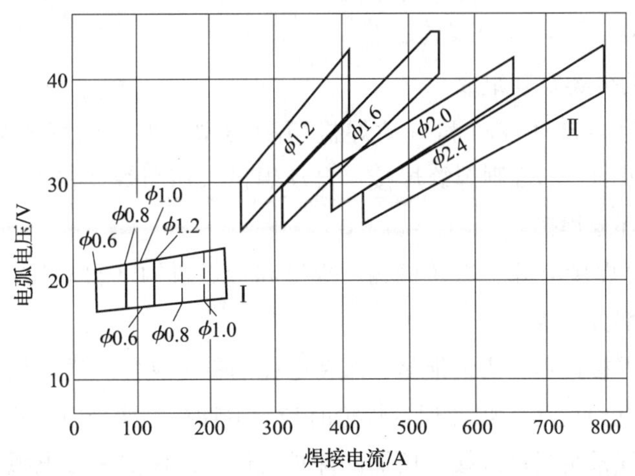

图 2—12　焊丝路过渡与颗粒过渡焊接电流与电弧电压的匹配关系

Ⅰ—短路过渡　Ⅱ—颗粒（粗滴）过渡　ϕ—焊丝直径

4. CO_2焊常见缺陷种类、产生原因及消除方法

CO_2焊常见缺陷种类、产生原因及消除方法见表2—5。

表2—5　CO_2焊常见缺陷种类、产生原因及消除方法

缺陷种类	产生原因	消除方法
凹坑气孔	1. CO_2气体流量不足 2. 气体加热器不起作用 3. CO_2气体不纯 4. 风大，气体保护不良 5. 喷嘴与母材间距太大 6. 焊件上附有大量油脂、涂料、铁锈、氧化皮、水分等杂质 7. 喷嘴上附着飞溅 8. 电弧太长（弧压过高） 9. 空气侵入 10. 焊接速度过快	1. 按要求调整流量，检查CO_2气瓶气体压力，如压力不足则调换气瓶 2. 检查加热器电源是否正常 3. 使用纯度大于99.5%的CO_2气体 4. 提高气体流量或采取防风措施 5. 根据使用电流保持适当距离 6. 清理坡口内侧和坡口两侧10～20 mm的所有杂质，露出金属光泽 7. 焊缝表面如出现连续气孔应及时将飞溅清理 8. 根据使用电流调节相应的电压 9. 调整焊枪的倾斜角度 10. 以适当的焊接速度进行焊接
焊瘤	1. 焊接电流过小 2. 焊接电流过大 3. 弧压过低 4. 焊接速度太快或太慢	1. 提高焊接电流，配置相应的电压 2. 减小焊接电流，调整焊枪摆动方法 3. 适当提高弧压 4. 观察熔池凝固情况，调整焊接速度

5. CO_2焊设备

（1）CO_2焊机的分类及其组成

CO_2焊机可分为半自动焊机和自动焊机两种类型。半自动焊机采用细焊丝（$\phi \leqslant 1.6$ mm），适用于短的、不规则焊缝焊接；自动焊机采用粗焊丝（$\phi > 1.6$ mm），适用于长的、规则焊缝和环缝焊接。

CO_2焊机主要由焊接电源、送丝机构、焊枪和行走机构（自动焊）、控制系统、供气系统和水冷系统等部分组成。

焊接电源提供焊接过程所需的能量，维持电弧的稳定燃烧。送丝机构将焊丝从焊丝盘推（拉）出并将其送进焊枪。焊丝通过焊枪时与导电嘴接触而带电，将焊接电流从焊接电源输送给电弧。供气系统提供焊接时所需的保护气体，以保护焊接电弧和熔池。若采用水冷焊枪，则还需配用水冷系统。控制系统主要控制和调整整个焊接过程。

常用CO_2半自动焊机的主要技术参数见表2—6。

表 2—6　　常用 CO_2 半自动焊机的主要技术参数

	焊机型号		NBC－350－1	NBC－500	YM－500KR1	YM－500CL4	DYNA AUTO XC－350	DYNA AUTO XC－500	NBC－630
焊接电源	电源电压（V）		380 V/3 相						
	电流调节范围（A）		70～350	50～500	60～500	60～500	50～350	50～500	100～630
	电压调节范围（V）		17.5～32	15～45	16～45	16～45	15～36	15～45	15～45
	额定输入容量（kV·A）		18.1	32	31.9	31.9	18.0	30.8	42
	额定负载持续率（%）		60	60	60	60	60	60	60
	额定焊接电流（A）		350	500	500	500	350	500	630
	外形尺寸（mm）	长	675	644	675	675	592	607	740
		宽	445	455	436	436	348	400	530
		高	762	828	762	762	642	850	900
	频率（Hz）		50	50	50/60	50/60	50/60	50/60	50/60
送丝机构	送丝方式		推丝式						
	适用焊丝直径（mm）		0.8～1.2	1.0～1.6	1.0～1.6	1.0～1.6	1.0～1.4	1.0～1.6	1.0～1.6
	送丝速度（m/min）			1.5～15	2～16	0.8～18	1.5～15	1.5～15	
焊枪	形式		鹅颈自冷式						

（2）焊接电源

CO_2焊通常采用直流电源。其空载电压为 55～85 V，焊接电流为 50～500 A，电源的负载持续率为 50%～60%。

当采用的焊丝直径小于 1.6 mm 时，广泛采用外特性为平特性的电源。这是由于平特性电源配合等速送丝系统的焊接规范调节比较方便；系统的自动调节作用较强；同时引弧也较为方便。当焊丝直径大于 2.0 mm 时，通常采用下降特性电源，配用变速送丝系统。此时由于电弧的自调节作用较弱，需外加电弧电压反馈电路，使弧长的变化反馈到送丝控制电路，及时调整送丝速度，以减小弧长变化对焊接过程的影响。

为保证焊接过程的稳定性，CO_2焊都采用直流电源反极性接法。

（3）送丝机构

对送丝机构的要求是调节灵活方便、结构轻巧、均匀给送焊丝以及软管的阻力小而刚度大等。

目前焊丝给送方式有拉式、推式和推拉式三种（见图2—13）。一般推式送丝可在离焊机2～4 m操作；拉式送丝由于焊丝给送机构固定在焊枪上，改善了使用的灵活性，操作范围可扩大至十几米，但是焊枪较重，较粗焊丝不能使用；推拉式送丝，则可以在离焊机10 m以外的工作场合进行操作，使半自动焊使用灵活、操作范围大。缺点是推拉式焊枪的结构复杂，还有两个电动机的同步问题。

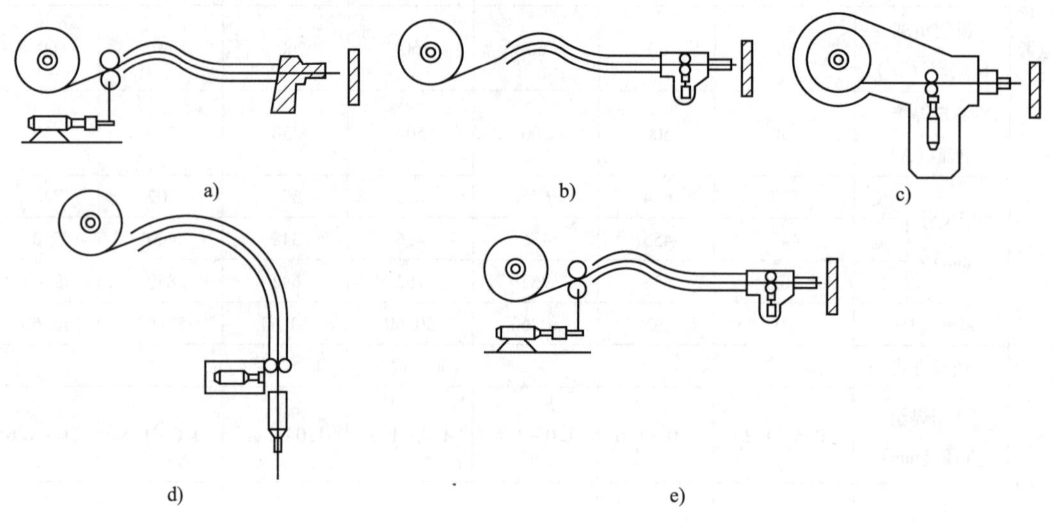

a)　b)　c)　d)　e)

图2—13　送丝方式

a）推式送丝　b）、c）、d）拉式送丝　e）推拉式送丝

送丝机构主要由软管、送丝滚轮、减速机构和遥控器等组成。

1）软管。软管是焊丝传送给焊枪的主要通道。软管是由弹簧管、电缆及塑料管等组成。弹簧管一般采用弹簧钢丝绕制而成，也可以采用聚四氟乙烯软管。弹簧管内孔应与焊丝很好地配合，以提供均匀稳定的送丝条件。推式送丝用的弹簧管内孔，一般要求比焊丝直径大0.5～1 mm，软管长度为3 m左右。推拉式送丝软管的长度可达到10 m以上。

2）送丝滚轮。它的作用是将焊丝均匀稳定地通过软管及焊枪送至电弧区。

①滚轮的传动。滚轮传动的形式有单主动轮和双主动轮两种（见图2—14）。双主动轮传动推力大，送丝均匀而稳定，是目前送丝机构中常用的滚轮传动形式。

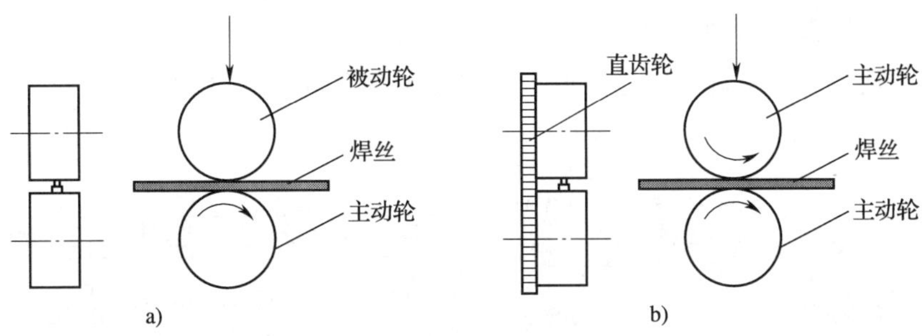

图 2—14　滚轮传动形式

a）单主动轮　b）双主动轮

②滚轮表面形状。常用滚轮表面的形状有平面、直花、V 形及 U 形等几种（见图 2—15）。各种不同形状滚轮的组合，焊丝所受的压力是不同的。其中 V 形和 U 形滚轮对焊丝的压力比较均匀，焊丝不易压扁，所以使用较普遍。在较细焊丝（0. 8 mm 以下）焊接时，可以将单面直花或平面滚轮与 V 形滚轮组合使用。

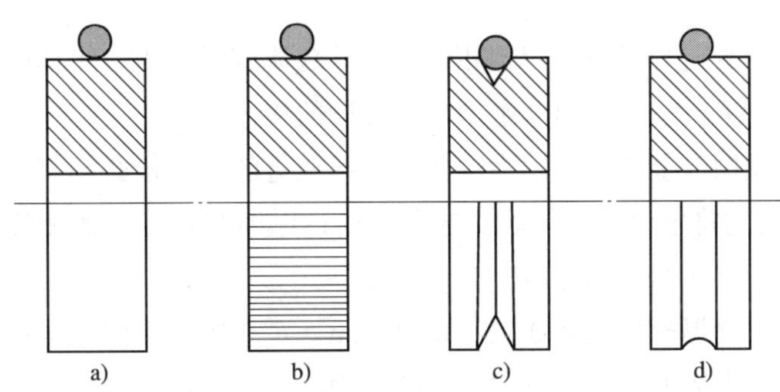

图 2—15　常用滚轮表面的形状

a）平面滚轮　b）直花滚轮　c）V 形滚轮　d）U 形滚轮

3）减速机构。它主要包括电动机和减速器。电动机必须具有足够大的功率和较硬的工作特性。目前普遍使用的是伺服直流电动机，其功率一般在 30 ~ 80 W。

4）遥控器。它主要用于改变焊丝给送速度，可以通过遥控改变电动机的电枢电压来达到调速的目的。目前采用的调速方法主要有自耦变压器、磁放大器以及晶闸管调速器。

（4）焊枪

CO_2焊用焊枪按操作方式可分为半自动焊枪和自动焊枪；按冷却方式可分为空冷和水冷；按结构形式可分为鹅颈式和手枪式等。焊枪是由导电嘴、喷嘴、弹簧管、导电杆、开关、手把、扳手、进气管及气阀等组成。

半自动焊枪通常有两种类型：鹅颈式和手枪式。鹅颈式焊枪应用最广泛，它适合于细焊丝，使用灵活方便，可焊到性好。典型的鹅颈式焊枪如图2—16所示。

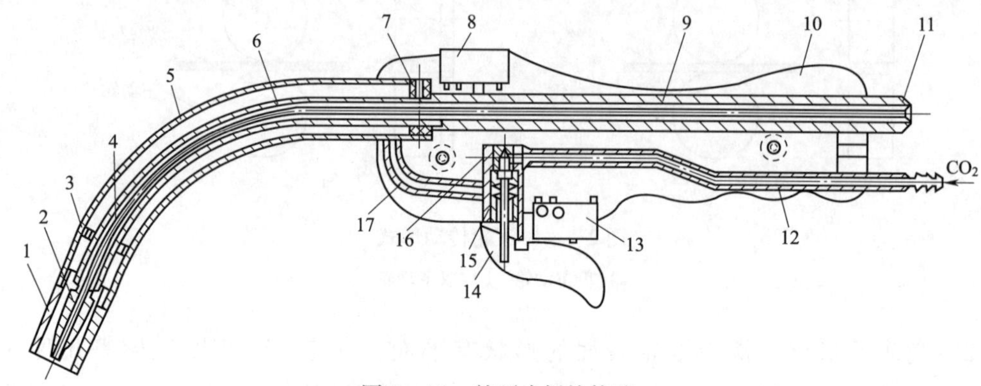

图2—16　鹅颈式焊枪构造

1—喷嘴　2—导电嘴　3—分流环　4—弹簧管　5—外套　6—导电管
7—绝缘套　8—开关　9—导电杆　10—手把　11—钢套　12—进气管
13—开关　14—扳手　15—弹簧　16—气阀　17—弯管

自动焊枪的基本构造与半自动焊枪相同，但其载流容量较大，工作时间较长，一般都采用水冷。如图2—17所示即为粗丝水冷自动焊枪的构造。

导电嘴是由铜或铜合金制成。因为焊丝是连续送进的，焊枪必须有一个滑动的电接触管（即导电嘴），由它将电流传给焊丝。导电嘴通过电缆与焊接电源相连接。导电嘴的内表面应光滑，以利于焊丝给送和导电。

导电嘴的内孔应比焊丝直径大0.13～0.25 mm，对于铝合金焊丝应更大些。导电嘴必须牢固地固定在焊枪本体上，并使其定位于喷嘴中心。导电嘴与喷嘴之间的相对位置取决于熔滴的过渡形式。对于短路过渡，导电嘴常常伸到喷嘴之外；而对于喷射过渡，导电嘴应缩到喷嘴内，最多可以缩进3 mm。

焊接时应定期检查导电嘴，如发现导电嘴内孔因磨损而变大或由于飞溅而堵塞时，就应立即更换。为便于更换，导电嘴常采用螺纹连接。磨损的导电嘴将破坏电弧稳定性。

喷嘴应使保护气体平稳地流出，并覆盖在焊接区，防止焊丝端头、电弧空间和熔池金属受到空气的污染。根据应用情况可选择不同尺寸的喷嘴，一般直径为10～22 mm。较大的焊接电流产生较大的熔池，应采用大喷嘴，而小电流和短路过渡焊时用小喷嘴。对于电弧点焊，焊枪喷嘴端头应开出沟槽，以便于气体流出。

（5）供气系统

供气系统是保证将CO_2气体输送到焊枪，以保护焊接区的装置。它由气瓶、减压流量计（带预热器）以及电磁气阀、皮管等组成。

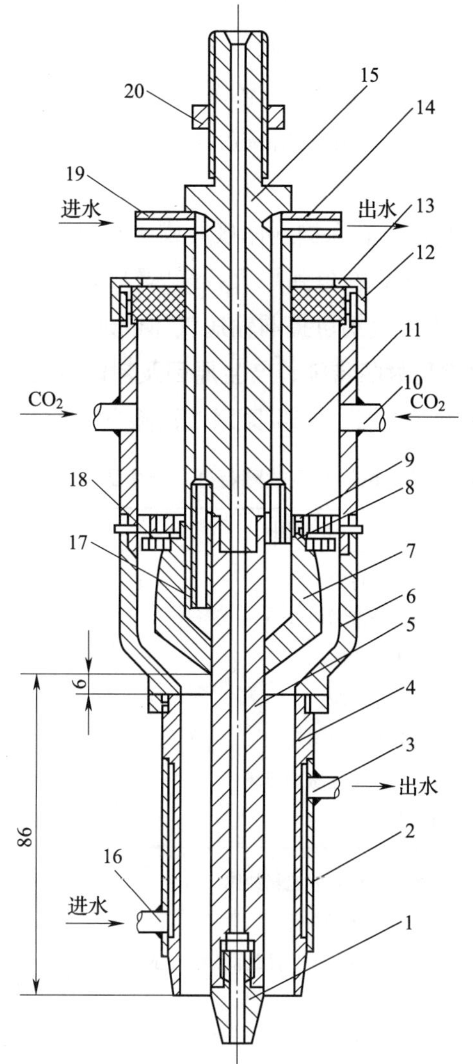

图 2—17　粗丝水冷自动焊枪构造

1—导电嘴　2—喷嘴外套　3，14—出水管　4—喷嘴内套　5—下导电杆　6—外套　7—纺锤形体内套　8—绝缘衬套　9—出水接管　10—进气管　11—气室　12—绝缘压块　13—背帽　15—上导电杆　16，19—进水管　17—进水连接管　18—铜丝网　20—螺母

1）气瓶。气瓶是用来储存液态 CO_2 的，每瓶可装 25 kg 液态 CO_2，满瓶时的压力可达 5 ~ 7 MPa。液态 CO_2 通过汽化、预热及减压后，以一定的流量供给焊枪。大型企业也有采用管道 CO_2 供气的，由于管道供气时 CO_2 气体的纯度高于瓶装 CO_2 气体，因此，更能保证焊接质量。

2）减压流量计（带预热器）。减压流量计用于将高压 CO_2 气体预热、减压并调节气体流量。由于 CO_2 气体从液态转为气态时要吸收大量的热量，易造成局部剧烈降温，另外，当经过减压器后，气体体积膨胀，也会使气体温度下降，因而易使减压器出现白霜，发生冻结，造成气路阻塞，影响焊接过程的顺利进行。因此，必须将 CO_2 气体在减压前进行预热。

3）电磁气阀。电磁气阀是控制保护气体接通或切断的一种阀门。CO_2 焊要求气体必须在电弧引燃前一定时间开始输送，在电弧熄灭后气体要继续输送，以保护尚处在高温状态的金属。通过电气线路控制电磁气阀可提前输送气体或延迟切断气流。

6. CO_2 半自动焊机的常见故障特征、产生原因及消除方法

CO_2 半自动焊机的常见故障特征、产生原因及消除方法见表2—7。

表2—7　　CO_2 半自动焊机的常见故障特征、产生原因及消除方法

故障特征	产生原因	消除方法
焊丝停止给送和送丝电动机不转	1. 送丝滚轮打滑 2. 焊丝与导电嘴熔合 3. 电动机炭刷磨损 4. 调速电路故障 5. 焊枪开关接触不良 6. 电动机电源变压器损坏 7. 熔断器断路	1. 调整送丝滚轮压紧力 2. 更换导电嘴 3. 更换炭刷 4. 检修 5. 检查并修复 6. 检修或更换 7. 更换
送丝不均匀	1. 送丝电动机或减速箱故障 2. 送丝滚轮磨损 3. 送丝软管接头或内层弹簧松动或堵塞 4. 焊丝阻力太大，导电嘴接触太紧	1. 检查并修复 2. 更换送丝滚轮 3. 清洗送丝软管并修复 4. 更换合适的导电嘴
焊丝在送丝滚轮和软管进口处发生卷曲和打结	1. 弹簧管内径太小或阻塞 2. 送丝滚轮离软管接头进口太远 3. 送丝滚轮压紧力太大，焊丝变形 4. 焊丝与导电嘴配合太紧 5. 导电嘴与焊丝粘住	1. 更换或清洗弹簧管 2. 移近距离 3. 适当调整压紧力 4. 更换导电嘴 5. 更换导电嘴
焊接过程发生熄弧现象，焊接规范波动很大	1. 导电嘴烧坏或送丝滚轮磨损 2. 焊接规范或电感值选择不当 3. 导电嘴磨损过大	1. 更换导电嘴或送丝滚轮 2. 选用合适的焊接规范或电感值 3. 更换导电嘴

续表

故障特征	产生原因	消除方法
气体保护不良	1. 电磁气阀故障 2. 气路接头漏气或阻塞 3. 喷嘴内因飞溅堵塞 4. 减压表冻结 5. 气体流量不够或气体用完	1. 检查并修复 2. 检查并修复 3. 清除飞溅 4. 提高预热温度 5. 加大流量或更换气瓶

7. 药芯焊丝 CO_2 气体保护焊

利用药芯焊丝作熔化极的电弧焊称为药芯焊丝电弧焊，英文简称 FCAW。与实心焊丝气体保护焊的主要区别是所用焊丝的构造不同。药芯焊丝是在焊丝内部装有焊剂或金属粉末混合物（称芯料），焊接时（见图 2—18），在电弧热的作用下熔化状态的芯料、焊丝金属、母材金属和保护气体相互之间发生冶金作用，同时形成一层较薄的液态熔渣包覆熔滴并覆盖熔池，对熔化金属构成又一层保护。所以实质上这是一种气渣联合保护的焊接方法。

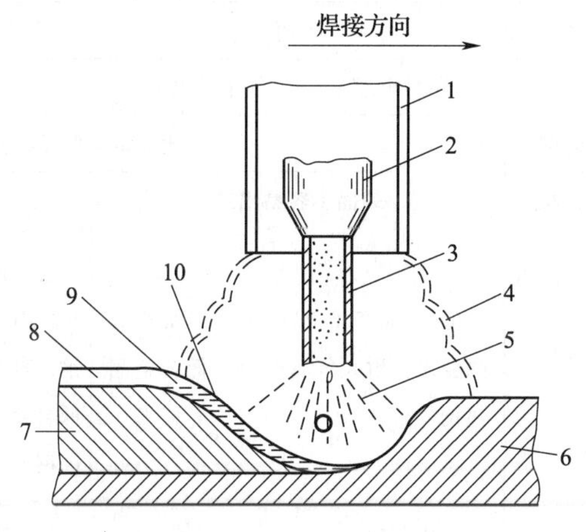

图 2—18　药芯焊丝电弧焊

1—喷嘴　2—导电嘴　3—药芯焊丝　4—保护气体

5—电弧　6—母材　7—焊缝金属　8—渣壳　9—熔渣　10—液态金属

（1）工艺特点

药芯焊丝气体保护电弧焊综合了焊条电弧焊和 CO_2 焊的工艺特点。如：

1）由于药芯成分改变了纯 CO_2 电弧气氛的物理、化学性质，因而飞溅少，且颗粒细，易于清除。又因熔池表面覆盖有熔渣，焊缝成形类似于焊条电弧焊，焊缝外观比实心焊丝

CO_2焊的美观。

2）与焊条电弧焊相比，热效率高，电流密度比焊条电弧焊大（可达100 A/mm^2），生产效率为焊条电弧焊的3～5倍。既节省了填充金属又提高了焊接速度。

3）与实心焊丝CO_2焊相比，通过调整药芯的成分就可以焊接不同钢种，适应性强，若研制适用同样钢种的实心焊丝在技术上将遇到许多困难。

4）对焊接电源无特殊要求，交流和直流均可使用，平特性和陡降特性都适应，因为药芯成分能改变电弧特性。

但是，药芯焊丝CO_2焊也有不足，主要是送丝比实心焊丝困难，芯料易吸潮，须对药芯焊丝妥善保存和严加管理，表2—8是实心焊丝和药芯焊丝CO_2焊接工艺性和适用性比较。

表2—8　　实心焊丝和药芯焊丝CO_2焊接工艺性和适用性比较

<table>
<tr><th colspan="3" rowspan="2">焊丝
性能</th><th colspan="2">实心焊丝</th><th colspan="2">药芯焊丝</th></tr>
<tr><th>大电流</th><th>小电流</th><th>大直径</th><th>小直径</th></tr>
<tr><td rowspan="7">工艺性能</td><td colspan="2">熔深</td><td>最深</td><td>最浅</td><td>略浅</td><td>很深</td></tr>
<tr><td rowspan="2">熔渣</td><td>表层膜</td><td colspan="2">生成少</td><td>覆盖焊缝</td><td>薄而均匀覆盖</td></tr>
<tr><td>清渣</td><td colspan="2">不用</td><td colspan="2">容易清渣</td></tr>
<tr><td colspan="2">咬边</td><td>稍易出现</td><td>不易出现</td><td colspan="2">不易出现</td></tr>
<tr><td rowspan="2">气孔</td><td>风的影响</td><td colspan="4">比焊条电弧焊敏感</td></tr>
<tr><td>母材污染</td><td colspan="2">表面不容易出现</td><td colspan="2">表面容易出现</td></tr>
<tr style="display:none"><td></td></tr>
<tr><td rowspan="5">适用性</td><td colspan="2">适用钢种</td><td colspan="2">低碳钢，500 MPa、600 MPa级高强度钢，耐大气腐蚀钢，低合金耐热钢</td><td>低碳钢，500 MPa、600 MPa级高强度钢，表面硬化堆焊，低合金耐热钢，耐蚀钢</td><td>低碳钢，500 MPa级高强钢</td></tr>
<tr><td colspan="2">板厚</td><td>中厚板</td><td>薄板</td><td>中厚板</td><td>中厚板</td></tr>
<tr><td colspan="2">焊接位置</td><td>水平（横向）</td><td>全位置</td><td>水平（横向）</td><td>水平（横向）</td></tr>
<tr><td colspan="2">坡口精度不良</td><td>敏感</td><td>不敏感</td><td>略敏感</td><td>敏感</td></tr>
<tr><td colspan="2">用途</td><td>汽车及其他车辆、工业机械、一般罐体</td><td>汽车及其他车辆、工业机械、管子和其他轻薄构件</td><td>对外观要求较严格的一般罐体、工程机械</td><td>对外观要求较严格的一般罐体、工程机械</td></tr>
</table>

（2）药芯焊丝气体保护焊工艺

1）接头设计与准备。凡是适用于焊条电弧焊的接头形式同样适用于药芯焊丝气体保护焊，但是，药芯焊丝气体保护焊的熔深比焊条电弧焊大，因此在适用厚度范围（见表2—9）和坡口设计上有些差别，可采用比焊条电弧焊的坡口角度更小、根部间隙更窄和钝边更大的坡口，这样能减少填充金属量。但必须保证在多层焊时焊丝干伸长度保持不变和根部可达（见图2—19），且在焊接过程中能灵活操纵焊丝。在平焊或横焊位置上焊接的角焊缝，其焊脚尺寸可比焊条电弧焊减小2～3 mm，这时因熔深大于焊条电弧焊，并不因此影响接头强度，如图2—20所示。

表2—9　　药芯焊丝气体保护焊适用厚度范围

厚度（mm）	0.13	0.4	1.6	3.2	4.8	6.4	10	12.7	19	25	51	102	203
单层无坡口			←	—	→								
单层带坡口				←	—	—	—	—	→				
多层							←	—	—	—	—	—	—

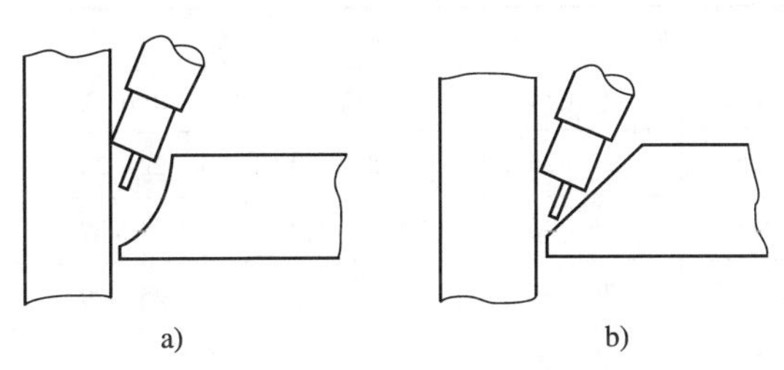

图2—19　焊丝可达坡口根部的接头设计

a）不可达　b）可达（可接近）

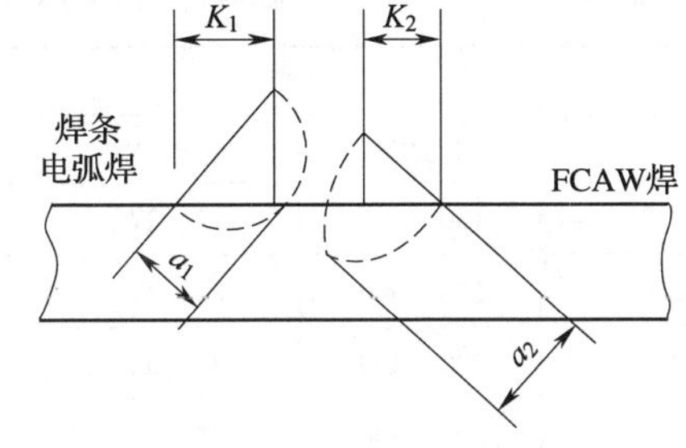

图2—20　焊条电弧焊和FCAW焊角焊缝比较

K_1、K_2—焊脚尺寸，$K_1 > K_2$

α_1、α_2—计算厚度，$\alpha_1 \approx \alpha_2$

2）焊接工艺参数。药芯焊丝气体保护电弧焊的工艺参数主要有：焊接电流、电弧电压、焊接速度、焊丝伸出长度、保护气体流量和焊丝位置等。

由于药芯焊丝气体保护电弧焊使用的芯料成分改变了电弧的特性，因此，可以按药芯熔渣的性质在交流或直流电源、平外特性或下降外特性电源中选用。现在以采用直流平特性电源的药芯焊丝CO_2焊为例，介绍焊接工艺参数的选定。

①焊接电流。当其他条件不变时，焊接电流与送丝速度成正比。如图2—21所示是药芯焊丝CO_2焊低碳钢的送丝速度与焊接电流的关系。表2—10中不同直径的药芯焊丝都有

一使用电流范围，可以根据不同的焊接位置进行选择。当焊丝直径给定，焊接电流的增减有如下影响：

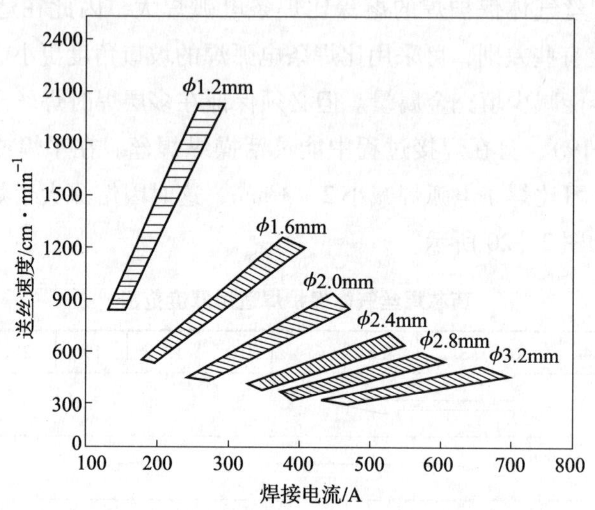

图2—21 采用气体CO_2保护的低碳钢药芯焊丝的送丝速度与焊接电流的关系曲线

表2—10　　药芯焊丝CO_2焊焊接电流和电弧电压的选定

焊丝直径/mm	平焊		横焊		立焊	
	电流/A	电压/V	电流/A	电压/V	电流/A	电压/V
1.2	150～225	22～27	150～225	22～26	125～200	22～25
1.6	175～300	24～29	175～275	25～28	150～200	24～27
2.0	200～400	25～30	200～375	26～30	175～225	25～29
2.4	300～500	25～32	300～450	25～30	—	—
2.8	400～525	26～33	—	—	—	—
3.2	450～650	28～34	—	—	—	—

注：气体流量为16.5 L/min。

电流增大，焊丝的熔敷速度提高，熔深增大；若电流过大，则产生凸形焊道，焊缝外观变坏；若电流过小，则产生颗粒熔滴过渡，且飞溅严重。

②电弧电压。为了获得良好的焊缝成形，当改变送丝速度来提高或减小焊接电流时，电源的输出电压也应随之改变，以保持电弧电压与电流的最佳关系。但是在焊接过程中电弧电压与弧长密切相关，如果电弧电压太高，即弧长过长，会造成大的飞溅，焊道变宽，成形不规则；若电弧电压太低（弧长过短），则产生窄的凸状焊道，飞溅也变大，熔深变小。

③焊丝伸出长度。焊丝伸出长度是指伸出导电嘴的未熔化的焊丝长度。它被电阻热加热，其电阻热与伸出长度成正比。当伸出长度太长时，会产生不稳定的电弧和飞溅过大；若伸出太短，飞溅物易堆积在喷嘴上，影响气体流动或堵塞，使保护不良而引起气孔等。通常焊丝伸出长度为 19～38 mm，而喷嘴端到工件距离为 19～25 mm。

④焊接速度。焊接速度影响焊缝熔深和形状，其他因素不变时，低焊速的熔深比高焊速的大，大电流焊时低焊速可能引起焊缝金属过热，焊速过快将引起焊缝外观不规则。一般焊接速度在 30～76 cm/min。

⑤保护气体流量。若流量不足则对熔滴过渡和焊接熔池保护不良，引起焊缝气孔和氧化；流量过大，可能造成紊流、把空气卷入，同样引起焊缝金属氧化和产生气孔。正确的流量由焊枪喷嘴形式和直径、喷嘴到工件的距离以及焊接环境决定。通常在静止空气中焊接时流量为 16～21 L/min，若在流动空气环境中或喷嘴到工件距离较长时流量应加大，可能达 26 L/min。表 2—11 为药芯焊丝 CO_2保护焊接碳钢的工艺参数。

表 2—11　　　　药芯焊丝 CO_2保护焊接碳钢的工艺参数

接头示意图		板厚 t (mm)	根部间隙 g (mm)	总焊层数	焊丝直径 (mm)	焊接电流 (A)	电弧电压 (V)	焊接速度 (cm/min)
平焊	t, g	3.2	0.8	1	2.4	325	24～26	142
		4.8	1.6	1	2.4	350	24～26	122
	60°, t	6.4	0	1	2.4	375	25～27	104
		12.7	0	2	3.2	550	27～30	46
		19	0	3	3.2	550	27～30	46
		25	0	6	3.2	550	27～30	28
	30°, t, g	16	3.2～4.8	第一层	3.2	575	31	36
				第二层	3.2	600	32.5	41
		18	3.2～4.8	第一层	3.2	575	32.5	48
				第二层	3.2	600	32.5	46
				第三层	3.2	600	32.5	38

续表

接头示意图		板厚 t（mm）	根部间隙 g（mm）	总焊层数	焊丝直径（mm）	焊接电流（A）	电弧电压（V）	焊接速度（cm/min）
平焊	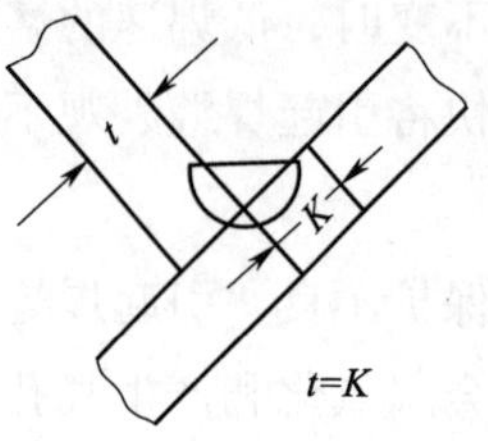 t=K	3.2	0	1	2.4	300	24～26	135
		6.4	0	1	2.4	400	24～26	61
			0	1	3.2	500	25～27	64
		13	0	2	2.4	525	30～32	41
			0	2	3.2	525	30～32	41
横焊	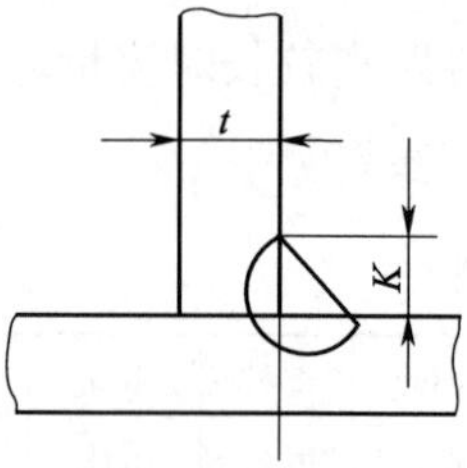	3.2	0	1	2.4	350	24～26	152
		6.4	0	1	2.4	400	24～26	61
			0	1	3.2	450	25～27	64
		13	0	3	2.4	400	24～26	51
			0	3	3.2	450	25～27	46
立焊	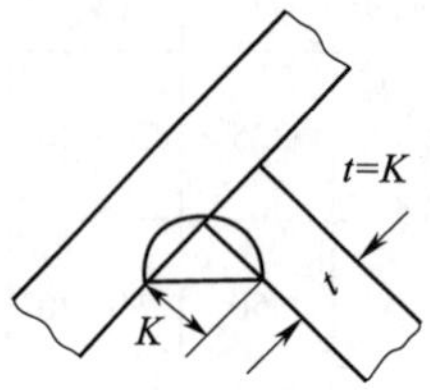 t=K	9.5	0	1	1.1	180	21	7.6～10

第3节　氩　弧　焊

一、概述

1. 基本原理

钨极惰性气体保护焊是以钨或钨的合金作为电极材料，在惰性气体的保护下，利用电极与母材金属（工件）之间产生的电弧热熔化母材和填充焊丝的焊接过程。英文简称为GTAW或TIG。

TIG焊焊接过程如图2—22所示。焊接时，惰性气体以一定的流量从焊枪的喷嘴中喷出，在电弧周围形成气体保护层将空气隔离，以防止大气中的氧、氮等对钨极、熔池及焊接热影响区金属的有害作用，从而获得优质的焊缝。当需要填充金属时，一般在焊接方向的一侧把焊丝送入焊接区、熔入熔池而成为焊缝金属的组成部分。

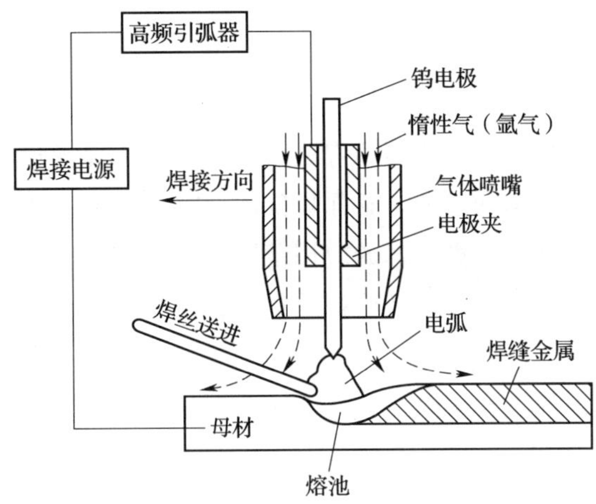

图 2—22 TIG 焊焊接过程

根据不同的分类方式，TIG 焊大致有如下几种类型：

（1）按电流波形分类：直流 TIG 焊、交流 TIG 焊、脉冲 TIG 焊。

（2）按操作机械化程度分类：手工 TIG 焊、自动 TIG 焊。

（3）按焊丝是否预热分类：冷丝 TIG 焊、热丝 TIG 焊。

（4）按保护介质分类：氩弧 TIG 焊、氦弧 TIG 焊、混合气体 TIG 焊。

2. TIG 焊的特点

氩弧焊之所以能迅速地发展，主要是因为有下列优点：

（1）惰性氩气能充分而有效地保护金属熔池不被氧化。它本身既不与金属起化学反应，也不溶于金属，因此，为获得高质量的焊缝提供了有利条件。

（2）电弧热量集中，热影响区小，焊件变形小。钨极氩弧焊电弧非常稳定，在焊接电流较小时仍可稳定燃烧，因此，特别适合于薄板材料的焊接。

（3）交流氩弧焊过程中，能有效清除焊件表面的氧化膜，因此，适宜焊接一些化学活泼性强的铝、镁及其合金等有色金属。

（4）容易实现机械化和自动化焊接，熔化极氩弧焊生产效率高。

由于上述原因，氩弧焊的焊缝致密、力学性能和抗腐蚀性都比较好，且焊缝表面无焊渣，成形美观。

氩弧焊的缺点是采用的氩气较贵，熔敷效率低，氩弧焊机较复杂，与其他焊接方法相比，生产成本较高，而且不适宜室外工作等。

3．氩弧焊的应用

氩弧焊是一种高质量的焊接方法，它不仅用于高强度合金钢、高合金钢、钼、铝、镁、铜及其合金和稀有金属等材料的焊接，还用于补焊、定位焊、背面成形的打底焊缝以及异种金属的焊接。

钨极手工氩弧焊和熔化极半自动氩弧焊主要用于薄板焊件的短焊缝和不规则焊缝的焊接。而钨极自动氩弧焊和熔化极自动氩弧焊主要用于平直长焊缝和环形焊缝的焊接。

随着我国工业和科学技术的发展，氩弧焊技术获得越来越广泛的应用。不仅钨极氩弧焊已普遍用于生产，熔化极氩弧焊技术的应用范围也不断扩大。同时，氩弧点焊、薄板钨极脉冲氩弧焊、熔化极脉冲氩弧焊以及厚板熔化极自动与半自动氩弧焊等氩弧焊技术也已用于生产。

由于氩弧焊具有很多优点，所以在航空、航天、化工、造船、机械以及电子工业等部门获得广泛应用。

二、氩弧焊的焊接过程特性

1．氩弧焊的电弧燃烧特性

由于氩气具有较高的电离势，它造成氩弧焊时引弧困难。为了帮助电弧引燃，可采用引弧器使氩气电离而引燃电弧，或使用具有较高空载电压的焊接电源。另外，由于氩气的热传导系数及比热容较小，散热能力差，尤其是它在高温中不分解，不产生吸热作用，所以在氩气中燃烧的电弧热量损失最少，热能利用率较高，这样有利于电弧的稳定燃烧，这是氩气保护焊时的电弧燃烧特点。

2．氩弧焊的电源外特性

钨极氩弧焊时，由于电流密度比较小，电弧不受压缩，所以电弧的静特性一般为水平的。而熔化极氩弧焊在使用较细的焊丝时，电流密度比较大，气流对弧柱有冷却作用，所以电弧的静特性一般为上升的。不同的电弧静特性，需要不同的电源外特性配合，才能使电弧稳定燃烧。

当钨极氩弧焊配用陡降外特性的电源时，其优点是：首先电弧能在静特性曲线与外特性曲线的交点上稳定燃烧；其次是在电弧长度瞬时变化时，焊接电流的波动值比较小，电弧稳定，因而有利于手工操作。

当细丝熔化极氩弧焊配用平硬或上升外特性的电源时，其优点是：首先电弧能在静特性曲线与外特性曲线的交点上稳定燃烧；其次是电弧的自动调节作用最强。

当进行粗丝熔化极氩弧焊时（焊丝直径大于等于4 mm），由于电流密度比较小，电弧的自动调节作用较弱，这时宜采用缓降外特性的直流电源来获得电弧的稳定燃烧。

3. 氩弧焊的焊接电源种类和极性

氩弧焊时可以采用直流电源、交流电源和脉冲电源。根据焊接材料的性质以及焊接方法，可选用相应的焊接电源和极性。

（1）直流电源正接法

采用钨极氩弧焊焊接合金钢、耐热钢、不锈钢和钛合金等材料时，一般选用陡降外特性的直流电源，并采用正接法，即钨极接负极，焊件接正极（见图 2—23a）。焊接时，由于电子向焊件高速地冲击，所以焊件熔深较大，钨极消耗少，并且钨极有较大的许用电流。

（2）直流电源反接法

钨极氩弧焊采用直流反接法，即钨极接正极，焊件接负极（见图 2—23b）。焊接时，由于钨极受电子高速冲击，使钨极温度升高，消耗加快，所以电弧稳定性较差。同时，由于焊件对正离子的吸收作用，使得正离子向熔池和焊件表面冲击，并产生大量的热量，使焊件表面氧化膜被冲破而产生“阴极破碎”现象。这有利于熔滴与熔池的熔合，适合于对氧化物熔点高的铝、镁及其合金材料的焊接。但由于钨极消耗量大，实际上很少采用。而在熔化极氩弧焊中均采用此种电源极性进行各种金属的焊接。

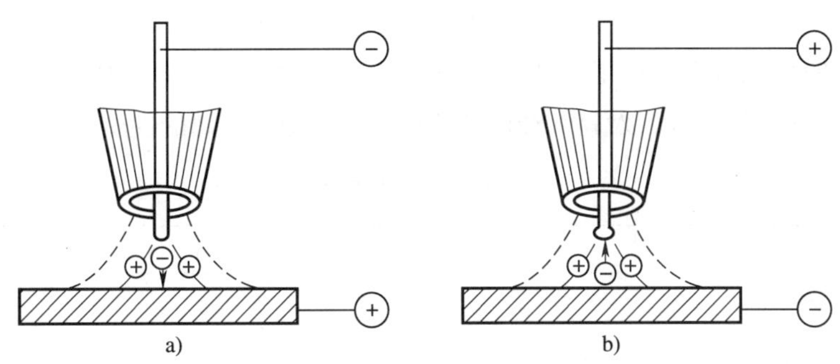

图 2—23　直流电源的极性接法

a）直流电源正接法　b）直流电源反接法

（3）交流电源

在钨极氩弧焊中，对熔点低而表面容易产生高熔点氧化膜的铝、镁及其合金进行焊接时普遍采用交流电源。

交流电源弥补了直流正接法无“阴极破碎”作用和直流反接法钨极损耗严重的缺点。当选用交流电源焊接时，钨极的许用电流比直流反接法大，同时，能消除焊缝表面的氧化膜，即有“阴极破碎”作用。

当采用交流电源焊接铝、镁及其合金时，主要需解决引弧、稳弧和消除直流分量等几个问题。目前引弧采用高频振荡器和脉冲引弧器，稳弧采用脉冲稳弧器。焊接各种金属材料对焊接电源种类和极性的选择见表2—12。

表2—12　　焊接各种金属材料对焊接电源种类和极性的选择

焊接电源种类与极性	被焊金属材料
直流电源正接法	低合金高强度钢，不锈钢，耐热钢，铜、钛及其合金
直流电源反接法	适用于各种金属的熔化极氩弧焊
交流电源	铝、镁及其合金

三、保护气体与电极材料

1. 保护气体

钨极惰性气体保护电弧焊应用最普遍的气体是氩气。氩气是在液态空气分馏制氧时获得的副产品。由于氩气的沸点介于氧气和氮气的沸点之间（氩的沸点为－185.7℃，氧的沸点为－183℃，氮的沸点为－195.8℃），沸点温度差值较小，所以在制氩过程中，不可避免地会含有一定数量的 N_2、O_2、H_2和 H_2O 等杂质，这些气体与水分将直接影响焊缝的质量。

焊接用的纯氩大都装在钢瓶内，在温度20℃下，满瓶压力为15 MPa，气瓶涂蓝灰色漆，在气瓶上写有“氩气”字样，对氩气纯度的要求取决于被焊金属的性质，见表2—13。

表2—13　　对氩气纯度的要求

被焊金属	气体含量			
	容积（%）			(g/m^3)
	氩	氮	氧	水分
钛、锆、钼、铌及其合金、其他金属的重要零件	≥99.98	≤0.01	≤0.005	≤0.07
铝、镁及其合金、铬镍耐热合金	≥99.95	≤0.04	≤0.005	≤0.07
铜及铜合金、铬镍不锈钢	≥99.90	≤0.08	≤0.015	≤0.07

2. 电极材料

氩弧焊所用的电极材料是在钨基中掺入一定比例的稀土元素而做成的一种具有高效电子发射能力的合金材料。在生产中获得广泛应用，它可以用来焊接有色金属、不锈钢及超高强度钢等材料。

（1）对电极材料的要求

对电极材料要求其电子发射能力要强，电弧稳定性好；耐高温不易熔化，有较大的许用电流；强度高以及防腐性好，不易损耗等。

（2）常用电极的种类

钨极氩弧焊可使用的电极材料有纯钨、钍钨及铈钨三种。

纯钨的熔点为3 410℃，沸点为5 900℃，密度为19.3 g/cm^3，强度为8.5～11 MPa，高温挥发性较小，是较早使用的电极材料。但是，纯钨极发射电子的电压较高，要求焊机具有高的空载电压。另外，纯钨极在大电流或长时间工作中会产生烧损现象，电流越大，烧损越严重。为了解决上述矛盾，在纯钨中加入1%～2%的氧化钍（ThO_2），这种电极材料称为钍钨极，它能增强阴极电子的发射能力，改善电极的引弧和稳弧性，提高电极的载流能力，延长使用寿命，但钍钨极中的氧化钍具有较强的放射性。

目前广泛应用的是在钨中加入2%左右氧化铈（CeO）的铈钨极。此种电极材料的引弧和稳弧性都好，特别是在小电流焊接时更容易建立电弧，且电弧热量集中，同时电极的烧损率下降，延长了使用寿命。另外，该电极材料的放射性剂量极低，是一种国内外广泛应用的电极材料。氩弧焊用电极材料的种类、牌号和成分见表2—14。

表2—14　　氩弧焊用电极材料的种类、牌号和成分

电极种类和牌号		化学成分（%）						
		ThO_2	CeO	SiO_2	Fe_2O_3 + Al_2O_3	CaO	Mo	W
钝钨极	W	—	—	0.06	0.02	0.01	0.01	余量
钍钨极	WTh－7	0.7～0.99	—					
	WTh－10	1.0～1.49						
	WTh－15	1.5～2.0						
	WTh－30	3.0～3.5						
铈钨极	WCe－5	—	0.5	<0.1				余量
	WCe－13	—	1.3					
	WCe－20	—	2.0					

四、氩弧焊工艺

钨极氩弧焊的焊接规范主要有焊接电流、焊接速度、电弧长度、钨极直径和形状、气体流量以及喷嘴直径等。正确选择焊接规范是焊缝成形良好和焊接过程稳定的重要保证。对于不加填充焊丝的钨极氩弧焊，焊缝成形的主要参数有焊缝宽度 c、凹陷深度 S_1 和焊漏

高度 h_1（见图 2—24a）。而对于加填充焊丝的钨极氩弧焊，焊缝没有凹陷深度，而用焊缝余高 h 及熔透深度 S 表示（见图 2—24b）。

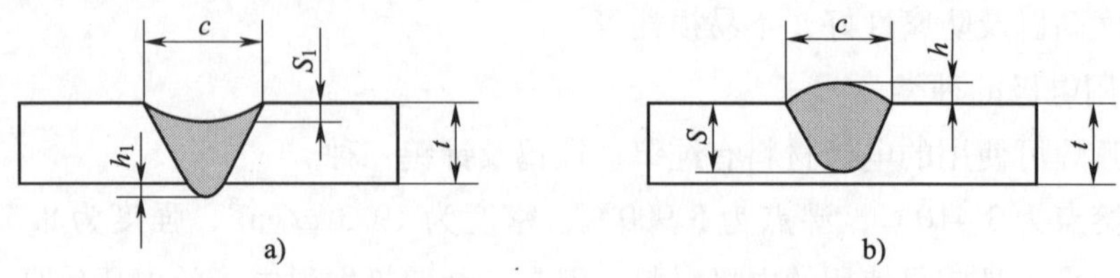

图 2—24 钨极氩弧焊的焊缝形状
a）不加填充焊丝的焊缝形状 b）加填充焊丝的焊缝形状

焊接规范对焊缝成形和焊接过程的影响是在其他规范不变的情况下进行分析的。

1. 焊接电流的影响

焊接电流是钨极氩弧焊的主要规范参数。随着焊接电流的增大（或减小），凹陷深度 S_1、焊漏高度 h_1、熔透深度 S 以及焊缝宽度 c 都相应地增大（或减小），而焊缝余高 h 相应地减小（或增大）。当焊接电流太大时，则焊缝易产生焊穿和咬边等缺陷；反之，焊接电流太小时，焊缝易产生未焊透等缺陷。

2. 焊接速度的影响

随着焊接速度的增大（或减小），则凹陷深度 S_1、熔透深度 S 以及焊缝宽度 c 都相应地减小（或增大）。当焊接速度太快时，气体保护受到破坏，焊缝容易产生未焊透和气孔等缺陷；焊接速度太慢时，焊缝容易产生焊穿和咬边等缺陷。

3. 电弧长度（电弧电压）的影响

电弧长度是指钨极末端到焊件之间的距离。随着电弧长度的增大（或减小），焊缝宽度 c 稍微增大（或减小），凹陷深度 S_1 和熔透深度 S 稍微减小（或稍微增大）。

当电弧长度太长时，则焊缝容易产生未焊透和氧化等缺陷。所以，在保证电弧不短路的情况下，尽量采用短弧焊接，这样气体保护效果好、热量集中、电弧稳定、焊透均匀以及焊件变形最小。

4. 钨极直径和形状的影响

钨极直径和形状对焊接过程稳定性和焊缝成形有很大的影响。

（1）钨极直径的影响

钨极直径要根据焊件厚度和焊接电流的大小来选择。当钨极直径选定后，就具有一定的焊接许用电流。焊接时，若超过此许用电流值，钨极就发生强烈的发热熔化和挥发，引起电弧不稳定和焊缝夹钨等问题。当选择不同电源极性时，钨极的许用电流也是不同的。不同电源极性和不同直径钍钨极的许用电流范围见表 2—15。

表 2—15　　不同电源极性和不同直径钍钨极的许用电流范围　　A

钍钨极直径/mm 电源极性	1	1.6	2.4	3.2	4.0	5.0	6.4
直流正接法	15~80	70~150	150~250	250~400	400~500	500~750	750~1 000
直流反接法	—	10~20	15~30	25~40	40~55	55~80	80~125
交流	20~60	60~120	100~180	160~250	200~320	290~390	340~525

（2）钨极形状的影响

钨极端头形状的选择要根据焊件熔透程度和焊缝成形的要求来决定。钨极端头直径越小，电弧伞形倾向越大，端头烧损越严重。随着钨极端头直径的增大，电弧柱状倾向变大，电弧集中而稳定。但是，钨极端头直径增大到一定数值后，反而会引起电弧的飘动不稳。不同形状钨极端头的性能比较见表 2—16。

表 2—16　　不同形状钨极端头的性能比较

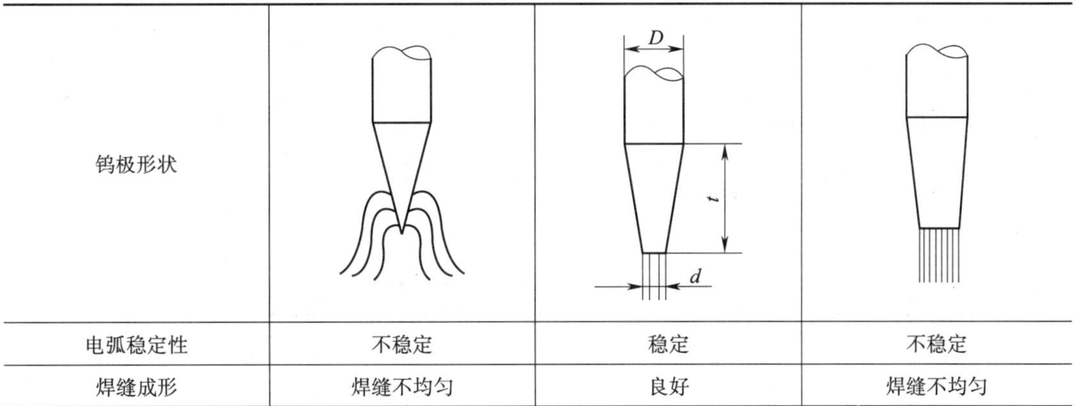

钨极形状	（尖锥形）	（平底锥形）	（平底圆柱形）
电弧稳定性	不稳定	稳定	不稳定
焊缝成形	焊缝不均匀	良好	焊缝不均匀

在直流钨极氩弧焊时，必须将钨极端头磨成平底锥形。钨极直径与锥形直径之间的关系式为：

$$l = (2\sim4)\ D$$

$$d = (1/3\sim1/4)\ D$$

式中　l——锥形长度，mm；

d——锥体最小直径，mm；

D——钨极直径，mm。

5. 气体流量的影响

氩气流量是影响焊缝熔池保护性能的重要因素。氩气保护性能的好坏，不仅取决于氩气的流量，而且与焊接速度、电弧长度、喷嘴口径、钨极外伸长度以及接头形状等因素有关。

随着焊接速度和电弧长度的增大（或减小），气体流量也相应要增大（或减小），否则容易造成气体保护性变坏。随着喷嘴口径和钨极外伸长度的增大（或减小），气体流量也要增大（或减小）。

当气体流量太大时，气体流速增大，会产生气体紊流，使保护性能显著下降，导致电弧不稳定、焊缝产生气孔和氧化缺陷。反之，气体流量太小时，氩气层流的挺度较弱，空气容易侵入熔池而使焊缝产生气孔和氧化缺陷。

总之，氩弧焊规范的选择主要根据焊接材料、焊件厚度、接头形式以及操作方法等因素来决定。

五、氩弧焊焊接设备

1. 氩弧焊机的分类

氩弧焊机按焊接方法和构造特点不同，可分为钨极氩弧焊机和熔化极氩弧焊机两大类。其中钨极氩弧焊机按操作方式分为手工焊机和自动焊机。

钨极氩弧焊机按电流种类可分为交流、直流、交直流两用和脉冲焊机等；按特种使用要求还可分为钨极氩弧点焊机、热丝钨极氩弧焊机以及管板脉冲氩弧焊机等。

常用钨极氩弧焊机的主要技术参数见表2—17。

表2—17　　常用钨极氩弧焊机的主要技术参数

类别	手工交流钨极氩弧焊机	手工交直流钨极氩弧焊机	手工直流钨极氩弧焊机	自动交直流钨极氩弧焊机	手工脉冲钨极氩弧焊机
型号	WSJ－400－1	WSE5－315	WS－300	WZE－500	WSM－250
电网电压（V）	380（单相）	380（单相）	380（单相）	380（单相）	380（单相）
空载电压（V）	70～75	80	72	68（直流） 80（交流）	55
额定焊接电流（A）	400	315	300	500	脉冲峰值电流 50～250
电流调节范围（A）	50～400	30～315	20～300	50～500	基值电流25～60
引弧方式	脉冲	高频高压	高频高压	脉冲	高频高压
消除直流分量方法	电容	—	—	电容（交流）	—
钨极直径（mm）	1～7	1～6	1～5	2～7	1.6～4

续表

类别	手工交流钨极氩弧焊机	手工交直流钨极氩弧焊机	手工直流钨极氩弧焊机	自动交直流钨极氩弧焊机	手工脉冲钨极氩弧焊机
额定负载持续率（%）	60	35	60	60	60
焊接速度（cm/min）	—	—	—	8～130	—
送丝速度（cm/min）	—	—	—	33～1 700	—
焊接电流衰减时间（s）	—	0～10	0～5	5～15	0～15
气体滞后时间（s）	—	0～15	0～15	0～15	0～15
氩气流量（L/min）	25	25	15	50	15
冷却水流量（L/min）	1	1	1	1	1
配用焊枪	PQ1－150 PQ1－350 PQ1－500	PQ1－150 PQ1－350	QQ－0～90/75 QS－65/300	—	QS－85/250
用途	焊接铝、铝合金	焊接铝、铝合金、不锈钢、高合金钢、纯铜等	焊接不锈钢、耐热钢、铜等	焊接不锈钢、耐热钢及各种有色金属	焊接不锈钢、耐热合金、钛合金等
备注	配用BX3－400弧焊变压器	交流为矩形波电流，可变30%～70%	—	配用ZX5－500弧焊整流器及BX3－500交流电源各一台	脉冲峰值时间0.02～3 s，基值电流时间0.025～3 s

随着铝及铝合金和不锈钢中、厚板材料应用范围的不断扩大，熔化极氩弧焊机的应用也更加广泛。它具有生产效率高、可焊厚度大以及施焊位置广的特点。

2. 手工钨极氩弧焊机的组成

手工钨极氩弧焊机由焊接电源、引弧及稳弧装置、焊枪、供气系统、供水系统和焊接程序控制装置等组成；自动钨极氩弧焊机还包括焊接小车行走机构及送丝装置等。

（1）焊接电源

钨极氩弧焊要求采用陡降外特性电源以减小或消除因弧长变化而引起的焊接电流波动，采用的焊接电源有直流、交流、交直流及脉冲电源等。上述焊接电源从结构及要求上与一般焊条电弧焊并无多大差别，原则上可以通用，只是外特性要求更陡些。目前最广泛使用的是弧焊变压器和晶闸管式弧焊整流器，而各种逆变电源具有优良的性能指标及节能效果。

（2）引弧方式

钨极氩弧焊采用的引弧方式主要包括接触短路引弧、高频高压引弧以及高压脉冲引弧等。

1）接触短路引弧。采用钨极在引弧板或铜板、炭块上接触短路直接引弧。其缺点是引弧时钨极损耗较大，钨极端部形状易被破坏，此法应尽量少用。

2）高频高压引弧。利用高频振荡器所产生的高频高压（2 000 ~ 3 000 V，150 ~ 200 kHz）击穿钨极与焊件之间的气体（2 ~ 5 mm）而引燃电弧。

3）高压脉冲引弧。在钨极和焊件之间加一高压脉冲（脉冲幅值≥800 V），使两极间气体介质电离而引燃电弧。

（3）稳弧方法

由于交流钨极氩弧焊的稳定性很差，为此，在极性转换的瞬间必须采取稳弧措施，其方法是采用高频稳弧、高压脉冲稳弧以及交流矩形波稳弧等。

1）高频稳弧。采用高频高压稳弧，可在稳弧时适当降低高频的强度。

2）高压脉冲稳弧。在电流过零瞬间加上一个高压脉冲。

3）交流矩形波稳弧。利用交流矩形波在过零瞬间有极高的电流变化率来帮助焊接电弧在极性转换时很快地反向引燃。

（4）焊枪

焊枪的功能是夹持钨极、传导焊接电流和输送氩气。它应满足以下要求：使保护气流具有良好的流动状态和一定的挺度，以获得可靠的保护效果；有良好的导电性能，充分地冷却，以保证持久工作；喷嘴与钨极间绝缘良好；质量轻，结构紧凑，装拆维修方便等。常用手工钨极氩弧焊焊枪的主要技术参数见表2—18。

表2—18　常用手工钨极氩弧焊焊枪的主要技术参数

型号	冷却方式	出气角度	额定焊接电流（A）	适用钨极尺寸（mm）		开关形式	质量（kg）
				长度	直径		
PQ1 - 150	循环水冷却	65°	150	110	1.6，2，3	推键	0.13
PQ1 - 350		75°	350	150	3，4，5	推键	0.3
PQ1 - 500		75°	500	180	4，5，6	推键	0.45
QS - 85/250		85°（近直角）	250	160	2，3，4	船形开关	0.26
QS - 65/300		65°	300	160	3，4，5	按钮	0.26
QQ - 0 ~ 90/75	气冷却	0 ~ 90°（可变角）	75	70	1.2，1.6，2	按钮	0.15
QQ - 85/100		85°（近直角）	100	160	1.6，2	船形开关	0.2
QQ - 0 ~ 90/150		0 ~ 90°（可变角）	150	70	1.6，2，3	按钮	0.2

如图 2—25 所示为 PQ1 –150 水冷式焊枪的结构。其中喷嘴的形状对气流的保护性能影响很大，为使出口处获得较厚的层流层，以取得良好的保护效果，应采取以下措施：

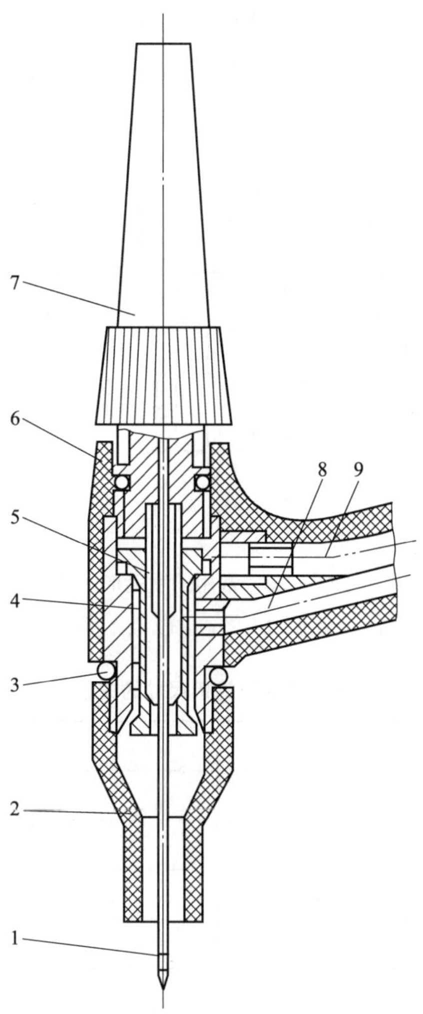

图 2—25　PQ1 –150 水冷式焊枪的结构

1—钨极　2—陶瓷喷嘴　3—密封环　4—轧头套管　5—电极轧头
6—枪体塑料压制件　7—绝缘帽　8—进气管　9—冷却水管

1）喷嘴上部应有较大的空间作为缓冲室，以降低气流的初速。

2）喷嘴下部应该为截面不变的圆柱形通道，通道越长保护效果越好，通道直径越大保护范围越宽。

3）有时在气流通道中应加设多层钢丝网或多孔隔板，以限制气体横向运动，有利于形成气流。

喷嘴的材料有陶瓷、纯铜及石英三种。其中高温陶瓷喷嘴既绝缘又耐热，应用广泛。常用的喷嘴形式有三种，即喷嘴截面呈收敛形、等截面形和扩散形（见图2—26）。其中等截面形喷嘴的气流有效保护区域最大，应用最广泛。收敛形喷嘴电弧可见度较好，又便于操作，应用也很普遍。扩散形喷嘴主要用于熔化极气体保护焊。喷嘴孔径与钨极尺寸的关系见表2—19。

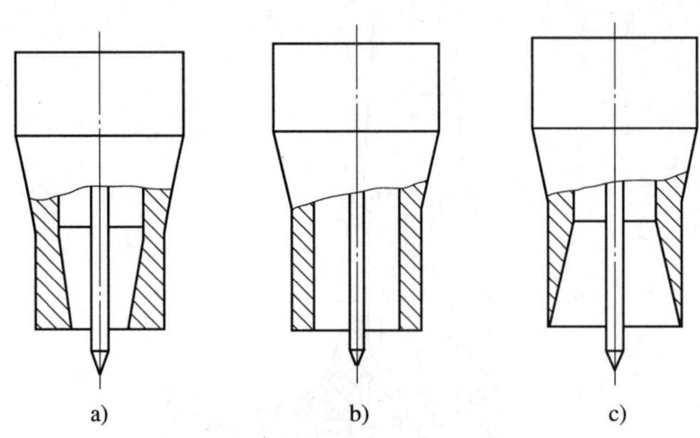

图2—26　常用的喷嘴形式

a）收敛形　b）等截面形　c）扩散形

表2—19　喷嘴孔径与钨极尺寸的关系　mm

喷嘴孔径	钨极直径
6.4	0.5
8	1.0
9.5	1.6或2.4
11.1	3.2

（5）供气系统

由氩气瓶、减压流量计和电磁气阀等组成。氩气瓶外表涂成蓝灰色。减压流量计是将氩气瓶中的气体压力降至焊接所需的压力和流量。

（6）水冷系统

采用的焊接电流大于100 A的焊枪一般均为水冷式，用以冷却焊枪和钨极。手工水冷式焊枪通常将焊接电缆装入通水软管中制成水冷电缆，可减小电缆截面和质量，使焊枪更轻便。有时水路中还接入水压开关，保证冷却水接通并有一定压力后才能焊接。必要时可采用水泵将水箱内的水循环使用。

(7) 焊接程序控制装置

该装置应满足下列要求进行焊接程序控制：

1）焊前提前 1.5 ~4 s 输送氩气，以清除管内及焊接区域的空气。

2）焊后延迟 5 ~15 s 停止供氩气，以保护钨极和熔池。

3）自动接通和切断引弧和稳弧电路。

4）控制焊接电源的通断。

5）焊接结束前焊接电流自动衰减，以防止弧坑裂纹的产生。

钨极氩弧焊的工作程序如图 2—27 所示。

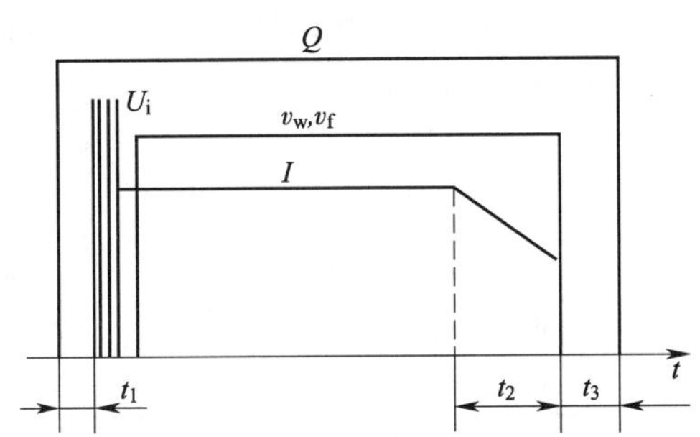

图 2—27 钨极氩弧焊的工作程序

U_i—高频或引弧脉冲电压 I—焊接电流 v_w—焊接速度 v_f—送丝速度

Q—保护气体流量 t_1—提前送气时间 t_2—电流衰减时间 t_3—延迟停气时间

3. 氩弧焊机的保养和常见故障的消除

(1) 氩弧焊机的保养

1）焊机应按外部接线图正确安装，并检视焊机铭牌电压值与供电网路电压值是否相符，不符时不准使用。

2）焊机必须可靠接地，不接地不准使用。

3）焊机在使用前必须检查水管、气管的连接情况，以保证焊接时正常供水、供气。

4）应定期检查焊枪的弹性夹头夹紧情况和喷嘴的绝缘性能是否良好。

5）气瓶不能与焊接区靠近，同时必须加以固定以防止倾倒。

6）工作完毕或临时离开工作场地时必须切断焊机电源，关闭水源及气源。

7）必须建立定期的检修制度。

8）操作者应掌握焊机的一般构造、工作原理和使用方法。

(2) 氩弧焊机常见故障的消除

氩弧焊机的常见故障特征、产生原因及消除方法见表 2—20。

表2—20　　氩弧焊机的常见故障特征、产生原因及消除方法

故障特征	产生原因	消除方法
电源开关接通，但指示灯不亮	1. 电源开关损坏 2. 熔断丝熔断 3. 控制变压器损坏 4. 指示灯损坏	1. 检修电源开关 2. 更换熔断丝 3. 检查并修复控制变压器 4. 更换指示灯
控制线路有电，但焊机不启动	1. 启动开关接触不良 2. 启动继电器有故障 3. 控制变压器损坏	1. 检查并修复，使之接触良好 2. 检修继电器 3. 检修并更换
振荡器不激弧或振荡火花微弱	1. 脉冲引弧器或高频引弧器有故障 2. 火花放电器间隙不正常或电极烧坏 3. 放电盘云母片击穿	1. 检修引弧器 2. 调整放电器间隙，清理和调整电极 3. 更换云母片
焊机启动后有振荡放电，但不能引燃电弧	1. 焊接电源接触器有故障 2. 控制线路故障 3. 焊件接触不良	1. 检查并修复 2. 检查并修复 3. 清理焊件接触不良处
电弧引燃后焊接过程中电弧不稳定	1. 稳弧触发系统故障 2. 消除直流分量的元件故障 3. 焊接电源故障	1. 检修稳弧系统各元件 2. 检修或更换 3. 检查并修复
焊机启动后无氩气供给焊接区	1. 气路阻塞 2. 电磁气阀故障 3. 控制线路故障 4. 气体延时线路故障	1. 检查气路，排除阻塞现象 2. 检查并修复 3. 检修控制线路 4. 检修延时线路

第4节　埋　弧　焊

一、概述

1. 埋弧焊的基本原理

埋弧焊是以电弧作为热源加热、熔化焊丝和母材的焊接方法。焊接过程中焊丝端部、电弧和工件被一层可熔化颗粒焊剂覆盖，无可见电弧和飞溅。焊剂的使用是埋弧焊工艺区

别于其他工艺方法的根本特点，焊剂对焊接电弧稳定性、焊缝质量、焊缝的力学性能和化学成分有重要影响。

埋弧焊时，连续送进的焊丝在焊剂覆盖下引燃电弧。埋弧焊焊缝形成过程如图 2—28 所示。电弧热使焊丝、母材和焊剂熔化以致部分蒸发，在电弧区便由金属和焊剂蒸气构成一个空腔，电弧在这个空腔内稳定燃烧。空腔底部是焊丝和母材熔化形成的金属熔池，顶部则是焊剂熔化形成的熔渣。熔池受熔渣和焊剂蒸气的保护，不与空气接触。随着电弧向前移动，电弧力将液态金属推向后方并逐渐冷却凝固成焊缝，熔渣则凝固成渣壳覆盖在焊缝表面。在焊接过程中，熔渣除了对熔池和焊缝金属起机械保护作用外，还与熔化金属发生冶金反应（如脱氧、去杂质、渗合金等），从而影响焊缝金属的化学成分和力学性能。焊后未熔化的焊剂另行清理回收。

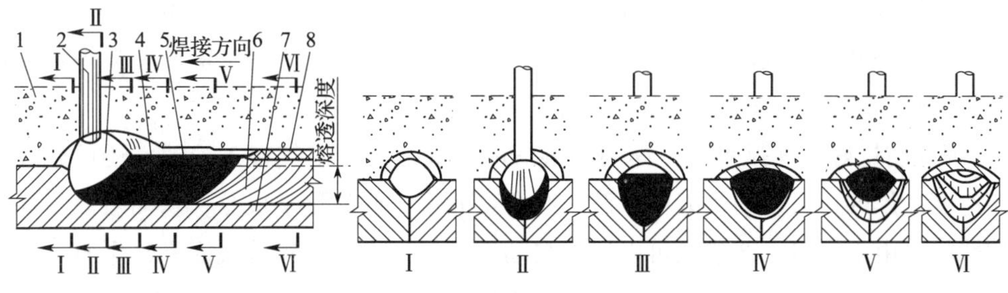

图 2—28　埋弧焊缝的形成过程

1—焊剂　2—焊丝　3—电弧　4—熔池　5—熔渣　6—焊缝　7—焊件　8—渣壳

埋弧焊时，焊丝连续不断地送进，同时其端部在电弧热作用下不断熔化，焊丝送进速度和熔化速度相互平衡，以保持焊接过程的稳定进行。

2. 埋弧焊的分类

埋弧焊按焊接过程机械化程度分为自动埋弧焊和半自动埋弧焊。前者焊丝的送进和电弧的移动全部实现机械化；后者焊丝送进由机械完成，而电弧的移动则由操作者通过操作焊枪来移动。

按送丝方式分为等速送丝埋弧焊和变速送丝埋弧焊两大类。前者在焊接过程中焊丝送进速度恒定，它适用于细焊丝高电流密度焊接的场合，它要求配备具有缓降的、平的或稍为上升的外特性弧焊电源；后者在焊接过程中焊丝送进速度随弧压变化而变化，它适用于粗焊丝低电流密度焊接场合，它要求配备具有陡降或恒流外特性的弧焊电源。

按焊丝的数目分为单丝埋弧焊和多丝埋弧焊。前者只使用一根焊丝，在生产中应用最普遍；后者则采用双丝、三丝或更多焊丝，目的是为了提高生产效率和改善焊缝成形。大多数情况是每一根焊丝由一个电源来供电。有些是沿着同一焊道多根焊丝以纵向前后排列，一次完成一条焊缝，有些是横向平行排列，同时一次完成多条焊缝的焊接，如电热锅炉生产中的水冷壁（膜式壁）焊缝的焊接。

按电极形状分为丝极埋弧焊和带极埋弧焊，后者作为电极的填充材料为卷状的金属带，它主要用于耐磨、耐蚀合金表面堆焊。

3. 埋弧焊的优缺点

埋弧焊是在自动或半自动下完成焊接的，与焊条电弧焊或其他焊接方法比较有如下优缺点：

（1）埋弧焊的主要优点

1）生产效率高。埋弧焊时，焊丝从导电嘴伸出长度短，可以提高焊接电流（或电流密度），一般可提高 4 ~5 倍。因此，熔透能力和焊丝熔敷速度大大提高，一般不开坡口单面一次焊，熔深可达 20 mm。另一方面，由于焊剂和熔渣的隔热作用，电弧热散失少、飞溅少，故热效率高，可提高焊接速度。厚度 8 ~ 10 mm 的钢板对接，单丝埋弧焊速度可达 30 ~ 50 m/h，若采用双丝或多丝焊，效率还可以提高 1 倍以上。

2）焊缝质量好。埋弧焊时，焊剂和熔渣能有效地防止空气侵入熔池，还可以降低焊缝冷却速度，焊剂还可以向焊缝中过渡一些合金元素，调整化学成分，从而可以提高接头的力学性能。由于焊接工艺参数可以通过自动调节保持稳定，焊缝表面光洁平直，焊缝金属的化学成分和力学性能均匀而稳定，对焊工技术水平要求不高。

3）劳动条件好。埋弧焊弧光不外露，没有弧光对焊工的有害作用；焊接时放出的烟尘和有害气体少，改善了焊工的劳动条件。由于焊接过程的机械化和自动化，焊工劳动强度大大降低。

4）节省焊接材料和能源。较厚的焊件不开坡口也能熔透，从而所需焊丝量显著减少，省去了开坡口和填充坡口所需能源和时间；由于熔渣的保护作用避免了金属元素的烧损和飞溅损失。

（2）缺点

1）埋弧焊是靠颗粒状焊剂堆积覆盖而形成对焊接区的保护，一般只适用于平焊位置焊接，其他位置埋弧焊则需采用特殊装置来保证焊剂覆盖焊缝区。

2）埋弧焊使用电流较大，电弧的电场强度较高，电流小于 100 A 时，电弧稳定性较差，因此，不适于焊接厚度小于 1 mm 的薄板。

3）焊接时用的辅助装置较多，如焊剂的输送和回收装置，焊接衬垫、引弧板和引出板，焊丝的去污锈和缠绕装置等，有时尚需与焊接工装配合才能使用。

4. 埋弧焊的适用范围

埋弧焊是焊接生产中应用较普遍的工艺方法，由于焊接熔深大、生产效率高、机械化程度高，因而适用于中、厚板长焊缝的焊接，在造船、锅炉与压力容器、化工、桥梁、起重机械、铁路车辆、工程机械、冶金机械以及海洋结构、核电设备等制造中有广泛的应用。

埋弧焊最广泛用于 w（C）低于 0.30%、w（S）低于 0.05% 的低碳钢的焊接生产。其次是用于低合金钢和不锈钢的焊接。对高、中碳钢和合金钢不常使用埋弧焊，因为焊时常须采用比较复杂的工艺措施。埋弧焊可以在普通结构钢基体的表面上堆焊覆层，使其具有耐蚀或其他性能。

埋弧焊最适于焊接中厚以上的钢板，这样能发挥大电流高熔深的优点。随着厚度增加，在待焊部位开适当坡口以保证焊透和改善焊缝成形。

二、埋弧焊的自动调节系统

1. 焊接过程自动化的概念

焊条电弧焊的焊接过程包括引弧、焊接和熄弧三个阶段，焊接时，这三个阶段都是由焊工用手工完成的。而埋弧焊过程自动化实质上是指上述过程的自动化，它是通过自动焊机的焊接机头和自行台车实现的。

焊接时为获得优质的焊缝，首先必须确保选定的焊接规范在整个焊接过程中保持不变，从而获得化学成分均匀、成形良好以及力学性能优良的焊缝。生产实践证明，埋弧焊时，要求焊接电流和电弧电压的波动分别不能超过 ±（25～50）A 和 ±2 V，否则将会影响焊缝成形和焊接质量，严重时会使焊接过程无法进行下去。因此，要求埋弧焊设备必须具有自动调节能力。

埋弧焊时，影响焊接规范稳定的主要因素有：

（1）电弧长度的变化

在焊接过程中，由于焊件表面凸凹不平、坡口不规则、装配质量不高、定位焊缝或送丝速度发生不正常的波动等，都会引起弧长的变化，从而影响焊接规范的稳定。如图 2—29 所示即为电弧长度变化时对焊接电流和电弧电压的影响。

（2）供电网路电压的波动

网路电压发生波动时，焊机外特性曲线位置发生变化，也会影响焊接规范的稳定。如图 2—30 所示即为焊机外特性曲线变化时对焊接电流的影响。

在上述两种影响因素中，一般情况下，以电弧长度的变化对焊接规范的影响最为严重。因此，埋弧自动焊设备都以消除弧长干扰为自动调节的主要目标，要求当电弧长度在受外界干扰而发生变化时，能够通过电弧自动调节，尽快使其恢复到原来的长度，以稳定焊接规范。

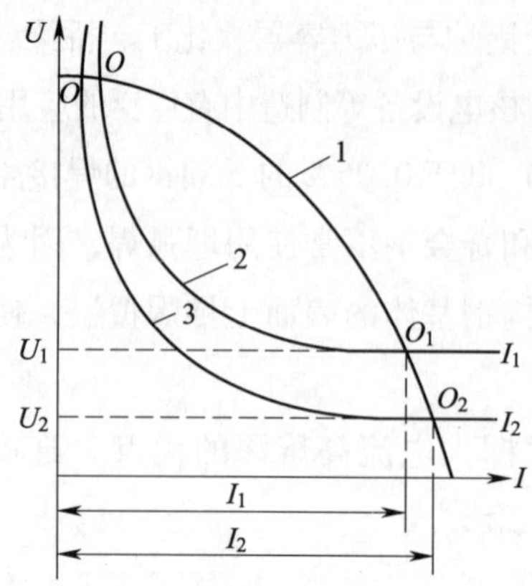

图2—29　电弧长度变化时对焊接电流和电弧电压的影响

1—焊机外特性曲线　2，3—电弧静特性曲线

U_1，U_2—电弧电压，V　I_1，I_2—焊接电流，A

O—电弧引燃点　O_1，O_2—电弧稳定燃烧点

l_1，l_2—电弧长度

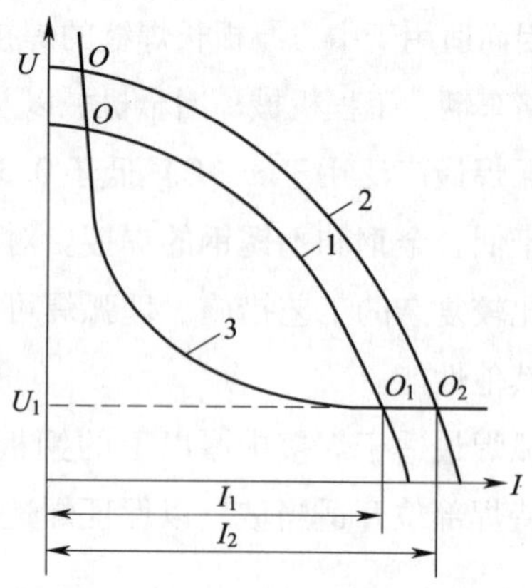

图2—30　焊机外特性曲线变化时对焊接电流的影响

1，2—焊机外特性曲线　3—电弧静特性曲线

U_1—电弧电压，V　I_1，I_2—焊接电流，A

O—电弧引燃点　O_1，O_2—电弧稳定燃烧点

电弧燃烧时，弧长是由焊丝给送速度和焊丝熔化速度共同决定的，也即当送丝速度等于熔化速度时达到一个平衡状态，就能使电弧长度保持不变。所以，当电弧长度发生变化时，为了恢复弧长，可通过调节焊丝给送速度或调节焊丝熔化速度两种途径来实现，从而达到稳定焊接规范的目的。这两种途径都与设备的性能和电源外特性有关。

2. 焊丝送给系统

埋弧自动焊机的送丝方法有两种，即变速送丝式和等速送丝式。其送丝曲线如图2—31所示。MZ－1000型埋弧自动焊机为变速送丝式；MZ1－1000型埋弧自动焊机为等速送丝式。

（1）变速送丝式

这种方法的特点是焊丝的给送速度依照电弧长度的变化而改变。当电弧电压增高（即弧长增加）时，焊丝给送速度就加快，使电弧电压（即弧长）恢复到原来值；反之，焊丝给送速度随电弧长度的减小（即电弧电压的降低）而减慢。如图2—32所示为变速送丝式中焊丝给送速度、焊接电流与电弧电压的关系。图中焊接电弧必须在O_1点时才能稳定燃烧，也只有在O_1点时焊丝给送速度等于焊丝熔化速度。

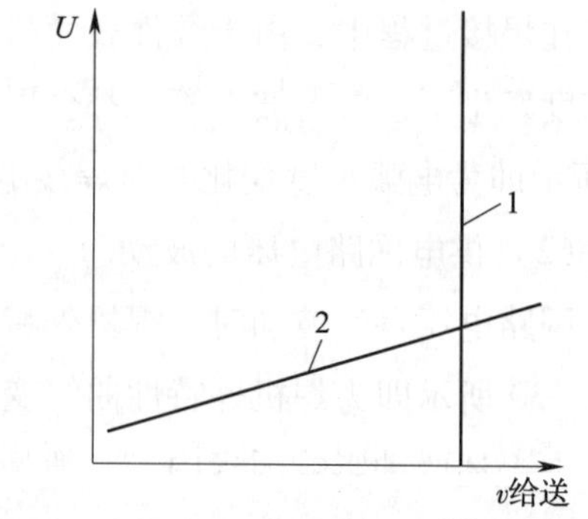

图2—31　焊丝给送不同方式的两种曲线

1—焊丝等速给送　2—焊丝变速给送

U—电弧电压，V　$v_{给送}$—焊丝给送速度，m/h

（2）等速送丝式

这种方法的特点是焊丝给送速度在焊接过程中保持不变，电弧长度是靠焊丝的熔化速度的变化而自动调整的。电弧在 O_1 点稳定燃烧（见图 2—33），只有在 O_1 点，焊丝给送速度、焊接电流与电弧电压才能达到平衡状态。

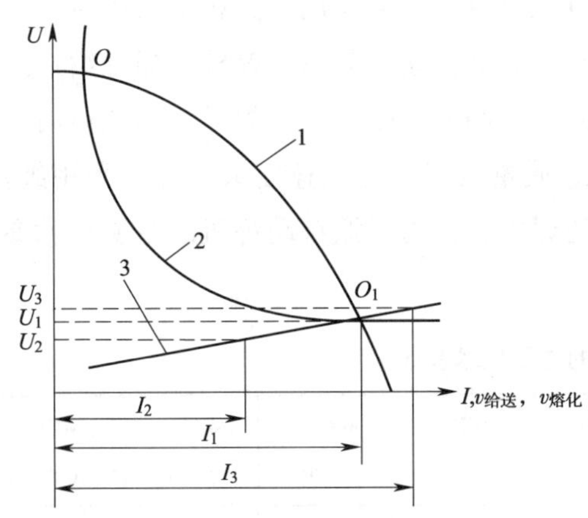

图 2—32　变速送丝式中焊丝给送速度、焊接电流与电弧电压的关系

1—焊机外特性曲线　2—电弧静特性曲线

3—变速送丝曲线

U—电弧电压，V　I—焊接电流，A

O—电弧引燃点　O_1—电弧稳定燃烧点

$v_{给送}$—焊丝给送速度，m/h　$v_{熔化}$—焊丝熔化速度，m/h

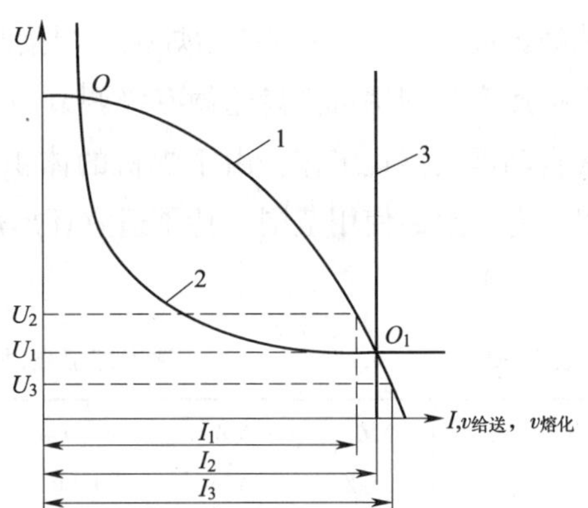

图 2—33　等速送丝式中焊丝给送速度、焊接电流与电弧电压的关系

1—焊机外特性曲线　2—电弧静特性曲线

3—等速送丝曲线

U—电弧电压，V　I—焊接电流，A

O—电弧引燃点　O_1—电弧稳定燃烧点

$v_{给送}$—焊丝给送速度，m/h　$v_{熔化}$—焊丝熔化速度，m/h

三、埋弧自动焊机

1. 埋弧自动焊机概述

（1）埋弧自动焊机的分类

埋弧自动焊机按焊丝给送方式可分为等速送丝式和变速送丝式自动焊机；按用途可分为通用式和专用式自动焊机；按焊丝数目可分为单丝和多丝自动焊机；按焊机行走方式可分为焊接小车式、门架式和悬臂式自动焊机等。

（2）常用埋弧自动焊机

常用埋弧自动焊机基本上是焊接小车式，其型号主要有 MZ－1000 型（或 MZ－1－1000 型）和 MZ1－1000 型两类。

MZ－1000 型（或 MZ－1－1000 型）自动焊机的焊丝给送方式属于变速送丝式，焊丝给送由电弧电压反馈控制，在焊接过程中易保证电弧燃烧和规范的稳定性，同时焊机的焊丝给送速度与焊接速度可以无级均匀调节，在各个方向上的机械调整比较方便。此种焊机可采用交、直流电源焊接，目前在大、中型企业中的应用最广。

MZ1－1000 型自动焊机的焊丝给送方式属于等速送丝式，焊丝给送速度与电弧电压无关。焊丝给送速度与熔化速度间的平衡只依靠电弧自身的调节作用，其调节灵敏度和保证规范稳定性不如 MZ－1000 型焊机。焊接时也可采用交、直流电源。焊机的焊丝给送速度和焊接速度是利用可换齿轮做有级调节的，因此，当调节焊接速度和焊丝给送速度时，必须使自动焊机停止工作。由于焊机的体积较小、质量较轻、送丝速度大，并可采用细丝，所以也有一定的使用范围，特别适宜环形焊缝的焊接。常用埋弧自动焊机的主要技术参数见表 2—21。

表 2—21　　常用埋弧自动焊机的主要技术参数

自动埋弧焊机型号	MZ－1000	MZ－1250	MZD－1000	MZD－1250	MZ1－1000	MZ2－1500	MZ9－1000	MU1－1000－1
电源电压（V）	380	380	380	380	380	380	380	380
电流调节范围（A）	400～1 000	250～1 250	100～1 000	100～1 250	200～1 000	400～1 500	100～1 000	400～1 000
焊丝直径或带极尺寸（mm）	3～6	3～6	3～6	3～6	1.6～5	3～6	3～6	厚：0.4～0.6 宽：20～60
焊丝给送速度（m/h）	30～120		30～120	30～120	52～403	28.5～225	30～120	15～60
焊接速度（m/h）	15～70	12～150	15～80	15～80	16～126	13.5～112	6～48	7.5～35
配用焊接电源型号	BX2－1000	ZP5－1250	ZD5－1000	ZD5－1250	BX2－1000 或 ZXG－1000R	BX2－1000	ZXG－1000R	ZXG－1000R
焊丝给送方式	变速送丝式	等速送丝式 变速送丝式	等速送丝式 变速送丝式	等速送丝式 变速送丝式	等速送丝式	等速送丝式	等速送丝式 变速送丝式	变速送丝式
焊接结构特点	焊车式	焊车式	焊车式	焊车式	焊车式	悬挂式机头	悬臂式	带极式
焊接小车或机头 外形尺寸（mm） 长	1 010	1 150			716	760	台车尺寸 2 400 × 2 400	990
焊接小车或机头 外形尺寸（mm） 宽	344	950			346	710		350
焊接小车或机头 外形尺寸（mm） 高	662	550			540	1 763		850
焊接小车或机头 质量（kg）	65	110	50	50	45	160	焊机质量 6 500	160

（3）埋弧自动焊的弧焊电源

埋弧自动焊采用的弧焊电源有交流电源和直流电源。直流电源主要包括硅弧焊整流器和晶闸管弧焊整流器，可提供平特性、缓降特性、陡降特性及垂降特性电源的输出；交流电源主要采用弧焊变压器，一般提供陡降特性电源的输出。由于埋弧自动焊通常是在高负载持续率和大电流的条件下焊接，所以一般要求弧焊电源具有大电流和100%负载持续率的输出能力。

2. MZ－1000 型埋弧自动焊机

MZ－1000 型埋弧自动焊机主要用于平对接缝、船形位置角焊缝及焊件倾斜角小于 15°的对接缝。

MZ－1000 型焊机由焊接小车、控制箱、焊接电源以及软管控制电缆等部分组成。

（1）焊接小车（MZT－1000 型）

焊接小车由焊接机头、焊剂斗、控制盘、焊丝盘以及自行台车等组成。焊接机头的作用是将给送的焊丝校直后送入电弧区，同时也将焊接电流通过导电板传导给焊丝。焊剂斗和焊丝盘分别供给焊剂和焊丝。控制盘上装有各种测量仪表、按钮及调整器等，以控制焊接过程。

自行台车由直流电动机驱动，它能保证焊接小车以 15～70 m/h 的焊接速度行走，并在减速器的主动车轮之间装有爪形离合器，可在空载时扳开离合器，以便用手推拉焊接小车。

焊接机头可在垂直平面向外调整的倾角为 45°，向内倾角为 15°。焊接机头下端的导电器部位可利用手轮做上下 80 mm 的调节，以控制焊丝伸出长度。

水平横梁可连同焊接机头、控制盘、焊丝盘及焊剂斗等绕水平横梁中心轴左右各转 45°角。

垂直柱与水平横梁及横梁上的各种装置可绕垂直中心轴在套筒内向两面各转动 90°。

垂直柱可在垂直于焊缝的方向两面各移动 30 mm，这样可调整焊丝对准焊缝中心。

（2）控制箱

控制箱（MZP－1000 型）内部装有电动发电机组、强力接触器、中间继电器、降压变压器、整流器组、镇定电阻及电流互感器等器件。

（3）焊接电源

焊接电源主要配用 BX2－1000 型弧焊变压器，也可配用 1 000 A 以上的弧焊整流器电源。BX2－1000 型弧焊变压器属于同体式结构，其额定输入容量为 76 kV · A，空载电压为 69 V 或 78 V，额定工作电压为 42 V，焊接电流调节范围为 400～1 200 A。弧焊变压器的降压变压器和电抗器是制成一体的，改变电抗器活动铁心之间的间隙就可以改变焊接电流的大小。降压变压器的一次绕组有两个插头，可根据供电网路电压升降情况进行调换，获得69 V或78 V两种空载电压。

3. MZ1－1000型埋弧自动焊机

MZ1－1000型埋弧自动焊机主要用于焊接水平位置的开坡口和无坡口对接焊缝、搭接焊缝、倾斜焊丝角焊缝、船形位置角焊缝以及内外环缝等。其中焊接内环缝的最小直径为1 200 mm。

MZ1－1000型焊机由焊接小车、控制箱和焊接电源等组成。

（1）焊接小车

焊接小车（见图2—34）为万能式。它之所以能进行各种位置焊缝的焊接，是靠更换自行台车的车轮和调节焊接机头的倾斜角度达到的。为此，自动焊机备有全套可更换的零、部件，可根据不同的焊接位置需要进行更换。

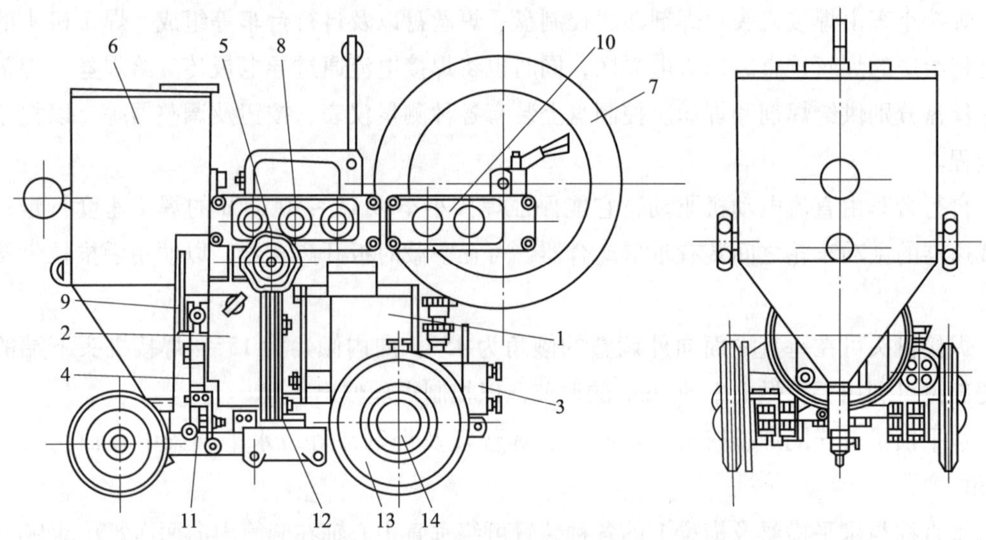

图2—34　MZ1—1000型焊机的焊接小车

1—电动机　2—焊丝给送机构　3—自行台车行走机构　4—导电器　5—调节手轮　6—焊剂斗　7—焊丝盘
8—主操纵板　9—焊丝矢正机构　10—电气测量仪表　11—前轮架　12—扇形蜗轮　13—后轮　14—摩擦离合器

电动机是用来驱动焊丝给送机构和自行台车行走机构的，它通过五组蜗轮及两对可换齿轮分别带动焊丝给送轮及行走橡皮轮，使焊丝给送、自行台车行走。

MZ1－1000型焊机的特点是焊丝给送和自行台车的行走靠一台电动机驱动。而焊丝给送和焊接小车行走分别通过各自的可换齿轮组来调节其速度。

电动机的外壳上装有一个大扇形蜗轮12，与其啮合的蜗杆端头装有调节手轮5，通过调节手轮，可使焊接机头绕电动机转动一定角度，其最大倾斜角（两边）各为45°，以便焊丝能对准焊缝位置。

焊接小车的后轮 13 经摩擦离合器 14 与自行台车行走减速机构相连，通过调节离合器手轮的松紧可实现焊接小车的主动轮（后车轮）与电动机连接（由电动机驱动）或脱开（可用手推动）。

当使用直径为 3 ~5 mm 的焊丝焊接时，可使用滚轮式导电嘴，如图 2—35a 所示。焊丝靠弹簧 1 的张力夹紧在两个青铜滚轮 2 之间，弹簧张力的大小可用螺栓 3 来调节。当使用直径为 1. 2 ~2 mm 的焊丝焊接时，可采用偏心管状式导电嘴，如图 2—35b 所示。它利用端头偏心的管状导电杆 4，并用螺母 5 将导电嘴 6 紧固，以确保定向送丝和良好的导电性。

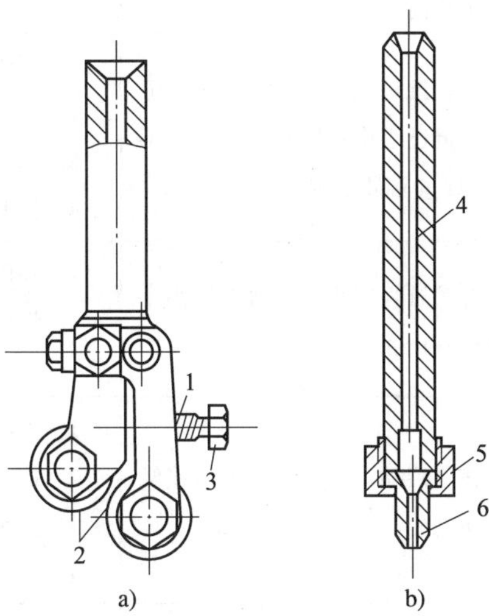

图 2—35　导电嘴的形式

a）滚轮式　b）偏心管状式

1—弹簧　2—滚轮　3—调节螺栓

4—导电杆　5—螺母　6—导电嘴

MZ1 -1000 型焊机在焊接小车上加装或改装一定的部件后，可焊接多种位置焊缝。在焊接搭接焊缝和无坡口对接焊缝时，焊接小车使用两个相同的带橡皮轮缘的前车轮。

（2）控制箱

控制箱内装有中间继电器、强力接触器、降压变压器及电流互感器（或分流器）等。控制箱外部装有三相电源开关和接线板等。

（3）焊接电源

焊接电源配用 BX2 -1000 型弧焊变压器或弧焊整流器。

4. 埋弧自动焊机的常见故障

埋弧自动焊机的常见故障特征、产生原因及消除方法见表 2—22。

表 2—22　　埋弧自动焊机的常见故障特征、产生原因及消除方法

故障特征	产生原因	消除方法
当按下焊丝“向下”、焊丝“向上”按钮时，焊丝的动作不对或不动作	1. 控制线路中有故障 2. 感应电动机反向运转 3. 发电机或电动机电刷接触不良	1. 检查控制线路并修复 2. 变换三相感应电动机的输入接线 3. 使电刷接触良好
按下“启动”按钮，线路工作正常，但引不起电弧	1. 焊接电源未接通 2. 电源接触器接触不良 3. 焊丝与焊件接触不良	1. 接通焊接电源 2. 检查修复接触器 3. 清理焊丝与焊件的接触点

续表

故障特征	产生原因	消除方法
MZ－1000 型焊机在按“启动”按钮后，电弧未引燃，焊丝一直向上反抽	焊接电源的接地线没有与焊件接上	将焊接电源与焊件之间的接地线接好
焊丝给送电动机工作正常，但在焊接过程中，发现焊丝给送不均匀，电弧不稳定	1. 焊丝给送压紧滚轮太松或已磨损 2. 焊丝被卡住 3. 焊丝给送机构有故障 4. 供电网路电压波动太大	1. 调整或更换焊丝给送滚轮 2. 清理焊丝 3. 检查焊丝给送机构 4. 焊机可使用专用线路
焊接过程中正常，而焊接小车突然停止行走	1. 焊接小车离合器已脱开 2. 焊接小车轮子被焊接电缆等物阻挡	1. 关紧离合器 2. 排除车轮的阻挡物
按“启动”按钮后，强力接触器不动	1. 熔丝损坏 2. 控制电路中断 3. 接触器线圈损坏 4.“启动”按钮有故障	1. 更换熔丝 2. 检查并消除故障 3. 消除故障或更换线圈 4. 检查并消除按钮故障
焊接过程中，焊接机头或导电器有横向位移	1. 调整器内有活动间隙 2. 导向装置内有活动间隙	1. 消除调整器的活动间隙 2. 消除活动间隙或更换已磨损的零件
焊丝未与焊件接触，焊接回路有电	焊接小车与焊件之间的绝缘被损坏	1. 检查焊接小车的车轮绝缘情况 2. 检查焊接小车是否有金属与焊件短路
焊接时，焊丝滑出给送轮外面	给送轮的凹槽深度不够	更换给送轮
焊接过程中，没有机械故障产生，但电弧经常熄灭	网路电压突然升高	减小焊接电流
焊接过程中，没有机械故障产生，但焊丝经常与焊件粘住	网路电压突然下降	增加焊接电流
焊接过程中，导电嘴与焊丝末端一起熔化	1. 采用大电流、长电弧焊接及焊丝给送速度太慢 2. 焊接小车停止行走，焊丝给送中断，但电弧仍燃烧	1. 增大焊丝给送速度，减小焊接电流 2. 检查并消除焊接小车与焊丝给送电动机的中断原因
焊丝在导电嘴中摆动，导电嘴以下的焊丝不时变红	1. 导电嘴磨损 2. 导电不良	更换导电嘴
焊接电路接通时，电弧未引燃，而焊丝黏结在焊件上	1. 焊丝与焊件之间接触太紧 2. 有锈、涂料等薄膜存在	1. 使焊丝与焊件轻微接触 2. 清理焊件接触表面

续表

故障特征	产生原因	消除方法
焊接停止后，焊丝与焊件粘住	1．“停止”按钮按下速度太快 2．不经停止1按钮，而直接按下停止2按钮（MZ1－1000型焊机）	1．慢慢分两次按下“停止”按钮 2．先按停止1按钮，待电弧熄灭后，再按停止2按钮
当按“启动”按钮后电弧引燃，但立即熄灭，而电动机仍旋转，使焊丝向上抽	常开触点J_{c-2}接触不良（MZ－1000焊机）	检查并消除常开触头J_{c-2}的接触不良
焊接过程中，焊剂停止给送，或给送量很小	1．焊剂漏斗被熔渣或杂物堵塞 2．焊剂用完	1．疏通焊剂漏斗 2．添加焊剂，并应经常注意焊剂的添加

四、埋弧焊用焊接材料

埋弧焊用焊接材料是指焊丝和焊剂，从普通的碳素结构钢到高级镍合金等多种金属材料的焊接，都可以选用相匹配的焊丝和焊剂进行埋弧焊。由于焊丝和焊剂直接参与焊接过程中的冶金反应，所以其化学成分和物理性能直接影响焊接接头的性能和质量。为此，根据焊缝金属的要求，正确选配焊丝和焊剂是埋弧焊技术的一个重要环节。

1．焊剂

焊剂与焊条的药皮相似，其作用是在焊接过程中，焊剂熔化后产生气体和熔渣联合保护电弧和熔池，从而防止焊缝金属被氧化、氮化、合金元素烧损和蒸发，使电弧燃烧过程稳定。焊剂还可起到脱氧和渗合金作用，与焊丝匹配，使焊缝金属获得所需的化学成分和力学性能。

（1）焊剂的要求

1）具有良好的工艺性。能保证焊接过程中电弧稳定燃烧，高温时有合适的熔点、黏度和表面张力，以利于焊缝良好成形，凝固冷却后有良好的脱渣性，焊接时无有害气体析出。

2）具有良好的冶金性能。与合适的焊丝匹配和采用合理的焊接工艺，能保证焊缝金属具有所需的化学成分和力学性能，对有害杂质硫、磷、污物及铁锈的敏感性小，具有较强的抗气孔、抗裂纹的能力。

3）不易吸潮并有足够的颗粒强度，同时其颗粒度、水分、焊剂中的机械夹杂物以及硫、磷含量应符合质量标准要求。

（2）焊剂的分类及型号、牌号编制方法

1）焊剂的分类。焊剂的分类方法如图2—36所示。

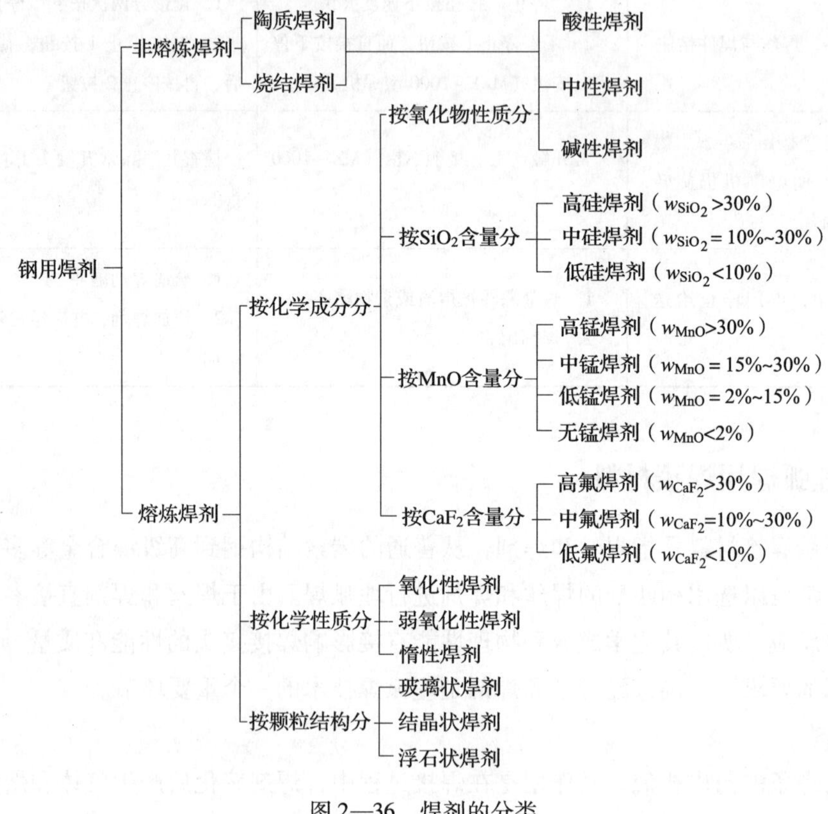

图2—36　焊剂的分类

2）焊剂的型号编制方法。焊剂的型号是按照国家标准GB/T 5293—1999《埋弧焊用碳钢焊丝和焊剂》中的规定划分的。其原则是依据埋弧焊焊缝金属的力学性能，具体表示方法如下：

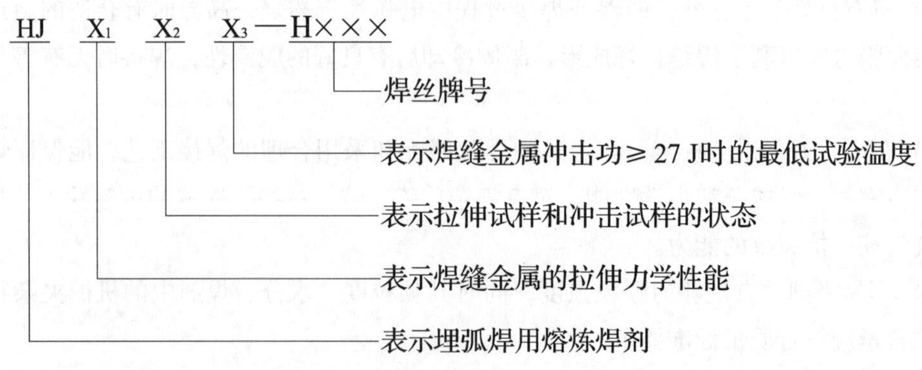

“HJ”表示埋弧焊用熔炼焊剂。其后第一位代号“X_1”分为3，4，5，表示焊缝金属的拉伸力学性能。抗拉强度、屈服点及伸长率的指标要求见表2—23。

表2—23　焊剂型号中的第一位代号的指标要求

焊剂型号	抗拉强度（MPa）	屈服点（MPa）	伸长率（%）
HJ3X_2X_3－H×××	410～550	≥300	≥22．0
HJ4X_2X_3－H×××		≥330	
HJ5X_2X_3－H×××	480～650	≥400	

第二位代号“X_2”分为0和1，表示拉伸试样和冲击试样的状态，其要求见表2—24。

表2—24　焊剂型号中的第二位代号的试样状态

焊剂型号	试样状态
HJ$X_1$0X_3－H×××	焊态
HJ$X_1$1X_3－H×××	焊后热处理状态

第三位代号“X_3”分为0，1，…，6，表示焊缝金属吸收的冲击功大于等于27 J时的最低试验温度，其规定见表2—25。

表2—25　焊剂型号中第三位代号的试验温度和冲击功值规定

焊剂型号	试验温度（℃）	冲击功（J）
HJ$X_1X_2$0－H×××	—	无要求
HJ$X_1X_2$1－H×××	0	≥27
HJ$X_1X_2$2－H×××	－20	
HJ$X_1X_2$3－H×××	－30	
HJ$X_1X_2$4－H×××	－40	
HJ$X_1X_2$5－H×××	－50	
HJ$X_1X_2$6－H×××	－60	

尾部“H×××”表示焊接试板所采用的焊丝牌号。

举例：HJ403－H08MnA。表示埋弧焊用熔炼焊剂并采用H08MnA焊丝，按规定的焊接工艺参数焊接试板，其试样状态为焊态时的焊缝金属，抗拉强度为410～550 MPa，屈服点不小于330 MPa，伸长率不小于22%，在－30℃时的冲击功不小于27 J。

3）焊剂的牌号编制方法。根据《焊接材料产品样本》中的规定，其熔炼焊剂的统一牌号在形式上与焊剂的型号相同，但牌号中的数字表示的含义与焊剂型号是不同的。为此，在使用中应注意正确选用，防止混淆。

①熔炼焊剂。熔剂焊剂的牌号表示法见表2—26和表2—27。牌号前“HJ”表示埋弧焊用熔炼焊剂。“HJ”后第一位数字表示焊剂中氧化锰（MnO）的含量；第二位数字表示焊剂中二氧化硅（SiO_2）和氟化钙（CaF_2）的含量；第三位数字表示同一类型焊剂的不同牌号，按0，1，2，…，9顺序排列。另外，同一牌号焊剂生产两种颗粒度时，在细颗粒焊剂牌号后用“X”表示，其中“X”为“细”的汉语拼音首字母。

表2—26　　熔炼焊剂牌号中第一位数字的不同氧化锰含量

焊剂牌号	焊剂类型	氧化锰含量（%）
HJ1××	无锰	<2
HJ2××	低锰	2～15
HJ3××	中锰	15～30
HJ4××	高锰	>30

表2—27　　熔炼焊剂牌号中第二位数字的不同二氧化硅和氟化钙含量

焊剂牌号	焊剂类型	二氧化硅含量（%）	氟化钙含量（%）
HJ×1×	低硅低氟	<10	<10
HJ×2×	中硅低氟	10～30	<10
HJ×3×	高硅低氟	>30	<10
HJ×4×	低硅中氟	<10	10～30
HJ×5×	中硅中氟	10～30	10～30
HJ×6×	高硅中氟	>30	10～30
HJ×7×	低硅高氟	<10	>30
HJ×8×	中硅高氟	10～30	>30
HJ×9×	待发展		

焊剂产品牌号中应标注“符合GB－HJ×××－H×××”，举例如下：

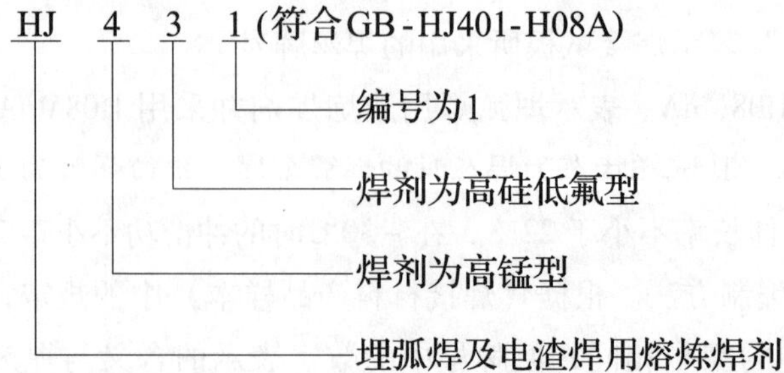

②烧结焊剂。烧结焊剂的牌号表示法见表 2—28。牌号前“SJ”表示埋弧焊用烧结焊剂。“SJ”后第一位数字表示焊剂熔渣的渣系类型；牌号后第二位和第三位数字，表示同一渣系类型焊剂中的不同牌号，按 01，02，…，09 顺序编排。牌号中也应标注“符合 GB－HJ×××－H×××”。

表 2—28　　烧结焊剂牌号中第一位数字的熔渣渣系类型

焊剂牌号	熔渣渣系类型	主要组分（质量分数）
SJ1××	氟碱型	$CaF_2 \geq 15\%$，$CaO + MgO + MnO + CaF_2 \geq 50\%$，$SiO_2 \leq 20\%$
SJ2××	高铝型	$Al_2O_3 \geq 20\%$，$Al_2O_3 + CaO + MgO > 45\%$
SJ3××	硅钙型	$CaO + MgO + SiO_2 > 60\%$
SJ4××	硅锰型	$MnO + SiO_2 > 50\%$
SJ5××	铝钛型	$Al_2O_3 + TiO_2 > 45\%$
SJ6××	其他型	—

举例如下：

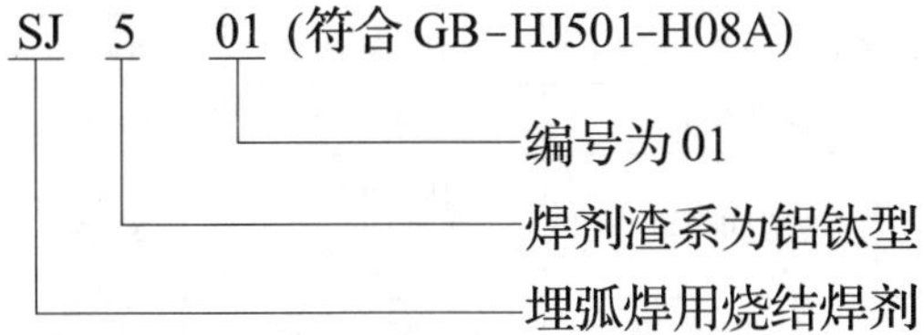

2. 焊丝

埋弧焊用焊丝主要是实心焊丝。其品种包括碳素结构钢、低合金钢、高碳钢、特殊合金钢、不锈钢、镍基合金等钢焊丝以及堆焊用的特殊合金焊丝等。

焊丝牌号的字母“H”表示焊接用实心焊丝，字母“H”后面的数字表示碳的质量分数，化学元素符号及后面的数字表示该元素大致含量的百分数值。有些结构钢焊丝尾部标有“A”为优质品，即焊丝的硫、磷含量比普通焊丝低；“E”为高级优质品，其焊丝的硫、磷含量更低。

举例如下：

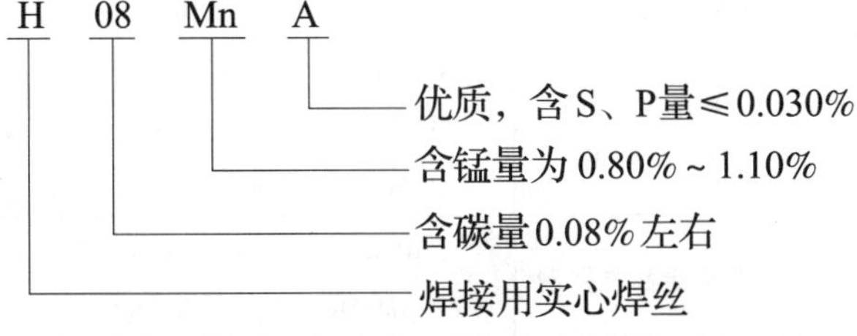

国产钢焊丝标准直径及允许偏差见表2—29。焊丝直径的选择依照用途而定，半自动埋弧焊所用焊丝较细，一般为1.6~2.4 mm，埋弧自动焊时一般使用3~6 mm的焊丝。焊接电流越大，熔敷效率越高，而同一焊接电流使用较小直径的焊丝可获得加大焊缝的熔透深度、减小熔宽的效果，当焊件装配不良时，宜选用较粗的焊丝。

表2—29　　钢焊丝直径及允许偏差　　mm

焊丝直径		0.4，0.6，0.8	1.0，1.2，1.6，2.0，2.5，3.0	3.2，4.0，5.0，6.0	6.5，7.0，8.0，9.0
允许偏差	普通精度	-0.07	-0.12	-0.16	-0.20
	较高精度	-0.04	-0.06	-0.08	-0.10

3. 常用焊丝与焊剂的匹配

常用熔炼焊剂和烧结焊剂的牌号和配用焊丝分别见表2—30和表2—31。

表2—30　　熔炼焊剂的牌号和配用焊丝

焊剂牌号	焊剂类型	适用钢种	配用焊丝	颗粒度（目）	电流类别	焙烘（h×℃）
HJ130	无Mn高Si低F	低碳钢、低合金结构钢	H10Mn2	8~40	交、直流	2×250
HJ131	无Mn高Si低F	镍基合金	镍基焊丝	10~40	交、直流	2×250
HJ150	无Mn中Si中F	轧辊堆焊	H2Cr13，H3Cr2W8	8~40	直流	2×50
HJ151	无Mn中Si中F	奥氏体不锈钢	相应钢种焊丝	10~60	直流	2×50
HJ172	无Mn低Si高F	含铌、钛奥氏体不锈钢	相应钢种焊丝	10~60	直流	2×400
HJ173	无Mn低Si高F	含锰、铝高合金钢	相应钢种焊丝	10~60	直流	2×250
HJ230	低Mn高Si低F	低碳钢、低合金结构钢	H10MnA，H10Mn2	8~40	交、直流	2×250
HJ250	低Mn中Si中F	低合金高强度钢	相应钢种焊丝	10~60	直流	2×350
HJ251	低Mn中Si中F	珠光体耐热钢	CrMo钢焊丝	10~60	直流	2×350
HJ252	低Mn中Si中F	15MnV，14MnMoV，18MnMoNb	H08MnMoA，H10Mn2	10~60	直流	2×350
HJ260	低Mn高Si中F	不锈钢、轧辊堆焊	不锈钢焊丝	10~60	直流	2×400
HJ330	中Mn高Si低F	重要低碳钢、低合金结构钢	H08MnA，H10MnSi，H10Mn2SiA	8~40	交、直流	2×250
HJ350	中Mn中Si中F	重要低合金高强度钢	H10Mn2，H10MnMo	3~40 14~80	交、直流	2×400

续表

焊剂牌号	焊剂类型	适用钢种	配用焊丝	颗粒度（目）	电流类别	焙烘（h×℃）
HJ430	高 Mn 高 Si 低 F	重要低碳钢、低合金结构钢	H08A，H08MnA	8～40 14～80	交、直流	2×250
HJ431	高 Mn 高 Si 低 F	重要低碳钢、低合金结构钢	H08A，H08MnA	8～40	交、直流	2×250
HJ433	高 Mn 高 Si 低 F	低碳钢	H08A	8～40	交、直流	2×350

表 2—31　　烧结焊剂的牌号和配用焊丝

牌号	渣系类别	碱度	配用焊丝	用途	电流类别
SJ101	氟碱型	1.8	H08MnA，H08MnMoA，H08Mn2MoA，H10Mn2	多层焊、多丝焊	交、直流
SJ102		3.5			直流
SJ104		2.7	H08Mn2，H08MnMoTi，H08MnA		
SJ105		2.0			交、直流
SJ301	硅钙型	1.0	H08A，H08MnA，H08MnMoA	多层焊、多丝焊	直流
SJ302		1.1			
SJ401	硅锰型	<1	H08A	常规单丝焊	
SJ402		0.7		薄板较高速焊	
SJ403		—	H08A	耐磨堆焊	
SJ501	铝钛型	0.5～0.8	H08A，H08MnA，H08MnMoA	多丝高速焊	
SJ502		<1	H08A	薄板较高速焊	
SJ503		0.7～0.9	H08A，H08MnA	常规单丝焊	
SJ601		1.8	H00Cr21Ni10，H0Cr21NiTi	多道焊不锈钢	
SJ604		1.8			
SJ641		2.0			
CHF602		3.0～3.2	H08MnNiMoA，H10Cr2Mo1A	厚壁压力容器	直流
CHF603		2.3～2.7	H13Cr2Mo1A，H11CrMoA H04Ni13A，H08Mn2Ni2A	Cr－Mo 钢 Ni 钢	交、直流

五、埋弧焊焊接工艺

1. 焊接规范的选择及其对焊缝形状的影响

（1）焊缝形状和尺寸

焊缝的形状和尺寸一般是指焊缝的横截面而言，如图 2—37 所示。c 为焊缝的宽度，称为熔宽；S 为基本金属的熔透深度，称为熔深；h 为焊缝的堆敷高度，称为增强量（或叫加强高）；焊缝熔宽 c 与熔深 S 之比值，称为焊缝的成形系数 ψ，即 $\psi=c/S$；而基本金属熔化的横截面积 F_m 与焊缝横截面积 F_m+F_t（F_t 为焊缝中填充金属的横截面积）之比值，称为焊缝的熔合比 γ，即 $\gamma=F_m/(F_m+F_t)$。

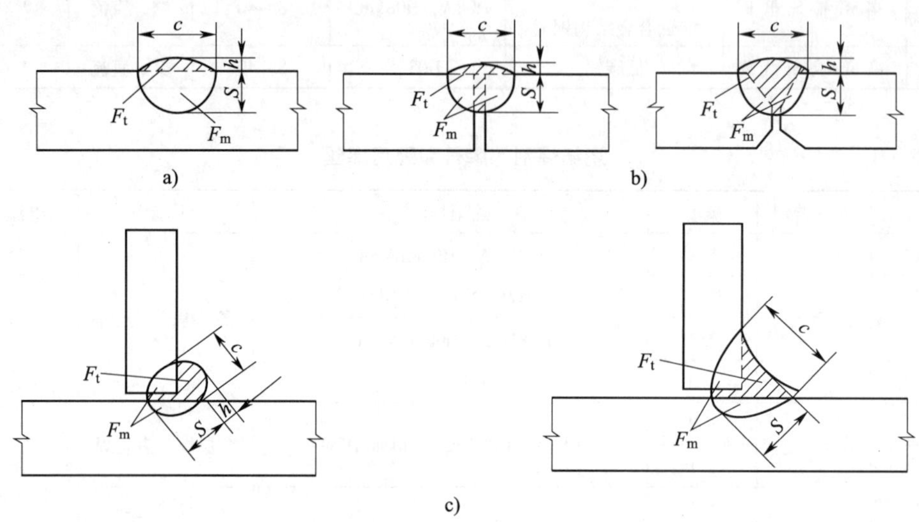

图 2—37　各种焊接接头的焊缝形状

a）堆焊焊缝　b）对接焊缝　c）角接焊缝

上述各数值的大小对焊缝质量的影响很大。熔合比 γ 主要影响焊缝的化学成分、金相组织和力学性能。因为熔合比的大小表示在整个焊缝中基本金属所占的比例。由于加入了填充金属，而导致焊缝成分、组织与性能的变化。γ 的数值变化范围较大，一般可在10%～85%变化。而埋弧焊 γ 的变化范围一般在60%～70%。

焊缝的成形系数 ψ 对焊缝内部质量的影响非常大，当 ψ 选择不当时，会使焊缝内部生成气孔、夹渣、裂纹等缺陷。在一般情况下，控制 ψ 为1.3～2较合适，这时，对熔池中气体的逸出以及防止夹渣或裂纹等缺陷都是有利的。焊缝的成形系数 ψ 和熔合比 γ 数值的大小主要取决于焊接规范。

焊接规范是指影响焊接质量和生产效率的各个参数。埋弧自动焊焊接规范的主要参数有焊接电流、电弧电压和焊接速度。另外还有焊丝直径、焊丝伸出长度、焊丝和焊件的相对位置、焊剂类型、焊接电源种类和极性、坡口形式、焊件预热温度等。焊接规范决定了焊接电弧所产生热量的多少和分配情况，其中焊接电流、电弧电压和焊接速度对焊缝形状和尺寸起决定性的作用。

(2) 焊接电流对焊缝形状的影响

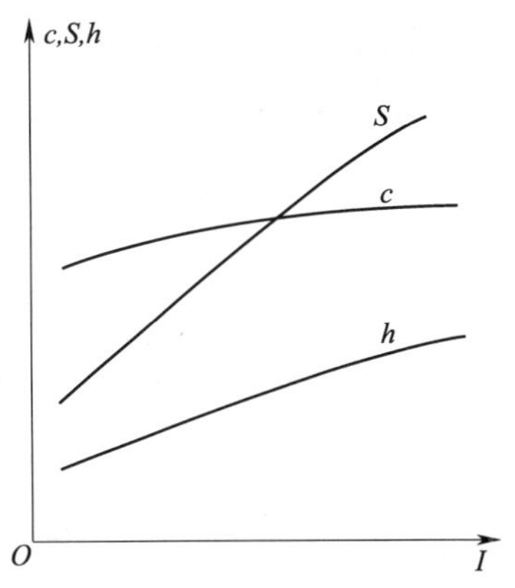

图 2—38　焊接电流对焊缝形状影响的规律

焊接电流变化时，对焊缝熔宽 c、熔深 S 和增强量 h 的影响规律如图 2—38 所示。当其他参数保持不变时，随着焊接电流的增加，熔池底部的液态金属被排出的作用加强，电弧便直接加热熔池底部的未熔化金属，使熔深成正比增加，即 $S=KI$（K 为系数，与电源的种类、极性、焊丝直径、焊剂化学成分等有关。当采用直流正接法时，一般取 $K=1$；当采用直流反接法和交流时，一般取 $K=1.1$）。随着焊接电流的增加，由于电弧深深地潜入熔池，使电弧缩短，电弧的活动（摆动）能力减弱，这时焊缝熔宽虽稍有增加，但变化不是很大。焊接电流继续增加时，电弧产生的热量增加，焊丝熔化而熔宽又变化不大，故焊缝的增强量便增加。当电流过分增加后，由于焊丝的熔化量增加，熔池底部的液态金属便很难完全排出，这时电弧的热量已无法直接加热熔池底部的基本金属，故熔深不再继续增加，甚至有减小的倾向。

当焊接电流较高时，由于熔深较深，而熔宽变化不大，所得到的焊缝成形系数便较小。这样的焊缝对熔池中气体和夹杂物的上浮和逸出都是十分不利的，对焊缝的结晶方向也是不利的，容易促使气孔、夹渣和裂纹的生成。为了改善这一情况，在增加焊接电流的同时务必相应地提高电弧电压，以保证得到合理的焊缝形状。焊接电流变化对焊缝形状的影响如图 2—39 所示。

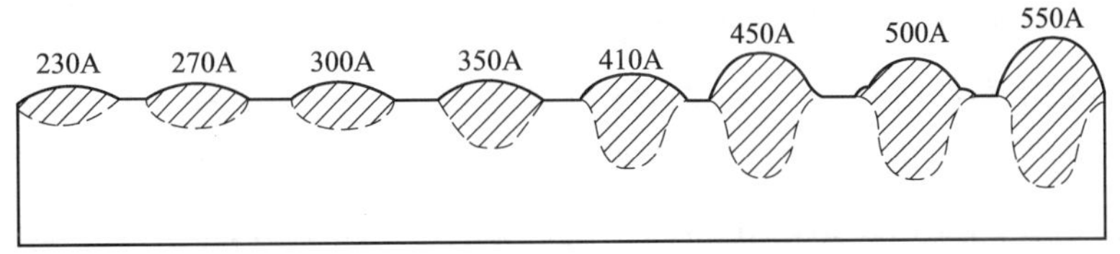

图 2—39　焊接电流变化对焊缝形状的影响

(3) 电弧电压对焊缝形状的影响

当其他条件保持不变时，电弧电压的变化对焊缝熔宽、熔深和增强量的影响如图 2—40 所示。随着电弧电压的增加，焊缝的熔宽有明显增加，而熔深和增强量则有所下降。由于电弧电压的增加实际上就是电弧长度的增加，这样，电弧的摆动作用加剧，焊件被电弧加热的面积也增加，则焊缝的熔宽增加。另外，电弧拉长后，较多的电弧热量被用来熔化焊剂，因此，焊丝熔化量变化不大，这时因为焊丝熔化的金属分配在较大的面积上，故焊缝的增强量也相应地减小了。同时由于电弧摆动作用的加剧，电弧对熔池底部液态金属的排出作用变弱，熔池底部受电弧热少，故熔深反而会有所减小。

适当地增加电弧电压，对提高焊缝质量是有利的，但应与增加焊接电流相配合。单纯过分地增加电弧电压，会使熔深变小，造成焊件的未焊透；而且焊剂的熔化量大，耗费多；焊缝表面焊波粗糙，脱渣困难，严重时，会造成焊缝边缘产生咬边。电弧电压变化后，所得到的焊缝形状如图2—41所示。

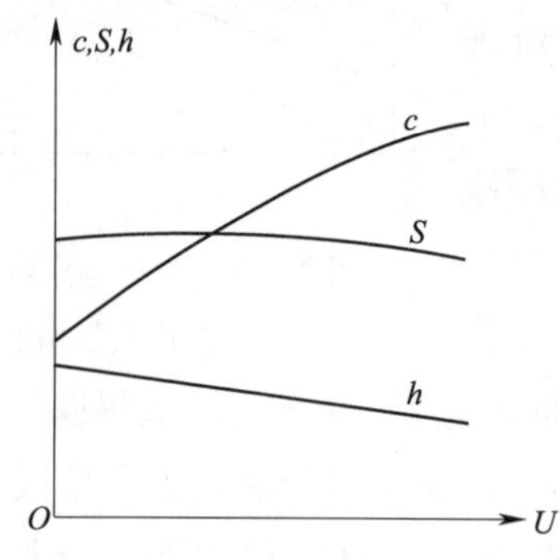

图2—40　电弧电压对焊缝形状的影响规律

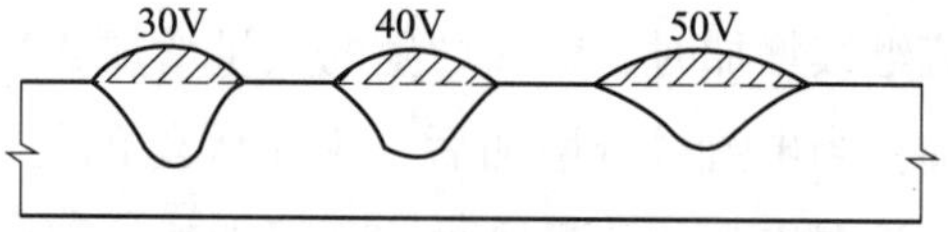

图2—41　电弧电压变化对焊缝形状的影响

（4）焊接速度对焊缝形状的影响

焊接速度的变化将直接影响电弧热量的分配，也就是影响热输入数值的大小，并影响电弧柱的倾斜程度，这对焊缝形状的影响是非常显著的。当其他条件不变时，随着焊接速度的增加，焊缝的热输入量减小，熔宽明显地变窄，而增强量则稍有增加。这时，熔深的变化有两种情况：当焊接速度为一般增加时，电弧向后倾斜角度增加，电弧对熔池底部的液态金属排出作用加强，这时在热输入量已减少的情况下，熔深反而会有所增加。当焊接速度继续增加，超过40 m/h时，由于热输入减少的影响显著，所以熔深则逐渐减小。过度地增加焊接速度后，因电弧对焊件的加热不足，会造成焊件的未焊透和焊缝边缘的未熔合现象。将焊丝向焊接方向倾斜（前倾）适当的角度，对改进焊缝的未熔合情况是有利的。焊接速度变化后所得到的焊缝形状如图2—42所示。

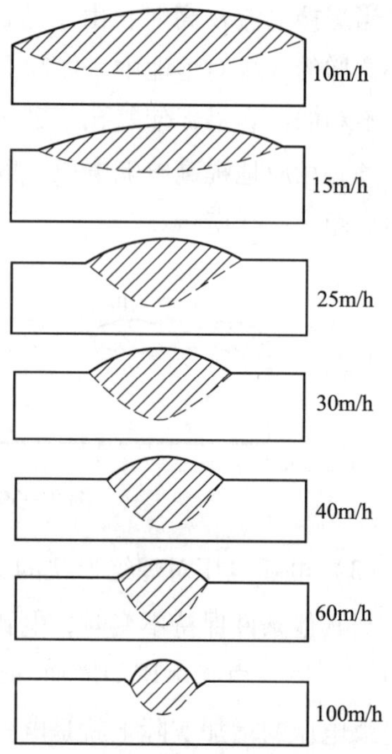

图2—42　焊接速度对焊缝形状的影响

（5）焊丝直径对焊缝形状的影响

随着焊丝直径的增加，电弧的摆动作用加强，焊缝的熔宽增加，而熔深则稍有减小。当焊接电流不变时，随着焊丝直径的减小，电流密度增加，熔深也相应地增加。所以使用同样大小的电流时，小直径焊丝可以得到较大的熔深。当达到焊件要求的熔深时，使用小直径焊丝还可节省电能。

（6）焊丝和焊件倾斜对焊缝形状的影响

1）焊丝倾斜的影响。焊丝倾斜可分为前倾和后倾两种（见图2—43）。在焊丝向前倾斜一定角度焊接时，电弧对熔池底部液态金属的排出作用减弱，所以熔深有所减小，但电弧对熔池前面焊件的预热作用加强，故熔宽有所增加。当焊丝向后倾斜一定角度时，电弧对熔池底部液态金属的排出作用加强，故熔深和增强量皆有所增加。由于此时熔池表面受到电弧的辐射能量显著减少，所以熔宽显著减小，即焊缝的成形系数减小。这对防止焊缝中的气孔和裂纹等是不利的，且易造成焊缝边缘的未熔合或咬边，使焊缝成形严重变坏。

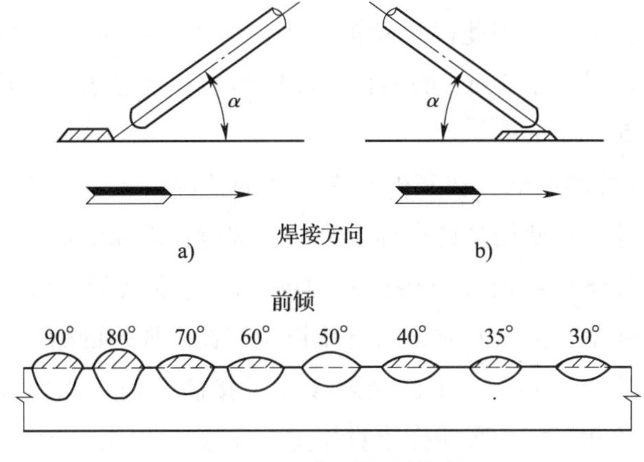

图2—43　焊丝倾斜情况

a）焊丝后倾　b）焊丝前倾

2）焊件倾斜的影响。焊件倾斜时可使焊接分为上坡焊和下坡焊（见图2—44）。上坡焊时与焊丝后倾具有相似的情况，由于熔池底部液态金属被排出的作用加强，焊缝的熔深和增强量有所增加，但此时熔宽减小，易形成窄而高的焊缝，严重时会造成焊缝边缘产生咬边。

下坡焊时与焊丝前倾情况相似，焊缝熔宽增加，而熔深和增强量减小。这时易造成焊件的未焊透、焊缝边缘未熔合等缺陷。无论是上坡焊还是下坡焊，焊件的倾斜角度 α 不宜超过15°，否则会破坏焊缝成形，造成焊缝缺陷。

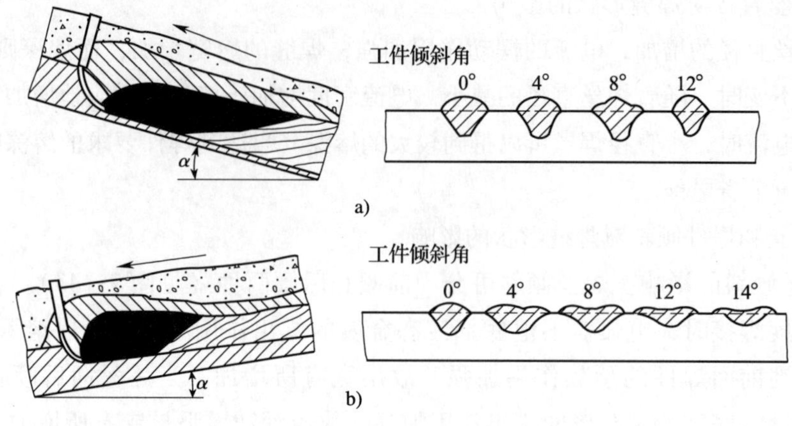

图2—44　焊件倾斜的情况

a）上坡焊　b）下坡焊

（7）其他因素对焊缝形状的影响

1）焊丝伸出长度的影响。当焊丝伸出长度增加时，电阻也增加，焊接电流通过此段焊丝所产生的电阻热便增加，则此段焊丝被预热，熔化速度加快，结果使熔深稍有减小，熔合比也有所减小。这对小于3 mm的细直径焊丝影响非常显著，故应对其严格控制，波动范围一般不得超过5～10 mm。

2）电流种类和极性的影响。在其他条件不变的情况下，不同的电流种类和极性也可改变焊缝的形状和尺寸。在使用高锰高硅含氟的焊剂进行埋弧焊时，焊接电弧阴极的能量大于阳极。因此，当焊丝接阴极（正接法）时的熔化速度大于接阳极（反接法）时的熔化速度，故焊缝的增强量较大。此时又因电弧长度较长，焊剂的熔化量也就有所增加。同理，当焊件接阴极（反接法）时，则比接阳极（正接法）时的熔深要深。当使用交流焊接电源时，对焊缝形状和尺寸的影响介于直流正、反接法之间。

3）焊剂的影响。焊剂对焊缝的熔合比和形状都有影响。不同的焊剂具有不同的性能，如稳弧性、黏度、透气性和堆积密度等都有差别。黏度小者，透气性好，焊缝表面便光洁平滑；堆积密度小者，电弧在焊剂中燃烧的空间大，焊件受热面积便大，这样会使熔宽增加，熔深略有减小；而稳弧性主要影响电弧长度，因而也影响到焊缝尺寸。

4）装配间隙与坡口的影响。装配间隙和坡口角度大小主要影响焊缝熔合比的数值。当其他条件不变时，间隙及坡口角度越大，熔合比越小。此外，当焊件厚度增加时，为保证焊件焊透，便需要增大焊接电流。这时，焊丝的熔化量便会增加，焊缝的增强量也增加，但过高的增强量是焊接中所不允许的。当焊件具有一定的间隙和坡口角度时，便可容纳这部分熔化金属，不至于使增强量过大。同时由于焊接电流的增加，熔深进一步增大，就可以焊更厚的焊件。

2. 焊接规范的选择原则与选择方法

（1）选择原则

正确的焊接规范主要是保证电弧燃烧稳定，焊缝形状和尺寸合适，表面成形光洁整齐，内部无气孔、夹渣、裂纹、未焊透等缺陷，在保证质量的前提下，要有最高的生产效率以及最少的焊接材料和电能的消耗。

（2）选择方法

1）计算法。通过对焊接热过程的计算来确定焊接规范主要参数的大小。

2）查表法。查阅类似焊接情况所用的焊接规范表，作为确定新规范的参考。

3）试验法。在与焊件相同的焊接试板上试验，最后确定焊接规范。

4）经验法。根据自己所积累的经验确定焊接规范。

无论哪种方法所确定的焊接规范都必须在实际生产中加以修正，这样才能制定出符合实际情况的焊接规范来。关于各种情况下的焊接规范的参考值，将在焊接技术中叙述。

第 5 节　等离子弧焊

一、概述

1. 等离子弧焊的基本原理

等离子弧焊是利用特殊构造的焊枪所产生的高温、高电离度、高能量密度及高焰流速度的电弧来熔合金属的一种焊接方法，主要用于不锈钢、高强度钢、耐热钢、铜合金以及钛合金、钨、钼、钴等难熔和特种金属的焊接，其焊接示意图如图 2—45 所示。焊接时对熔池必须进行气体保护，并采用转移型等离子弧系统，为保护熔池金属，在焊枪的结构上增加了保护气流的环形通道。

等离子弧焊是在钨极氩弧焊的基础上发展起来的一种新型焊接方法。钨极氩弧焊使用的热源是常压状态下的自由电弧，简称自由钨弧。等离子弧焊用的热源则是将自由钨弧压缩强化之后而获得的电离度更高的电弧等离子体，称为等离子弧，又称压缩电弧。两者在物理本质上没有区别，仅是弧柱电离程度的不同。经压缩的电弧其能量密度更为集中，温度更高。

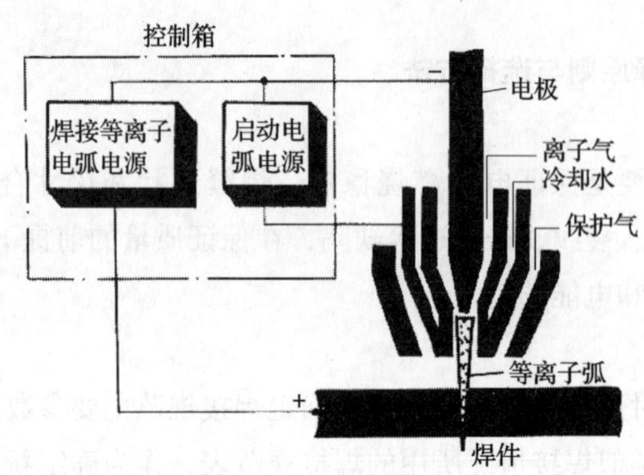

图 2—45　等离子弧焊

（1）等离子体

在常温下气体是不导电的，通过某种方式给分子或原子以足够的能量，使带负电的电子脱离原子或分子，而失去电子的原子或分子则成为带正电的正离子，这就是气体的电离过程。而完全电离了的气体就是等离子体，或称等离子态。它是一种特殊的物质形态，现代物理学上把它列为固态、液态、气态之外的第四种物质形态。由于等离子体全部由离子和电子所组成，故具有极好的导电能力，可承受很大的电流密度，并受电场和磁场的作用；等离子体还具有极高的温度和极好的导热性，能量又高度集中，这对熔化一些难熔金属或非金属是非常有利的。

（2）等离子弧的产生

一般电弧焊所产生的电弧未受到外界的约束，故称为自由电弧。该电弧区内的气体尚未完全电离，能量也不是高度集中，自由电弧的温度与电弧电流和电压成正比，与弧柱直径成反比，因此弧柱的温度可以通过增大电弧功率的方法来提高。但弧柱的直径又是与电流、电压成正比的，即弧柱中的电流密度近乎等于常数，所以电弧的温度也就被限制在 6 000 ~ 8 000 K。如果利用某种装置使自由电弧的弧柱受到压缩，就会产生温度比自由电弧高得多的等离子弧。

等离子弧发生装置的原理如图 2—46 所示。在钨极 1（负极）和工件 7（正极）之间加上一较高电压，经过高频振荡器 8 的激发，使气体电离形成电弧 6，此电弧在通过具有特殊孔形的喷嘴 5 时，受到机械压缩（称为机械压缩效应），使电弧截面积缩小；当向发生装置内通入一定压力和流量的气体后（如氮气、氩气、氦气等），电弧进一步受到压缩。这是因为高速流动的气体通入后，使弧柱外围受到强烈冷却，弧柱外围的电离度大大减弱，电弧电流只能从弧柱中心通过，这时电弧的电流密度急剧增加，也即电弧被进一步压缩，这种作用称为“热收缩效应”。另外，电弧内的带电粒子在弧柱内的运动，受其自身磁场所产生的电磁力的影响，结果使弧柱进一步被压缩（称为电磁收缩效应）。在以上三种效应的作用下，弧柱被压缩到很细的范围内，这时的电弧能量高度集中，温度也达到极高的程度，弧柱内的气体得到了高度的电离，当压缩效应的作用与电弧内部的热扩散达到平衡后，这时的电弧便成为稳定的等离子弧。等离子弧是通过对电弧压缩后得到的，故又称为压缩电弧。

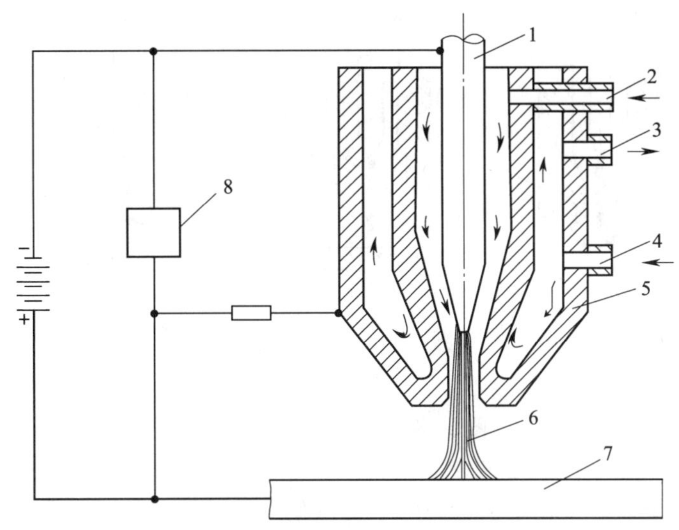

图 2—46　等离子弧发生装置原理图

1—钨极　2—进气管　3—出水管　4—进水管　5—喷嘴　6—弧焰　7—工件　8—高频振荡器

（3）等离子弧的特点

1）温度高、能量集中。由于等离子弧有很高的导电性，能承受很大的电流密度，可以通过极大的电流；又因等离子弧具有极高的温度，其弧柱中心温度可达 18 000 ~ 24 000 K 以上，故等离子弧的能量高度集中，具有焊割速度快，生产效率高的特点。

2）极大的温度梯度。由于等离子弧的横截面积很小（直径一般小于 3 mm），从温度最高的弧柱中心到温度低的弧柱边沿，温度的变化是非常大的，所以温度梯度极大。

3）具有很强的吹力。等离子发生装置内通入常温的压缩气体，被电弧高温加热而膨胀，在喷嘴的阻碍下使发生装置内的气体达到较大的压力，当其从喷嘴的细小通道中喷出时，可达到很高的速度（300 m/s），所以等离子弧具有极高的机械冲刷力（即吹力）。

4）电弧呈中性。等离子弧全部由正离子和电子组成，但它所带正、负电荷的量相等，所以整体等离子弧表现为中性。

5）呈可控性。等离子弧是可控的，按其性质可分为刚性弧和柔性弧。刚性弧挺直，穿透力强，适用于切割；而柔性弧挺直度较差，适用于焊接，这也是等离子弧焊接与切割的主要区别。

（4）等离子弧的类型

等离子弧按电源的供电方式不同可分为非转移型等离子弧（间接电弧）、转移型等离子弧（直接电弧）及联合型等离子弧，如图2—47所示。

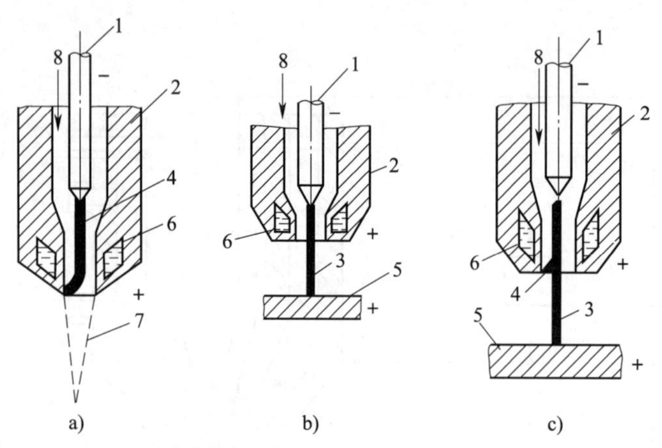

图2—47　等离子弧的类型

a）非转移型弧　b）转移型弧　c）联合型弧

1—钨极　2—喷嘴　3—转移弧　4—非转移弧　5—工件　6—冷却水　7—等离子焰　8—等离子气

1）非转移型等离子弧。又称间接电弧，这种装置中钨极接负极，喷嘴接正极，这时工件不导电。在电极与喷嘴之间的气室通以气体，在外加电场的作用下，从阴极激发的电子使气体电离，在电极与喷嘴之间产生等离子弧（见图2—47a）。这种电弧热的有效利用率不高，所以不适用于焊接较厚的金属材料，主要适用于焊接较薄的金属、非金属以及喷镀与切割工作。

2）转移型等离子弧。又称直接电弧。这种装置中钨极接负极，工件和喷嘴接正极，喷嘴用来压缩电弧。首先在钨极与喷嘴之间形成非转移型电弧（见图2—47b）。当钨极与工件之间加上一个较高电压后，等离子弧即转移到钨极与工件之间，因而称为转移型等离子弧。这种电弧的弧柱有很高的能量密度，由于工件接正极，热量的有效利用率高，所以适用于各种金属材料的焊接、切割、送丝堆焊以及粉末喷焊等。

3）联合型等离子弧。这是非转移型弧和转移型弧同时存在的等离子弧（见图2—47c）。联合型弧需用两个独立电源供电。其中非转移型弧起稳定电弧的作用并可作为辅助热源；转移型弧直接加热工件，使之熔化进行焊接。主要用于电流小于30 A的微束等离子弧焊接和粉末喷焊。

2. 等离子弧焊的分类

按焊缝成形原理，等离子弧有两种基本焊接方法：小孔型等离子弧焊及熔透型等离子弧焊，其中 30 A 以下的熔透型等离子弧焊又可称为微束等离子弧焊。

（1）小孔型等离子弧焊

利用小孔效应实现等离子弧焊的方法称为小孔型等离子弧焊，也称穿透性焊接法。

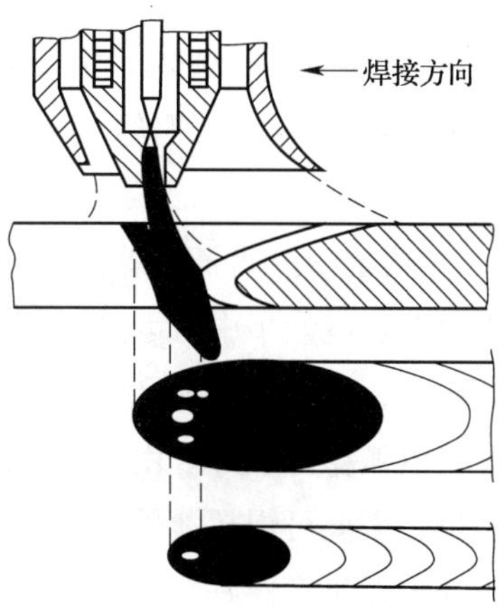

图 2—48　小孔型等离子弧焊焊缝成形原理

1）小孔法原理。在对一定厚度范围内的金属进行焊接时，适当地配合电流、等离子气流及焊接速度三个焊接参数，等离子弧将会穿透整个工件厚度，形成一个贯穿工件的小孔，如图 2—48 所示。小孔周围的液态金属在电弧吹力、液态金属重力与表面张力作用下保持平衡。焊枪前进时，在小孔前沿的熔化金属沿着等离子弧柱流到小孔后面并逐渐凝固成焊缝。

小孔法焊接的主要优点在于可以单道焊接厚板，板厚范围为 1.6 ~ 9 mm。小孔法一般仅限于平焊，然而，对于某些种类的材料，采取必要的工艺措施，用小孔法可实现全位置焊接。

2）小孔法焊接优点。

①孔隙率低。

②由于小孔法产生较为对称的焊缝，焊接横向变形小。

③由于电弧穿透能力强，对厚板可实现单道焊接。

④实现不开坡口对接焊，焊前对工件坡口加工量减少。

3）小孔法焊接缺点。

①焊接可变参数多，规范区间窄。

②厚板焊接时，对操作者的技术水平要求较高，并且小孔法仅限于自动焊接。

③焊枪对焊接质量影响大，喷嘴使用寿命短。

④除铝合金外，大多数小孔焊工艺仍限于平焊位置。

（2）熔透型等离子弧焊

焊接过程中，只熔透工件，但不产生小孔效应的等离子弧焊方法，称为熔透型等离子弧焊。

1）熔透法原理。当等离子气流量较小，弧柱受压缩程度较弱时，等离子弧在焊接过程中只熔化工件而不产生小孔效应，焊缝成形原理与氩弧焊类似。主要用于薄板焊接及厚板多层焊。

2）微束等离子弧焊。由于非转移弧的存在，焊接电流小至1 A以下电弧仍具有较好的稳定性，能够焊接细丝及箔材。这时的非转移弧又称维弧，而用于焊接的转移弧又称主弧。

3）熔透型等离子弧焊优点。与TIG焊相比，熔透型等离子弧焊的优点是：

①电弧能量集中。因此，焊接时具有焊接速度快；焊缝深宽比大，截面积小；薄板焊接变形小，厚板焊接缩孔倾向小及热影响区窄等优点。

②电弧稳定性好。由于微束等离子弧焊接采用联合弧，电流小至0.1 A时电弧仍能稳定燃烧，因此可焊超薄件，如厚度为0.1 mm的不锈钢片。

③电弧挺直性好。以焊接电流10 A为例，等离子弧焊喷嘴高度（喷嘴到工件表面的距离）达6.4 mm时，弧柱仍较挺直，而钨极氩弧焊的弧长仅能采用0.6 mm（弧长大于0.6 mm后稳定性变差）。钨极氩弧的扩散角约为45°，呈圆锥形，工件上的加热面积与弧长成平方关系。只要电弧长度有很小变化将引起单位面积上输入热量的较大变化。而等离子弧的扩散角仅为5°左右，基本上是圆柱形，弧长变化对工件上的加热面积和电流密度影响比较小，所以等离子弧焊弧长变化对焊缝成形的影响不明显。

④由于等离子弧焊枪的钨极内缩在喷嘴之内，电极不可能与工件相接触，因而没有焊缝夹钨的问题。

4）熔透型等离子弧焊缺点。

①由于电弧直径小，要求焊枪喷嘴轴线更准确地对中焊缝。

②焊枪结构复杂，加工精度高。焊枪喷嘴对焊接质量有着直接影响，必须定期检查、维修，及时更换。

3. 等离子弧焊的特点

等离子弧焊目前在不锈钢、钛及其合金和薄板焊件中取代了TIG焊。因它与TIG焊相比有如下特点：

（1）由于等离子弧弧柱温度高，能量密度大，因而对焊件加热集中，熔透能力强，一次可焊透的厚度见表2—32，在同样熔深下其焊接速度比TIG焊高，故可提高焊接生产效率。

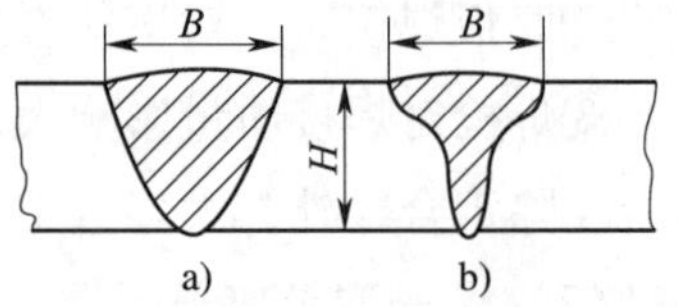

图2—49　等离子弧焊缝截面形状与TIG焊比较

a）TIG焊缝（$H/B=0.5\sim1$）

b）等离子弧焊缝（$H/B=1\sim2$）

此外，等离子弧对焊件的热输入较小，焊缝截面形状较窄，深宽比大，呈“酒杯”状，如图2—49所示，其热影响区窄，焊接变形也小。

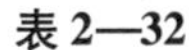

表 2—32　　等离子弧焊（小孔技术）一次焊透的厚度　　mm

材料	低碳钢	低合金钢	不锈钢	钛及其合金	镍及其合金	铜及其合金
焊接厚度范围	≤8	≤8	≤8	≤12	≤6	≈2.5

（2）由于等离子弧呈圆柱形，扩散角小，挺直度好，所以焊接熔池形状和尺寸受弧长波动的影响小，因而容易获得均匀的焊缝成形，而 TIG 焊随着弧长的增加，其熔宽增大，而熔深减小。

（3）由于等离子弧的压缩效应及热电离充分，所以电弧工作稳定，特别是联合型等离子弧在小电流（0.1 A）焊时，仍具有较平的静特性。配用恒流（垂降）电源，能保证焊接过程非常稳定，故可以焊接超薄构件。

（4）由于钨极内缩到喷嘴孔道里，可以避免钨极与工件接触，避免了焊缝夹钨缺陷。同时喷嘴至工件距离可以变长，焊丝进入熔池容易。

（5）采用小孔焊接技术，能实现单面焊双面成形焊接工艺。但小孔焊接技术所能焊接的最大厚度受到一定限制，一般能稳定焊接的厚度在 3 ~ 8 mm，很少超过 13 mm。

（6）等离子弧焊用的焊枪结构复杂，直径较粗，操作过程的可达性和可见性较 TIG 焊差。

（7）等离子弧焊设备（如电源、电气控制线路和焊枪等）较复杂，设备费用较高，焊接时对焊工的操作水平虽要求不很高，但要求具有更多的焊接设备方面的知识。

4. 等离子弧焊的适用范围

（1）操作方式

等离子弧焊适于手工和自动两种操作，可以焊接连续或断续的焊缝。焊接时可添加或不添加填充金属。

（2）被焊金属

一般 TIG 能焊接的大多数金属，均可用等离子弧焊接，如碳钢、低合金钢、不锈钢、铜及其合金、镍及其合金、钛及其合金等。熔点和沸点低的金属如铅、锌等，不适宜采用等离子弧焊。

（3）焊接位置

手工等离子弧焊可全位置焊接，自动等离子弧焊通常是在平焊和横焊位置上进行。

（4）可焊厚度

等离子弧焊很适于焊接薄板，不开坡口，背面不加衬垫，单面焊一次能焊透金属的厚度见表 2—32。最薄的可焊 0.01 mm 金属薄片。

超过 8 mm 厚度的金属，从经济上考虑不宜用等离子弧焊。通常是在质量要求较高的厚板，并要求单面焊反面成形的封底焊缝的焊接时采用。其余各层焊缝仍宜采用熔敷率更高更经济的焊接方法。

二、等离子弧焊设备和弧焊技术

1. 等离子弧焊设备的组成

等离子弧焊设备分为手工焊和自动焊两大类。手工焊设备包括焊接电源、焊炬、控制装置、离子气保护气体供气装置、焊炬水冷循环装置以及流量计和电流遥控盒等。自动焊设备与手工焊设备的区别在于焊炬被固定在焊炬支架或焊接小车上，由机械系统传动。如焊接过程需填丝，则还应增加送丝机构。

按照焊接电流的大小，等离子弧焊接设备又可分为大电流等离子弧焊设备和微束等离子弧焊设备两大类。前者常采用转移弧，设备中只有一套电源供电；而后者常采用联合弧，需采用两套电源供电。

大电流等离子弧和微束等离子弧的焊接系统如图2—50所示。

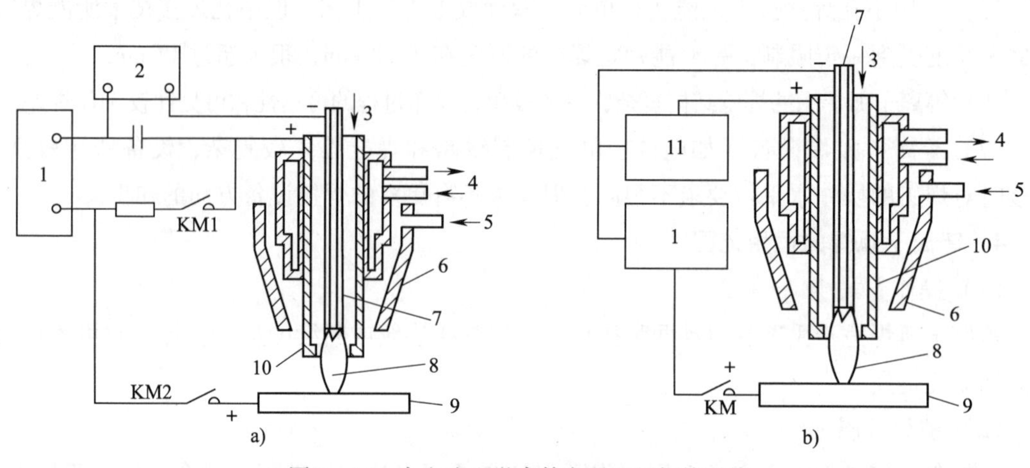

图2—50　大电流和微束等离子弧的焊接系统

a）大电流等离子弧焊接系统　b）微束等离子弧焊接系统

1—焊接电源　2—高频振荡器　3—等离子气　4—冷却水　5—保护气　6—保护气罩　7—钨极　8—等离子弧　9—焊件　10—喷嘴　11—维弧电源　KM1，KM2，KM—接触器触点

大电流等离子弧的引燃方法是在焊接回路中叠加一个高频振荡器，引弧时依靠高频电火花在钨极与喷嘴之间引燃非转移弧（引弧时KM1闭合，KM2断开）；焊接时KM1断开，KM2闭合，等离子弧再转移至电极与焊件之间。

微束等离子弧非转移型电弧的引燃方法有两种：一种是借助于焊炬上的钨极移动机构向前推进钨极，直至钨极端部与压缩喷嘴相接触，然后回抽钨极引燃非转移弧；另一种引弧方法是采用高频振荡器。

等离子弧焊用电源应具有陡降或垂降特性，弧焊电源最好具有焊接电流递增及衰减等功能，以满足起弧和收弧的工艺要求。目前使用的弧焊电源有直流、直流脉冲及交流变极性等。其中直流电源是等离子弧焊使用最多的电源，直流脉冲电源可降低焊缝热输入、控制焊缝成形、减小热影响区及焊接变形，交流变极性方波电源主要用于小孔法工艺焊接铝合金。

等离子弧焊炬是产生等离子弧进行焊接的器具。为此，焊炬的结构必须能固定钨极与喷嘴之间的相对位置，并要求钨极与喷嘴孔径同心；能够水冷钨极及喷嘴，20 A 以下的焊炬仅需冷却喷嘴。另外，喷嘴要与钨极绝缘，以便在钨极与喷嘴之间产生非转移弧，以及采用单独的气路分别导入离子气和保护气。

等离子弧焊炬按操作方法可分为手工焊炬和自动焊炬两种，其中手工焊炬的最大许用电流一般为 225 A；自动焊炬的许用电流可达 500 A。喷嘴是产生等离子弧的关键零件之一。它对电弧直径起机械压缩作用，是一个纯铜制造的水冷喷嘴。喷嘴的结构、类型和尺寸对等离子弧性能起决定性作用。其中喷嘴孔径 d_n 及孔道长度 l_o 为两个重要尺寸（见图 2—51）。

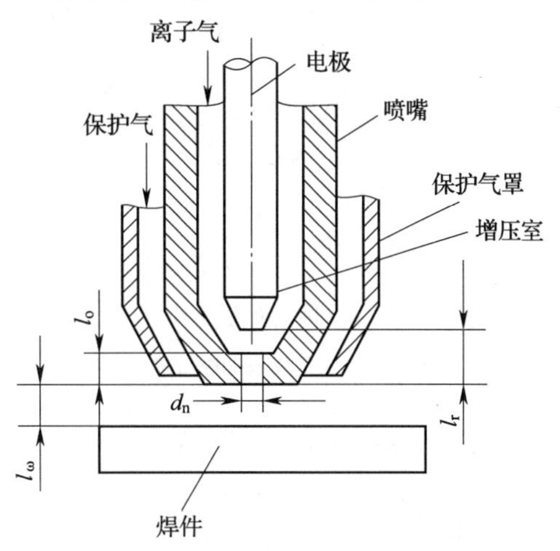

图 2—51　等离子弧焊炬的主要组成部分

d_n—喷嘴孔径　l_o—喷嘴孔道长度

l_r—钨极内缩长度　l_ω—喷嘴至焊件距离

等离子弧焊常用喷嘴的结构类型如图 2—52 所示。其中前两种喷嘴孔道为圆柱形，在等离子弧焊中应用最广。后三种喷嘴其孔道为收敛扩散形，由于减弱了对等离子弧的压缩作用，所以此种类型的喷嘴适用于大电流厚板焊接。另外，图中 b、d、e 三种喷嘴均有三个大小孔，属三孔形喷嘴，其优点是可将等离子弧产生的圆形热场变成椭圆形，这样有助于提高焊接速度并减小焊缝宽度。

压缩角 α 对等离子弧压缩作用不大，一般为 60°。喷嘴材料常用纯铜。为保证焊接过程正常进行，大功率喷嘴必须采用直接水冷，为提高冷却效果，喷嘴壁厚一般为 2 ~ 2.5 mm。

2. LH－300 型自动等离子弧焊机

LH－300 型自动等离子弧焊机主要由焊接电源、控制箱、焊接小车以及等离子体焊炬等部分组成。

（1）主要技术参数

焊机的主要技术参数如下：

电源电压：3 相 380 V

控制电源电压：220 V

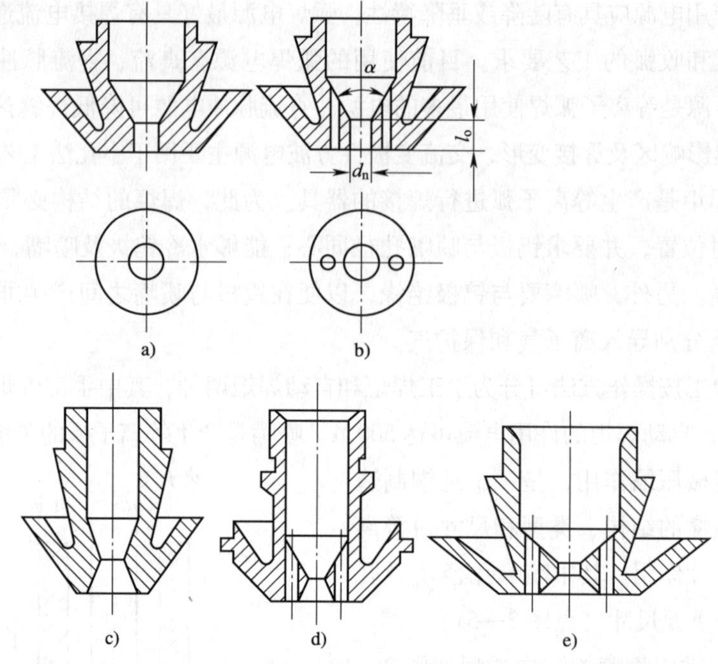

图2—52　等离子弧焊常用的压缩喷嘴结构类型

a）圆柱单孔型　b）圆柱三孔型　c）收敛扩散单孔型　d）收敛扩散三孔型

e）有压缩段的收敛扩散三孔型　d_n—喷嘴孔径　l_o—喷嘴孔道长度　α—压缩角

焊接电源空载电压：70 V

额定焊接电流：300 A

电流调节范围：60～300 A

焊接小车速度：8～100 m/h

填充丝输送速度：20～180 m/h

填充丝直径：0.8～1.2 mm

钍钨电极直径：2～4.5 mm

提前送气时间：2～4 s

滞后停气时间：8～16 s

焊接预热时间：0.25～5 s

电流及离子气流衰减时间：1～15 s

氩气消耗量：离子气小于400 L/h；保护气：约1 600 L/h

冷却水流量：约3 L/min

（2）对焊机各组成部分的要求

1）焊接电源。等离子弧采用的焊接电源要求具有陡降的外特性，一般采用弧焊整流器，其空载电压只要大于 50 V 便可稳定地进行焊接。焊接电流及衰减速度都能均匀地调节。

2）控制箱。控制箱主要进行焊接小车和送丝机构速度的调节，控制水路、气路等部分，它保证等离子弧焊接过程的动作配合，包括焊接小车、送丝机构、离子气、保护气、高频以及大小电流的提前或滞后的启动和关闭，以及电流与气流的自动递增与衰减。

3）焊炬。焊炬（见图 2—53）是产生等离子弧以及进行稳定焊接的一个重要组成部分。因此对焊炬本身上、下枪体的同心度要求高，以保证电极与喷嘴的同心度和离子气能够稳定地旋转。对喷嘴除选择适当的孔径以外，要保证喷嘴内腔有较高的光洁程度。另外，焊炬的结构要使电极的对中调节方便并有较大的调节范围。冷却枪体采用直接水冷，同时焊炬的上、下枪体以及衔接处都要密封，绝对不能漏水和漏气。

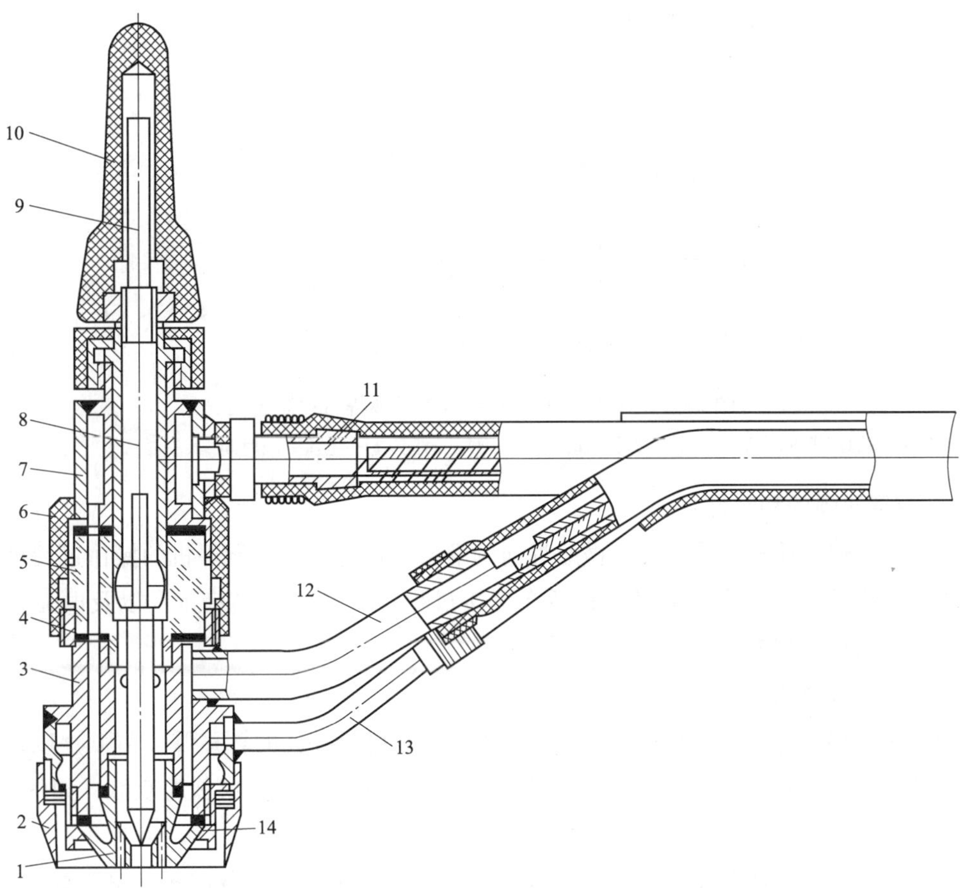

图 2—53　等离子弧焊用焊炬

1—喷嘴　2—保护套外环　3—下冷却套　4—密封垫圈　5—绝缘柱　6—绝缘套　7—上冷却套　8—电极夹头　9—钨极　10—小螺帽　11—上出水管（电缆）　12—进水管　13—气管　14—喷嘴顶盖

4）焊接小车。焊接小车应保证焊炬与焊件之间纵、横方向调节方便，并能进行水平方向、垂直方向的调节，小车的调速原则上是越细微越好。

5）气路、水路系统。对气路系统要保证供给等离子气、外围保护气、底层保护气以及后托保护气四部分。要求等离子气的流量控制越细微越好，且要稳定。等离子气分两路，便于调节流量。外围保护气保证在电弧燃烧过程中防止外界气体侵入熔池。底层保护气保护焊缝背面，使成形良好，不致产生气孔。后托保护气是由于等离子弧焊接速度快，为确保焊缝质量而对未完全冷却的焊缝进行保护。总之，对上述四种气路都必须有电磁气阀和流量计控制，对其气阀要求能够自动供气，同时也能进行单独调节。对水路系统的要求是冷却水流量不小于1.7 L/min，并采用水流开关作为保护装置。

（3）焊机的控制过程

LH－300型自动等离子弧焊机的控制过程如图2—54所示。

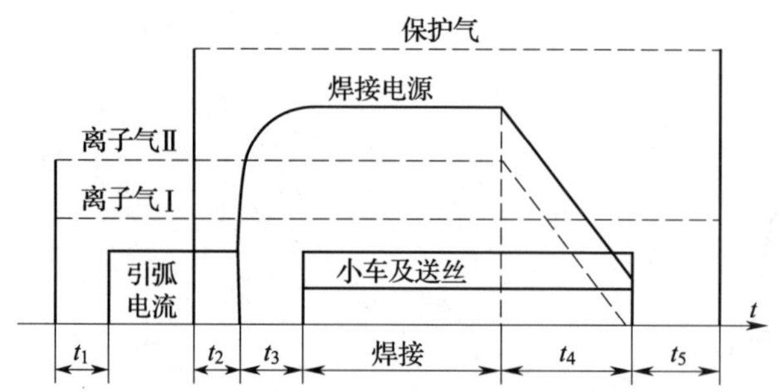

图2—54　LH—300型自动等离子弧焊机控制过程

t_1—预通离子气时间　t_2—预通保护气时间　t_3—预热时间　t_4—电流衰减时间　t_5—滞后停气时间

3. 等离子弧的稳定性

为了保证焊缝质量，除了必须做好焊前的准备工作和正确掌握焊机的操作过程外，还必须解决等离子弧的稳定性问题，包括在焊接过程中所产生的“双弧”以及电弧变粗无力，甚至无法形成焊缝等。

（1）等离子弧焊接的双弧问题

当采用转移型等离子弧焊接时，由于某些原因在已经存在的转移弧（主弧）以外，又在喷嘴与工件之间和电极与喷嘴之间同时形成串列电弧，这种现象称为双弧，如图2—55所示。从图中看出弧2和弧3组成了导电通路，与主弧1并联。

出现双弧时，往往电弧电压降低，电流突然增加。主弧电流却降低，电弧飘忽不定，破坏了正常焊接过程。喷嘴本身既是弧2的阳极斑点，又是弧3阴极斑点，通过并联弧的电流，于是会很快被烧损。所以双弧现象危害很大。

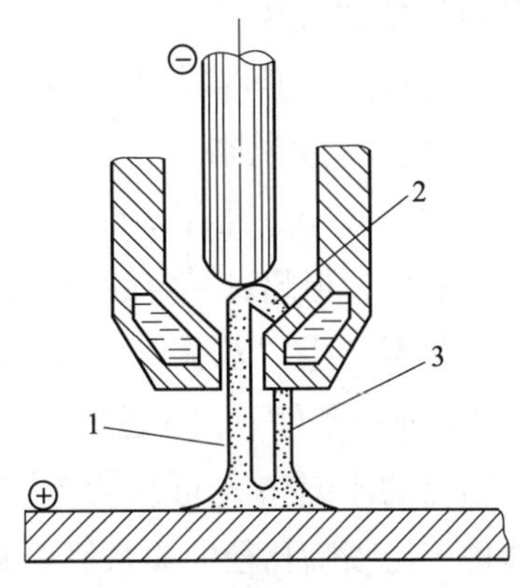

图 2—55　等离子弧焊的双弧现象

1—主弧　2—双弧的上半段

3—双弧的下半段

产生双弧的原因较复杂，影响因素很多，除了焊接工艺参数外，还与喷嘴结构形状尺寸、传热条件、气体成分与流量大小等因素有关。多数人认为，产生双弧的主要原因是弧柱与喷嘴之间的隔热绝缘层被击穿而造成。例如，当其他因素一定时，增加焊接电流，于是弧柱直径增大，从而使弧柱和喷嘴之间的冷却气流层减薄，达到一定限度后，便可能被击穿而导电生弧。当等离子气成分对弧柱有较强冷却作用时，或者喷嘴水冷效果很好时，则热收缩作用增强，使弧柱截面积缩小，相对地就增大了冷气层的电阻和热阻厚度，可减小形成双弧的机会。增大离子气流量，也能增强对等离子弧的热收缩作用，使弧柱直径变细，有利于防止双弧现象。

防止产生双弧的措施是：

1）正确选择电流和等离子气流量。

2）喷嘴孔道不要太长。

3）电极和喷嘴应尽可能对中。

4）电极内缩量不要太大。

5）喷嘴至工件的距离不要太近。

6）加强对喷嘴和电极的冷却。

7）减少转弧时的冲击电流。

（2）等离子弧稳定性的影响因素

等离子弧焊接主要依靠等离子气流在喷嘴内壁和弧柱之间形成薄的隔热、绝缘层，使等离子弧达到稳定性要求。但往往由于某些因素破坏了这种稳定，而使隔热、绝缘层被击穿，导致等离子弧不能很好地压缩，甚至出现“双弧”。影响等离子弧稳定性的主要因素如下：

1）钨极与喷嘴的同轴度。由于等离子弧焊的离子气流远比等离子切割要小，其电弧柔软，所以要求钨极与喷嘴的同轴度较等离子切割高，钨极的对中主要是通过焊炬的结构、加工精度以及钨极的平直度来达到。一般钨极与喷嘴的同轴度要求小于 0.05 mm，以防止产生“双弧”或压缩不好、电弧变粗而使等离子弧处于不稳定状态。

2）喷嘴的几何尺寸。等离子弧焊一般采用切向进气的喷嘴，如图 2—56 所示。它

的几何尺寸如直径 D、压缩角 α、孔径 d、孔道长度 l，直接影响等离子弧的强弱、能量密度和稳定程度。一般说来，在同样的焊接电流情况下，压缩角 α 小、孔径 d 小、孔道长度 l 大，对电弧压缩好，但超过一定的范围就会导致电弧不稳定，甚至产生“双弧”。试验证明，在孔径 d 为3.2 mm的条件下，通道比 l/d 为1.0～1.2较好，喷嘴的压缩角 α 可从45°～75°。等离子弧焊接电流与喷嘴孔径的关系值见表2—33。

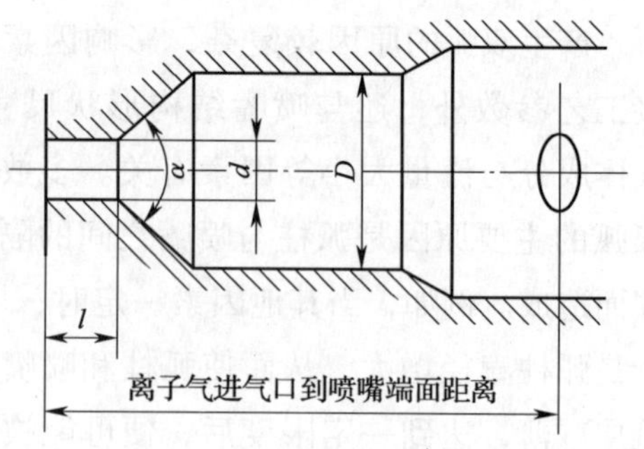

图2—56　喷嘴的几何尺寸

表2—33　　等离子弧焊接电流与喷嘴孔径的关系

喷嘴孔径（mm）	0.6	0.8	1.2	1.4	2.0	2.5	2.8	3.0	3.2	3.5
等离子弧电流（A）	～5	～25	20～60	30～70	40～400	～140	～180	～210	～240	～300

3）焊接电流和离子气流的稳定程度。它直接影响等离子弧的稳定性，如供电网路电压的波动引起的焊接电流的波动，以及由于某种原因引起的离子气流不稳定，都会导致等离子弧的不稳定。选择离子气流量的大小，原则上应能保证等离子弧具有一定程度的压缩和合适的机械吹力，即刚能吹透被焊金属即可。流量过小易产生未焊透；相反，流量过大会产生咬边，甚至焊穿。所以要求焊接电流和离子气流量必须互相匹配。

4）钨极的内缩程度。所谓钨极的内缩程度即钨极端头到喷嘴端面的距离（见图2—57）。它也影响等离子弧的稳定性，在其他条件不变的情况下，随着内缩量的增加，在电弧喷出口处电弧截面与喷出口的截面的比值也增大，相对减薄了气体的隔热、绝缘层，使电弧变粗。这样就降低了等离子弧的穿透力，而使焊接速度有所下降，破坏了电弧的稳定性。一般选用的内缩量 L_y 为3～6 mm，都能得到满意的焊缝，其中 L_y 应比喷嘴孔道长度稍短（短0.2 mm），这个参数很重要，对焊缝外观成形、熔深、焊接速度均有影响。

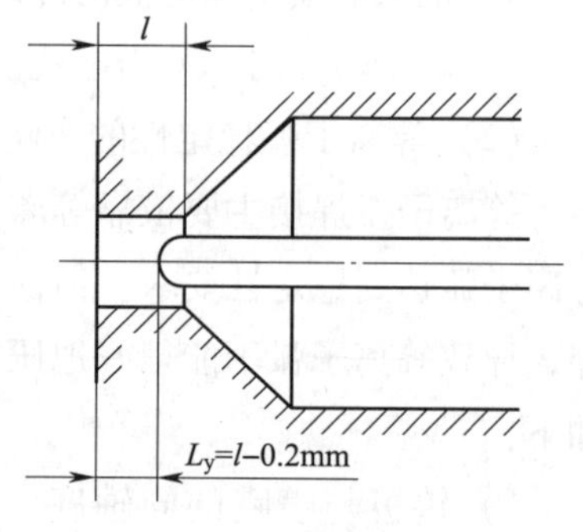

图2—57　钨极内缩量

此外，冷却水的流速、气流腔道的光洁程度以及喷嘴端面的光洁程度等也都会影响等离子弧的稳定性。

4. 等离子弧焊的主要规范参数及选择

等离子弧焊采用自动焊时，其规范参数包括焊接电流、焊接速度、喷嘴与焊件间的距离、电极、保护气体及等离子弧的电源极性等。

（1）焊接电流

焊接电流的变化直接影响电弧的稳定性和焊缝成形。电流过小时，电弧不稳定，“小孔效应”消失，会造成未焊透、焊缝成形不良和表面粗糙等缺陷。电流超过规定值时，会使焊缝的上部平或者下部凹，严重时会使熔池溢漏。在其他条件不变时，过大的电流使电弧的稳定性被破坏，容易产生“双弧”甚至烧坏喷嘴。

（2）焊接速度

焊接速度太慢，会导致过热或形成大熔池，甚至使熔池泄漏；速度太快，会产生咬边和未焊透的缺陷。一般在稳定的焊接条件下，尽可能采用较快的焊接速度。

（3）喷嘴与焊件间的距离

喷嘴与焊件间的距离（即改变电弧长度）对焊缝成形的敏感性较小（与氩弧焊相比）。距离增大，熔深减小，焊缝成形粗糙；距离缩小，焊缝变窄。合适的距离为 5 ~ 8 mm。

（4）电极

目前国内主要采用钍钨和铈钨电极。钍钨电极的直径和许用电流值见表 2—34。电极的端头呈尖锥形，电极锥角一般为 30° ~ 50°，其大小可根据许用电流值适当选择。大电流焊接时，可将电极端头磨成直径为 0. 8 ~ 1. 0 mm 的平头。

表 2—34　　等离子弧焊用钍钨极的直径和许用电流值

钨极直径（mm）	0. 50	1. 0	1. 6	2. 4	3. 2	4. 0
许用电流值（A）	5 ~ 20	15 ~ 80	70 ~ 150	150 ~ 250	250 ~ 400	400 ~ 500

（5）保护气体

送入等离子弧焊炬的气体，根据作用不同有两层气体，即从喷嘴流出的等离子气和从保护气罩流出的保护气。有时为增强保护作用，还使用保护拖罩及通气的背面垫板，以扩大保护气的保护范围。

等离子气对钨极应该是惰性的，以免钨极烧损过快。但如果活性气体不损坏焊缝的性能，允许在保护气中增加活性气体。为保证焊接过程稳定，大电流焊接时，等离子气与保护气成分相同；小电流焊接时，等离子气一律使用纯氩，保护气可以用纯氩，也可选择其他气体成分。

等离子弧焊接所用的气体种类取决于被焊金属。可供选用的气体有：Ar、Ar－H_2、Ar－He、He、Ar－CO_2及N_2等。最常用的气体为氩气（Ar），它几乎可以用来焊接所有的金属，焊接奥氏体不锈钢、镍基合金及铜镍合金时，允许使用Ar－H_2（7.5%以下）以提高电弧温度和焊接速度。通常在氩气中加入50%～75%的氦气进行铝、钛及其合金的小孔焊接。纯氦气仅用于熔透法焊接铜等。小电流焊接低碳钢和低合金钢时，允许在保护气中添加活性气体（CO_2），其流量在10～15 L/min。

（6）等离子弧的电源极性

焊接合金钢、不锈钢、钛合金及镍基合金等材料时，采用直流正接法；焊接铝合金可采用直流反接法，但仅限于焊接薄件。交流电源用于焊接铝、镁合金，以获得较大的熔深和去除氧化膜。

（7）等离子弧焊的焊接规范选择

目前采用等离子弧焊的金属有不锈钢、低合金钢、低碳钢、钛、镍基合金、黄铜、紫铜及锆等。不同板厚的焊接规范选用见表2—35。

表2—35　　等离子弧焊的焊接规范选用

材料	工件厚度（mm）	焊接电流（A）	电弧电压（V）	焊接速度（mm/min）	离子气流量（L/min）		保护气流量（L/min）			孔道比（l/d）或孔径（mm）	内缩（mm）	备注
					基本气流	衰减气流	正面	尾罩	反面			
不锈钢	1	78	17.5	1 000	2	—	15	—	—	2.2/2	2	自动三孔喷嘴
	3	168	16.8	600	3.8	—	25	—	15	3.2/2.8	3	
	5	245	24.5	340	4.0	—	25	—	10	3.2/2.8	3	
	6	230	23.0	333	4.0	—	17	8.4	—	3.2/2.9	3	
	8	278	30	217	1.4	2.9	17	8.4	—	3.2/2.9	3	
	8	320	30	330	1.2	2.9	15	20		3.2		
	10	300	29	200	1.7	2.5	20	20	—	3.2/3	3	
	10	340	32	260	1.5	2.5	15			3.2		
	12	310	31	190	4.2	1.7	22	—	—	3.2/3	3	
	12.7	320	26	176		4.72	9.45	—	—	3.2	3	
低合金钢	2	105	19.5	315	2.1	—	6	—	—	3.2/2.8	—	同上
	3.5	140	28	326	1.7	2.3	16.7	—	—	3.2/2.8	3	
	5.5	220	29	220	1.3	2.9	16.7	—	—	3.2/2.8	3	
	6.5	240	30	160	1.3	3.3	16.7	—	—	3.2/2.8	3	
	8	310	30	190	17	3.3	20	—	—	3.2/3	3	

续表

材料	工件厚度（mm）	焊接电流（A）	电弧电压（V）	焊接速度（mm/min）	离子气流量（L/min）		保护气流量（L/min）			孔道比（l/d）或孔径（mm）	内缩（mm）	备注
					基本气流	衰减气流	正面	尾罩	反面			
低碳钢	3	140	29	260	3	—	(14 + 1) Ar + CO_2	—	—	3.3/2.8	3	自动三孔喷嘴
	4.2	160	30	260	3.5	—	14 + 1	—	—	3.3/2.8	3	
	5	200	28	190	4	—	14 + 1	—	—	3.5/3.2	3	
	7	245	32	210	4	—	14 + 1	—	—	3.5/3.2	3.2	
	8	290	27	180	4.5	—	14 + 1	—		3.5/3.2	—	
钛	1.6	132	26	100	3.77		21.2		—	2.83	3	同上
	3.2	185	21	483	3.77		21.2		—	2.83	3	
	4.8	190	26	383	5.66		21.2		—	2.83	3	
	6.4	245	23	228	5.66		9.45		—	2.83	3	
镍基合金	3.2	180	31	690	5.66		40		—	2.83	3	
	6.4	240	30	355	7.10		40		—	3.46	3	
黄铜	3.2	180	25	203	4.72		40		—	2.83	—	
	6.0	275	31	400	4.2		25		—	4.1/3.6	3	
紫铜	3.2	60	25	228	4		20		—	3.175	—	手动单孔喷嘴
	10.0	230	90	—	$10N_2$		$17N_2$		—	4.5	—	
	18.0	330	70	—	$12N_2$		$17N_2$		—	4.5	—	
锆	6.4	195	30	250	3.8		22		—	3.2	3.2	—

注：1. 凡离子气和保护气未注明者均为氩气。

2. 喷嘴到工件的距离为 5 ~ 8 mm。

3. 焊件都不开坡口，一次焊透。

4. 用有压缩段的收敛扩散三孔型喷嘴。

第 6 节　电　阻　焊

一、概述

电阻焊是利用电流通过焊件时产生的电阻热加热焊件接触面及邻近区域，使其达到熔化或塑性状态，并施加一定压力，使之形成焊接接头的一种焊接方法。与其他焊接方法相比，电阻焊具有生产效率高、成本低、节省材料、易于实现机械化和自动化并能改善劳动条件等优点。另外，由于加热时间短、热量集中，故热影响区小，焊接变形与内应力也小，通常在焊后不需矫正和热处理。因此，电阻焊的应用十分广泛，尤其在航空、航天、电子、汽车及家用电器等行业，电阻焊是重要的焊接方法之一。

1. 电阻焊的基本原理

（1）焊接热的产生和影响产热的因素

点焊时产生的热量由下式决定：

$$Q = I^2Rt$$

式中 Q——产生的热量，J；

I——焊接电流，A；

R——电极间电阻，Ω；

t——焊接时间，s。

1）电阻 R 的影响。点焊时的电阻及温度分布如图 2—58 所示。在焊接过程中，电流通过了 7 个串联的电阻，它们分别是：①上电极电阻；②上电极与上工件接触电阻；③上工件电阻；④上工件与下工件接触电阻；⑤下工件电阻；⑥下工件与下电极接触电阻；⑦下电极电阻。

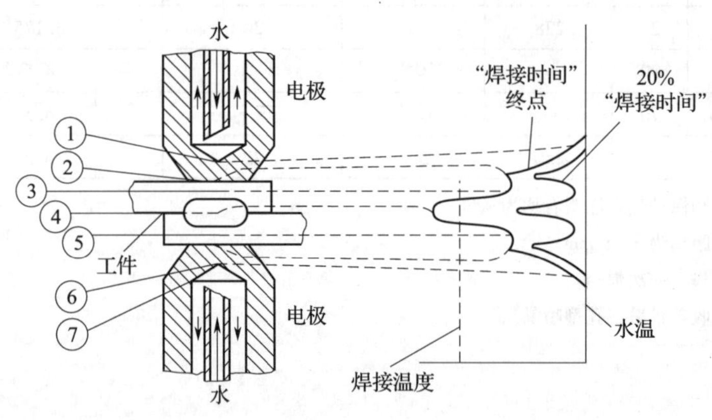

图 2—58 点焊时的电阻及温度分布

焊接过程中，上述七处均会产生正比于其电阻的热量。焊接开始时，各处温度均为水温，如图 2—58 中右侧垂线所示。开始通电时，4 点的电阻最大，因此产热最多；2、6 点电阻也较大，产热量仅次于 4 点。当通电时间达到约 20% 的焊接时间时，温度分布曲线如图 2—58 所示，有三个明显的峰值。随后，由于 2、6 点的水冷电极的散热作用很强，而 4

点处尽管接触电阻已消失，但散热很差，温升很快，因此通电结束时的温度分布如图 2—58 所示，只有工件与工件的接触面（4 点附近）一个小范围内的温度能达到焊接温度，从而形成熔核。

工件本身的电阻对焊接热量的产生起着主要作用，而工件电阻取决于其电阻率。电阻率是被焊材料的重要性能。电阻率高的金属（如不锈钢），其导热性差；电阻率低的金属（如铝合金），其导热性好。因此，点焊不锈钢时产热易而散热难，点焊铝合金时产热难而散热易。点焊时，前者可以用较小电流（几千安培），后者就必须用很大电流（几万安培）。

电阻率不仅取决于金属种类，还与金属的热处理状态和加工方式有关。通常金属中含合金元素越多，电阻率就越高。淬火状态又比退火状态的电阻率高。例如，退火状态的 2A12（LY12）铝合金电阻率为 4.3 μΩ · cm，淬火状态下则高达 7.3 μΩ · cm。金属经冷加工后，其电阻率也增高。

金属的电阻率还与温度有关，如图 2—59 所示。常用材料的电阻率随着温度升高而升高，并且金属熔化时的电阻率比熔化前高 1 ~2 倍。

随着温度升高，除电阻率升高使工件电阻升高外，金属的压溃强度会降低，使工件与工件、工件与电极间的接触面增大，因而引起电阻减小。点焊低碳钢时，在两种矛盾着的因素影响下，加热开始时工件电阻逐渐升高，熔核形成时又逐渐降低，动态电阻曲线具有一个峰值。这一现象为目前已应用于生产的动态电阻监控提供了依据。铝合金点焊时动态电阻无峰值，因而不适用动态电阻监控。

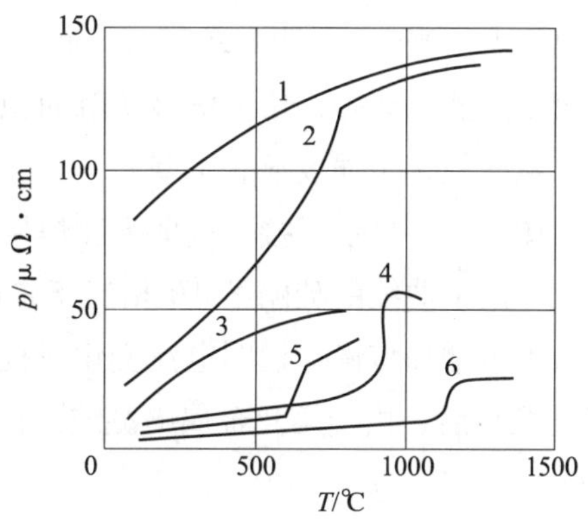

图 2—59　各种金属高温时的电阻率

1—不锈钢　2—低碳钢　3—镍

4—黄铜　5—铝　6—铜

电极压力变化将改变工件与电极、工件与工件间的接触面积，从而改变接触电阻。接触电阻由下面两方面的因素形成：

①工件和电极表面的高电阻率的氧化物或脏物层。它使电流受到较大阻碍，过厚的氧化物或脏物层甚至会使电流不能导通。

②接触面的微观不平度。即使工件表面十分光洁，但由于接触面的微观不平度，工件只在粗糙表面的局部凸点形成接触。在接触点处形成电流线的收拢，缩小电流通道而增加了接触电阻。

电极压力增大时，粗糙表面的凸点将被压溃。凸点的接触面增大，数量增多，表面氧化膜也更易被挤破。温度升高时，金属的压溃强度降低（低碳钢600℃时，铝合金350℃时，压溃强度趋于0）。即使电极压力不变，也会有凸点接触面增大，数量增多的现象。可见，接触电阻将随电极压力的增大和温度的升高而显著减小。因此，当表面清理十分洁净时，接触电阻只在通电开始后极短的时间内存在，随后就会迅速减小以致消失。接触电阻尽管存在时间很短，但在通电时间极短时（如电容储能点焊），对熔核形成仍有重要影响。

2）焊接电流的影响。电流为平方项，其对产热的影响比电阻和时间两者都大。因而在点焊中，电流是一个必须严格控制的参数。点焊中导致电流变化的主要原因是电网电压波动和交流焊机二次回路阻抗变化。阻抗变化是因回路的几何形状变化或因在变压器二次回路中引入了不同量磁性金属。对于直流焊机，二次回路阻抗变化对电流无明显影响。

除焊接电流总量外，电流密度也对加热有显著影响。当焊点间距较小时，部分电流通过邻近已焊点流过工件的现象叫做分流，如图2—60所示。图中B是当前焊点，A是相邻的已焊点。当A、B距离较近时，通过A点的电流（分流）较大。分流现象会使焊接区电流密度降低。此外，增大电极接触面积和凸焊时的凸点尺寸，均会降低电流密度和焊接热量，从而使接头强度显著下降。

图2—61显示了接头抗剪力和焊接电流的关系。随着电流增大，熔核尺寸和抗剪力将增大。图中曲线的陡峭段AB相当于未熔化焊接。倾斜段BC相当于熔化焊接。接近C点处抗剪力增加缓慢，说明电流变化对抗剪力的影响小。因此，点焊时应选用C点的电流。越过C点后，由于熔化金属喷溅或工件表面压痕过深，抗剪力会明显降低。

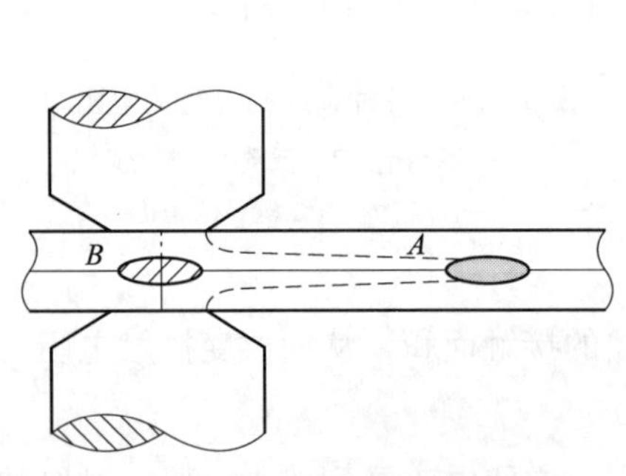

图2—60　邻近焊点的分流作用

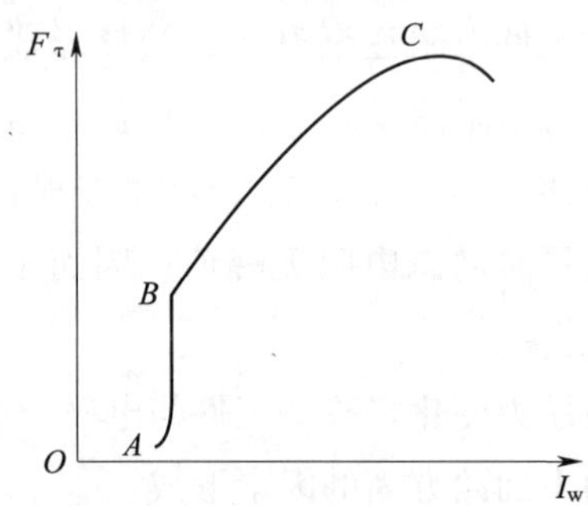

图2—61　焊接电流I_w对焊点抗剪力F_τ的影响

恒流闭环监控技术能有效克服网路电压波动和二次回路阻抗变化的影响。分流影响则可用具有电流递增功能的控制器解决。它可为各焊点设置不同的焊接电流，以补偿分流影响。

3）焊接时间的影响。焊接热量与焊接时间成正比。为了保证熔核尺寸和焊点强度，焊接时间和电流在一定范围内可互为补充。为了获得一定强度的焊点，可采用大电流和短时间（强条件），也可采用小电流和长时间（弱条件）。选用强条件还是弱条件，取决于金属的性能、厚度和所用焊机的功率。但对于一定性能、厚度的金属，所需的电流和时间仍有一个上、下限，超过此范围将无法形成合格的熔核。

4）电极压力的影响。电极压力对两电极间的总电阻 R 有显著影响。由前述可知，随着电极压力增大，R 将减小，从而引起产热量的减小。因此，其他条件一定时，焊点强度总是随着电极压力的增大而降低，如图 2—62 所示。在增大电极压力的同时，相应增大焊接电流或延长焊接时间以弥补电阻减小的影响，可以保持焊点强度不变，并有利于提高焊点强度的稳定性。电极压力过小，会使接触电阻过大，易引起喷溅，降低焊点强度。

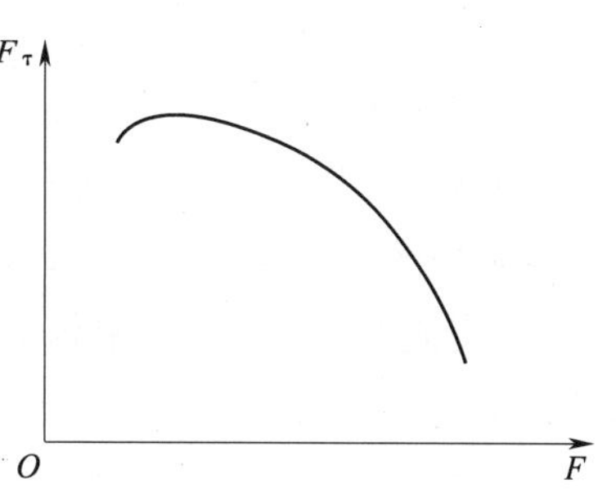

图 2—62　电极压力 F 对焊点抗剪力 F_τ 的影响

5）电极形状及材料性能的影响。由于电极的接触面积决定着电流密度，电极材料的电阻率和导热性关系着热量的产生和散失，因而电极的形状和材料性能对熔核的形成有显著影响。随着电极端头的磨损和变形，接触面积将增大，焊点强度将降低。

6）工件表面状况的影响。工件表面上的氧化物、油污和其他杂质，增大了接触电阻。过厚的氧化物层甚至还会使电流不能通过或只有局部导通。局部导通会使电流密度过大，产生喷溅和表面烧损。氧化物层的不均匀还会引起各个焊点加热不一致，造成焊接质量不稳定。因此，彻底清理工件表面是获得优质接头的必要条件。

（2）焊接循环

点焊和凸焊的焊接循环由 4 个基本阶段组成。

1）预压时间。自电极开始下降到焊接电流开始接通的时间。这一时间是为了确保在通电之前电极压紧工件，使焊接区各接触面压力达到设定的稳态值。

2）焊接时间。焊接电流通过工件的持续时间。在该时间内焊接区被加热并形成熔核。

3）维持时间。焊接电流切断后，电极压力继续保持的时间。该时间使熔核在一定压力下冷却凝固至具有足够强度。

4）休止时间。连续点焊时，自电极开始提起到再次开始下降的时间。该时间内电极离开工件，操作人员移动工件准备焊接下一点。

通电焊接必须在电极压力达到稳定值后进行，否则可能因压力过低而喷溅，或者因各点压力不一致而影响加热，造成焊点强度波动。

电极提起必须在电流全部切断之后，否则电极工件间将引起电弧，烧伤工件。这一点在直流脉冲焊机上尤为重要。

为了改善接头的性能，有时需要将下列各项中的一项或多项加于基本循环。

①加大预压力以消除厚工件的间隙，使之紧密贴合。

②用预热脉冲提高金属的塑性，使工件易于紧密贴合，防止喷溅。多点凸焊时，这样做可使各凸点在通电焊接时与平板均匀接触，以保证各点加热的一致。

③加大锻压力以压实熔核，防止产生裂纹和缩孔。

（3）焊接电流的种类和适用范围

电阻焊的焊接电流可以是交流电或直流电，它们的适用范围有所不同。

1）交流电。通常是指单相50 Hz交流电，由焊接变压器输出。常用的电压范围是1～25 V，电流为1～50 kA。

点焊机变压器负载是电极臂和工件构成的二次回路，为感性负载。一般感抗与二次回路面积成正比，因此，交流焊机功率因数低，难以提供大的焊接功率。三相低频焊机输出频率较低，功率因数有所提高。

2）直流电。主要有直流脉冲、电容储能、三相二次整流和中频逆变等工作方式。其中直流脉冲式由于变压器体积庞大，焊接电流必须换向，而逐渐被三相二次整流和中频逆变式所取代。

直流焊机的主要特点是：

①三相电源供电，避免了单相交流焊机所造成的三相负载不平衡。

②功率因数高，在电极臂伸较长情况下仍能提供较大的焊接电流。

微型零件的电阻焊常用晶体管式焊机或小功率逆变直流焊机，由于通电和调整时间不受工频周期的限制，控制精度较高。中小功率直流焊机为降低成本也有采用单相电源供电的。

（4）金属电阻焊时的焊接性

评价金属电阻焊焊接性的主要指标有：

1）材料的导电性和导热性。电阻率小而热导率大的金属需使用大功率焊机，焊接性较差。

2）材料的高温强度。高温（$0.5\sim0.7T_m$）屈服强度大的金属，点焊时易产生喷溅、缩孔、裂纹等缺陷，需使用大的电极压力，有时还需在断电后施加大的锻压力，故其焊接性较差。

3）材料的塑性温度范围。塑性温度范围较窄的金属（如铝合金），对焊接参数的波动非常敏感，需要使用能精确控制焊接参数的焊机，并要求良好的电极随动性，因此其焊接性较差。

4）材料对热循环的敏感性。在焊接热循环的影响下，有淬火倾向的金属，易产生淬硬组织、冷裂纹；与易熔杂质易于形成低熔点共晶物的合金，易产生热裂纹；经冷作强化的金属，易产生软化区。要防止这些缺陷，必须采取相应的工艺措施。因此，凡对热循环敏感性高的金属，其焊接性就较差。

此外，熔点高、线膨胀系数大、易形成致密氧化膜的金属和镀层金属，焊接性一般较差。

2. 电阻焊的分类

电阻焊按焊接接头的形状不同，可分为点焊、缝焊、凸焊及对焊四类（见图2—63）。

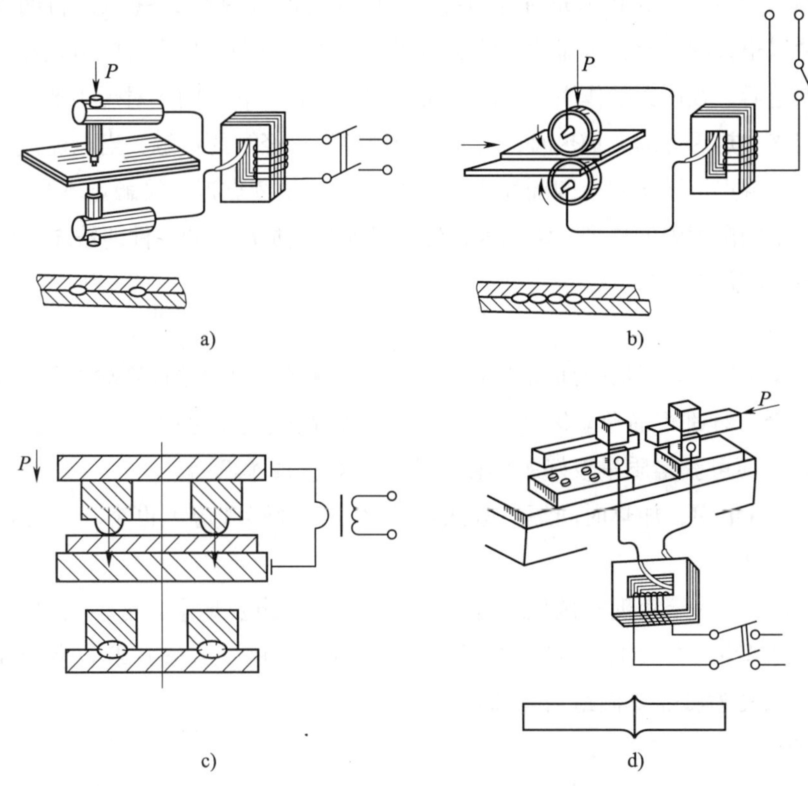

图2—63 电阻焊方法

a）点焊 b）缝焊 c）凸焊 d）对焊

（1）点焊

点焊时（见图2—63a）将焊件搭接装配后，压紧在两圆柱形电极间，并通以很大的电流，使两焊件接触处加热到熔化温度，形成似透镜状的熔池，断电后，在压力的作用下凝固形成焊点。

（2）缝焊

缝焊与点焊相似。缝焊时（见图2—63b）以旋转的滚盘代替点焊的圆柱形电极，而焊件在转动的滚盘间借摩擦力向前移动，当电流断续或连续地由滚盘流过焊件时，即形成缝焊焊缝。因此，缝焊焊缝实质上是由许多彼此相重叠的焊点所组成。

（3）凸焊

凸焊（见图2—63c）是利用焊件结合面已预制的凸点部位，通以焊接电流和在压力的作用下形成焊点的过程。凸焊时，一次可在接头处形成一个或几个焊点。

（4）对焊

对焊可以分为电阻对焊和闪光对焊两种。电阻对焊时（见图2—63d）将两焊件端面互相压紧，并通以很大的电流，依靠两焊件端面间的接触电阻和焊件本身的电阻使金属加热到塑性状态，断电后，在压力的作用下，两端面即被连接在一起。闪光对焊主要是依靠两焊件间的接触电阻来加热焊件的。加热时，首先使两焊件保持轻微的接触，当电流流过两焊件间的接触点时，接触点被熔化并向四周喷溅，随着焊件的继续靠近，接触点不断产生和熔化，使两端面在一定的深度内加热到一定温度，然后迅速断电加压，两焊件即被连接在一起。

3. 电阻焊的优缺点

（1）优点

1）两金属是在压力下从内部加热完成焊接的，无论是焊点的形成过程或结合面的形成过程，其冶金过程都很简单。因此，焊接时无需焊剂或气体保护，也不需使用焊丝、焊条等填充金属，便可获得质量较好的焊接接头，其焊接成本低。

2）由于热量集中，加热时间短，故热影响区小，变形和应力也小。通常焊后不必考虑矫正或热处理工序。

3）操作简单，易于实现机械化和自动化生产，无噪声及烟尘，劳动条件好。

4）生产效率高，在大批量生产中可以与其他制造工序一起编到组装生产线上。只有闪光对焊因有火花喷溅需要做适当隔离。

（2）缺点

1）目前尚缺乏可靠的无损检测方法，焊接质量只能靠工艺试样和破坏性试验来检查，以及靠各种监控技术来保证。

2）点焊和缝焊需用搭接接头，增加了构件的质量，其接头的抗拉强度和疲劳强度均较低。

3）设备功率大，而且机械化和自动化程度较高，故设备投资大，维修较困难。大功率焊机（可达1 000 kV · A）馈电网负荷困难，若是单相交流焊机，则对电网的正常运行有不利的影响。

二、电阻焊用电极

1. 对电极材料的要求

电极的作用是向焊接区传导电流、传递压力以及传导焊件表面的热量。电极的质量直接影响焊接过程、生产效率和焊接质量。

在焊接过程中，电极经常被加热，并在压力的作用下使工作表面直径增大；由于工作表面的加热而被氧化，使电极与焊件间的接触电阻增大；另外，电极过热、电极与焊件上的氧化物和污物还会引起电极与焊件被局部焊住，使焊件金属粘附在电极上或电极金属粘附到焊件上去。总之，上述诸因素都将导致电极需经常修锉或车削加工。这样不仅电极受损耗，而且增加了焊工的辅助时间。

为了延长电极的使用寿命、节约电极金属以及提高生产效率，电极材料必须满足下列要求：

（1）具有高导电性和导热性，使电极在焊接过程中发热最小。

（2）必须具有很高的硬度，特别是在高温下仍应保持较高的硬度，也即具有较高的再结晶温度。

（3）不与焊件金属形成合金。

（4）电极材料在焊接过程中不易被氧化。

2. 电极材料的种类及用途

电极材料按航空行业标准 HB 5420—1989《电阻焊电极与辅助装置用铜及铜合金》分为四类，但常用前三类，具体电极材料的成分和性能见表 2—36。

表 2—36　　电极材料的类别、牌号及化学成分

类别	编号	材料牌号	材料名称	化学成分（质量分数）（%）	品种及尺寸（mm）	材料性能			
						硬度		电导率（mS/m）	软化温度（℃）
						HV_{30}	HRB		
						不小于			
1	1	TP1 TP2	纯铜	Cu≥99.9	冷拔棒 $\phi \geq 25$	85	—	56	150
					冷拔棒 $\phi < 25$	90	（53）	56	
					锻件	50	—	56	
					铸件	40	—	50	
	2	CuCd1	镉铜	Cd 0.7～1.3	冷拔棒 $\phi \geq 25$	90	（53）	45	250
					冷拔棒 $\phi < 25$	95	（54）	43	
					锻件	90	（53）	45	

续表

类别	编号	材料牌号	材料名称	化学成分（质量分数）（%）	品种及尺寸（mm）	材料性能 硬度 HV_{30}	HRB	电导率（mS/m）	软化温度（℃）
						不小于			
1	3	CuZrNb	锆铌铜	Zr 0.10～0.25 Nb 0.06～0.15	冷拔棒，锻件	(107)	60	48	500
2	1	CuCr1	铬铜	Cr 0.3～1.2	冷拔棒 $\phi \geqslant 25$	125	(69)	43	475
					冷拔棒 $\phi < 25$	140	(76)		
					锻件	100	(56)		
					铸件	85	—		
	2	CuCrZr	铬锆铜	Cr 0.25～0.65 Zr 0.08～0.20	冷拔棒，锻件	(135)	75	43	550
	3	CuCrAlMg	铬铝镁铜	Cr 0.4～0.7 Al 0.15～0.25 Mg 0.15～0.25	冷拔棒，锻件	(126)	70	40	—
	4	CuCrZrNb	铬锆铌铜	Cr 0.25～0.40 Zr 0.10～0.25 Nb 0.08～0.25 Ce 0.02～0.16	冷拔棒，锻件	(142)	78	45	575
3	1	CuCo2Be	铍钴铜	Co 2.0～2.8 Be 0.4～0.7	冷拔棒 $\phi \geqslant 25$	180	(89)	23	475
					冷拔棒 $\phi < 25$	190	(91)		
					锻件	180	(89)		
					铸件	180	(89)		
	2	CuNi2Si	硅镍铜	Ni 1.6～2.5 Si 0.5～0.8	冷拔棒 $\phi \geqslant 25$	200	(94)	18	500
					冷拔棒 $\phi < 25$	200	(94)	17	
					锻件	168	(86)	19	
					铸件	158	(83)	17	
	3	CuCo2CrSi	钴铬硅铜	Co 1.8～2.3 Cr 0.3～1.0 Si 0.3～1.0 Nb 0.05～0.15	冷拔棒，锻件	(183)	90	26	600

第一类电极材料为高电导率和中等硬度的铜及铜合金，适用于制造焊铝及铝合金的电极材料，也可用于镀层钢板的点焊。

第二类电极材料为具有较高的电导率、硬度高于第一类的合金。此类电极材料由于具有较高的力学性能，相对适中的电导率，在中等程度的压力下有较强的抗变形能力，因此，是最通用的电极材料，广泛用于点焊低碳钢、低合金钢、不锈钢、高温合金、电导率低的铜合金以及镀层钢板等。

第三类电极材料为电导率低于第一类和第二类、硬度高于第二类的合金，它具有更高的力学性能，耐磨性好，软化温度高，但电导率低。适用于点焊高温、高强度的材料，如不锈钢及高温合金等。

从表中可知，在三类电极材料中，锆铌铜、铬锆铌铜和钴铬硅铜的性能较优，已被广泛应用，其产品牌号分别为 DJ70、DJ85 和 DJ100 等。

3. 电极的清理和修整

焊接过程中，电极会被氧化、沾污和产生变形，在这种情况下工作时，会给焊接质量带来重大影响，因此对电极工作表面必须进行清理和修整。

电极工作表面的氧化物、污物和不大的磨损，可用带有橡皮垫的平板外面包上金刚砂布来清理，使电极工作表面呈现金属光泽。为了保持点焊电极原有尺寸或上、下两电极工作表面的平行度，可以将包有金刚砂布的专用工具或带橡皮垫的平板轻轻夹在两电极之间，然后绕电极轴线转动（见图 2—64）。专用工具用于清理球面电极，其上装有与电极球面半径相同的凹球面形垫板，如图 2—65 所示。

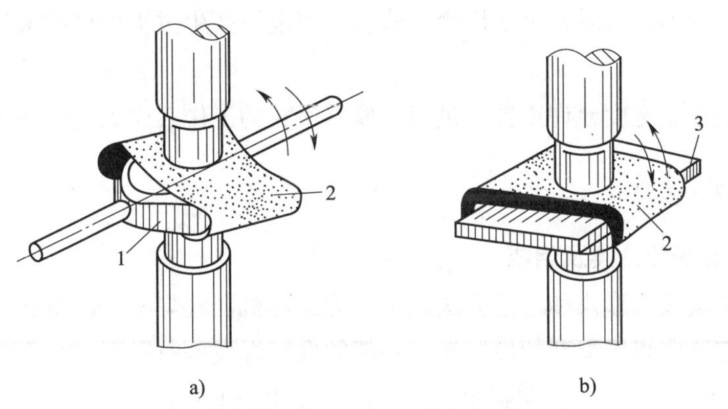

图 2—64 电极的清理

1—专用工具 2—金刚砂布 3—带橡皮垫的平板

电极清理周期视电极材料、焊件材料及电源性质而定。当点焊铝合金或电真空器件时，电极稍有氧化和沾污就需立即清除。不然，会使电极上的铜粒黏附到焊件上而使铝合金焊件的耐蚀性降低或影响电真空器件的性能。电极的沾污速度还与电源性质有关。通常交流电焊机的电极更易沾污。

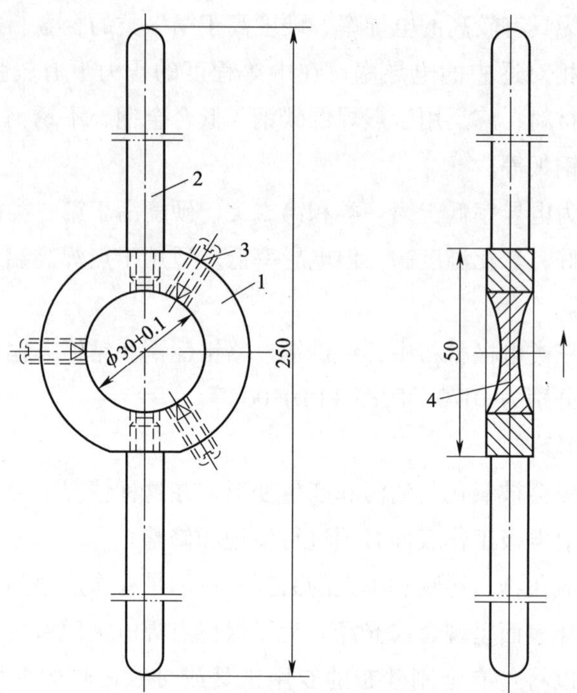

图2—65　清理球面电极的专用工具

1—本体　2—手柄　3—止动螺钉　4—凹球面垫板

电极磨损与变形较大时，可采用锉刀修整，当电极产生过大的磨损和变形时，则应更换新电极。

另外，修整滚轮宽度允许用锉刀进行，修整滚轮的工作表面则允许在车床上进行。

三、电阻焊设备

1. 电阻焊设备的分类及组成

电阻焊设备按接头形式和工艺方法，可分为点焊机、缝焊机、凸焊机和对焊机等。有些场合还包括与这些焊机配套的控制箱。一般的电阻焊设备由以下三个重要部分组成。

（1）以阻焊变压器为主，包括电极及二次回路组成的焊接回路。

（2）由机架和有关夹持焊件及施加压力的传动机构组成的机械装置。

（3）能按要求接通电源，并可以控制焊接程序中各段时间及调节焊接电流的控制电路。

根据不同的用途和要求，电阻焊设备从电气性能来分主要有：单相工频焊机、二次整流焊机、三相低频焊机、电容储能焊机以及逆变式焊机等。

2. 电阻焊机的主要技术参数

各类电阻焊机的主要技术参数分别见表2—37、表2—38、表2—39以及表2—40。

表 2—37　　点焊机和凸焊机的主要技术参数

焊机	型号	特性	额定功率（kV·A）	负载持续率（%）	二次空载电压（V）	电极臂长（mm）	焊接板厚度（mm）
摇臂点焊机	DN2－75	工频	75	20	3.16～6.24	500	钢 2.5＋2.5
	S0432－5A		31	50	2.5～4.6	250～500	钢 2.5＋2.5
直压点焊机	SDN－16		16	50	1.86～3.65	240	钢 3＋3
	DN－63		63	50	3.22～6.67	600	钢 4＋4
	DN2－100		100	20	6.50～7.30	500	钢 4＋4
	DN2－200		200	20	4.42～8.85	500	钢 6＋6
移动点焊机	C130S－A2		150	50	14～19	200	钢 3＋3
	KT－826		26	50	4.7	170	钢 3.5＋3.5
	KT－218		2.5	50	2.3	115	钢 2.5＋3
凸焊机	TN－63		63	50	3.22～6.67	250	—
	TN1－200		200	20	4.42～8.85	500	—
摇臂点焊机	DZ－63	整流	63	50	3.65～7.31	500	钢 3＋3 铝 1＋1
直压点焊机	P260CC－10A		152	50	4.52～9.04	1 000	钢 6＋6 铝 3＋3
凸焊机	E2012T6－A		260	50	2.75～7.60	400	—
三相点焊机	P300DT1－A	低频	247	50	1.82～7.29	1 200	铝合金 3.2＋3.2
储能点焊机	DR－100－1	储能	100J	20	充电电压 430	120	不锈钢 0.5＋0.5
储能凸焊机	R－3000		3 000J	20	充电电压 420	250	铝点焊 1.5＋1.5

表 2—38　　缝焊机的主要技术参数

焊机	型号	特性	额定功率（kV·A）	负载持续率（%）	二次空载电压（V）	电极臂长（mm）	焊接板厚度（mm）
横向缝焊机	FN1－150－1	工频	150	50	3.88～7.76	800	钢 2＋2
	FN1－150－8		150	50	4.52～9.04	1 000	钢 2＋2
	M272－6A		110	50	4.75～6.35	670	钢 1.5＋1.5
	M230－4A		290	50	5.85～9.80	400	镀层钢板 1.5＋1.5
	FN－100		100	50	4.75～6.35	600	钢 1.5＋1.5
纵向缝焊机	FN1－150－2	工频	150	50	3.88～7.76	800	钢 2＋2
	FN1－150－5		150	50	4.80～9.58	1 100	钢 1.5＋1.5
	M272－10A		170	50	4.2～8.4	1 000	钢 1.25＋1.25
横向缝焊机	FZ－100	整流	100	50	3.52～7.04	610	钢 2＋2
通用缝焊机	M300ST1－A	低频	350	50	2.85～5.70	800	铝合金 2.5＋2.5

表 2—39　　闪光对焊机的主要技术参数

焊机型号	类型	送进机构	额定功率（kV·A）	负载持续率（%）	二次空载电压（V）	夹紧力（kN）	顶锻力（kN）	碳钢焊接截面积（mm^2）
UN1－75	通用	杠杆	75	20	3.52～7.04	螺旋	30	600
UN2－150－2		电动机—凸轮	150	20	4.05～8.10	100	65	1 000
UN－40		气压—液压	40	50	3.7～6.3	45	14	320
UN17－150－1			150	50	3.8～7.6	160	80	1 000
UN7－400	轮圈专用		400	50	6.55～11.18	680	340	2 000
UY－125	钢窗专用		125	50	5.51～10.85	75	45	400
UY5－300	薄板专用	凸轮—液压顶锻	300	20	2.84～9.05	350	250	2 500
UN6－500	钢轨专用	液压	500	40	6.8～13.6	600	350	8 500

表 2—40　　电阻对焊机的主要技术参数

焊机型号	类型	额定功率（kV·A）	负载持续率（%）	二次空载电压（V）	夹紧力（N）	顶锻力（N）	碳钢焊接截面积（mm^2）
UN－1	弹簧加工	1	8	0.5～1.5	80	40	1.1
UN－3		3	15	1～2	450	180	5.0
UN－10		10	15	1.6～3.2	900	350	50
UN1－25	人力—杠杆	25	20	1.76～3.52	偏心轮	—	300

四、点焊工艺

1. 点焊接头形式及焊前准备

（1）点焊接头形式

点焊时，零件采用的接头形式如图 2—66 所示，分为单剪搭接接头、双剪搭接接头、带垫片对接接头以及弯边搭接接头等数种，其中单剪搭接接头应用最广。

根据接头的强度要求及零件组合体的结构特点，焊点可以采用单排、双排或多排焊点。

（2）搭接边的选用

点焊接头的搭接边的大小必须选用适当。搭接边太大，既增加产品质量，又浪费材料；搭接边太小，则点焊过程中加热金属被挤向一边，给装配带来困难，同时还会在点焊过程中产生飞溅。弯边搭接接头中，半圆角半径 r 小于两倍板厚时，尺寸 A 可按表 2—41 中的值选取。r 大于两倍板厚时，弯边尺寸 A 应相应增大。

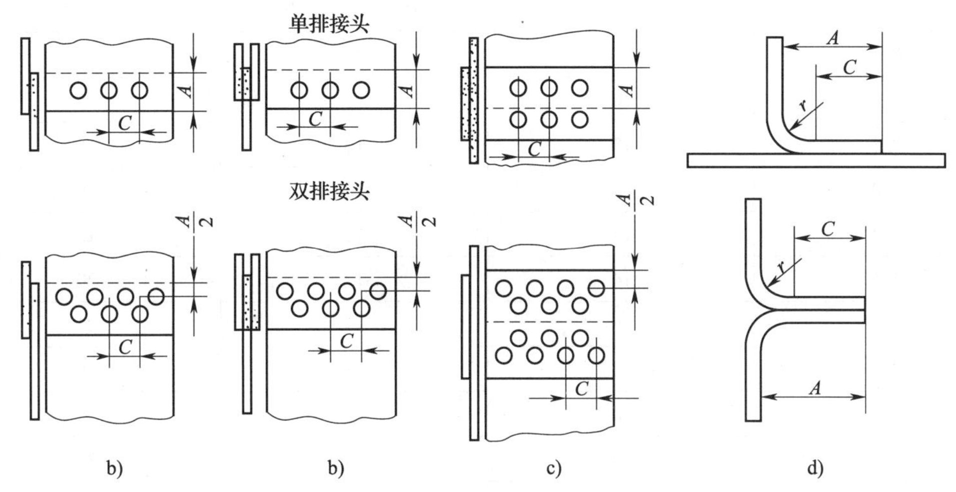

图 2—66　点焊接头形式

a）单剪搭接接头　b）双剪搭接接头 c）带垫片对接接头　d）弯边搭接接头

表 2—41　　点焊接头搭接边的最小值　　mm

焊件中最薄件的厚度	单排焊点			双排焊点		
	结构钢	耐热钢及其合金	铝合金	结构钢	耐热钢及其合金	铝合金
0.5	8	6	12	16	14	22
0.8	9	7	12	18	16	22
1.0	10	8	14	20	18	24
1.2	11	9	14	22	20	28
1.5	12	10	15	24	22	30
2.0	14	12	19	28	26	35
3.0	18	16	25	36	32	46
4.0	22	20	29	42	40	50

（3）焊点间距的选用

点焊接头的强度取决于焊点数目，而焊点数目又取决于焊点中心之间的距离，焊点间距小、焊点密，接头强度就高。但是焊点间距不能太小，因为点距越小，电流分流越严重。对于铝合金，由于电阻系数小，分流现象比较严重，因此焊点间距应比焊黑色金属时大，若需提高接头强度，只能采用双排或多排焊点。点焊时，焊点间的最小间距见表 2—42。

表 2—42 焊点间距参考数据 mm

焊件中最薄件的厚度	焊点间距		
	结构钢	耐热钢及其合金	铝合金
0.3	—	6	—
0.5	10	8	15
0.8	12	10	15
1.0	12	10	15
1.2	14	12	15
1.5	14	12	20
2.0	16	14	25
2.5	18	16	25
3.0	20	18	30
3.5	22	20	30
4.0	24	22	35

（4）焊件的焊前清理

焊件的表面状态对焊接质量有很大影响。当焊件表面存在油脂、脏物及氧化膜时，焊件与焊件、电极与焊件间的接触电阻将显著增加，甚至出现局部不导电区。这样，破坏了电流和热量的正常分布，在电流密度特别大的地方，便会发生金属局部熔化、飞溅和焊件表面过烧现象，严重时将烧穿焊件，如图 2—67 所示。因此，在焊前必须除去焊件表面的油脂、脏物及氧化膜。

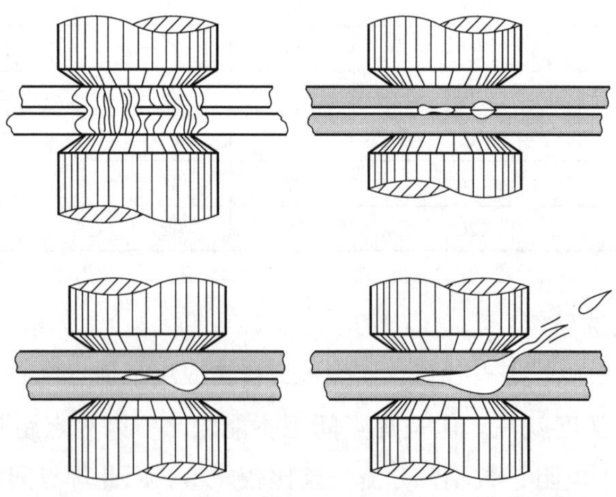

图 2—67 焊件清理不当进行点焊时的加热过程

焊前对焊件的清理，首先必须用有机溶剂和碱性溶液除去焊件表面的涂料和油脂，然后再除去金属表面的氧化膜。清理方法视焊件金属及其表面状态而定。

对于无氧化膜的冷轧结构钢，可用金刚砂布、钢丝直径不大于0.2 mm的金属刷或中等粒度的金刚砂毡轮清理，使接头处两面约20 mm宽度上露出金属光泽。当用金刚砂布清理时，砂布号不宜过小。

对于热轧或热处理后的结构钢，表面存在氧化膜，应用喷砂或化学方法清理。喷砂清理时，喷后应用干燥的压缩空气或金属刷去除残留在焊件上的砂粒和灰尘。采用化学清理的焊件，不应有搭缝或其他缝隙，否则溶液流入缝隙会因清除不掉而产生腐蚀。

当焊接电真空器件时，焊件表面的脏物不仅影响焊接质量，还将严重影响整个电真空器件的性能。因此，除对焊件在焊前必须严格清理外，操作者还应戴橡皮手套工作，以免污染焊件。各种金属化学清理的溶液成分见表2—43。

表2—43　各种金属化学清理的溶液成分

金属	腐蚀用溶液	中和用溶液
低碳钢	1. 每升水中 H_2SO_4 200 g，NaCl 10 g，缓冲剂六次甲基四胺1 g，温度50～60℃ 2. 每升水中HCL 200 g，六次甲基四胺10 g，温度30～40℃	每升水中NaOH或KOH 50～70 g，温度20～25℃
低合金钢	1. 每升水中 H_2SO_4 100 g，HCl 50 g，六次甲基四胺10 g，温度50～60℃ 2. 每0.8 L水中 H_3PO_4 65～98 g、Na_3PO_4 35～50 g，乳化剂OP25 g，硫脲5 g	每升水中NaOH或KOH 50～70 g，温度20～25℃ 每升水中 $NaNO_3$ 5 g，温度50～60℃
不锈钢、高温合金	在0.75 L水中 H_2SO_4 110 g，HCl 130 g，HNO_3 10 g，温度50～70℃	质量分数为10%的苏打溶液，温度20～25℃
钛合金	每0.6 L水中 HCl_4 16 g，HNO_3 70 g，HF 50 g	—
铜合金	每升水中 HNO_3 280 g，HCl 1.5 g，炭黑1～2 g，温度15～25℃	—
铝合金	每升水中 H_3PO_4 110～155 g，$K_2Cr_2O_7$ 或 $Na_2Cr_2O_7$ 0.8～1.5 g，温度30～50℃	每升水中 HNO_3 15～25 g，温度20～25℃
镁合金	0.3～0.5 L水中NaOH 300～600 g，$NaNO_3$ 40～70 g，$NaNO_2$ 150～250 g，温度70～100℃	—

注：成分中酸的密度为硫酸1.84 g/cm^3，硝酸1.40 g/cm^3，盐酸1.19 g/cm^3，正磷酸1.6 g/cm^3。

（5）焊件的装配和定位焊

焊件的装配质量对点焊质量影响很大。由于装配不当而使焊件错动或间隙过大，将使焊件在焊接后产生不同程度的变形。特别是当装配间隙较大时，有相当大的一部分电极的压力消耗在使两焊件的焊接区达到紧密贴合的变形上，这样，真正作用于焊点内的压力减小，并且因间隙大小的变化，加于焊点内的压力不能恒定，结果使焊接质量也不稳定。当焊件的间隙和刚度相当大时，甚至全部电极压力都作用在焊件的变形上也不能使两焊件彼此接触。此时，全部电流被分流，焊点无法形成。为此，在装配过程中应仔细修合整个搭接面，使其间隙不超过0.3～0.8 mm（视焊件材料及厚度而定）。

为了保证装配质量，可以采用夹具或模具进行装配，并用弓形夹或平口钳紧固（装配有孔焊件时，也可用螺栓紧固），以防止在定位焊过程中，当两电极压紧时，可能由于电极发生偏移而使焊件产生相对位移或变形。

定位焊时，可以采用与焊接时相同的规范，定位焊点的质量应与焊接点的质量相同。另外，定位焊点的排列和次序应保证焊件点焊后的变形最小。因此，定位焊时必须注意以下事项：

1）保证焊件具有刚度。

2）根据不同材料的焊件，确定定位焊点的最小距离，如铝合金直线焊缝的定位焊间距为150～200 mm。

3）当定位焊曲率有变化的焊件时，首先要对曲率最大（半径最小）的部分进行定位焊。

4）对较大尺寸的平面结构或特殊弯曲结构的定位焊，要从中心分散到边缘。

2. 不同厚度和不同材料焊件的点焊

相同厚度和相同材料的焊件点焊时，两焊件的热量分布是一致的，焊点熔化核心对称地分布于两焊件之间。当进行不等厚度或不同材料的点焊时，熔核将不对称于交界面。由于厚件的内部电阻大，所产生的热量多，薄件的内部电阻小，所产生的热量少，并且两焊件间的接触表面厚件一边离电极远，散失的热量少，会使焊点熔化核心偏向厚件（见图2—68a）。偏移的结果将使薄件或导电、导热性好的工件焊透率减小，焊点强度降低。两焊件的厚度差别越大，这种偏移就越严重（见图2—68b）。当厚度差别很大时，甚至有可能使整个熔化核心都偏向于厚件（见图2—68c）。由于熔化核心的偏移，造成薄件的焊透率下降，接头的工作截面减小，因此使焊点强度下降。

在设计点焊结构时，应尽可能使两焊件的厚度比不超过1∶3，否则点焊时就较困难。

点焊同厚度而不同材料的焊件时，由于两焊件的导热性不同，同样会使熔化核心发生偏移。此时，熔化核心偏向导热性较差的材料一边。

调整熔核偏移的原则是：增加薄件或导电、导热性好的工件的产热而减少其散热。常用的方法有：

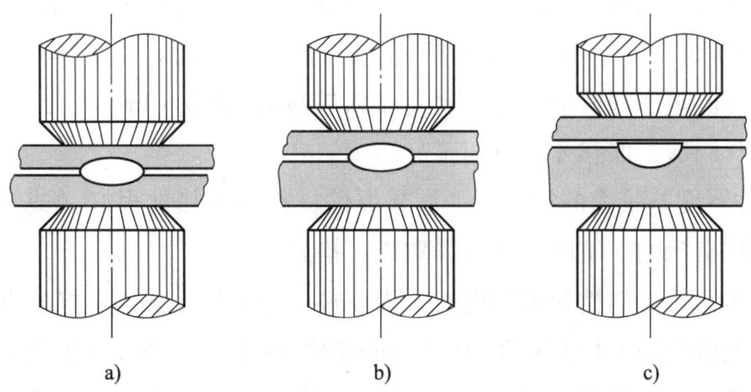

图 2—68　点焊不同厚度焊件时熔化核心的偏移

a）厚度比为 1∶2　b）厚度比为 1∶3　c）厚度比为 1∶4

1）采用不同端面直径或球面半径的电极。在薄件或导电、导热性好的工件的一侧，采用较小直径或较小球面半径的电极，以增加这一侧的电流密度，并减小电极散热的影响，如图 2—69 所示。

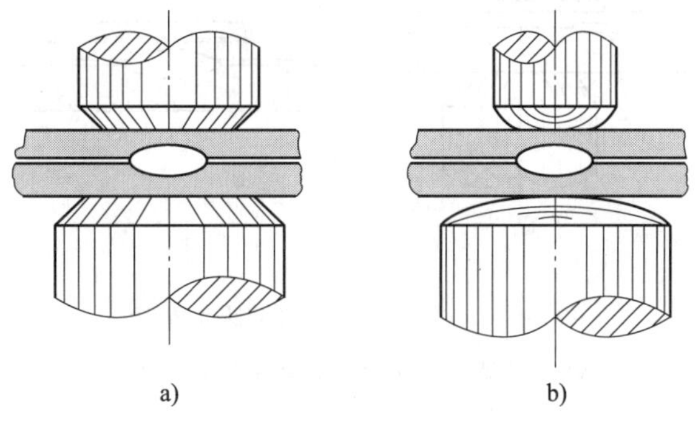

图 2—69　克服熔化核心偏移方法之一

a）采用不同端面直径的电极　b）采用不同球面半径的电极

2）采用不同的电极材料。薄件或导电、导热性好的工件的一侧，采用导热性较差的铜合金，以减少这一侧的热损失。

3）采用工艺垫片。在薄件或导电、导热性好的工件的一侧，垫一块由导热性较差的金属（如不锈钢）制成的垫片（厚度为 0.2 ~ 0.3 mm），以减少这一侧的散热。

4）采用强条件。因通电时间短，使工件间接触电阻产热的影响增大，电极散热的影响降低，有利于克服核心偏移。此方法在极薄件与厚件点焊时有明显效果。电容储能焊机（一般是大电流和极短的通电时间）能够点焊厚度比较大的工件（如 20∶1）就是明显的例证。但对厚件而言，因通电时间较长时接触电阻对熔核加热几乎没有影响，采用弱条件反而可以使热量有足够时间向两个工件的界面处传导，有利于克服核心偏移。生产中有过这样的例子：在点焊 3.5 mm 的 5A06（LF6）铝合金（电阻率高）与 5.6 mm 的 2A14（LD10）铝合金（电阻率低）时，熔核严重偏入较薄的5A06（LF6）工件中，将通电时间由13周延长至20周后，偏移才得以纠正。

5）在两焊件厚度差较大的情况下，如果焊件材料的导热性很好（或0.3 mm），尤其当薄件表面不允许有深的压坑时，则可采取以下措施：

①在薄件一边采用导热性较差的电极，而厚件一边采用导热性较好的电极。

②在薄件与电极间加一块厚0.2 ~0.3 mm 的附加垫片，如图2—70 所示。其作用是减少薄件的散热，使薄件的熔化深度增加。但在选择焊接规范时，应保证垫片不粘在焊件上。

③在薄件上预先冲出凸出点（见图2—71），使加热集中。

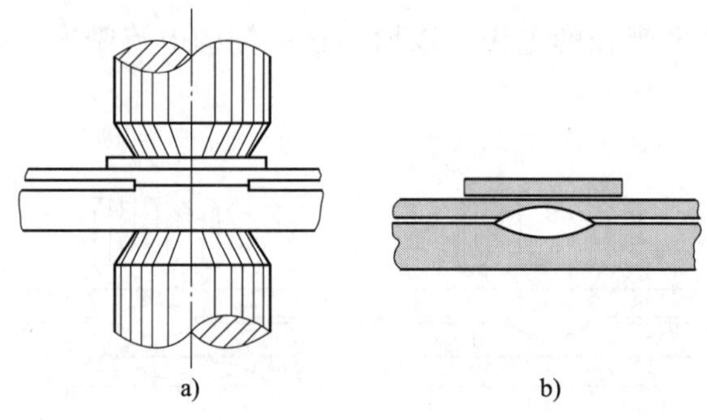

图2—70　在薄件与电极间附加垫片

a）垫片装置　b）垫片分离时的焊点剖面

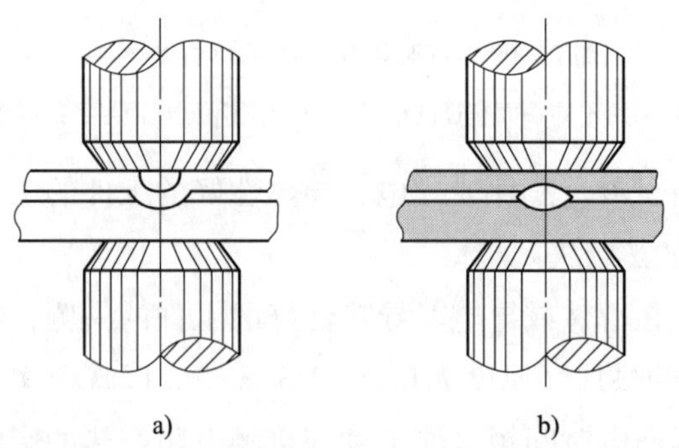

图2—71　在薄件上预先冲出凸出点

a）点焊前　b）点焊后

第 7 节　堆　　焊

一、概述

堆焊是为了增大或恢复焊件尺寸，或使焊件表面获得具有特殊性能的熔敷金属层而进行的焊接。它是焊接技术领域的一个重要分支，又是表面工程中的一个主要技术手段。它的最大优点是充分发挥金属材料的优越性能，达到节约用材和延长机件使用寿命等目的。在矿山机械、冶金、石油化工、交通运输、农业机械等工业部门应用广泛。

应用堆焊技术，必须解决好下面两个主要问题：

1）如何正确选用堆焊金属（或合金）。为此，必须弄清被焊机件的材质、工作条件及对堆焊金属使用性能的要求，同时又要熟悉现有的堆焊金属的种类、性能及其适用范围。

2）如何选定合适的堆焊方法及相应的堆焊工艺。为此，须掌握所选堆焊方法的工艺特点及其在堆焊时可能出现的技术问题，尤其要解决好堆焊金属与母材之间异种金属焊接的问题。

1. 堆焊的主要用途

（1）零件的修复

机器零件经过一段时间运行后总会发生磨损、腐蚀等，使其工作性能和效率下降，甚至失效。利用堆焊方法能很快地修复并继续使用，起到延长机件使用寿命的作用。修复所花费用，往往比制造或购买新机件的费用低得多。由于修复得及时，可以减少停机的损失。

（2）零件的制造

利用堆焊工艺作为生产手段去制造具有综合性能的双金属机器零件。例如，水轮机的叶片，用碳素钢制成基体，在可能发生汽蚀的部位（多在叶片背面下半段）堆焊一层不锈钢，使之成为耐汽蚀的双金属叶片；在金属切削刀具的制造中，刀体要求强韧，用来源广泛、价格便宜的碳钢制造，而刀刃要求坚硬锋利，使用硬质合金，用堆焊方法把这种硬质合金焊到刀体刃口部位上，这样就可以节约大量贵重的硬质合金。

2. 堆焊的特点

从物理本质看，堆焊的热过程、冶金过程以及堆焊金属层的凝固结晶和相变过程与普通熔焊工艺是相同的，但是，堆焊是以获得具有特殊性能的表面层为目的，因此，须注意堆焊过程中可能影响达到这个目的的一些特点：

（1）堆焊时，熔敷金属因母材的熔入而被稀释，因此，在选择堆焊金属时，既要考虑与母材之间的相溶性问题，又要充分估计这种稀释给堆焊层的性能带来的影响。尤其是在修复工作中母材的材质复杂，几乎包括了所有类型的金属，也许待堆焊处原先就是堆焊层，因此必须将其化学成分弄清楚。在选择堆焊方法和制定堆焊工艺时，应以减小稀释率为主要选择原则。

（2）由于基体与堆焊层合金成分和物理性能存在差别，焊接过程或焊后使用过程中将会出现一些特殊现象。例如，在堆焊层的熔合区上可能出现延性下降的脆性层；在高温条件下工作，熔合区上可能出现碳迁移层；由于线膨胀系数差别大，堆焊后的冷却、热处理和运行过程中产生热应力，严重时可能导致堆焊层开裂或剥离；在钢质基体上堆焊有色金属时，有色金属将受到铁的污染等。

因此，在选择堆焊金属时，尽量选择与母材金属有相近的性能。不然，就须考虑预置中间（过渡）层，以减小化学成分和物理性能上的差别。

（3）当多道或多层堆焊时，先焊焊道受多次热循环作用，其化学成分、金相组织变得不均匀；晶粒可能粗化；碳化物或 σ 相可能析出；由于热应力作用而引起热疲劳、应变时效等。这些均影响堆焊层的工作性能。

（4）在制造业中当工件采用堆焊结构时，母材（即基体）是可以选择的。选择时，除须满足结构设计（通常是强度和刚度）和成形方式的要求外，还须考虑与堆焊金属的焊接性和匹配性问题。如果工件的堆焊层性能是主要的，而对母材没特殊要求，这时宜选择易焊的金属材料作母材，如 $w_C = 0.2\% \sim 0.45\%$ 的碳素钢。若兼顾焊接性和强度，则宜选用中碳钢，或者是碳当量较低的普通低合金高强度钢。有高韧性要求的工件，可以考虑选用奥氏体高锰钢作母材。

二、堆焊方法及工艺

1. 堆焊焊接方法的选择

堆焊方法有焊条电弧堆焊、埋弧堆焊、熔化极气保护及自保护电弧堆焊、钨极氩弧堆焊、等离子弧堆焊、电渣堆焊、氧乙炔焰堆焊、激光堆焊、摩擦堆焊、包覆堆焊、碳弧堆焊、高频堆焊等，大致可依据下列因素进行选择：

（1）堆焊件结构、形状特征

凡结构形状适于自动堆焊的应尽量选用自动化堆焊方法，不仅堆焊效率高、周期短，而且堆焊层形状、尺寸规则。例如，各种辊子采用熔化极气保护或自保护电弧堆焊、埋弧堆焊，成形美观、厚度均匀，给后续加工或直接应用带来方便。焊条电弧堆焊则周期过长、焊工疲劳，而且外形尺寸难以保证。堆焊件或堆焊层形状不规则，可优先选择熔化极气保护或自保护半自动电弧堆焊，也可采用焊条电弧堆焊，大型设备维修堆焊除辊子之外也相同。小型精密零件采用钨极氩弧焊、氧乙炔焰堆焊甚至激光堆焊都是适宜的。堆焊材料的形状及适用的堆焊方法见表2—44。

表2—44　　堆焊材料的形状及适用的堆焊方法

堆焊材料形状	适用的堆焊方法
丝（d_w = 0.5 ~ 5.8 mm）	氧乙炔堆焊，熔化极气保护电弧堆焊，振动堆焊，等离子堆焊，埋弧堆焊
带（t = 0.4 ~ 0.8 mm，B = 30 ~ 300 mm）	埋弧堆焊，电渣堆焊
铸棒（d_w = 2.2 ~ 8.0 mm）	氧乙炔堆焊，等离子堆焊，钨极氩弧堆焊
粉（粒）	等离子堆焊，氧乙炔堆焊
管状焊丝（药芯焊丝）	气保护及自保护电弧堆焊，氧乙炔堆焊，钨极氩弧堆焊，埋弧堆焊
堆焊焊条（钢芯、铸芯、药芯）	焊条电弧堆焊

（2）堆焊层尺寸特征

堆焊层厚度及面积大，宜选用电渣堆焊、多丝或带极埋弧堆焊，堆焊层薄宜选用氧乙炔焰堆焊。

（3）堆焊合金冶金性质特征

碳化钨堆焊硬质合金宜选用氧乙炔焰堆焊、钨极氩弧堆焊、药芯焊丝MIG堆焊，质量较好，尤其是氧乙炔焰堆焊层具有优异的耐磨料磨损性能。

（4）经济性

在保证质量符合使用要求的前提下尽量降低成本。堆焊成本包括材料成本及能源消耗、设备费用、人工工资等。钴基合金以及镍基合金、碳化钨等价格昂贵，堆焊成本很高，但必要时仍须采用。铁基堆焊合金价格主要取决于贵重元素含量及本身制造成本，粉粒状及焊条制造成本较低，焊丝及焊带制造成本较高。熔敷速度高的堆焊方法生产效率高、堆焊工作周期短，可显著降低成本、满足生产需要。

2. 焊条电弧堆焊

（1）特点及应用范围

1）设备便宜、通用性强、移动方便、适合现场堆焊，各种焊条电弧焊设备都可用于堆焊。

2）机动灵活、可选性好、大部分焊条可全位置施焊，特别适合形状不规则零件的堆焊及难以自动化堆焊的场合，如大型设备维修堆焊。

3）生产效率较高。采用大直径及药皮合金含量高的焊条效率进一步提高，可以用于大批量堆焊生产。但堆焊电流密度较小限制了熔敷速度的提高；且难以自动化堆焊；堆焊层外形尺寸难以保证；劳动条件较差；对堆焊工作量很大且要求完成周期短的堆焊难以适应，如辊子堆焊。

（2）堆焊焊条

焊芯为冷拔焊芯，也采用铸芯、管状粉芯，外涂药皮，种类繁多、合金系统及性能各异。1968 年我国制定了统一的焊接材料牌号，部分堆焊焊条与现行国标型号有对应关系并符合国标规定。有些新研制的堆焊焊条因其创新性而未在上述之列，但可能有其独特的优良性能，不应予以限制。

（3）堆焊工艺

焊接电源按药皮类型选择，低氢钠型即 D××7 须采用直流焊机、工件接负极，其余焊条交流、直流均可，交流焊机性能也应良好。大电流连续焊时焊机负载持续率应足够，且焊把易发热烫手，可用竹、木加长 20 cm。焊工应戴护目镜防止崩渣。焊条放置时间过长或雨季会吸潮、焊缝易生气孔，应按要求重新烘干，碱性及石墨型焊条 300～350℃烘干 1 h。堆焊电流应根据工件制定合理的堆焊工艺来决定，多层焊时过渡层或底层用中等或偏小的电流，单层焊时尤其堆焊薄板时必须严格控制电流，防止追求效率加大电流，会降低堆焊层硬度、耐磨寿命，如风机叶片之类。

预热、层间温度、缓冷或后热处理不但要根据被焊材料的淬硬性、碳当量来确定，以防止热影响区裂纹，还必须考虑堆焊金属的裂纹倾向、使用要求对裂纹允许的程度。有些堆焊金属经过上述工艺措施可以防止裂纹，有的难以完全避免，须采用其他堆焊工艺措施。减小及分散焊接应力，加大焊接电流、提高堆焊连续性及堆焊层间温度对防止产生裂纹有显著效果；堆焊金属的物理性质、母材的焊接性对裂纹有重要影响，采用恰当的过渡层不仅能有效地防止裂纹、剥离以及裂纹延伸至母材，还能提高结合强度，铁基合金堆焊时常用低碳钢、Cr－Ni 奥氏体钢焊条焊过渡层。堆焊时切忌用风机直吹焊接区排烟，应采用自净式或吸入式排风机将烟尘引入沉淀室防止污染环境，对工件直吹会促进裂纹。

对抗裂性影响最大的还是堆焊合金系统、碳含量、组织结构及渣系、扩散氢含量，虽然难度很大，但高硬度、高耐磨性而抗裂性及韧性又好的高合金堆焊焊条还是逐步研制出来并投入使用。母材焊接性也很重要，如高锰钢因成分、铸造及热处理工艺不当，会晶粒粗大、晶间产生连续的锰碳化合物厚膜，塑性大幅度降低，在焊接热应力作用下母材会产生裂纹，采用 Cr-Ni 或 Cr-Ni-Mn 奥氏体钢焊条、异质焊缝电弧冷焊工艺可以完全防止，且不需像铸铁电弧冷焊那样严格。

焊条电弧堆焊时，除正确选用堆焊金属外，还应注意以下工艺要点：

1）减小熔深。堆焊层的金属由熔化的焊条和母材金属（或前层堆焊金属）混合而成。最后一层的堆焊金属的性能与堆焊层内母材金属所占的比例有关。母材金属含量越少，对堆焊层金属的冲淡作用越小，堆焊层的性能越好，为此，焊接时必须减小熔深。这样还能缩小热影响区的范围，有利于减少变形并避免在热影响区和堆焊层中产生裂纹等缺陷。具体措施是采用小直径焊条，较小的焊接电流，使焊件略倾斜，下行方向焊接，或采用直流反接电源。

2）防止堆焊层产生裂纹或剥落。大多数堆焊金属是碳和合金元素含量较高的合金，焊后淬硬倾向很大，在冷却过程中很易产生裂纹（冷、热裂纹或应力裂纹）。如堆焊层较厚，焊接层数越多则热应力越大，甚至发生堆焊层剥落现象。具体措施是在堆焊前对母材金属进行局部或整体预热（铬镍、铬锰奥氏体钢或高锰奥氏体钢除外）。预热温度的确定需根据母材金属成分或堆焊层合金成分而定，一般在150～400℃选择。含碳量越高或合金成分含量越多，则预热温度越高。另外，对有些含碳和合金含量较高的母材金属或堆焊层，为防止堆焊层剥离，可先用塑性好、强度低的碳钢或低合金钢、奥氏体钢等焊条堆焊过渡层。

（4）焊条电弧堆焊技术

焊条电弧堆焊时应按以下要求进行：

1）在基体上堆焊特殊要求的金属时，应根据不同要求选用专用焊条。对修补堆焊层用的焊条成分一般和母材金属相同。

2）堆焊前必须将堆焊处表面的污物彻底清除。

3）堆焊时，堆焊第二道或以后各道焊缝时，一般焊条中心沿前一道焊缝边缘行进，但必须熔化前道焊缝的1/3～1/2宽度，使各焊道紧密连接，防止产生凹槽等缺陷。

4）多层堆焊时，为防止变形和产生裂纹，要求第二层焊道的堆焊方向应与第一层成90°角。

5）每道焊缝结尾处不应有过深的弧坑，以免影响堆焊层边缘的成形，可采用将熔池引到前一条焊缝上的方法（最好能采用引、熄弧板）。

6）为增加堆焊层的厚度，可采用横焊工艺进行堆焊，以提高效率。

7）堆焊后焊件表面要求机械加工时，应留有3～5 mm厚的加工余量。

（5）热锻模的堆焊技术

热锻模是在高温状态下工作，须具有较高的硬度和耐磨性，且在不断用水冷却时，表层不会因反复加热和冷却而发生冷热疲劳、开裂。同时又有良好的韧性，能承受冲击载荷。因此，堆焊时要选用耐冷热疲劳性能优良的堆焊金属，如D337、D397等焊条。

锻模钢堆焊前必须预热，其温度根据焊件大小和母材牌号而定，在300～500℃选用。焊后进行退火软化处理，经机械加工后进行淬火、回火处理。

对厚度较大的模具，为保证温度均匀，须将整个模具放入加热炉内加热，并保温1～2 h。在焊接过程中，使用氧乙炔焰不断加热，使模具温度不低于300～350℃。

多层堆焊时，必须将前层熔渣仔细清除干净，再焊下一层。整个模具的堆焊需连续进行，直至结束。如中间必须停焊时，则应将焊件放入炉内保温（温度不低于350℃）。

（6）高锰钢的堆焊技术

高锰钢又称奥氏体锰钢，其组织为奥氏体，如Mn13钢等。当其表面受到冲击压力后引起表层塑性变形，使原先高韧性的奥氏体组织转变成高硬度的马氏体并析出碳化物，变得表面硬而耐磨，内层仍是奥氏体组织，韧性好而耐冲击，因此，高锰钢具有良好的抗冲击磨损性能。

高锰钢堆焊时应按以下要求进行：

1）焊件不能预热，焊接时要加快冷却速度，使碳化物来不及析出。

2）堆焊层温度不能高，焊接时采用短焊道（每段长约50 mm）、分散焊，并控制层间温度，必要时用冷却水浇在焊件上进行强制冷却或将焊件部分浸入水中。

3）采用较小电流、较快的焊接速度，使堆焊层有足够的冷却速度。

4）每层堆焊后应立即锤击。由于高锰钢的线膨胀系数比不锈钢还要大，为减少内应力（热应力和组织应力），防止堆焊金属和热影响区产生裂纹，焊后必须锤击。

5）若在已磨损的表面上堆焊，应将已产生的表面硬化部分磨去或用碳弧气刨去除，经水韧处理（1 010℃加热2 h后，水淬）后再焊，以提高堆焊层的耐磨性。

6）在低碳钢或低合金钢上堆焊Mn13钢时，第一层必须先用高铬镍不锈钢焊条（如A402、A407）或D276、D277铬锰钢焊条堆焊一层过渡层，再用D256、D266焊条堆焊，才能避免在第一层内产生裂纹。

（7）高速钢刀具的堆焊技术

高速钢属热工具钢，其淬火回火组织为马氏体加碳化物。该合金钢中的钨和钼含量较高，因此具有较高的红硬性（达600℃）。常用高速钢刀具的材料为W18Cr4V，堆焊用的焊条为D307。

高速钢刀具堆焊主要用于制作双金属切削工具，如在中碳钢制成的刀具毛坯上堆焊高速钢制作车刀、铰刀等。双金属刀具的特点是具有高的韧性，可比整体刀具能承受更大的应力。

高速钢刀具堆焊时应按以下要求进行：

1）堆焊前刀具毛坯用汽油或四氯化碳清洗油垢。

2）堆焊焊条需经350℃高温烘干1～2 h。

3）刀具毛坯堆焊前须在300～500℃进行预热。圆柱形刀具的直径大于100 mm时，预热温度需达450℃。

4）堆焊时要严格保持短弧焊。堆焊过程连续进行，焊件层间温度不低于预热温度。最后一层应高出坯体2～3 mm。采用较小的焊接电流，电流值一般可取焊条直径的30～40倍。

5）刀具堆焊后立即放入炉内退火或在热的石棉灰中缓冷，防止产生冷裂纹。退火规范如图2—72所示，退火后的硬度为26～29HRC，可进行机械加工。

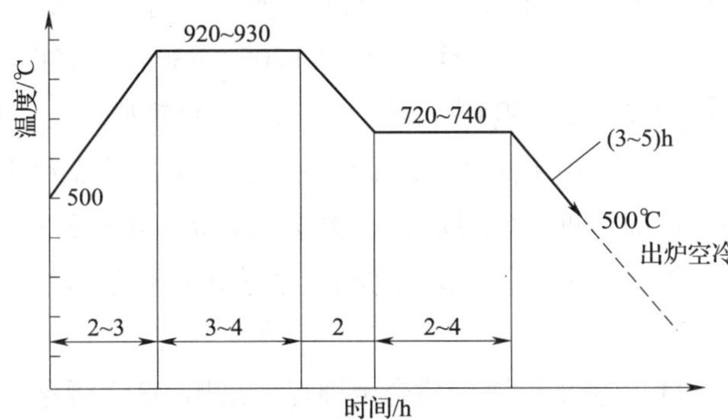

图2—72 堆焊高速钢后的退火规范

堆焊的高速钢经过热处理后才能使用。热处理规范如图2—73所示。刀具随炉升温至820～860℃保温，保温时间按堆焊厚度以18 s/mm计算。然后升至1 260～1 280℃淬火加热，保温时间按堆焊厚度以12 s/mm计算。淬火后硬度为61～64HRC。淬火后必须经过三次回火，回火温度为560℃，保温1 h，回火后的硬度为62～65HRC。

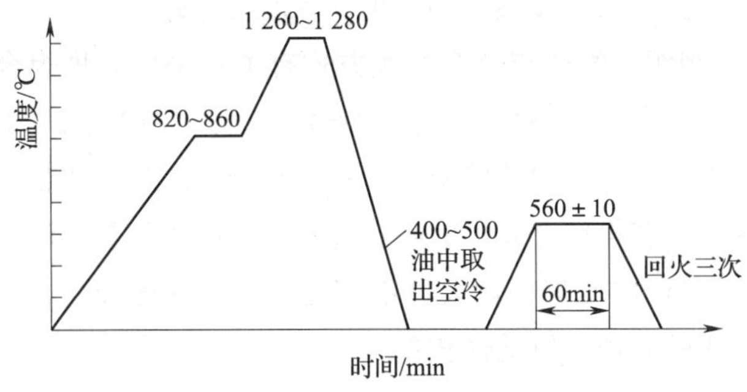

图2—73 堆焊高速钢后的淬火和回火规范

（8）耐高温腐蚀和磨损合金的堆焊技术

耐高温腐蚀和磨损合金的堆焊主要用于各类阀门零件的修复。不同工作温度下使用的阀门，堆焊时应选用不同的堆焊合金。

1）工作温度低于450℃的铬不锈钢堆焊金属主要用于中压阀门的密封面，采用D517焊条，堆焊金属为2Cr13，为保证堆焊金属表面层性能，应至少堆焊两层。堆焊前除小件不预热外，一般均需预热到150～300℃。焊接时电流要尽量小，以减少母材金属的熔化。焊后空冷，能得到马氏体组织，硬度大于45HRC。此时应用硬质合金刀具进行机械加工，也可经过750～800℃高温退火软化再进行机械加工，然后再进行950～1 000℃高温空淬或油淬处理后，可重新硬化，具有良好的耐磨性。

2）工作温度在450～580℃的奥氏体不锈钢阀门堆焊，为提高抗磨、抗蚀和抗氧化性能，在堆焊金属中使含硅量达5%，铁素体含量增加到20%～30%的双相组织，可采用D547、D547Mo焊条。低氢型焊条焊前经350℃高温烘干1～2 h，钛钙型焊条经150℃烘干1 h。

堆焊前的预热温度，一般中小阀件不需要预热，而较大阀件需预热300～450℃。焊接时采用小电流，要控制层间温度不宜过高，一次连续焊完，不允许冷后再焊，以防开裂。焊后随炉或在石棉粉中缓冷。为确保堆焊后堆焊金属表层的性能，堆焊层不少于3层，加工后不小于5 mm。

3）工作温度在650℃以下的钴基硬质合金堆焊，采用D812焊条，堆焊金属为钴铬钨合金。焊条需在250℃高温下烘干1 h。焊前焊件需预热500～600℃，并要求在整个焊接过程中保持这一温度，为此，必须采用小电流短弧堆焊，直线运条法。每次堆焊的焊缝长度不超过50～70 mm。堆焊后立即经过600～700℃回火1 h，然后缓冷。

3. 埋弧堆焊

（1）特点及应用范围

1）它是机械化、自动化的堆焊方法，电流密度大、熔敷速度快、生产效率高、成形美观、尺寸稳定；无弧光辐射、飞溅，烟尘小、劳动条件好。

2）堆焊层成分、组织、性能与合金过渡方式有关：采用与堆焊合金成分比较接近的实心焊丝、金属粉芯（药芯）焊丝时成分过渡稳定，通过焊剂过渡合金较难获得稳定的高合金成分且过渡系数不高、合金浪费较多。有些实心合金焊丝会受供货来源及拔制困难的制约，金属粉芯焊丝容易获得符合要求的高合金成分，应用日趋广泛。

3）主要适用于水平位置堆焊，对大且不易变形的零件比较适合，而小零件上短或形状复杂的堆焊层堆焊比较麻烦，机动性较差。

4）稀释率高，一般需堆焊2～3层以上。大直径圆筒形容器内壁及辊子外壁采用埋弧堆焊都是很适合的。

（2）堆焊材料

堆焊材料为焊丝和焊剂。焊丝有实心及药芯焊丝、焊带。易拔制的材料如铬镍奥氏体钢、某些低合金钢、镍基合金、纯铜等可制成实心；药芯焊丝可制成圆形或矩形截面，容易调整成分及获得高合金成分，适于高合金钢、高铬铸铁等堆焊合金。

焊剂有熔炼焊剂、粘结焊剂、烧结焊剂。熔炼焊剂经 1 500℃以上温度熔炼而成，故难以加入脱氧剂、合金剂，堆焊时主要起保护作用。粘结焊剂用水玻璃粘结、制粒，低温烘干制成，可含大量合金，适于埋弧自动堆焊时过渡合金，缺点是难以获得高而稳定的合金成分，且吸湿性大、易碎。烧结焊剂是经高温（700 ~ 1 000℃）烧结、然后粉碎，强度较高，不易吸水。

（3）堆焊工艺及设备

焊接电源有交流、直流两种，直流电源堆焊质量好，但交流电源可减小磁偏吹，电弧电压反馈控制送丝加陡降特性电源较等速送丝电源堆焊质量好。双丝、三丝埋弧堆焊不仅可获得更高的生产效率，同时还减小稀释率。

堆焊焊接参数对稀释率、焊道形状的影响如图 2—74、图 2—75 所示，堆焊电流增大，稀释率、熔深、堆焊层厚度都增大；堆焊速度增大，稀释率增大而焊道厚度及宽度减小。堆焊时为保持电弧稳定必须保持一定的弧长，所以电弧电压一般在 30 ~ 35 V。降低稀释率的工艺措施还有：下坡焊、增大焊丝伸出长度、焊丝前倾、加大焊丝直径而不相应加大电流、加高焊剂堆高、摆动焊丝、密排焊道等。粘结、烧结焊剂堆高加高可增加合金元素的过渡系数。

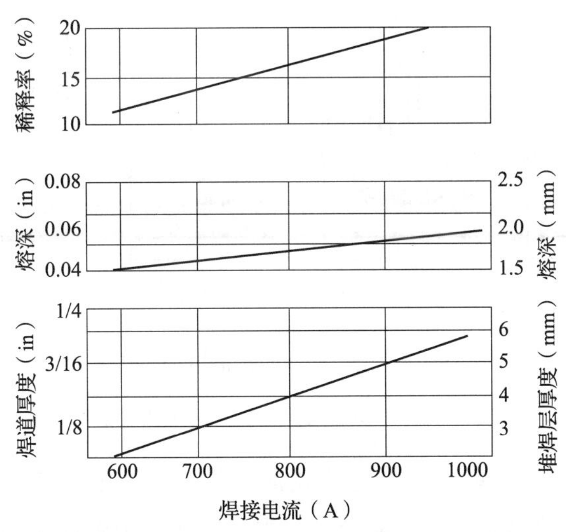

图 2—74　稀释率、熔深、堆焊层厚度与焊接电流的关系

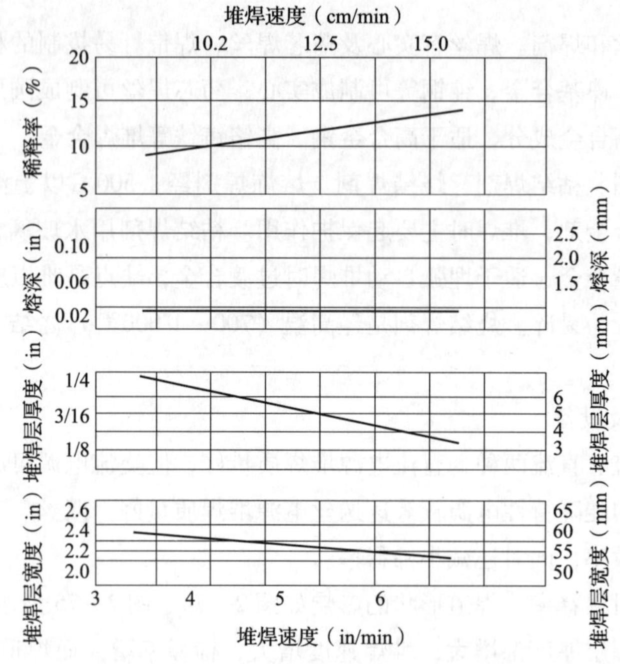

图2—75　稀释率、熔深、堆焊层厚度和宽度与堆焊速度的关系

为了降低稀释率、提高熔敷速度，目前埋弧堆焊方法有了很大的改进。电极有单丝、多丝、带极的区别，电极的连接方式有串列、并列和串联等。各种埋弧堆焊方法的示意图如图2—76所示。

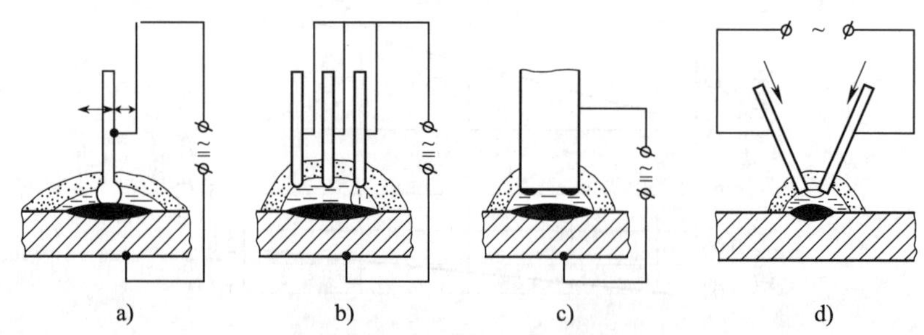

图2—76　各种埋弧堆焊方法

a）单丝埋弧堆焊　b）并列多丝埋弧堆焊　c）带极埋弧堆焊　d）串联电弧堆焊

1）单丝埋弧堆焊。单丝埋弧堆焊是常用的堆焊方法（见图2—76a），其缺点是熔深大、稀释率高，而生产效率也往往不能满足要求，它适用于堆焊面积小或者需要对焊件限制热输入的场合。为了减小稀释率，可采用下坡焊、增大焊丝伸出长度和焊丝直径、焊丝

前倾以及减小堆焊层间距等措施。焊丝摆动可避免电弧集中加强，并使堆焊层加宽、稀释率下降，同时改善与相邻焊缝的熔合。还可采用加入填充丝的方法增加熔敷量，降低稀释率。

2）多丝埋弧堆焊。具有更高的熔敷速度、生产效率和较低的稀释率。双丝双弧埋弧堆焊，前后焊丝分别为小电流、大电流，可减少淬硬、裂纹，可由双电源供电；双丝串联单弧堆焊（见图2—76d），两根焊丝串联在交流电源两端，之间形成一个稳定电弧使两焊丝均匀熔化，母材间接加热，故稀释率低，两丝约成45°，空载电压为1 100 V；多丝并列堆焊（见图2—76b），多焊丝接电源一极，母材接另一极，电弧在丝间转移。

3）带极埋弧堆焊（见图2—76c）。可进一步提高熔敷速度、降低稀释率，焊道宽而平整、熔深小而均匀。带极尺寸为（0.4～0.8）×60 mm，如果再宽，因为电磁力的作用易在两侧咬边。用线圈在带极两侧加磁场力抵消焊接时向内的磁场力，可改变熔池受力及形状，使堆焊层更加均匀、避免两侧咬边，焊带宽度可达180 mm。这种方法在带极电渣堆焊时也采用。带极埋弧堆焊时电弧是在带极端部宽度方向上移动，如果遇到前一层上的残渣就会形成夹渣，而带极电渣焊则不会。用两侧略折弯的成形带极可提高外伸部分的刚度，改善送进稳定性和成形。

4）高速埋弧堆焊。堆焊速度高达250～280 cm/min，变为以电渣为主的电渣—电弧联合堆焊过程，但母材热输入少、热影响区晶粒小，工件变形小，这与电渣焊特性不同，可以用于较薄的工件，尤其是在氢介质中工作时可大大提高抗氢致裂纹的能力，为电渣堆焊所不及。

轧辊堆焊多采用丝极埋弧堆焊，工艺特点是小电流、低电压、多层焊，每层厚度较小，焊道重叠较大（>50%），堆焊焊接参数见表2—45。

表2—45　　轧辊单丝埋弧堆焊焊接参数

焊丝 ϕ3.0 mm	焊剂	预热（℃）	焊接电源	堆焊电流（A）	电弧电压（V）	送丝速度（m/min）	堆焊速度（cm/min）	每层厚度（mm）
2Cr13，3Cr13	HJ150	250～300	正接	280～300	28～30	1.5～1.8	60～65	4～6
30CrMnSiA	HJ430	250～300	正接	300～350	32～35	1.4～1.6	50～55	4～6
3Cr2W8V	HJ260	300～350	正接	280～320	30～32	1.5～1.8	60～65	4～6
25Cr3Mo2MnVA	HJ260	300+560回火		500～550	30～35			

在铬镍合金高强钢上用带极埋弧堆焊制造铬镍奥氏体耐蚀层，堆焊焊接参数见表2—46。

表2—46　　带极埋弧堆焊的规范参数

焊接层次	带极材料	带极尺寸 $t \times b$（mm）	焊接电流（A）	电弧电压（V）	焊接速度（cm/min）	带极外伸长度（mm）	堆焊层搭边量（mm）
第一层	00Cr25Ni11	0.45×60	550~570	30~34	18~20	38~42	4~6
第二层及以上	00Cr20Ni10	0.60×60	640~660	30~34	14~16	38~42	5~10

磨煤机磨辊用药芯焊丝埋弧堆焊修复，堆焊合金成分（质量分数）：$w_C = 3\% \sim 6\%$、$w_{Cr} = 20\% \sim 30\%$、$w_{Mn} = 3\% \sim 6\%$、$w_{Si} = 1\% \sim 2\%$，焊丝直径3.2 mm，堆焊焊接参数见表2—47。

表2—47　　药芯焊丝埋弧堆焊焊接参数

焊接电源	预热（℃）	层间温度（℃）	堆焊电流（A）	电弧电压（V）	堆焊速度（cm/min）	外伸长度（mm）
直流正接	室温	≤200 背面水冷	400	38~40	100	35~40

堆焊金属呈网状裂纹但不影响使用，使用寿命达7 000 h。

4. 堆焊合金材料及其选用

所有堆焊合金材料可归纳为铁基、镍基、钴基、铜基及碳化钨型等几种类型。铁基堆焊金属性能变化范围广，韧性和耐磨性匹配好，而且价格低，应用最广。镍基、钴基堆焊合金价格较高，但由于高温性能好，耐腐蚀，广泛用于要求耐高温磨损、高温腐蚀的场合。铜基合金的耐腐蚀性好，并能减少金属间的磨损。碳化钨型堆焊金属耐磨料磨损性好，虽然价格较高，但在耐严重磨料磨损中仍占有重要地位。

（1）堆焊合金材料的种类

1）低合金钢。低合金钢堆焊金属的合金含量小于5%，按堆焊金属组织不同，可分为珠光体和马氏体两类。

珠光体钢堆焊金属含碳量一般小于0.5%，以锰、铬、钼、硅为主要合金元素。该堆焊金属在焊后自然冷却时，其硬度为20~38HRC。其特点是：焊接性能优良，具有中等硬度、一定的耐磨性和良好的韧性。主要应用于堆焊耐磨层之前恢复母材尺寸的堆焊，也用于过渡层堆焊。

马氏体钢堆焊金属的含碳量为0.1%~1.0%，另外含有低或中等含量的合金元素，其堆焊金属组织以马氏体为主。堆焊金属中加入钼、锰、镍元素可提高淬硬性；加入铬、钨、钒元素可形成碳化物，提高耐磨性；加入锰、硅元素能改善焊接性。堆焊层硬度在25~65HRC范围内，其大小主要取决于含碳量和组织中马氏体的含量。主要用于金属间磨损零件的堆焊，如车轮、轴、齿轮、泵、钻井设备、破碎机、推土机、送料机等。

部分低合金钢堆焊焊条型号、牌号、硬度和用途见表2—48。

表2—48　　低合金钢堆焊焊条型号、牌号、硬度及用途

材料种类	型号	合金系统	焊条牌号	堆焊金属硬度HRC	用途
珠光体钢	EDPMn2－03	2Mn3	D102	≥22	车轮、齿轮、轴类、拖拉机辊子、链轮牙、履带板堆焊及恢复尺寸过渡层堆焊
	EDPMn2－15	1Mn3Si	D107	≥22	
	EDPCrMo－A1－03	2Cr2Mo	D112	≥22	
	EDPMn3－15	2Mn4Si	D127	≥28	
马氏体钢	EDPCrMo－A3－15	3Cr2Mo	D217A	≥40	轧辊、矿石破碎机部件、挖掘斗齿轮堆焊
	EDPCrMo－A3－03	4Cr2Mo	D172	≥40	齿轮、拖拉机刮板、矿山机械磨损件堆焊
	EDPMn6－15	4Mn6Si	D167	≥50	大型推土机、汽车环链、农业、建筑磨损件堆焊
	EDPCrMo－A4－03	5Cr5Mo4	D212	≥50	齿轮、挖斗、矿山机械磨损件的堆焊
	EDPCrMnSi－15	7Cr3Mn2Si	D207	≥50	推土机零件、螺旋桨堆焊
	EDPCrMoV－A2－15	5Cr4Mo2V	D227	≥55	掘进机滚刀、叶片堆焊

2）高铬马氏体钢。高铬马氏体钢堆焊金属含铬13%左右，含碳量0.1%～0.2%，如Cr13、1Cr13、2Cr13、2Cr13Mo等。高铬马氏体不锈钢堆焊金属耐热性好、热强度高、耐腐蚀性也较好，主要用于耐中温（300～600℃）金属间的磨损。高铬马氏体钢堆焊焊条型号、牌号、硬度和用途见表2—49。

表2—49　　高铬马氏体钢、铬镍奥氏体钢堆焊焊条型号、牌号、硬度及用途

材料种类	型号	合金系统	焊条牌号	堆焊金属硬度HRC	用途
高铬马氏体钢	E410－16	Cr13	G202	—	耐磨、耐腐蚀表面堆焊
	E410－15		G207		
	E410－15		G217		
	EDCr－A1－03	1Cr13	D502	≥40	工作温度≤450℃的阀门、轴堆焊
	EDCr－A2－15		D507Mo	≥37	≤510℃的阀门堆焊
	EDCr－B－15	2Cr13	D517	≥45	螺旋输送叶片、搅拌机桨堆焊
	EDCrMn－A－16	2Cr13Mn	D516F	35～45	≤450℃的25号铸钢及高、中压阀门密封面堆焊

续表

材料种类	型号	合金系统	焊条牌号	堆焊金属硬度 HRC	用途
铬镍奥氏体钢	E316－16	低碳 18—12Mo2 型	A202	—	耐腐蚀层堆焊
	E316－15		A207		
	E309－16	低碳 23—13 型	A302	—	耐腐蚀层的过渡层堆焊
	E310－16	低碳 26—21 型	A402	—	耐腐蚀层堆焊
	EDCrNi－A－15	Cr18Ni8Si5	D547	28～34	570℃以下蒸汽阀门堆焊
	EDCrNi－B－15	Cr18Ni8Si4Mo	D547Mo	≥37	600℃以下蒸汽阀门堆焊

3）铬镍奥氏体钢。这类钢的堆焊金属主要是以 18－8 型铬镍奥氏体钢为基础，加入钼、钒、硅、锰、钨等元素提高性能，具有优良的耐腐蚀性和一定的高温抗氧化性能，在化工设备中得到广泛应用。铬镍奥氏体钢堆焊焊条型号、牌号、硬度和用途见表 2—49。

4）高锰钢。高锰钢含碳量为 0.7%～1.2%、含锰量为 10%～14%，如 Mn13、Mn13Mo2、Mn14Mo 等，组织是奥氏体，硬度为 200 HBW，它有良好的耐冲击磨损性能。高锰奥氏体钢堆焊金属中常增加少量铬、镍、钼等元素，以改善其焊接性，防止碳化锰沉淀硬化引起脆化。这类钢的堆焊主要用于同类钢的铸件缺陷的补焊，或对耐重度冲击载荷下金属磨损和磨料磨损的零件进行修复。高锰钢堆焊焊条型号、牌号、硬度和用途见表 2—50。

表 2—50　高锰钢、热模具钢、高速钢、碳化钨型、钴基型堆焊焊条型号、牌号、硬度及用途

材料种类	型号	合金系统	焊条牌号	堆焊金属硬度 HRC	用途
高锰钢	EDMn－A－16	Mn13	D256	≥170HBW	破碎机、高锰钢轨、推土机等的抗冲击耐磨件堆焊
	EDMn－B－16	Mn13Mo2	D266	≥170HBW	
热模具钢	EDRCrW－15	3Cr2W8	D337	≥48	热模具及热轧辊制造与修复
	EDRCrMnMo－15	5CrMnMo	D397	≥40	
高速钢	EDD－D－15	W18Cr4V	D307	≥55	金属切削刀具、热剪刃冲模等的堆焊
碳化钨型	EDW－A－15	W45MnSi4	D707	≥60	混凝土搅拌叶片、挖泥机叶片、泵浦叶片的堆焊
	EDW－B－15	W60	D717	≥60	牙轮钻头爪尖、石油及探矿钻头、混凝土搅拌叶片堆焊

续表

材料种类	型号	合金系统	焊条牌号	堆焊金属硬度 HRC	用途
钴基型	EDCoCr－A－03	ECoCr－A	D802	≥40	高温高压阀门、热剪切刀刃堆焊
	EDCoCr－B－03	ECoCr－B	D812	≥44	高温高压阀门、高压泵轴套筒、内衬套筒堆焊
	EDCoCr－C－03	ECoCr－C	D822	≥53	牙轮、钻头、轴承、锅炉旋转叶轮、粉碎机刃口堆焊
	EDCoCr－D－03	ECoCr－D	D842	28～35	热锻模、阀门、密封面堆焊

5）热模具钢和高速钢。这两类钢的堆焊金属都属于马氏体型，其焊接性及硬度方面都相近。

热模具钢堆焊除要求有较高的高温硬度外，还应具有较高的强度和冲击韧度，以抵抗锻造或轧制中的冲击载荷并具有较高的抗冷热疲劳的性能，用于热锻模、热轧辊等的堆焊。

高速钢中含有较高的钨和钼合金，因而具有较高的红硬性（600℃）。主要用于制作金属切削刀具。

热模具钢和高速钢堆焊焊条型号、牌号、硬度及用途见表2—50。

6）碳化钨型。碳化钨型堆焊金属有两种，一种是铸造碳化钨；另一种是以钴为黏结金属的烧结碳化钨。

铸造碳化钨是 $WC-W_2C$ 的混合物，其含碳量为3.7%～4.0%、含钨量为95%～96%。这类堆焊合金硬度高、耐磨性很好，但脆性大。如成分中加入5%～15%的钴，其熔点下降，韧性增加，有利于防止堆焊层碎裂及脱落。

烧结碳化钨是以钴为黏结金属混合后烧结而成，其性能是随钴的百分比含量提高而硬度下降，韧性提高。

碳化钨型堆焊焊条型号、牌号、硬度及用途见表2—50。

7）钴基、镍基合金。

钴基合金堆焊金属以钴为基本成分，含铬25%～33%，含钨3%～21%，其中铬主要是提高抗氧化性，钨主要提高高温蠕变强度。随着含碳量的增加，生成 Cr_7C_3，使之具有优良的耐磨料磨损性能。钴基合金堆焊焊条型号、牌号、硬度及用途见表2—50。

镍基堆焊合金常用的是 Ni－Cr－B－Si、Ni－Cr－Mo－W 两种。其中镍铬硼硅合金的含碳量低于1%，含铬量为8%～18%，含硼量为1%～4.5%。该合金具有较低的熔点（1 040℃）、较好的润湿性和流动性，有优良的耐低应力磨料磨损和耐金属磨损性能，还有好的耐高温、耐腐蚀及抗氧化性。镍铬钼钨合金的含碳量低于0.1%，含铬量16%～17%，含钼量16%～17%，含钨量4%～5%，含铁量4%～5%，其余是镍。堆焊合金强度高、韧性好、耐冲击、耐热，可用做高温耐磨堆焊材料。

（2）堆焊合金材料的选用

堆焊合金材料的选用是堆焊工艺过程的重要环节之一。应从以下几个方面考虑。

1）堆焊金属应满足使用条件。堆焊零部件的使用条件是很复杂的，如磨损、腐蚀、冲击及高温等，且经常是多个因素共同作用，因此，应通过对零部件的失效分析确定其磨损类型和主要影响因素，并以此来选择堆焊金属。如挖掘机斗齿承受强烈冲击凿削磨料磨损，应选择高锰钢等堆焊金属；而农用机械受冲击载荷较小，它的磨损类型属低应力磨料磨损，因此应选择合金铸铁或碳化钨型的堆焊金属。根据零部件的使用条件选择堆焊金属的一般规律见表2—51。

表2—51　　堆焊金属选择的一般规律

工作条件	堆焊用合金
高应力金属间磨损	共晶钴基合金，含金属间化合物钴基合金
低应力金属间磨损	低合金钢
金属间磨损＋腐蚀或氧化	大多数钴基或镍基合金
低应力磨料磨损、冲击浸蚀、磨料浸蚀	高合金铸铁
低应力严重磨料磨损，切割刃	碳化钨
气蚀浸蚀	钴基合金
重度冲击	高合金锰钢
重度冲击＋腐蚀＋氧化	亚共晶钴基合金
高温下金属间磨损	亚共晶、含金属间化合物钴基合金
凿削式磨料磨损	奥氏体锰钢
热稳定性，高温蠕变强度（540℃）	钴基合金，碳化钨型镍基合金

2）堆焊金属应经济合理。若有几种堆焊金属都能满足零部件的使用要求时，应综合比较其经济性，以选择既能满足使用要求，又有良好经济效果的堆焊金属。铁基合金一般价格较低，且性能变化范围大、种类多，能满足很多不同的要求，应首先考虑采用。钴基合金价格昂贵，若工作条件许可，应尽量采用镍基或铁基堆焊金属替代。堆焊金属的价格还与它的形状有关，常见的堆焊金属形状有条状、丝状、带状、粉状及块状等，其中丝状

和带状价格较贵。有时虽堆焊金属较贵，但零部件使用寿命较长，经综合考虑后，采用价格贵的堆焊金属反而更为经济合理。

3）堆焊金属的焊接性要好。在满足上述两个方面的前提下，应尽量选用焊接性好、堆焊工艺简单的堆焊金属。焊接性差的堆焊金属易产生裂纹等缺陷，通常需进行预热、缓冷，使工艺复杂化，堆焊成本也相应提高。

堆焊金属的选择是个比较复杂的问题，应通过反复试验，最后综合考虑使用寿命和成本，选出合适的堆焊金属。

复 习 题

1. 试述陶质衬垫 CO_2半自动单面焊的基本原理和工艺特点。
2. CO_2平对接单面焊时焊枪可采用怎样的运动方式？其特点如何？
3. 简述氩弧焊工艺的优越性及其应用。
4. 对手工钨极氩弧焊机焊接程序控制装置有什么要求？
5. 什么是阴极破碎作用？铝、镁及其合金钨极氩弧焊为什么要采用交流电源？
6. 试述埋弧焊用焊剂的作用及对焊剂的要求。
7. 试述小孔型等离子弧焊的基本原理。
8. 对等离子弧焊用焊炬的要求是什么？
9. 对电阻焊用电极有什么要求？并叙述其种类和用途。
10. 试述电阻焊时的电流分流现象及其影响。
11. 怎样正确合理选用堆焊合金材料？
12. 试述焊条电弧堆焊的工艺要点。

第 3 章

常用金属材料的焊接

➢ 了解常见金属材料的相关知识。
➢ 熟悉常见金属材料的焊接方法。
➢ 掌握常见金属材料的焊接工艺和方法。

第1节 焊 接 性

一、概述

1. 焊接性的概念

（1）焊接性的定义

GB/T 3375—1994《焊接术语》关于焊接性的定义是："材料在限定的施工条件下焊接成按规定设计要求的构件，并满足预定服役要求的能力。焊接性受材料、焊接方法、构件类型及使用要求四个因素的影响。"金属焊接性包括两个方面的内容：一是工艺焊接性，就是特定的金属材料在具体的焊接工艺条件下，形成的焊接接头及焊接结构的结合性能，以及焊接过程中形成焊接缺陷的敏感性；二是使用焊接性，就是特定的金属材料在具体的焊接工艺条件下，形成的焊接接头及焊接结构适应使用要求的能力，这关系到焊接接头及结构的使用可靠性。评定某种金属材料的焊接性优劣，正是从这两个方面去考核、去分析。评定焊接性的方法是通过试验进行的。

（2）焊接性的影响因素

在焊接性定义中，已经明确地指出了"焊接性受材料、焊接方法、构件类型及使用要求四个因素的影响"。

1）材料因素。影响焊接性的材料因素包括母材及焊接材料两个方面。对于母材，其化学成分、冶炼及轧制状态、热处理条件、显微组织、力学性能及热物理性能等都对焊接性有重要影响，其中以化学成分的影响最为重要，因为通常为了提高钢的某种性能而加入一些合金元素，其结果也不同程度地增大了钢的淬硬倾向及焊接裂纹的敏感性。焊条、焊丝、焊剂、保护气体等焊接材料直接参与焊接冶金过程，对于材料焊接性及焊接质量有着重要的影响。因此，正确选择焊接材料至关重要。

2）工艺因素。工艺因素包括采用的焊接方法、焊接参数、焊接顺序以及预热、后热、焊后热处理等方面。对于同一种材料，采用不同的焊接方法及工艺措施，会表现出不同的材料焊接性。因此，开发新型的焊接方法及工艺措施，对于改善和提高材料的焊接性具有重要的作用。

3）结构因素。影响材料焊接性的结构因素包括焊接接头形式、焊接构件的类型以及焊缝布置等方面。在焊接结构的设计方面，应当减少焊接量、防止应力集中及焊接裂纹的产生。因此，在焊接结构及接头的设计方面，采用防止应力集中、减小结构的应力状态等技术措施对于防止焊接裂纹、改善材料的焊接性是有益的。

4）使用要求因素。影响材料焊接性的使用要求因素包括焊接结构的工作温度、承受的压力、承受载荷的类别、工作环境，以及是否有耐蚀性、耐磨性、气密性等特殊性能的要求等。焊接结构的服役环境复杂，服役条件比较苛刻。因此，焊接构件应当满足的使用条件是多种多样的。例如，工作温度高，就应当考虑材料是否会发生蠕变；工作温度比较低时，又要注意防止脆性断裂的发生。

综上所述，分析研究金属焊接性的目的，在于查明一定的金属材料在给定的焊接工艺条件下可能产生的问题及其原因，以确定焊接工艺的合理性及金属材质的改进方向。为此，必须对整个焊接过程中金属的化学成分、组织和性能的变化规律、各种焊接缺陷的形成本质及其影响因素进行详尽的研究。由于金属焊接性是焊接生产中极为重要的课题之一，为此，掌握金属焊接性的基础理论，并用来指导生产实践是非常重要的。

2. 碳当量

通过对金属焊接性的分析得出，影响焊接性的因素可归纳为材料、设计、工艺和服役条件四个因素。其中材料因素对钢来说，有钢的化学成分（包括杂质的分布）、冶炼轧制状态、热处理条件、组织状态和力学性能等，其中化学成分是主要的影响因素，对于焊接性影响较大的有碳、硫、磷、氧、氢和氮等。为提高钢的某种性能加入一些合金元素，如锰、硅、铬、镍、钒、钼、钛、铌、铜、硼和稀土元素等，将不同程度地增大钢的淬硬倾向和产生焊接裂纹的敏感性。

为了便于分析和研究各种合金元素对金属焊接性的影响，把碳和各种合金元素对钢的淬硬、脆性和冷裂等影响折合成碳的影响，建立了“碳当量”的概念。这样，把钢中合金元素（包括碳）的含量按其作用换算成碳的相当含量，称为该种钢材的碳当量，作为评定钢材焊接性的一种参考指标。

（1）钢的碳当量计算方法

钢的碳当量计算方法可采用国际焊接学会推荐的和日本标准规定的以下公式：

$$CE\text{（IIW）}=C+\frac{Mn}{6}+\frac{Cu+Ni}{15}+\frac{Cr+Mo+V}{5}$$

$$C_{eq}\text{（JIS）}=C+\frac{Mn}{6}+\frac{Si}{24}+\frac{Ni}{40}+\frac{Cr}{5}+\frac{Mo}{4}+\frac{V}{14}$$

式中元素符号表示该元素在钢中含量的百分数。

其中，CE（IIW）公式主要适用于中高强度的非调质低合金高强钢（σ_b=500～900 MPa）；C_{eq}（JIS）公式主要适用于含碳调质低合金高强钢（σ_b=500～1 000 MPa），但它们都属于含碳量偏高的钢种（含碳量≥0.18%）。

预测焊接冷裂纹，可采用上述两公式作为判断依据，其数值越高，被焊钢材的淬硬倾向越大，热影响区越容易产生冷裂纹。为防止冷裂纹，可根据碳当量确定是否预热和采取其他工艺措施。如板厚小于20 mm，CE（IIW）<0.4%时，钢材的淬硬倾向不大，焊接性良好，不需要预热，当CE（IIW）=0.4%～0.6%时，特别是大于0.5%时，钢材淬硬倾向大，焊接时必须经预热才能防止裂纹。随着板厚及CE（IIW）的增加，预热温度也相应提高，一般可在70～200℃。

20世纪60年代以后，为改进钢的性能和焊接性，各国大力发展了低碳微量合金高强钢，对于这类钢，上述两式已不适用。适用于含碳量在0.07%～0.22%，σ_b=400～1 000 MPa的低碳微量合金高强钢的碳当量计算公式如下所示：

$$P_{cm}=C+\frac{Si}{30}+\frac{Mu+Cu+Cr}{20}+\frac{Ni}{60}+\frac{Mo}{15}+\frac{V}{10}+5B$$

式中　P_{cm}——低碳微量合金高强钢的碳当量。

从20世纪80年代起为适应工程上的需要，通过大量试验，把钢中含碳量的范围扩大到0.034%～0.254%，建立了一个新的碳当量公式CEN。即：

$$CEN=C+A(C)\left(\frac{Si}{24}+\frac{Mn}{16}+\frac{Cu}{15}+\frac{Ni}{20}+\frac{Cr+Mo+V+Nb}{5}+5B\right)$$

式中　A（C）——碳的适应系数。

A（C）与钢中的含碳量的关系见表3—1。

表3—1　　A（C）与钢中的含碳量的关系

含碳量（%）	0	0.08	0.12	0.16	0.20	0.26
A（C）	0.500	0.584	0.754	0.916	0.98	0.99

CEN式是新日铁公司建立的，是目前应用最广、精度最高的碳当量公式，特别在确定防止冷裂纹的预热温度方面更为可靠。

（2）常用焊接用钢的碳当量

常用的低合金高强度钢的碳当量及允许的最高硬度见表3—2。

表 3—2 常用低合金高强度钢的碳当量及允许最高硬度

钢号	σ_s（MPa）	σ_b（MPa）	HV_{max}		P_{cm}		CE_{IIW}	
			非调质	调质	非调质	调质	非调质	调质
Q345（16Mn）	353	520～637	390	—	0.248 5	—	0.415 0	—
Q390（15MnV）	392	559～676	400	—	0.241 3	—	0.399 3	—
Q420（15MnVN）	441	588～706	410	380（正火）	0.309 1	—	0.494 3	—
14MnMoV	490	608～725	420	390（正火）	0.285	—	0.511 7	—
18MnMoNb	549	668～804	—	420（正火）	0.335 6	—	0.578 2	—
12Ni3CrMoV	617	706～843	—	435	—	0.278 7	—	0.669 3
14MnMoNbB	686	784～931	—	450	—	0.265 8	—	0.459 1
14Ni2CrMoMnVCuB	784	862～1 030	—	470	—	0.334 6	—	0.679 4
14Ni2CrMoMnVCuN	882	961～1 127	—	480	—	0.324 6	—	0.679 4

注：1. 钢种化学成分取自《机械工程手册》第 12 篇表 12.3—12 的上限。

2. HV_{max}是按 IIW 最高硬度法测定的。

二、焊接性试验介绍

1. 试验内容

按材料的不同特点和不同使用要求，焊接性试验内容主要包括四个方面：

（1）测定焊缝金属抗热裂纹的能力

热裂纹是较常发生又危害严重的一种焊接缺陷，是熔池金属结晶过程中，由于存在一些有害元素（如低熔点共晶物）并受热应力作用而在结晶末期发生。热裂纹既和母材有关，又和焊接材料有关。所以测定焊缝金属抗热裂纹的能力是焊接性试验的一项重要内容。

（2）测定焊缝及热影响区金属抗冷裂纹的能力

冷裂纹在低合金高强钢焊接中是最为常见的缺陷，这种缺陷的发生具有延迟性，其危害更大。它是焊缝及热影响区金属在焊接热循环作用下，由于组织及性能变化，加之受焊接应力和扩散氢的共同影响而产生。所以测定焊缝及热影响区金属抗冷裂纹的能力是焊接性试验中很重要又最经常进行的一项试验内容。

（3）测定焊接接头抗脆性断裂的能力

对于在低温下工作的焊接结构和承受冲击载荷的焊接结构，经过焊接的冶金反应、结晶、固态相变等一系列过程，焊接接头可能会发生粗晶脆化、组织脆化、热应变时效脆化等现象，使接头韧性严重下降，即焊接接头发生脆性转变。对这类焊接结构需要做抗脆断（或抗脆性转变）能力的试验。

（4）测定焊接接头的使用性能

根据焊接结构使用条件对焊接接头提出的性能要求来确定试验内容。使用要求是多方面的，例如，在腐蚀介质工作的焊接结构必须进行耐晶间腐蚀能力或耐应力腐蚀能力等的试验；厚板钢结构就须做 Z 向拉伸或 Z 向窗口试验，以测定该钢材抗层状撕裂的能力。

2. 方法分类

研究与评定金属材料焊接性的试验方法很多。根据试验的内容和特点大致归纳为如图 3—1 所示的工艺焊接性和使用焊接性两大方面的试验，每一大方面又分为直接法和间接法两种类型。直接法有两种情况：一种是仿照实际焊接的条件，通过焊接过程考察是否产生某种焊接缺陷或产生缺陷的严重程度，直接去评价焊接性的优劣（即焊接性对比试验）。也可以通过试验确定出所需的焊接条件（即工艺适应性试验）。这种情况多在工艺焊接性试验中使用。另一种是直接在实际产品上进行测定其焊接性能的试验，这种情况主要用于使用焊接性方面的试验。间接法一般只需对产品实际使用的材料做化学成分、金相组织或力学性能等的试验分析与测定，然后根据分析与测定的结果，对该材料的焊接性进行推测与估计。例如，碳当量法，只需从产品用的材料中测定出其化学成分，代入碳当量计算公式，利用碳当量的大小去判断该材料的焊接性。

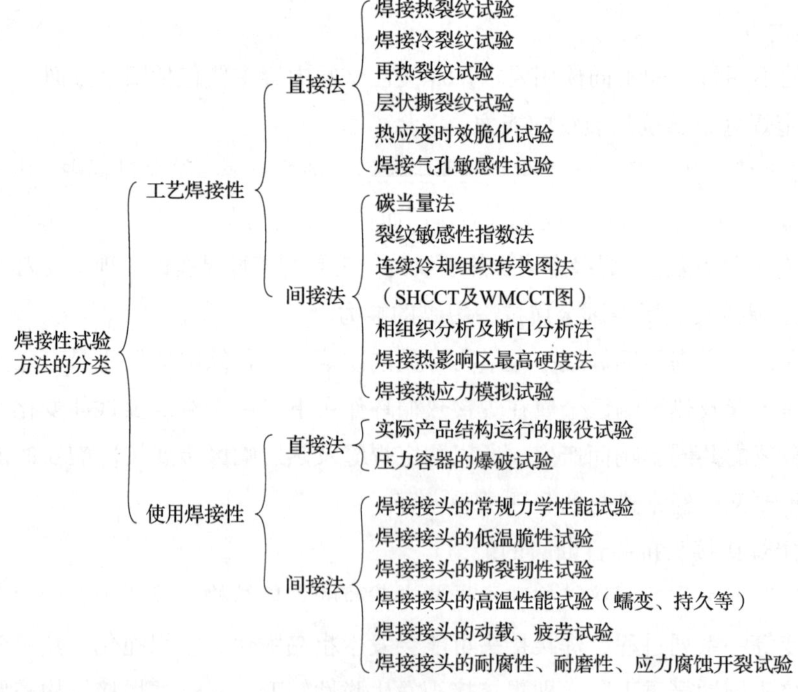

图 3—1　焊接性试验方法的分类

第 2 节　低合金高强度结构钢的焊接

一、概述

1. 低合金高强度结构钢的定义

低合金高强度结构钢是在碳素钢的基础上添加不超过 5% 的合金元素而成，目的是提高钢的强度，并保证具有一定的塑性和韧性，或使钢具有某些特殊性能，如耐低温、耐高温或耐腐蚀等。常用来制作焊接结构的低合金钢，可分为高强度钢、低温用钢、耐腐蚀用钢及珠光体耐热钢 4 种。本节主要介绍低合金高强度结构钢的焊接。

低合金高强度结构钢是在热轧、控轧控冷、正火（或正火加回火）状态下焊接和使用的。根据 GB/T 1591—2008《低合金高强度结构钢》标准要求，常见低合金高强度结构钢的牌号、化学成分见表 3—3。

低合金高强度结构钢按其用途还可分为：锅炉和压力容器用钢，石油、天然气输送管线用钢、船舶及海洋工程用钢和桥梁用钢等。具体钢号、化学成分见表 3—4。

表 3—3　　低合金高强度结构钢的牌号及化学成分　　%

<table>
<tr><th rowspan="3">牌号</th><th rowspan="3">质量等级</th><th colspan="15">化学成分（质量分数）</th></tr>
<tr><th rowspan="2">C</th><th rowspan="2">Si</th><th rowspan="2">Mn</th><th>P</th><th>S</th><th>Nb</th><th>V</th><th>Ti</th><th>Cr</th><th>Ni</th><th>Cu</th><th>N</th><th>Mo</th><th>B</th><th>Al</th></tr>
<tr><th colspan="11">不大于</th><th></th></tr>
<tr><td rowspan="5">Q345</td><td>A</td><td rowspan="3">≤0.20</td><td rowspan="5">≤0.50</td><td rowspan="5">≤1.70</td><td>0.035</td><td>0.035</td><td rowspan="5">0.07</td><td rowspan="5">0.15</td><td rowspan="5">0.20</td><td rowspan="5">0.30</td><td rowspan="5">0.50</td><td rowspan="5">0.30</td><td rowspan="5">0.012</td><td rowspan="5">0.10</td><td rowspan="5">—</td><td rowspan="2">—</td></tr>
<tr><td>B</td><td>0.035</td><td>0.035</td></tr>
<tr><td>C</td><td>0.030</td><td>0.030</td><td rowspan="3">0.015</td></tr>
<tr><td>D</td><td rowspan="2">≤0.18</td><td>0.030</td><td>0.025</td></tr>
<tr><td>E</td><td>0.025</td><td>0.020</td></tr>
<tr><td rowspan="5">Q390</td><td>A</td><td rowspan="5">≤0.20</td><td rowspan="5">≤0.50</td><td rowspan="5">≤1.70</td><td>0.035</td><td>0.035</td><td rowspan="5">0.07</td><td rowspan="5">0.20</td><td rowspan="5">0.20</td><td rowspan="5">0.30</td><td rowspan="5">0.50</td><td rowspan="5">0.30</td><td rowspan="5">0.015</td><td rowspan="5">0.10</td><td rowspan="5">—</td><td rowspan="2">—</td></tr>
<tr><td>B</td><td>0.035</td><td>0.035</td></tr>
<tr><td>C</td><td>0.030</td><td>0.030</td><td rowspan="3">0.015</td></tr>
<tr><td>D</td><td>0.030</td><td>0.025</td></tr>
<tr><td>E</td><td>0.025</td><td>0.020</td></tr>
</table>

续表

牌号	质量等级	化学成分（质量分数）														
		C	Si	Mn	P	S	Nb	V	Ti	Cr	Ni	Cu	N	Mo	B	Al
					不大于											
Q420	A				0.035	0.035										—
	B				0.035	0.035										
	C	≤0.20	≤0.50	≤1.70	0.030	0.030	0.07	0.20	0.20	0.30	0.80	0.30	0.015	0.20	—	
	D				0.030	0.025										0.015
	E				0.025	0.020										
Q460	C				0.030	0.030										
	D	≤0.20	≤0.60	≤1.80	0.030	0.025	0.11	0.20	0.20	0.30	0.80	0.55	0.015	0.20	0.004	0.015
	E				0.025	0.020										
Q500	C				0.030	0.030										
	D	≤0.18	≤0.60	≤1.80	0.030	0.025	0.11	0.12	0.20	0.60	0.80	0.55	0.015	0.20	0.004	0.015
	E				0.025	0.020										
Q550	C				0.030	0.030										
	D	≤0.18	≤0.60	≤2.00	0.030	0.025	0.11	0.12	0.20	0.80	0.80	0.80	0.015	0.30	0.004	0.015
	E				0.025	0.020										
Q620	C				0.030	0.030										
	D	≤0.18	≤0.60	≤2.00	0.030	0.025	0.11	0.12	0.20	1.00	0.80	0.80	0.015	0.30	0.004	0.015
	E				0.025	0.020										
Q690	C				0.030	0.030										
	D	≤0.18	≤0.60	≤2.00	0.030	0.025	0.11	0.12	0.20	1.00	0.80	0.80	0.015	0.30	0.004	0.015
	E				0.025	0.020										

表3—4　　专用低合金高强度结构钢的钢号及化学成分　　%

用途	钢号	化学成分（质量分数）										
		C	Mn	Si	Ni	Mo	Cr	Nb	Al	V	S	P
锅炉和压力容器用钢（GB 713—2008）	Q345R	≤0.20	1.20～1.60	≤0.55	—	—	—	—	—	—	≤0.015	≤0.025
	14Cr1MoR	0.05～0.17	0.40～0.65	0.50～0.80	—	0.45～0.65	1.15～1.50	—	—	—	≤0.010	≤0.020

续表

用途	钢号	化学成分（质量分数）										
		C	Mn	Si	Ni	Mo	Cr	Nb	Al	V	S	P
锅炉和压力容器用钢（GB 713—2008）	18MnMoNbR	≤0.22	1.20~1.60	0.15~0.50	—	0.45~0.65	—	0.025~0.050	—	—	≤0.010	≤0.020
	13MnNiMoR	≤0.15	1.20~1.60	0.15~0.50	0.60~1.00	0.20~0.40	0.20~0.40	0.005~0.020	—	—	≤0.010	≤0.020
石油、天然气输送管线用钢（GB/T 9711.2—1999、GB/T 9711.1—1997）	S290	≤0.22	0.65~1.25	≤0.35	—	—	—	—	—	—	≤0.035	≤0.040
	S315 S36		0.75~1.35									
	S385 S415	≤0.20	0.75~1.35	≤0.40				≥0.005	Ti≥0.005	≥0.02		
	S450		0.80~1.40					≥0.005	—	≥0.02		
	S480		1.00~1.60					—		—		
船舶及海洋工程用钢（GB 712—2011）	AH32	≤0.18	0.90~1.60	≤0.50	≤0.40	≤0.08	≤0.20	0.02~0.05	≥0.015	0.05~0.10	≤0.030	≤0.030
	AH36											
	DH32										≤0.025	≤0.025
	DH36											
	EH32											
	EH36											
桥梁用钢（YB/T 10—1981）	16Mnq	0.12~0.20	1.20~1.60	0.20~0.60	—	—	—	—	—	—	≤0.035	≤0.035
	16MnCuq	0.12~0.20	1.20~1.60			Cu0.20~0.40						
	15MnVq	0.12~0.18	1.20~1.60			—				0.04~0.12		
	15MnVNq	≤0.18	1.30~1.70			—			N0.01~0.02	0.10~0.20		

2. 低合金高强度结构钢的组织和性能

（1）低合金高强度钢的组织转变

合金结构钢中低合金高强度钢是应用最为广泛的一类，在焊接生产中经常遇到的也是这类钢，掌握这类钢的组织与性能，对分析其焊接性极为重要。

低合金高强度钢的组织和性能与钢的化学成分及热处理状态密切相关。利用钢的连续冷却转变图（CCT图）可以很方便地了解这种关系。如图3—2所示为典型的低合金高强度钢的连续冷却转变图。当速度大于①（即在曲线①以左）时，组织为马氏体；当速度小于③（在曲线③以右）时基本上是铁素体加珠光体；介于①、③之间时，主要为贝氏体。

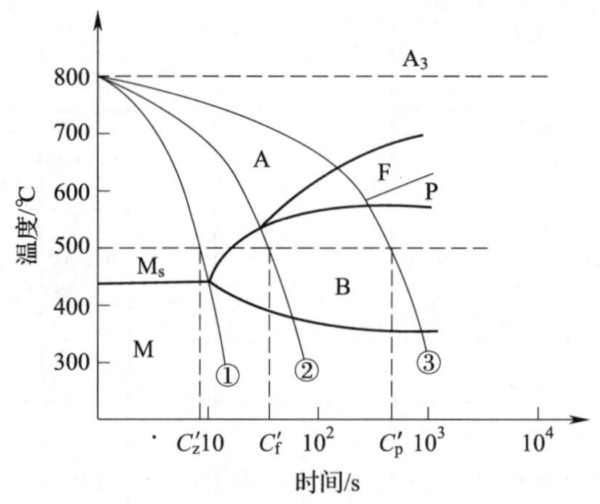

图3—2 典型的低合金高强度钢的CCT图

A—奥氏体 F—铁素体 P—珠光体 B—贝氏体 M—马氏体 ①、②、③—冷却速度曲线

合金元素含量和晶粒大小（或奥氏体化温度）是影响转变特性的主要因素。在各种元素中，碳的影响最大，含碳量的增加提高了钢的淬硬性，使转变曲线向右移。当钢中同时存在钼、钒、钛、铌等合金元素时，碳主要以碳化物形式存在。在这里碳是提高材料强度的主要元素。

按合金元素在焊缝金属冷却过程中对γ及α固溶体区域的影响，可将合金元素分为两类：

1）扩大γ区的元素。如碳、锰、镍、铜、钴等元素在相变过程中使奥氏体稳定，降低 Ac_1 点，又称为奥氏体形成元素。

2）扩大α区的元素。如钛、钼、铌、钒、铬、锆、铝、硅等元素使γ区缩小，α区扩大，提高 Ac_1 点，又称为铁素体形成元素。

锰和镍为固溶强化元素。提高锰、镍含量使转变曲线向右移，促进马氏体转变，但不显著改变曲线形状。镍为改善低合金高强度钢韧性的主要元素之一。

钼和铬能显著提高钢的强度和淬透性，使转变曲线向右移，并改变其形状。但两者只能使珠光体区域向右移，而不明显改变较低温度下的转变，所以倾向于促进贝氏体的形成。钼还能细化钢的晶粒，是低合金高强度钢中常用元素。

钒和铌为碳化物和氮化物的强烈形成元素，以细小质点从固溶体中析出，强化 α 相，并以弥散状态细化晶粒。钒和铌提高钢的强度，但降低钢的塑、韧性。钒和铌对转变曲线的影响较小。

氮的作用主要在于与钒、钛、铌等元素形成氮化物，使钢弥散强化。在一定数量范围内硼［w（B）$<0.005\%$］和钼同时加入可提高淬透性和强度。硼还能细化晶粒。

（2）合金元素对焊缝金属性能的影响

焊缝金属是母材与焊接材料（焊条、焊丝、焊剂）按一定比例熔合成的合金。它的成分往往既不同于母材金属，也不同于填充金属，而是一种中间成分，它的合金化程度取决于熔合比。

因此，焊接低合金高强度钢时所选择的填充金属既要保证焊缝金属具有一定的强度，又要保证获得良好的综合力学性能和焊接性。焊缝金属的力学性能不仅取决于化学成分，也取决于有关合金元素在焊缝金属中的存在状态、强化作用以及冷却过程中对组织转变的影响。

1）存在状态。合金元素在低合金高强度钢焊缝中，有三种存在状态：

①形成化合物。主要是形成碳化物，还可以形成金属间化合物、氮化物、氧化物及硫化物等。如以 Fe_3C、Mn_3C、Cr_7C_3、Mo_2C、WC、VC、NbC、TiC、VN、TiN、AlN、NbN、BN、MnS、FeS、FeO、SiO_2等形态存在于焊缝金属中。

②形成固溶体。加在低合金高强度钢焊缝金属中的合金元素几乎都可以与铁固溶形成固溶体，但溶解形式和溶解度有所不同。碳、氢、氧、氮、硼与铁形成间隙式固溶体；锰、硅、铬、镍、钛、钒、钼、铝等与铁形成置换式固溶体。

③形成游离态。这类合金元素很少。

2）强化作用。合金元素对低合金高强度钢焊缝金属的强化作用有以下三种形式：

①固溶强化。固溶于铁素体中的合金元素使铁素体的硬度和强度提高，其中锰、铬、镍在一定含量范围内，提高铁素体强度的同时还可改善韧性，如图 3—3 和图 3—4 所示。

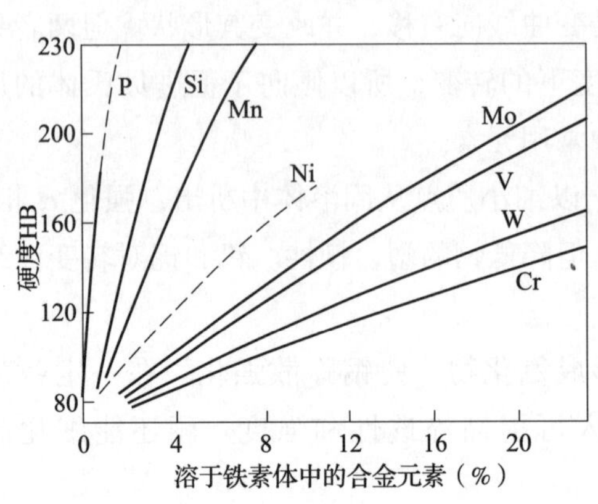

图3—3 合金元素对铁素体硬度的影响

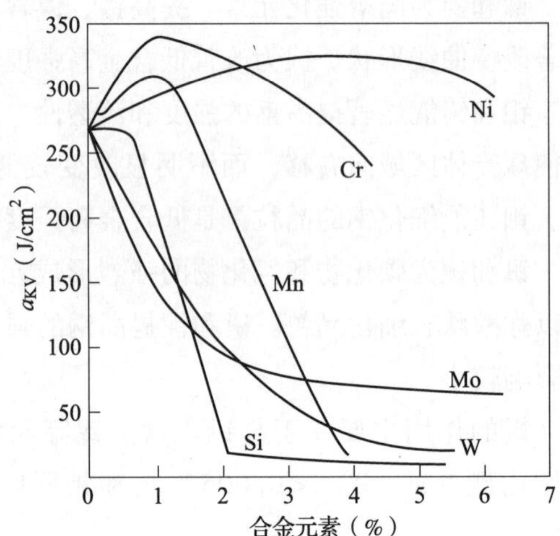

图3—4 合金元素对铁素体韧性的影响

②析出强化。利用在铁素体中有限固溶的合金元素，如碳、硼、铜、钼、钛、铌、钒、氮等，在焊缝结晶和冷却过程中析出碳化物、氮化物及金属间化合物等第二相质点，从而提高焊缝金属的强度和硬度。

③通过细化晶粒强化。在焊缝金属中加入钛、锆、铝、钒、硼、钼及稀土元素等，能细化奥氏体晶粒，从而使转变后的铁素体晶粒也细化。晶粒越细则强度越高，同时韧性越好。

3）单一合金元素对焊缝金属性能的影响。合金元素在焊缝金属中的作用是非常复杂的，尤其在多元素的情况下，其作用往往不是简单的叠加关系。现简单介绍单一元素对焊缝金属性能的影响。

①碳的影响。碳是主要的强化元素，可显著提高各种低合金钢焊缝金属的抗拉强度，但含碳量的提高使焊缝金属焊后的淬硬性增加，并降低了韧性，使焊缝热裂倾向和焊接热影响区冷裂倾向增大。因此，在低合金高强度钢焊缝中，碳含量高于0.09%，在抗拉强度和屈服点得到提高的同时，韧性下降。碳的极限含量应控制在0.12%以下。

②锰的影响。在低碳（小于0.1%）的焊缝金属中，锰的含量在2.2%以下，在提高焊缝金属强度的同时降低了脆性转变温度。焊缝金属的含碳量达0.2%时，锰对韧性也产生有利影响。锰的另一作用在于它能与硫结合成硫化锰，使焊缝金属中的硫部分进入熔渣，残留的硫化锰并不沉淀于晶界。在低合金高强度钢埋弧自动焊的焊缝中，锰的含量在0.6%~1.8%增高，缺口冲击韧度提高；当锰含量超过1.8%时，韧性降低。

锰在焊缝金属中的作用还取决于硅的含量。在低的锰硅比下，焊缝内氧含量较高并使焊缝组织发生变化见表3—5，从而使韧性明显下降。由此可见，粗大的铁素体晶粒和针状铁素体均对裂纹的扩展比较敏感。当Mn/Si值低于2%，特别是低于1%时，焊缝金属中还可观察到不同长度的裂纹。

表3—5　　焊缝金属的显微组织与冲击韧度的关系

合金含量				
合金含量	Si	低（<0.8%）	中（0.10%～0.25%）	高（>0.25%）
	Mn	低（<0.8%）	中（0.8%～1.0%）	高（>1.0%）
主要显微组织		粗大铁素体晶粒	细晶铁素体、针状铁素体	针状铁素体（板条状结构）
$\gamma-\alpha$ 转变温度（℃）		800～700	750～600	≤650
裂纹扩展方式		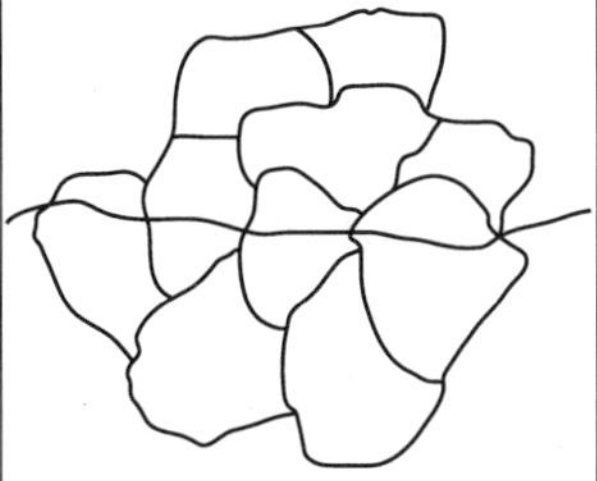	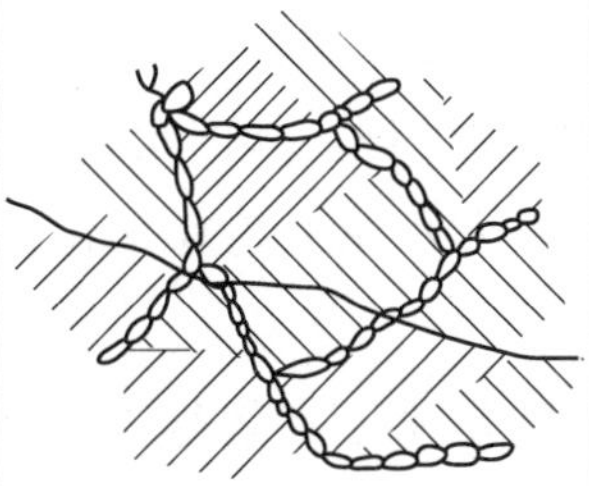	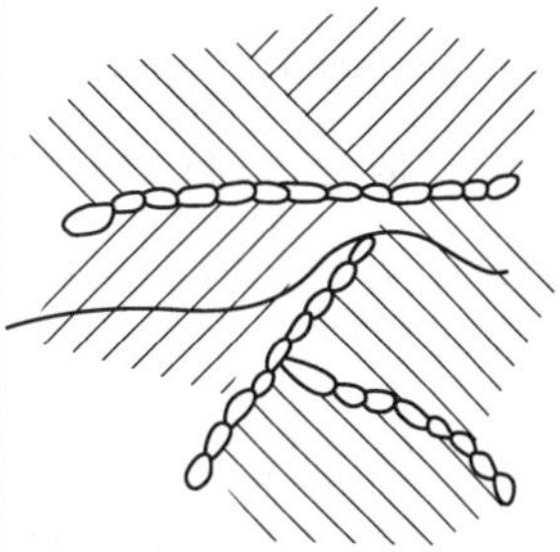
-20℃夏比（V形）缺口试样冲击功（J）		<100	>100	<100

③硅的影响。焊缝金属中硅的主要作用是使焊接熔池金属脱氧，硅对低强度焊缝金属有轻微的强化作用。如硅含量从较低的含量逐渐提高，也能改善韧性。在埋弧自动焊的焊缝中，0.15%～0.3%的硅含量能使焊缝金属获得最高的缺口冲击韧度。气体保护焊的焊缝，硅的含量应控制在0.4%以下，因为硅的含量偏高会降低其塑性和韧性。

④镍的影响。镍是提高焊缝金属缺口韧性最常用的合金元素之一。提高镍含量是保证焊缝金属在较高的抗拉强度下获得高韧性的有效手段。镍对高强度焊缝金属具有一定的强化作用。

⑤铬的影响。铬能固溶于铁素体中而产生固溶强化效应，提高焊缝金属的抗拉强度和屈服点。铬与碳能化合成Cr_3C_2，能显著提高钢的抗氧化性能。在低合金高强度结构钢焊缝金属中，铬能提高强度、硬度与塑性，但含铬量超过0.8%时会使焊缝金属韧性明显地下降。

⑥钼的影响。钼在低合金高强度钢中含量小于0.6%时，能提高强度和硬度，细化晶粒，防止回火脆性和过热倾向，还能提高焊缝金属的塑性，减少产生裂纹的倾向。当钼含量超过0.6%时，会影响焊缝金属的塑性。在低合金耐热钢中，钼是保证高温强度不可缺少的元素。

⑦铌的影响。铌在钢中能起细化晶粒和析出强化作用，还能使扩散氢很快逸出，有利于防止氢致裂纹。但是铌对低合金高强度钢焊缝金属的韧性会产生不利的影响，使Mn－Si系焊缝金属韧性下降。尤其是当针状铁素体少时，大大降低焊缝韧性，增加结晶裂纹的倾向。

⑧钒的影响。钒是显著的强化元素，能提高焊缝金属的屈服点和抗拉强度，在一定的含量范围内，能改善焊后状态和焊缝金属的冲击韧度。但是当含钒的焊缝金属进行消除应力处理时，由于形成了碳化物而使韧性急剧下降，强度大大提高。因此，含钒的焊缝金属最好不做焊后消除应力处理。如一定要做消除应力处理，则必须严格控制焊件的热处理温度。为不使焊件的热处理工艺复杂化，焊缝金属中的钒含量应限制在0.08%以下。

⑨钛的影响。钛也能显著地提高焊缝金属的抗拉强度，对改善塑性和韧性有利。但必须控制在一个适量的范围内，钛过少不起作用，过多反而导致焊缝金属韧性下降。

⑩磷和硫的影响。磷在低合金高强度钢焊缝中是增加冷脆性的有害元素，增大产生焊接裂纹的倾向。焊缝金属中磷含量从0.01%提高到0.04%时，常温缺口冲击韧度从200 J降低到20 J。为保证焊缝金属具有足够的韧性，磷含量不应高于0.025%。硫会增加焊缝金属的热脆性，易使焊缝产生热裂纹和气孔，是有害杂质，其含量也不应高于0.025%。

3. 低合金高强度结构钢的力学性能

GB/T 1591—2008对低合金高强度结构钢的力学性能要求做了规定，见表3—6。标准中钢的分类是按照钢的力学性能划分的。钢的牌号由代表屈服点的汉语拼音字母Q、屈服点数值、质量等级符号三个部分按顺序排列。本标准中，按照钢的屈服强度，低合金高强度钢分为8个强度等级，分别是345 MPa、390 MPa、420 MPa、460 MPa、500 MPa、550 MPa、620 MPa及690 MPa。每个强度等级又根据钢中的P、S含量及冲击吸收功不同分成A、B、C、D、E5个质量等级。GB/T 1591—2008与GB/T 1591—1994低合金高强度结构钢标准牌号对照见表3—7。表3—8列出了一些我国生产的专门用途低合金高强度钢的力学性能。

表 3—6　　常见低合金高强度结构钢的力学性能

牌号	质量等级	屈服点 σ_s（MPa）					抗拉强度 σ_b（MPa）				伸长率 δ_5（%）			冲击功 A_{KV}（纵向）（J）				180°弯曲试验 d = 弯心直径；a = 试样厚度（直径）	
		厚度（直径，边长）（mm）					厚度（直径，边长）（mm）				厚度（直径，边长）（mm）			+20℃	0℃	-20℃	-40℃	钢材厚度（直径）（mm）	
		≤16	>16~40	>40~63	>63~80	>80~100	≤40	>40~63	>63~80	>80~100	≤40	>40~63	>63~100	不小于				≤16	>16~100
		不小于																	
Q345	A	345	335	325	315		470~630	470~630	470~630	470~630	≥20	≥19	≥19					$d=2a$	$d=3a$
	B													34				$d=2a$	$d=3a$
	C										≥21	≥20	≥20		34			$d=2a$	$d=3a$
	D															34		$d=2a$	$d=3a$
	E																34	$d=2a$	$d=3a$
Q390	A	390	370	350	330		490~650	490~650	490~650	490~650	≥20	≥19	≥19					$d=2a$	$d=3a$
	B													34				$d=2a$	$d=3a$
	C														34			$d=2a$	$d=3a$
	D															34		$d=2a$	$d=3a$
	E																34	$d=2a$	$d=3a$

续表

牌号	质量等级	屈服点 σ_s（MPa）					抗拉强度 σ_b（MPa）				伸长率 δ_5（%）			冲击功 A_{KV}（纵向）（J）				180°弯曲试验 d = 弯心直径；a = 试样厚度（直径）	
		厚度（直径，边长）（mm）					厚度（直径，边长）（mm）				厚度（直径，边长）（mm）			+20℃	0℃	-20℃	-40℃	钢材厚度（直径）（mm）	
		≤16	>16~40	>40~63	>63~80	>80~100	≤40	>40~63	>63~80	>80~100	≤40	>40~63	>63~100	不小于				≤16	>16~100
		不小于																	
Q420	A	420	400	380	360		520~680	520~680	520~680	520~680	≥19	≥18	≥18					$d=2a$	$d=3a$
	B													34				$d=2a$	$d=3a$
	C														34			$d=2a$	$d=3a$
	D															34		$d=2a$	$d=3a$
	E																34	$d=2a$	$d=3a$
Q460	C	460	440	420	400		550~720	550~720	550~720	550~720	≥17	≥16	≥16		34			$d=2a$	$d=3a$
	D															34		$d=2a$	$d=3a$
	E																34	$d=2a$	$d=3a$
Q500	C	500	480	470	450		610~770	600~760	590~750	540~730	≥17	≥17	≥17		55			—	—
	D															47		—	—
	E																31	—	—

续表

牌号	质量等级	屈服点 σ_s（MPa）					抗拉强度 σ_b（MPa）				伸长率 δ_5（%）			冲击功 A_{KV}（纵向）（J）				180°弯曲试验 d=弯心直径；a=试样厚度（直径）	
		厚度（直径，边长）（mm）					厚度（直径，边长）（mm）				厚度（直径，边长）（mm）			+20℃	0℃	-20℃	-40℃	钢材厚度（直径）（mm）	
		≤16	>16~40	>40~63	>63~80	>80~100	≤40	>40~63	>63~80	>80~100	≤40	>40~63	>63~100	不小于				≤16	>16~100
		不小于																	
Q550	C	550	530	520	500		670~830	620~810	600~790	590~780	≥16	≥16	≥16		55			—	—
	D															47		—	—
	E																31	—	—
Q620	C	620	600	590	570		710~880	690~880	670~860	—	≥15	≥15	≥15		55			—	—
	D															47		—	—
	E																31	—	—
Q690	C	690	670	660	640		770~940	750~920	730~900	—	≥14	≥14	≥14		55			—	—
	D															47		—	—
	E																31	—	—

表 3—7　　低合金高强度结构钢标准牌号对照表

GB/T 1591—2008	GB/T 1591—1994
—	Q295
Q345	Q345
Q390	Q390
Q420	Q420
Q460	Q460
Q500	—
Q550	—
Q620	—
Q690	—

表3—8　　　　专用低合金高强度结构钢的力学性能

用途	钢号	钢板厚度（mm）	σ_b（MPa）	σ_s（MPa）	δ_5（%）	A_{KV}（J）不小于	弯曲180°
锅炉和压力容器用钢（GB 713—2008）	Q345R	3～16	510～640	345	21	34（0℃，横向）	$d=2a$
		>16～36	500～630	325	21		$d=3a$
		>36～60	490～620	315	21		$d=3a$
		>60～100	490～620	305	20		$d=3a$
		>100～150	480～610	285	20		$d=3a$
		>150～200	470～600	265	20		$d=3a$
	Q370R	10～16	530～630	370	20	34（−20℃，横向）	$d=2a$
		>16～36	530～630	360			$d=3a$
		>36～60	520～620	340			$d=3a$
	18MnMoNbR	30～60	570～720	400	17	41（0℃，横向）	$d=3a$
		>60～100		390			$d=3a$
	13MnNiMoR	30～100	570～720	390	18	41（0℃，横向）	$d=3a$
		>100～150		380			
	14Cr1MoR	6～100	520～680	310	19	34（20℃，横向）	$d=3a$
		>100～150	510～670	300			
石油、天然气输送管线用钢（GB 9711.1—1997）	S290	—	415	290	20.6	27（0℃，横向）	$d=2a$
	S315		435	315	19.7		
	S360		455	360	19.0	31（0℃，横向）	
	S385		490	385	17.7		
	S415		515	415	17.0		
	S450		530	450	16.5		
	S480		565	480	15.6		
船舶及海洋工程用钢（GB 712—2011）	AH32	≤50	450～570	315	22	31（0℃，纵向） 22（0℃，横向）	$d=2a$，80°
	AH36		490～630	355	21	34（0℃，纵向） 24（0℃，横向）	$d=2a$，80°
	DH32		450～570	315	22	31（0℃，纵向） 22（0℃，横向）	$d=3a$，120°
	DH36		490～630	355	21	34（0℃，纵向） 24（0℃，横向）	$d=3a$，120°
	EH32		450～570	315	22	31（0℃，纵向） 22（0℃，横向）	$d=3a$，120°
	EH36		490～630	355	21	34（0℃，纵向） 24（0℃，横向）	$d=3a$，120°

续表

用途	钢号	钢板厚度（mm）	σ_b（MPa）	σ_s（MPa）	δ_5（%）	A_{KV}（J）不小于	弯曲 180°
桥梁用钢（YB/T 10—1981）	16Mnq 16MnCuq	≤25	510	343	21	27（-40℃，U 形缺口）	$d=2a$
		26～36	490	323	19		$d=3a$
		38～50	470	314	19		$d=3a$
	15MnVq	≤25	529	392	19	27（-40℃，U 形缺口）	$d=3a$
		26～36	510	372	18		
		38～50	490	353	18		
	15MnVq	≤25	568	421	19	32（-40℃，U 形缺口）	$d=3a$
		26～60	549	412	19		

注：①表中所列单值为最小值。

②伸长率按 10 mm 试件截面计算。

二、低合金高强度钢的焊接工艺

1. 低合金高强度钢的焊接性

低合金高强度结构钢的焊接性与碳钢有差别，只有在掌握其焊接性特点和规律的基础上，才能制定正确的焊接工艺，以确保焊接质量。现将这类钢的焊接性分述如下。

（1）热影响区脆化

热轧正火钢焊接时，近缝区中被加热到 1 100℃以上粗晶区，易产生晶粒长大现象，是焊接接头中塑性最差的部位，往往会承受不住应力的作用而产生破坏，特别在电渣焊时，这种晶粒长大的现象将成为焊接的主要问题。热轧正火钢焊接时，如采用的焊接热输入过大，过热区的温度接近熔点，奥氏体晶粒严重长大并使一些难熔质点溶入。在冷却过程中难熔质点来不及析出，失去它抑制晶粒长大的作用，使过热区的奥氏体晶粒显著长大，稳定性加大，形成魏氏组织及其他塑性低的混合组织（如铁素体、贝氏体、高碳马氏体），而使过热区脆化。

（2）热应变脆化

热应变脆化是由于焊接过程中热应力引起塑性变形使位错增加，同时诱发氮、碳原子快速扩散聚集在位错区而形成的。如有缺口效应，则该处的热应变脆化更为严重。而熔合区常常存在缺口性质的缺陷，当缺陷周围受到连续焊接热应变作用后，由于应变集中和不利组织皆造成热应变脆化倾向更大，所以热应变更易在熔合区发生。

（3）冷裂纹

钢材冷裂纹主要取决于钢材的淬硬倾向，而钢材的淬硬倾向又主要取决于它的化学成分。热轧钢由于含有少量合金元素，其碳当量比低碳钢略高些，所以这种钢淬硬倾向比低碳钢要大些。如16Mn（Q345）、15MnV（Q420）在焊接时，快速冷却过程中可能出现马氏体淬硬组织，从而增大冷裂倾向，尤其在拘束应力较大或接头扩散氢含量较高的情况下，就必须采取防止裂纹的措施。正火钢由于合金元素较多，当其碳当量为0.4%～0.6%时，淬硬倾向逐渐增加，属于有淬硬倾向的钢。强度级别及碳当量较低（≤0.5%）的正火钢其冷裂倾向还不大，但随着正火钢碳当量（>0.5%）及板厚的增加，其淬硬及冷裂倾向也随之增大。此时应根据接头形式和钢材厚度来调整热输入、预热和后热温度，以控制热影响区的冷却速度，同时采取降低焊缝金属的含氢量等措施，防止冷裂纹的产生。

低合金高强度钢焊接接头的冷裂纹一般产生在热影响区，有时也产生在焊缝金属内。热影响区内常见的冷裂纹有焊道下裂纹、根部裂纹、焊趾裂纹和热影响区横向裂纹，在焊缝金属内有横向裂纹和根部裂纹，它们的分布位置如图3—5所示。焊道下裂纹的走向与熔合线平行，其产生原因往往与焊条含氢量、钢材淬硬倾向大有关。根部裂纹是纵向的，起源于对接或角接焊第一层焊缝的根部，延伸至热影响区或焊缝金属内。这种裂纹的产生一般是因为焊前未预热或预热温度太低、使用氢含量高的焊条、根部应力集中等。焊趾裂纹发生在熔合区，裂纹走向平行于焊缝。

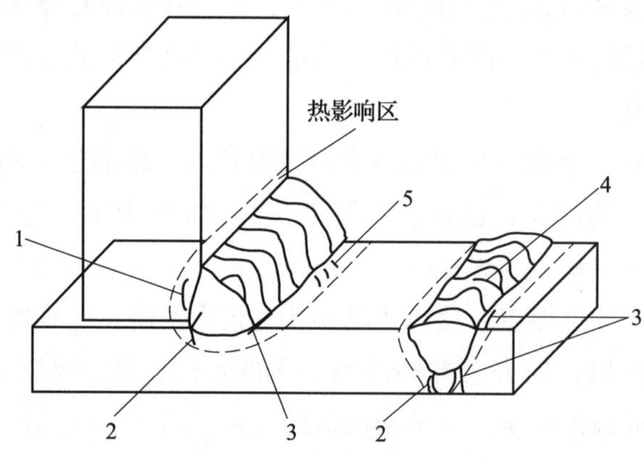

图3—5　冷裂纹位置示意图

1—焊道下裂纹　2—根部裂纹　3—焊趾裂纹　4—焊缝金属横向裂纹　5—热影响区横向裂纹

（4）热裂纹

热裂纹是焊缝金属在结晶过程中，在高温状态下产生的裂纹。它分布在焊缝的正中心或两侧，沿晶界开裂。热裂纹在焊缝表面呈不明显的锯齿形，裂纹表面有明显的氧化色彩。热轧正火钢一般含碳量较低，而含锰量较高，因此Mn/S值比较大，具有较好的抗热裂性能，正常情况下焊缝中不会出现热裂纹。但当材料成分不合格或严重偏析时，使碳含量偏高，Mn/S 值偏低，易出现热裂纹。硫含量较高时会形成低熔点共晶，在液态金属冷却结晶时低熔点共晶偏析于晶界处，最后凝固。此时晶界强度很低，在焊接应力作用下沿晶界开裂形成裂纹。锰在钢中可与硫形成硫化锰，减少了硫的有害影响，增强了钢的抗热裂性能。增大焊缝成形系数有利于防止焊缝金属产生热裂纹。如果焊缝的熔宽小、熔深大，则使偏析集中于焊缝中心，形成焊缝中心的薄弱面，热裂纹倾向就大。宽而浅的焊缝则使偏析物浮于焊缝上面，热裂倾向就小。此外，热裂倾向与焊接结构的刚度有关，构件刚度越大，接头的内应力也越大，热裂倾向就越大。

2. 低合金高强度钢的焊前准备

（1）焊接坡口形式的设计首先应避免采用导致未焊透或局部焊透的坡口，因为焊缝根部缺口往往是各种裂纹的起源区。其次是尽量减小焊缝的横截面积，以降低接头的残余应力，同时也可减少焊接材料的消耗量。

（2）坡口加工采用热切割时，应注意防止母材边缘形成淬硬层，这种低塑性的淬硬层往往成为冷加工的开裂源。因此，为了防止形成热切割淬硬层，屈服点超过 500 MPa 或合金总含量大于 3% 的低合金高强度钢，当板厚大于 50 mm 时，切割前应将钢板切割区预热至 100℃以上。

（3）焊前必须清除焊接区钢板表面的水分、坡口表面的氧化皮、锈斑、油脂及其他污物。如焊件表面未经喷丸、喷砂等预处理，则焊缝两侧内外表面必须打磨至露出金属光泽。焊条电弧焊接头的打磨区要求每侧 20 mm，埋弧焊为 30 mm，电渣焊为 40 mm。

（4）焊接材料（焊条或焊剂）在使用前应按生产厂推荐的规范进行烘干。

（5）装配定位焊缝必须采用与正式焊缝同一类型的焊条。定位焊位置不得位于焊缝交叉处或焊件截面突变部位，也不得位于小的孔槽附近。定位焊缝要有足够的长度和厚度。其长度小于 35 ~ 40 mm 时，冷却速度比长焊缝时要高出一倍以上。焊缝短时，近缝区的淬火倾向大，硬度就高。为了避免产生淬火组织，定位焊缝的长度不得小于 40 mm。

3. 焊接材料的选用原则

选择低合金高强度钢的焊接材料时，首先应考虑钢材的化学成分、力学性能、板厚、接头形式及裂纹倾向，同时再综合焊接结构的工作条件、受力情况及焊接施工条件等因素。

（1）按等强度原则

低合金高强度钢焊接时，应保证焊缝金属的力学性能符合产品设计要求，选择与母材强度相当的焊接材料，并综合考虑焊缝金属的韧性、塑性及接头的抗裂性。焊缝金属的强度只要不低于或略高于母材强度标准规定的下限值即可。低合金高强度钢大都取钢材的抗拉强度作为强度计算的依据。焊缝金属的强度考核指标应是强度极限，而不是屈服点。如结构设计取钢材的屈服点为强度的计算依据，则焊接材料应按屈服点等强原则选择。如非承载部件的焊缝、钢结构部件上的联系焊缝，则可采用比母材强度低一级的焊接材料。

在焊接刚度大的厚板结构时，因接头拘束度大，为避免产生裂纹，可选用强度稍低于母材的焊接材料，这样不但提高焊缝韧性，降低了接头裂纹倾向，而且由于焊缝金属拘束度大，冷却速度快，接头实际强度比焊接材料标准强度高。

对于在高温下工作的焊接结构，应当按照结构最高设计温度下的强度来选择焊接材料，而不必强求室温强度，应以保证最高设计温度下的强度值为准则。

（2）按焊接过程的冶金特点

选择焊接材料时，应考虑每种焊接方法的冶金特点。

采用焊条电弧焊时，优先采用碱性药皮焊条，因为碱性熔渣与酸性熔渣相比，脱氧、脱硫较完全，合金元素过渡系数较高，氢含量较低，焊缝金属的抗裂性和力学性能较高，尤其是低温韧性高得多。

在埋弧自动焊时，应特别注意焊丝与焊剂的选配。当选用硅含量相当低的焊丝时，如H08MnA和H10Mn2等，必须配用高硅、高锰焊剂，以保证焊缝的致密性。使用高硅、高锰焊剂时，焊缝金属通过熔渣与熔池金属之间的冶金反应而增硅，使焊缝金属达到足够程度的脱氧。但是过量的硅会使焊缝金属的塑性和韧性降低，甚至提高冷裂倾向。焊缝金属的Mn/Si值对韧性起决定性作用。一般来说，Mn/Si值越高，焊缝金属的韧性越好。如Mn/Si值小于2，焊缝金属韧性就可能下降到临界值以下。因此，在拟定低合金高强度钢厚板接头的焊接工艺时，应避免不合理的焊丝与焊剂的选配。

在CO_2气体保护焊工艺中，为获得致密的焊缝，应选用含有一定量硅、锰的焊丝。因为CO_2气体与金属元素发生反应而形成金属氧化物。为不使钢中的铁被大量氧化，通过添加硅和锰等脱氧元素，将FeO还原成铁并保护合金元素不被烧损。因此，气体保护焊用焊丝必须是高锰、高硅型焊丝。

4. 预热、焊接热输入、后热处理

（1）预热

焊接低合金高强度钢时，焊前预热是防止接头冷裂、改善焊接接头组织性能、减小焊接应力的重要工艺措施。焊前预热的作用在于：

1）改变了焊接过程的热循环，降低焊接接头各区高温转变和低温转变温度区间的冷却速度，避免或减少了淬硬组织的形成。

2）减小焊接区的温度梯度，降低焊接接头的内应力，并使之较均匀地分布。

3）扩大焊接区的温度场，使焊接接头在较宽的区域内处于塑性状态，减弱了焊接应力的不利影响。

4）延长焊接区在100℃以上的停留时间，有利于氢从焊缝金属中逸出。

确定预热温度时，随着钢材碳当量、板厚、结构的拘束度的增加和环境温度的降低，焊前预热温度也要相应提高。

多层焊时层间温度的控制对保证焊接质量也是必要的，一般层间温度等于或略高于预热温度。

不同屈服强度的热轧和正火低合金高强度钢推荐应用的预热温度见表3—9。局部预热区的宽度至少是板厚的6倍，但接头每侧的加热宽度不得小于100 mm，预热温度的测点至少离焊缝中心线50 mm。

表3—9　　热轧和正火低合金高强度钢的预热温度　　℃

钢的厚度（mm）	焊条类型	钢的最低屈服强度（MPa）				
		310	345	380	413	448
<10	普通型	不预热	不预热	不预热	40	70
	低氢型	不预热	不预热	20	20	20
10～19	普通型	不预热	40	35	100	120
	低氢型	不预热	不预热	20	20	20
19～38	普通型	70	70	100	120	—
	低氢型	不预热	不预热	70	70	—
38～51	普通型	100	120	150	—	—
	低氢型	70	70	110	—	—
51～76	普通型	150	150	180	—	—
	低氢型	110	110	150	—	—

注：表中的不预热是指母材温度必须高于10℃，如果低于10℃，必须预热到21～38℃。

（2）焊接热输入

热输入参数是指焊接电流、电弧电压和焊接速度。低合金高强度钢焊接时，热输入参数除要保证接头的熔透性和焊缝成形外，还要考虑其对接头性能的影响。接头的冷却速度直接取决于热输入的高低。增加热输入导致焊缝金属冷却缓慢，并由此在热影响区形成粗大的晶粒，使强度和韧性都可能降低，尤其对于合金含量较高的焊缝金属，可能形成不利的高温转变组织。

（3）后热处理及消除应力处理

后热是指焊接结束后将焊件或整条焊缝立即加热到150～250℃温度，并保持一定时间的热处理工艺。其作用首先是降低接头低温转变区的冷却速度，效果比预热更显著；其次是延长接头在100℃以上温度区间停留的时间，使焊缝金属中的氢有充分的时间向外扩散。

在焊缝金属的氢扩散阶段，从根本上消除了导致冷裂纹形成的力学因素。后热结束时，焊缝金属内的氢已降到临界含量以下。待焊件冷却到室温时，后热处理时焊缝及近缝区因热膨胀而承受的压应力变成拉应力，但此时拉应力已无法导致冷裂纹的形成。

焊接性相当差的钢种或高拘束度接头，应用后热比焊前预热能更可靠地防止冷裂纹的形成。后热的温度和时间取决于被焊钢的冷裂敏感性、焊接材料的氢含量和接头的拘束度。后热温度越高，保温时间越长，去氢的效果越明显。生产中经常采用的后热温度为150~250℃，保温时间可按板厚以1 min/mm计算，但不应小于30 min。低温后热的应用有一定的局限性，如对于强度级别高于650 MPa、壁厚大于80 mm的厚壁接头，低温后热处理已不是可靠的防裂措施。

去氢处理是将焊件在焊后立即加热到300~400℃，并保温一段时间的工艺，可加速焊接接头氢的扩散逸出，其消除氢的效果比后热更好。氢的排除程度取决于加热温度和时间，加热温度高，保温时间可短一些；加热温度低，去氢时间就要加长。生产中去氢处理的温度为300~400℃，去氢时间为1~2 h。

消除应力处理是将焊件均匀地以一定的速度加热到Ac_1点以下足够高的温度，保温一段时间后随炉均匀地冷却到300~400℃，最后将焊件移到炉外空冷。实际上，消除应力处理的温度与钢材的回火温度重合。因此，消除应力处理也兼有回火的作用。如焊件单纯为降低焊接残余应力而进行消除应力处理，其加热温度应控制在该种钢的回火温度以下30~60℃，以避免降低回火处理所获得的优良性能。低合金高强度钢焊后进行消除应力处理的主要目的是：

1）消除焊缝金属中的氢，提高焊接接头的抗裂性和韧性。

2）降低焊接接头中的残余应力，消除冷作硬化，提高接头抗脆断和抗应力腐蚀的能力。

3）改善焊缝及热影响区组织，使淬硬组织经受回火处理而提高接头各区的韧性。

4）降低焊缝及热影响区的硬度，易于切削加工。

消除应力处理可采取整体处理或局部处理两种方法。整体处理是将整个焊接结构放入炉内加热；局部处理是利用气体火焰、工频加热装置、电加热和远红外加热元件等进行局部加热，加热带的宽度可取焊件厚度的8倍，但至少为200 mm。

5. 常用低合金高强度钢的焊接

（1）16Mn（Q345）钢的焊接

16Mn钢具有良好的焊接性，当其碳当量为0.34%~0.49%时，淬硬倾向比低碳钢稍大些。但只有在厚板、结构刚度大和采用的焊接规范不合理以及在低温条件下进行焊接时，才可能产生淬硬组织和焊接裂纹。为避免产生冷裂纹，必须遵循如下工艺。

1）焊前准备。

①板厚 90 mm 以上的钢板采用火焰切割时，起始点应预热至 100～120℃。

②采用碳弧气刨开坡口时，厚 20 mm 以上的钢板气刨前应预热至 100～150℃。

③坡口形式可采用 V 形、U 形或不对称 X 形坡口。

④坡口边缘和两侧必须彻底清除水分、铁锈、氧化皮及油脂等污物。

2）焊接工艺。

① 预热。根据板厚及环境温度按表 3—10 要求进行焊前预热。

表 3—10　　不同板厚 16Mn 钢低温焊接时的预热温度

焊件厚度（mm）	不同气温时的预热温度
<16	低于 －10℃预热至 100～150℃
16～24	低于 －5℃预热至 100～150℃
25～40	0℃以下预热至 100～150℃
>40	均预热 100～150℃

②焊接材料。对重要部位的对接焊缝构件，应选用碱性低氢型焊条 E5016（J506）、E5015（J507），如锅炉、压力容器及船舶中的重要焊缝。至于对抗裂性能、塑性及韧性要求较低，刚度不大的非重要部位结构的焊接，也可选用 E5003（J502）、E5001（J503）等酸性焊条。埋弧自动焊时，焊丝选用 H08MnA、H10Mn2 或 H10MnSi 等，焊剂配用 HJ431、HJ350 等。

③工艺参数。基本上与焊接碳钢时的工艺参数相似。焊条电弧焊使用 ϕ4 mm 焊条时，I＝160～180 A，U＝21～22 V；使用 ϕ5 mm 焊条时，I＝210～240 A，U＝23～24 V。埋弧自动焊使用 ϕ4 mm 焊丝时，I＝600～680 A，U＝34～38 V，v＝20～30 m/h；使用 ϕ5 mm 焊丝时，I＝650～720 A，U＝36～40 V，v＝25～32 m/h。当选用 H10Mn2 或 H10MnSi 焊丝，配用 HJ431 施焊时，必须采用小的热输入、多道焊；对大厚度深坡口焊件的焊接，选用 H10Mn2 焊丝，并配用 HJ350 焊剂。

3）焊后热处理。板厚大于 50 mm 的重要承载部件的接头，焊后需做消除应力处理，温度为 600～650℃，保温时间按板厚以 2. 5 min/mm 计算。压力容器的预热焊部件，壁厚大于 34 mm 时，或不预热焊部件壁厚大于 30 mm 时，要求焊后做消除应力处理，最佳加热温度为 600～620℃，保温时间按板厚以 3 min/mm 计算。

（2）15MnV（Q420）钢的焊接

15MnV 钢和 15MnTi 钢均属于 390 MPa 级的低合金热轧正火钢。15MnV 钢中加钒细化晶粒，具有良好的力学性能、加工性能，时效敏感性比 16Mn 钢大，主要用于制造中、高压锅炉、高压容器、桥梁及起重运输设备等。15MnTi钢的性能与15MnV钢相近，加Ti细化晶粒，提高强度，一般应用于压力容器、汽车、船舶等。这两种钢的含碳量低，合金元素含量少，碳当量也低，焊接性好，钢材的淬硬倾向小，一般情况下热影响区不出现淬硬组织。因此，其焊接工艺与低碳钢、16Mn钢基本相同。焊前准备、坡口形式可参见16Mn钢的要求。

焊条电弧焊可采用E5015（J507）、E5016（J506）、E5515－G（J557）焊条。由于这一类钢含一定量的合金元素，淬硬倾向比16Mn钢略大些，在恶劣条件下焊接时，还是有产生冷裂纹的可能性。因此，当板厚超过30 mm时，均需预热至100～150℃。在钢结构中，对于重要承载部件，板厚超过40 mm的需做焊后消除应力处理，其加热温度范围为600～650℃，保温时间按板厚以2.5 min/mm计算。

埋弧自动焊需采用H10Mn2、H08MnMo焊丝，配用HJ431、HJ350焊剂，焊接工艺参数同16Mn钢的埋弧焊。板厚大于35 mm时应预热至100～150℃，焊后热处理同焊条电弧焊。

第3节　低合金耐热钢的焊接

一、概述

1. 低合金耐热钢的定义及分类

耐热钢是在高温下能够保持抗氧化性或耐气体介质腐蚀性和足够强度（高温持久强度、蠕变强度等）的钢种。耐热钢的耐热性能主要是在碳钢的基础上加入可以提高热稳定性和热强性的合金元素的结果。最常用的合金元素是铬、钼、钨、钒、钛、铌、硅、稀土等。它们按照合金的成分及其质量分数，具有比普通碳素钢高得多的高温短时强度和持久强度。

耐热钢按其合金含量（质量分数）可分为低合金、中合金和高合金耐热钢。合金元素总质量分数在5%以下的合金钢统称为低合金耐热钢，其合金系列有：C－Mo、C－Cr－Mo、C－Cr－Mo－V－Nb、C－Mo－V、C－Cr－Mo－V、C－Mn－Mo－V、C－Mn－Ni－Mo和C－Cr－Mo－W－V－Ti－B等。对焊接结构用低合金耐热钢，为改善其焊接性，碳的质量分数均控制在0.20%以下，某些合金含量较高的低合金耐热钢，标准规定的碳质量分数不高于0.15%。

低合金耐热钢通常以退火状态或正火 + 回火状态供货。合金总质量分数在 2.5% 以下的低合金耐热钢在供货状态下具有珠光体 + 铁素体组织，故也称珠光体耐热钢。珠光体耐热钢一般在正火 + 高温回火后，其金相组织为珠光体 + 铁素体组织或贝氏体 + 铁素体组织。这类钢的工作温度范围为 350 ~ 620℃，被广泛应用于电站锅炉、汽轮机耐热零件中。常见的低合金耐热钢化学成分和力学性能见表 3—11、表 3—12。合金总质量分数为 3% ~ 5% 的低合金耐热钢，在供货状态下具有贝氏体 + 铁素体组织，故也称其为贝氏体耐热钢。

2. 低合金耐热钢的高温性能

(1) 高温力学性能（热强性）

耐热钢的热强性主要表现在高温长期工作下抗断裂的能力（即持久强度）和抗塑性变形的能力（即蠕变强度）。

提高钢材热强性的主要措施有固溶强化、晶界强化、沉淀强化、热处理强化和变形强化等。要取得这些强化效果仍然是依靠合金化，即向钢中加入合金元素。

铬、钼、钨、铌等元素都能有效地增强固溶体原子之间的结合力，提高固溶体的再结晶温度，使晶格强烈畸变并提高扩散激活能。所以钢中加入这些合金元素，能显著提高固溶体的热强性。

晶界在高温下是薄弱环节，钢中加入微量的硼、锆或稀土元素等，可有效地提高晶界强度。同时，这些微量元素还能抑制晶界上一些不稳定相析出，使晶界处于较稳定的状态。

(2) 高温耐氧化和耐腐蚀性能

金属在高温下与大气接触极易氧化，与腐蚀介质接触则易发生化学腐蚀或电化腐蚀。提高钢材高温耐氧化和耐腐蚀性能的根本方法是合金化，即在钢中加入合金元素。一般是通过下述途径来实现：

1) 使钢的表面生成一层致密的氧化膜，用以隔绝金属与氧的接触而起到保护作用。钢中加入铬、硅、铝后所生成的 Cr_2O_3、SiO_2 和 Al_2O_3 都能起保护作用，其中以铬的效果最好。

2) 提高钢的电极电位。普通碳钢的电极电位很低，易被腐蚀。加入铬使之固溶于钢中就可大大提高其电极电位，因而提高了抵御电化腐蚀的能力。

3) 使钢的组织形成单相固溶体。单相组织可减少微电池的数目，从而提高耐腐蚀性能。钢中加入封闭 γ－铁区域的元素如铬、硅、钼、钛、铌等可得单相的铁素体；加入扩大 γ－铁区域的元素如镍、锰、氮、铜等，可形成单相奥氏体。

表3—11　　常用低合金耐热钢的化学成分

钢种类型	钢号		标准化学成分（质量分数）（%）								
	国标	ASME或（DIN）	C	Si	Mn	P	S	Mo	Cr	V	其他
1Cr-0.5Mo	12CrMo	A335-P2	0.08~0.15	0.17~0.37	0.40~0.70	≤0.030	≤0.030	0.40~0.55	0.4~0.7	—	
1Cr-0.5Mo	15CrMo	A335-P11 A387-P12 （13CrMo44）	0.12~0.18	0.17~0.37	0.40~0.70	≤0.030	≤0.030	0.40~0.55	0.8~1.10	—	
1Cr-Mo-V	12Cr1MoV	（13CrMoV42）	0.08~0.15	0.17~0.37	0.40~0.70	≤0.030	≤0.030	0.25~0.35	0.9~1.20	0.15~0.30	
2.25Cr-1Mo	12Cr2Mo	A387-22 A335-P22 （10CrMo910）	0.08~0.15	≤0.5	0.40~0.70	≤0.030	≤0.030	0.90~1.20	2.00~2.50	—	
2CrMo-W-V-Ti-B	12Cr2MoWVTiB	—	0.08~0.15	0.45~0.75	0.45~0.65	≤0.030	≤0.030	0.50~0.65	1.60~2.10	0.28~0.42	W：0.30~0.55 Ti：0.08~0.18 B：0.002~0.008
3Cr-Mo-V-Si-Ti-B	13Cr3MoVSiTiB	—	0.09~0.15	0.60~0.90	0.50~0.80	≤0.030	≤0.030	1.00~1.20	2.5~3.00	0.25~0.35	Ti：0.22~0.38 B：0.005~0.011

表 3—12　　　　常用低合金耐热钢的力学性能

钢号	热处理状态	厚度（mm）	力学性能				
			σ_b（MPa）	σ_s（MPa）	δ_5（%）	A_{KV}（J）	备注
12CrMo	正火 + 回火	2 ~ 70	410 ~ 560	≥205	≥21	≥35	
15CrMo	正火 + 回火	2 ~ 70	440 ~ 640	≥235	≥21	≥35	
12Cr1MoV	正火 + 回火，壁厚大于 40 mm 时淬火 + 回火	2 ~ 70	470 ~ 640	≥255	≥21	≥35	
12Cr2Mo	正火 + 回火	2 ~ 70	450 ~ 600	≥280	≥20	≥35	壁厚为 16 ~ 40 mm 时 σ_s 允许降低 10 MPa
12Cr2MoWVTiB	正火 + 回火	2 ~ 70	540 ~ 735	≥345	≥18	≥35	
12Cr3MoVSiTiB	正火 + 回火	2 ~ 70	610 ~ 805	≥440	≥16	≥35	

二、低合金耐热钢的焊接工艺

低合金耐热钢的焊接具有以下特点：按其合金含量不同具有不同程度的淬硬倾向；焊缝金属和热影响区的组织在焊接热循环的作用下取决于冷却速度，有可能形成对冷裂纹敏感的金属组织；钢中的铬、钼、钒、铌、钛等强烈的碳化物形成元素使焊接接头过热区产生再热裂纹，某些耐热钢及其焊接接头具有明显的回火脆性。

1. 低合金耐热钢的焊接性

（1）淬硬性

低合金耐热钢的淬硬性取决于它的含碳量、合金成分及其含量。形成淬硬性的主要合金元素除与碳的含量有关外，主要是铬和钼元素。钼的淬硬作用比铬约大 50 倍。这两种元素推迟了钢在冷却过程中的转变，提高了过冷奥氏体的稳定性。对于成分给定的耐热钢，其淬硬程度取决于奥氏体相的冷却速度。

钢的淬硬性影响到钢的冷裂敏感性。而直接影响焊缝金属或热影响区冷裂敏感性的是所形成的马氏体比率及其硬度。马氏体比率越大及其硬度越高，裂纹倾向性越大。钢的淬硬性还取决于马氏体的含碳量，在相同的奥氏体化温度下，含碳量越高，马氏体硬度越高，反之亦然。因此，从改善钢的焊接性角度出发，降低含碳量，钢的淬硬性降低，焊接冷裂敏感性明显减小。另外，从焊接工艺方面看，选择低氢型焊条，控制热输入量以及采取焊前预热和焊后热处理等措施，能有效地防止耐热钢的冷裂纹产生。

（2）再热裂纹

为防止低合金耐热钢焊接接头氢致延迟裂纹并改善接头性能，往往在焊后要进行消除应力处理。但是，这类钢的焊接接头在消除应力处理的过程中会产生再热裂纹。

再热裂纹是在紧靠接头的熔合线处，加热温度达 1 000 ~ 1 350℃的高温粗晶区内形成的，沿着奥氏体晶界扩展，并在细晶区中停止。再热裂纹的产生与焊接残余应力、应力集中、缺口的存在、消除应力的条件，特别是钢的化学成分和组织有密切关系。再热裂纹形成的温度范围一般为 500 ~ 650℃。它与加热温度和保温时间有关，如图 3—6 所示。图中的 C 形曲线表明，这里存在对再热裂纹的敏感的温度区间。

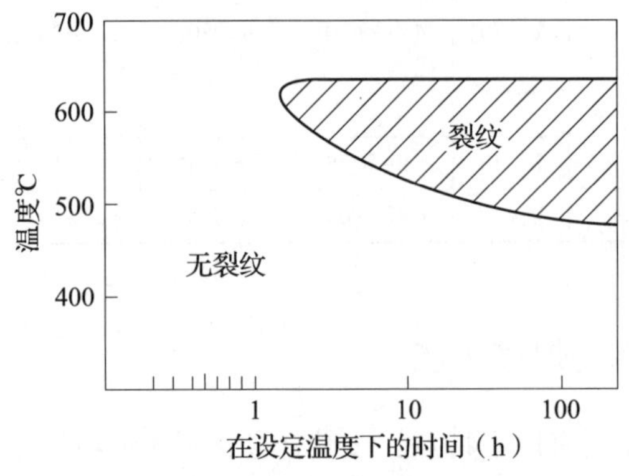

图 3—6　再热裂纹的 C 形曲线

钢的化学成分对再热裂纹的敏感性很大。主要是铬、碳和钒。其次是微量元素，如磷、铜、锡和铝等。当钢中铬含量低于 1% 时，随铬含量的增加，其再热裂纹敏感性增大；当铬含量超过 1% 时，随着铬含量的增加，再热裂纹的敏感性反而减小。碳对再热裂纹的影响最为敏感，它与铬、钼、钒等元素形成碳化物后，增大再热裂纹的敏感性。

防止再热裂纹的措施是：严格控制母材和焊材的合金成分，特别是要限制钒等合金元素的含量；选用高温塑性优于母材的焊接材料；将预热温度提高到 250℃以上，层间温度控制在 300℃左右；采用低热输入焊接工艺的方法，缩小焊接过热区宽度，细化晶粒；选择合理的热处理规范，避免在敏感温度区间停留较长时间。

2．焊接方法的选择

低合金耐热钢的焊接工艺包括焊接方法的选择、焊接材料的选配和管理、焊接热输入的确定、焊前预热、焊后热处理以及焊接工艺规程。这些环节都对焊接接头的性能产生重要的影响。焊接方法主要包括以下几种：

(1) 焊条电弧焊

焊条电弧焊的优点是工艺灵活、设备简单，对各种钢材的适应性强，能进行全位置焊接。为确保焊缝金属的韧性，降低裂纹倾向，低合金耐热钢的焊条电弧焊大多采用低氢型碱性焊条，但对于合金含量较低的耐热钢薄板，为改善工艺适应性，也可采用高纤维素或高氧化性酸性焊条。对低合金耐热钢而言，焊条电弧焊的缺点是建立低氢的焊接条件较困难，焊接工艺较复杂，且效率低，焊条利用率不高。

(2) 钨极氩弧焊

钨极氩弧焊的优点是焊接气氛具有超低氢的特点，焊接时可降低预热温度，热量集中，熔透能力强，表面张力较大，易于完成单面焊双面成形的封底焊缝，且不加焊接衬垫。其缺点是熔敷效率低。这种焊接方法主要用于要求全焊透的接管封底焊缝或小直径薄壁管的焊接。

(3) 熔化极气体保护焊

熔化极气体保护焊是一种高效、优质、低成本的焊接方法。目前已能提供品种、规格齐全，质量符合标准要求的低合金耐热钢实心焊丝。采用富 Ar 混合气体的熔化极气体保护焊，还具有较好的工艺适应性。这种焊接方法的效率介于埋弧自动焊与焊条电弧焊之间，是一种低氢的焊接方法，适用于对氢致裂纹敏感的低合金耐热钢。采用细直径焊丝（ϕ0.8～1.0 mm）可完成薄板接头和根部焊道的焊接；采用较粗直径焊丝（ϕ1.2 mm 以上）可完成厚壁多道接头的焊接。

(4) 埋弧自动焊

埋弧焊由于效率高、焊缝质量好，在锅炉受压部件、压力容器、管道、重型机械、钢结构等的焊接中都得到了广泛的应用。埋弧自动焊是一种高效的焊接方法，特别适用于铬—钼耐热钢厚壁压力容器的对接纵缝和环缝的焊接。但对低合金耐热钢来说，当以高的输入热量焊接时，焊接熔池体积增大，冷却速度减慢，导致焊缝金属及热影响区晶粒长大，从而降低了接头的韧性和塑性。因此，在低合金耐热钢中的厚板焊接时，宜优先采用多道焊技术，以低的热输入量，利用多层焊道的层间正火作用，使焊缝和热影响区晶粒细化。埋弧自动焊的缺点是不能在任意空间位置焊接，不适宜对小直径管和薄壁构件焊接。

(5) 药芯焊丝气体保护焊

药芯焊丝气体保护焊与普通的实心焊丝气体保护焊相比具有更高的熔敷效率，且操作性能优良，飞溅小，焊缝成形美观。某些类型的药芯焊丝还适用于管道环缝的全位置焊接。由于药芯焊丝比实心焊丝更易调整焊缝金属的合金成分，接头的性能和质量能得到可靠的保证。另外，药芯焊丝比药皮焊条具有较好的抗潮性，可焊制低氢的焊缝金属。这对于低合金耐热钢厚壁焊件尤为重要。虽然药芯焊丝的市售价格高于实心焊丝，但由于焊接效率的提高使总的焊接成本反而有所降低。目前，世界各主要焊丝生产厂商已能提供品种齐全的耐热钢药芯焊丝。因此，药芯焊丝气体保护焊在低合金耐热钢焊接结构生产中的应用必将迅速扩大。

3. 焊接工艺的制定

（1）焊前准备

焊前准备的内容主要是焊缝边缘的切割下料、坡口加工、热切割边缘和坡口面的清理以及焊接材料的预处理。

对于一般的低合金耐热钢焊件，可以采用各种热切割法下料。热切割或电弧气刨快速加热和冷却引起的热切割母材的组织边缘的变化与焊接热影响区相似，但热收缩应力要低得多。虽然如此，厚度超过50 mm的铬钼钢热切割边缘硬度仍可达到440 HV以上，如在后续加工之前，对这种高硬度热切割边缘不加处理，很可能成为焊件冷态卷制和冲压过程中的开裂源。

为防止厚板热切割边缘的开裂，应采取下列工艺措施：

1）对于所有厚度的2.25Cr－Mo、3Cr－1Mo钢和15 mm以上的1.25Cr0.5Mo钢板热切割前应将割口边缘预热至150℃以上。热切割边缘应做机械加工并用磁粉检测是否存在表面裂纹。

2）对于15 mm以下的1.25 Cr－0.5Mo钢板和15 mm以上的0.5Mo钢板热切割前应预热100℃以上。热切割边缘应做机械加工并用磁粉检测是否存在表面裂纹。

3）对于15 mm以下的0.5Mo钢板热切割前不必预热。热切割边缘最好做机械加工，去除热影响区。热切割边缘如直接进行焊接，焊前必须清理干净热切割熔渣和氧化皮。切割面缺口应用砂轮修磨圆滑过渡，机械加工的边缘或坡口面焊前应清除油迹等污物。对焊缝质量要求较高的焊件，焊前最好用丙酮擦净坡口表面。

（2）焊接材料的选配和烘干要求

低合金耐热钢焊接材料的选配原则是焊缝金属的合金成分与强度性能应基本符合母材标准规定的下限值或应达到产品技术条件规定的最低性能指标。

选配低合金耐热钢的焊接材料时应主要考虑焊缝金属的合金成分与母材的化学成分基本一致，以确保焊接接头在高温下长期工作的持久强度。另外，要求焊缝的力学性能与母材相接近，尤其是高温性能要接近。如焊件在焊后需经退火、正火等热处理或热加工，则应选择合金成分或强度级别较高的焊接材料，另外为了提高焊缝金属的抗裂能力，填充金属的含碳量应低于母材。但是降低含碳量的同时，也会降低焊缝金属的室温强度。过低的含碳量还会使钢的蠕变强度急剧下降。因此，铬—钼耐热钢焊缝金属中含碳量不宜过高，也不宜过低，最好控制在0.08%～0.10%。常用低合金耐热钢焊接材料的选用见表3—13。

低合金耐热钢焊接，对焊接材料有严格的烘干要求。采用低氢型碱性焊条，焊前必须对出厂已烘干的焊条重新烘干。因药皮内含纯碱、高锰酸钾、重铬酸钾等易吸潮的原料，如把烘干过的焊条放在相对湿度为80%的环境中放置一昼夜，水分含量将提高4倍以上，焊条和焊剂的水分含量对焊制无氢致裂纹接头很重要，因此，焊条（碱性）焊前烘干温度为350～400℃，烘干2 h，然后在120～150℃烘箱内保温，随用随取。而酸性焊条药皮内含有机物质，烘干温度可较低，一般为150～200℃，烘干1～2 h，在50～80℃烘箱内保温。熔炼型焊剂（HJ350、HJ250）烘干温度为300～400℃，烘干2 h，保温为120～150℃。烧结型焊剂（SJ101、SJ301）烘干温度为300～350℃，烘干2～3 h，保温为120～150℃。

表3—13　　常用低合金耐热钢焊接材料的选用

钢号	焊条电弧焊		埋弧自动焊		气体保护焊	
国标	焊条牌号	国标型号	焊丝＋焊剂牌号	国标型号	焊丝牌号	国标型号
12CrMo	R202 R207	E5503－B1 E5515－B1 E8015－B1 （AWS）	H10MoCrA＋HJ350	F5114－H10MoCrA F9P2－EG－G （AWS）	H08CrMnSiMo	ER55－B2
15CrMo	R302 R307 R306Fe R307H	E5503－B2 E5515－B2 E5518－B2 E8018－B2 （AWS） E8015－B2	H08CrMoA＋HJ350	F5114－H08CrMoA F9P2－EG－B2 （AWS）	H08CrMnSiMo TGR55CM（TIG）	ER55－B2
12Cr1MoV	R312 R316Fe R317	E5503－B2－V E5518－B2－B E5515－B2－V	H08CrMoVA＋HJ350	F6114－H08CrMoV	H08CrMnSiMoV TGR55V（TIG）	ER55B2MnV
12Cr2Mo	R406Fe R407	E6018－B3 E6015－B3 E9015－B3 （AWS）	H08Cr3MoMnA＋ HJ350（SJ101）	F6124－H08Cr3MnMoA F8P2－EG－B3（AWS）	H08Cr3MoMnSi TGR59C2M	ER62－B3
12Cr2MoWVTiB	R347 R340	E5515－B3－ VWB	H08Cr2MoWVNbB＋ HJ250	F6111－ H08Cr2MoWVNbb	H08Cr2MoWVNbB TGR55WB	ER62－G

(3) 焊前预热

预热是防止低合金耐热钢焊接接头冷裂纹和再热裂纹的有效措施之一。低合金耐热钢焊前一般均要求预热，通过焊前预热措施，可以减慢焊缝金属和热影响区的焊后冷却速度，避免产生脆硬马氏体组织。减少因马氏体转变而产生的组织应力，是防止冷裂纹的有效措施。预热温度越高，防止裂纹产生的效果越好。但过高的预热温度会恶化工作条件，会使熔合线附近的晶粒粗化，从而降低焊接接头的性能。预热温度一般应根据被焊钢材的化学成分、裂纹的倾向性来考虑，同时还要考虑焊件的结构形式、尺寸大小等因素。但任何耐热钢的预热温度不能高于马氏体转变结束点的温度，否则，会影响焊件焊后热处理的基本作用。各种低合金耐热钢的预热温度见表3—14。

表3—14　　各种低合金耐热钢的预热温度

钢号	预热温度（℃）	钢号	预热温度（℃）
12CrMo	150～200	12MoVWBSiRe	250～300
15CrMo	150～200	13SiMnWVB	250～300
13CrMo44	150～200	12Cr3MoVSiTiB	300～350
14MoV63	200～250	12CrMoWVB	250～300
10CrMo910	200～300	ZG15Cr1Mo1V	350～400
12Cr1MoV	200～300	ZG20CrMoV	350～400

(4) 焊接热输入

低合金耐热钢焊接热输入的大小，从防止淬硬冷裂的角度考虑，应适当选择大些，以降低冷却速度。当冷却速度较低时，接头各区的晶粒会变得粗大，强度和韧度降低。如选择低的热输入，则提高冷却速度，有利于细化晶粒，改善显微组织而提高冲击韧度。

总之，铬—钼耐热钢以较低的焊接热输入焊接较好。焊接时应采用多道焊和窄焊道，电弧摆幅不应大于焊条直径的2.5倍。

(5) 焊后热处理

对于低合金耐热钢来说，焊后热处理的目的不仅是有效地减小焊接残余应力，更重要的是可消除或减少热影响区出现的脆性淬硬组织；可降低焊接区的硬度，增加塑性和韧度；可为扩散氢的逸出创造条件；提高焊接接头的综合力学性能（如焊接接头的高温蠕变强度和组织稳定性）。因此，在拟定耐热钢接头的焊后热处理工艺参数时，应综合考虑下列冶金和工艺特点：

1）焊后热处理应保证焊接热影响区，主要是过热区组织的改善。

2）加热温度应保证接头的Ⅰ类应力降低到尽可能低的水平。

3）焊后热处理，包括多次的热处理不应使母材和焊接接头各项力学性能降低到产品技术条件规定的最低值以下。

4）焊后热处理应尽量避免在所处理钢材回火脆性敏感的或对再热裂纹敏感的温度范围内进行，并应规定在危险的温度范围内的加热和冷却速度。

低合金耐热钢焊接接头焊后一般要求进行回火处理。回火温度根据被焊材料的化学成分及原始热处理状态决定，一般与母材金属的回火温度相接近，即 Ac_1 以下 30～50℃，在 680～760℃。提高加热温度和保温时间，可显著减小焊接残余应力。随着回火温度的增大，焊缝金属韧度逐渐提高。如回火温度过高或保温时间过长，会使焊缝金属强度低于规定值。当回火温度超过一定值之后，韧度反而下降。此外，在热处理过程中应缩短 500～650℃的加热时间，因该温度范围会使焊缝金属的冲击韧度降低。常用低合金耐热钢焊后热处理规范见表 3—15。

表 3—15　　常用低合金耐热钢焊后热处理规范

钢号	标准规定的热处理	正火或淬火温度（℃）	回火温度（℃）	保温时间（h）
12CrMo	正火＋回火	900～930	670～720	周期式炉≥2 连续炉≥1
15CrMo	正火＋回火	930～960	680～720	同上
12Cr1MoV	正火＋回火	980～1 020	720～760	同上
	或淬火＋回火	950～990	720～760	同上
12Cr2Mo	正火＋回火	900～960	700～750	同上
12Cr2MoWVTiB	正火＋回火	1 000～1 035	760～790	同上
12Cr3MoVSiTiB	正火＋回火	1 040～1 090	720～770	同上

4. 常见低合金耐热钢的焊接

（1）15CrMo 低合金耐热钢的焊接

1）边缘准备。采用火焰切割厚度大于 60 mm 的轧制钢板，以及正火或高温回火热处理状态的厚度大于 80 mm 的钢板，切割区周围均预热到 100℃以上。切割后边缘应做表面磁粉探伤以检查裂纹。如采用碳弧气刨制备焊接坡口或清根时，气刨前应将气刨区域预热至 200℃以上，气刨后表面应用砂轮打磨以彻底清除氧化物。

2）焊条电弧焊工艺。坡口形式可采用 V 形或 U 形坡口。焊条电弧焊时采用的焊条为 E5515－B2（R307），对不重要结构可采用 E5503－B2（R302）焊条。

焊接规范选用时，当使用$\phi 4$ mm的焊条，底层焊道焊接电流为140 A，电弧电压为23～24 V；填充焊道焊接电流为160～170 A，电弧电压为23～24 V。如使用$\phi 5$ mm的焊条焊接填充焊道时，焊接电流应为220～230 A，电弧电压为23～24 V。

板厚大于15 mm的焊件，焊前均需预热150～200℃。焊后做消除应力处理，钢结构厚度大于30 mm的承载部件，焊后需做640～680℃消除应力处理，保温时间4 min/mm。对于受压容器和管道，不预热焊的任何厚度的接头和预热焊厚度大于10 mm的接头，焊后均需做消除应力处理。

焊接操作时应采用多层多道焊、窄焊道工艺，焊条运动采用直线运条方式，若需要做摆幅运条，其焊道宽度不大于焊条直径的2.5倍。

3）埋弧自动焊工艺。焊接坡口形式可采用I形、V形或U形。焊丝选用H08CrMoA，焊剂配用HJ350。

焊接规范选用时，当焊丝直径为4 mm时，焊接电流为600～650 A，电弧电压为36～38 V；当焊丝直径为2 mm时，焊接电流为400～450 A，电弧电压为34～36 V。焊接速度为25～35 m/h。

焊前预热要求：厚度大于20 mm的接头，预热温度为150～200℃，层间温度不低于150℃。焊后消除应力处理工艺同焊条电弧焊。

（2）12Cr1MoV低合金耐热钢的焊接

12Cr1MoV低合金耐热钢的焊接工艺要求与15CrMo基本相同。其不同处在于：焊条电弧焊采用E5515－B2－V（R317）焊条。埋弧自动焊采用H08CrMoVA焊丝和HJ350焊剂。

焊后回火温度为720～760℃，保温时间为5 min/mm。

（3）12Cr2Mo低合金耐热钢的焊接

1）焊前准备。主要是坡口加工，一般采用火焰切割法。火焰切割边缘的低塑性淬硬层往往成为卷制和冲压过程中的开裂源。为防止切割边缘的开裂，对于所有厚度的该钢种钢板在切割前（含碳弧气刨）应预热150℃以上。切割边缘用磁粉探伤检查是否存在表面裂纹。

2）焊条电弧焊。坡口形式采用V形或U形。采用焊条为E6015－B3（R407）。焊条烘干温度为350～400℃，时间为2 h，保存温度为125～150℃。

焊接规范选用参照15CrMo钢。板厚为10～50 mm的焊件，焊前最低预热温度为150℃；厚度在50 mm以上的接头，最低预热温度为200℃。焊后处理：要求厚度小于60 mm的接头，焊后做150～200℃的后热处理；厚度大于60 mm的接头，焊后立即做350～400℃、2 h的去氢处理。

焊后消除应力处理：对于钢结构，厚度大于20 mm的承载部件，焊后需做消除应力处理。对于受压容器及管道，不预热焊的任何厚度接头和预热厚度大于 8 mm 的接头，焊后应做 650 ~ 700℃ 消除应力处理，保温时间 4 min/mm；厚度大于 150 mm 的厚壁接头，在焊完接头的一半深度后，需做 640 ~ 660℃ 的中间消除应力处理，保温时间 3 min/mm。

3）埋弧自动焊。坡口形式采用 I 形、V 形和 U 形。焊丝采用 H8Cr3MoMnA，配用焊剂 HJ350。

焊接规范选用参照 15CrMo 钢埋弧自动焊。焊前预热要求厚度在 10 ~ 60 mm 的接头，预热至 150 ~ 200℃，层间温度不得高于 300℃；厚度大于 60 mm 的接头，最低预热温度不低于 180℃，但最高层间温度不得大于 300℃。

消除应力处理和中间热处理温度及厚度界限同焊条电弧焊。

焊后必须做 150 ~ 200℃、2 h 低温后热处理。对厚度大于 80 mm 的接头，焊后立即做 350 ~ 400℃、2 h 的去氢处理。

第 4 节　不锈钢的焊接

一、概述

1. 不锈钢的定义及分类

不锈钢的定义是主加元素铬含量能使钢处于钝化状态，又具有不锈特性的钢。为此，不锈钢中铬的质量分数应高于 12%。此时，钢的表面能迅速形成致密的 Cr_2O_3 氧化膜，使钢的电极电位和在氧化性介质中的耐蚀性发生突变性提高。在非氧化性介质（HCl、H_2SO_4）中，铬的作用并不明显，除了铬外，不锈钢中还须加入能使钢钝化的 Ni、Mo 等其他元素。

不锈钢按空冷后室温金相组织的不同可分为奥氏体不锈钢、铁素体不锈钢、马氏体不锈钢、铁素体—奥氏体双相不锈钢以及沉淀硬化不锈钢等。不锈钢的重要特性之一是耐蚀性，然而不锈钢的不锈性和耐蚀性是相对的、有条件的，它受到介质种类、浓度、纯净度、流动状态、使用环境的温度、压力等诸多因素的影响，目前还没有对任何腐蚀环境都具有耐蚀性的不锈钢。因此，不锈钢的选用应根据具体的使用条件做合理选择，才能获得良好的使用效果。主要不锈钢热轧钢板的牌号及化学成分见表 3—16。

表3—16　　不锈钢热轧钢板的牌号及化学成分　　%

牌号	奥氏体不锈钢 化学成分（质量分数）									
	C	Si	Mn	P	S	Ni	Cr	Mo	Cu	N	其他
1Cr17Mn6Ni5N	≤0.15	≤1.00	5.50～7.50	≤0.060	≤0.030	3.50～5.50	16.00～18.00	—	—	≤0.25	—
1Cr18Mn8Ni5N	≤0.15	≤1.00	7.50～10.00	≤0.060	≤0.030	4.00～6.00	17.00～19.00	—	—	≤0.25	—
1Cr18Ni9	≤0.15	≤1.00	≤2.00	≤0.035	≤0.030	8.00～10.00	17.00～19.00	—	—	—	—
1Cr18Ni9Si3	≤0.15	2.00～3.00	≤2.00	≤0.035	≤0.030	8.00～10.00	17.00～19.00	—	—	—	—
0Cr18Ni9	≤0.07	≤1.00	≤2.00	≤0.035	≤0.030	8.00～11.00	17.00～19.00	—	—	—	—
00Cr19Ni10	≤0.030	≤1.00	≤2.00	≤0.035	≤0.030	8.00～12.00	18.00～20.00	—	—	—	—
0Cr19Ni9N	≤0.08	≤1.00	≤2.50	≤0.035	≤0.030	7.00～10.50	18.00～20.00	—	—	0.10～0.25	—
0Cr19Ni10NbN	≤0.08	≤1.00	≤2.50	≤0.035	≤0.030	7.50～10.50	18.00～20.00	—	—	0.15～0.30	Nb≤0.15
00Cr18Ni10N	≤0.030	≤1.00	≤2.00	≤0.035	≤0.030	8.50～11.50	17.00～19.00	—	—	0.12～0.22	—
1Cr18Ni12	≤0.12	≤1.00	≤2.00	≤0.035	≤0.030	10.50～13.00	17.00～19.00	—	—	—	—
0Cr23Ni13	≤0.08	≤1.00	≤2.00	≤0.035	≤0.030	12.00～15.00	22.00～24.00	—	—	—	—
0Cr25Ni20	≤0.08	≤1.00	≤2.00	≤0.035	≤0.030	19.00～22.00	24.00～26.00	—	—	—	—
0Cr17Ni12Mo2	≤0.08	≤1.00	≤2.00	≤0.035	≤0.030	10.00～14.00	16.00～18.00	2.00～3.00	—	—	—
0Cr17Ni14Mo2	≤0.030	≤1.00	≤2.00	≤0.035	≤0.030	12.00～15.00	16.00～18.00	2.00～3.00	—	—	—
0Cr17Ni12Mo2N	≤0.08	≤1.00	≤2.00	≤0.035	≤0.030	10.00～14.00	16.00～18.00	2.00～3.00	—	0.10～0.22	—

续表

奥氏体不锈钢										
牌号	化学成分（质量分数）									
	C	Si	Mn	P	S	Ni	Cr	Mo	Cu	N	其他
00Cr17Ni13Mo2N	≤0.030	≤1.00	≤2.00	≤0.035	≤0.030	10.50～14.50	16.50～18.50	2.00～3.00	—	0.12～0.22	
1Cr18Ni12Mo2Ti②	≤0.12	≤1.00	≤2.00	≤0.035	≤0.030	11.00～14.00	16.00～19.00	1.80～2.50	—	—	Ti=5（C%－0.02）～0.80
0Cr18Ni12Mo2Ti	≤0.08	≤1.00	≤2.00	≤0.035	≤0.030	11.00～14.00	16.00～19.00	1.80～2.50	—	—	Ti=5×C%～0.07
1Cr18Ni12Mo3Ti	≤0.12	≤1.00	≤2.00	≤0.035	≤0.030	11.00～14.00	16.00～19.00	2.50～3.50	—	—	Ti=5（C%－0.02）～0.80
0Cr18Ni12Mo3Ti	≤0.08	≤1.00	≤2.00	≤0.035	≤0.030	11.00～14.00	16.00～19.00	2.50～3.50	—	—	Ti=5×C%～0.07
0Cr18Ni12Mo2Cu2	≤0.08	≤1.00	≤2.00	≤0.035	≤0.030	10.00～14.00	17.00～19.00	1.20～2.75	1.00～2.50	—	—
00Cr18Ni12Mo2Cu2	≤0.030	≤1.00	≤2.00	≤0.035	≤0.030	12.00～16.00	17.00～19.00	1.20～2.75	1.00～2.50	—	—
0Cr19Ni13Mo3	≤0.08	≤1.00	≤2.00	≤0.035	≤0.030	11.00～15.00	18.00～20.00	3.00～4.00	—	—	—
00Cr19Ni13Mo3	≤0.030	≤1.00	≤2.00	≤0.035	≤0.030	11.00～15.00	18.00～20.00	3.00～4.00	—	—	—
0Cr18Ni16Mo5	≤0.040	≤1.00	≤2.50	≤0.035	≤0.030	15.00～17.00	16.00～19.00	4.00～6.00	—	—	—
1Cr18Ni9Ti②	≤0.12	≤1.00	≤2.00	≤0.035	≤0.030	8.00～11.00	17.00～19.00	—	—	—	Ti=5（C%－0.02）～0.80
0Cr18Ni10Ti	≤0.08	≤1.00	≤2.00	≤0.035	≤0.030	9.00～12.00	17.00～19.00	—	—	—	Ti≥5×C%
0Cr18Ni11Nb	≤0.08	≤1.00	≤2.00	≤0.035	≤0.030	9.00～13.00	17.00～19.00	—	—	—	Nb≥10×C%
0Cr18Ni13Si4①	≤0.08	3.00～5.00	≤2.00	≤0.035	≤0.030	11.50～15.00	15.00～20.00	—	—	—	—

注：①0Cr18Ni13Si4 如有必要，允许添加表列以外的合金元素。

②此牌号除专用外，一般情况下不推荐使用。

表3—16（续1） %

牌号	化学成分（质量分数）									
	C	Si	Mn	P	S	Ni	Cr	Mo	Cu	N	其他
铁素体不锈钢											
0Cr13Al①	≤0.08	≤1.00	≤1.00	≤0.035	≤0.030	—	11.50～14.50	—			Al0.10～0.30
00Cr12①	≤0.030	≤1.00	≤1.00	≤0.035	≤0.030	—	11.00～13.50	—			
1Cr15①	≤0.12	≤1.00	≤1.00	≤0.035	≤0.030	—	14.00～16.00	—			
1Cr17①	≤0.12	≤0.75	≤1.00	≤0.035	≤0.030	—	16.00～18.00	—			
1Cr17Mo①	≤0.12	≤1.00	≤1.00	≤0.035	≤0.030	—	16.00～18.00	0.75～1.25			
00Cr17Mo①	≤0.025	≤1.00	≤1.00	≤0.035	≤0.030	—	16.00～19.00	0.75～1.25		≤0.025	Ti，Nb，Zr及其和8×（C%+N%）～0.8
00Cr18Mo2①	≤0.025	≤1.00	≤1.00	≤0.035	≤0.030	—	17.00～20.00	1.75～2.25		≤0.025	Ti，Nb，Zr及其和8×（C%+N%）～0.8
00Cr30Mo2②	≤0.010	≤0.40	≤0.40	≤0.030	≤0.020	—	28.00～32.00	1.50～2.50		≤0.015	
00Cr27Mo②	≤0.010	≤0.40	≤0.40	≤0.030	≤0.020	—	25.00～27.50	0.75～1.50		≤0.015	

注：①允许含有 ω（Ni）≤0.60%。

② 允许含有 ω（Ni）≤0.50%，ω（Cu）≤0.20%，并且 ω（Ni+Cu）≤0.50%。如有必要，允许添加表列以外的合金元素。

表 3—16（续 2）　　%

马氏体不锈钢											
牌号	化学成分（质量分数）										
	C	Si	Mn	P	S	Ni	Cr	Mo	Cu	N	其他
1Cr12①	≤0.15	≤0.50	≤1.00	≤0.035	≤0.030	—	11.50~13.00	—	—	—	—
0Cr13①	≤0.08	≤1.00	≤1.00	≤0.035	≤0.030	—	11.50~13.00	—	—	—	—
1Cr13①	≤0.15	≤1.00	≤1.00	≤0.035	≤0.030	—	11.50~13.00	—	—	—	—
2Cr13①	0.16~0.25	≤1.00	≤1.00	≤0.035	≤0.030	—	12.00~14.00	—	—	—	—
3Cr13①	0.26~0.35	≤1.00	≤1.00	≤0.035	≤0.030	—	12.00~14.00	—	—	—	—
4Cr13①	0.36~0.45	≤0.80	≤1.00	≤0.035	≤0.030	—	12.00~14.00	—	—	—	—
3Cr16①	0.25~0.40	≤1.00	≤1.00	≤0.035	≤0.030	—	15.00~17.00	—	—	—	—
7Cr17②	0.60~0.75	≤1.00	≤1.00	≤0.035	≤0.030	—	16.00~18.00	—	—	—	—

注：①允许含有 ω（Ni）≤0.60%。

②允许添加的 ω（Mo）≤0.75%。

2. 不锈钢的组织和性能

（1）不锈钢的物理性能

不锈钢的物理性能与碳钢相比，有以下差异：

1）磁性。奥氏体不锈钢通常是非磁性的，而马氏体不锈钢和铁素体不锈钢具有磁性。

2）密度。奥氏体不锈钢密度稍大于碳钢，而碳钢密度稍大于马氏体和铁素体不锈钢。

3）线膨胀系数。奥氏体不锈钢线膨胀系数比碳钢约大 50%，而马氏体不锈钢和铁素体不锈钢的线膨胀系数与碳钢大致相似。

4）比电阻。比电阻按碳钢、马氏体不锈钢、铁素体不锈钢、奥氏体不锈钢顺序增大。奥氏体不锈钢比电阻比碳钢大 5 倍，是铜的 40 倍。

5）热导率。马氏体钢和铁素体钢热导率为碳钢的1/2左右；而奥氏体不锈钢热导率比碳钢要低1/3左右。

（2）不锈钢的常温力学性能

不锈钢的牌号及力学性能见表3—17。

表3—17　　不锈钢的牌号及力学性能

经固溶处理的奥氏体不锈钢的力学性能							
牌号	固溶处理（℃）	拉伸试验			硬度试验		
		屈服强度 $\sigma_{0.2}$（MPa）	抗拉强度 σ_b（MPa）	伸长率 δ_5（%）	HBW	HRB	HV
1Cr17Mn6Ni5N	1 010～1 120 快冷	≥245	≥635	≥40	≤241	≤100	≤253
1Cr18Mn8Ni5N	1 010～1 120 快冷	≥245	≥590	≥40	≤207	≤95	≤218
1Cr18Ni9	1 010～1 150 快冷	≥205	≥520	≥40	≤187	≤90	≤200
1Cr18Ni9Si3	1 010～1 150 快冷	≥205	≥520	≥40	≤207	≤95	≤218
0Cr18Ni9	1 010～1 150 快冷	≥205	≥520	≥40	≤187	≤90	≤200
00Cr19Ni10	1 010～1 150 快冷	≥177	≥480	≥40	≤187	≤90	≤200
0Cr19Ni9N	1 010～1 150 快冷	≥275	≥550	≥35	≤217	≤95	≤220
0Cr19Ni10NbN	1 010～1 150 快冷	≥345	≥685	≥35	≤250	≤100	≤260
00Cr18Ni10N	1 010～1 150 快冷	≥245	≥550	≥40	≤217	≤95	≤220
1Cr18Ni12	1 010～1 150 快冷	≥177	≥480	≥40	≤187	≤90	≤200
0Cr23Ni13	1 030～1 180 快冷	≥205	≥520	≥40	≤187	≤90	≤200
0Cr25Ni20	1 030～1 180 快冷	≥205	≥520	≥40	≤187	≤90	≤200
0Cr17Ni12Mo2	1 010～1 150 快冷	≥205	≥520	≥40	≤187	≤90	≤200
0Cr17Ni14Mo2	1 010～1 150 快冷	≥177	≥480	≥40	≤187	≤90	≤200
0Cr17Ni12Mo2N	1 010～1 150 快冷	≥275	≥550	≥35	≤217	≤95	≤220
00Cr17Ni13Mo2N	1 010～1 150 快冷	≥245	≥550	≥40	≤217	≤95	≤220
1Cr18Ni12Mo2Ti	1 050～1 100 快冷	≥205	≥530	≥35	≤187	≤90	≤220
0Cr18Ni12Mo2Ti	1 050～1 100 快冷	≥205	≥530	≥35	≤187	≤90	≤220
1Cr18Ni12Mo3Ti	1 050～1 100 快冷	≥205	≥530	≥35	≤187	≤90	≤220
0Cr18Ni12Mo3Ti	1 050～1 100 快冷	≥205	≥530	≥35	≤187	≤90	≤220
0Cr18Ni12Mo2TiCu2	1 010～1 150 快冷	≥205	≥520	≥35	≤187	≤90	≤220

续表

经固溶处理的奥氏体不锈钢的力学性能

牌号	固溶处理（℃）	拉伸试验			硬度试验		
		屈服强度 $\sigma_{0.2}$（MPa）	抗拉强度 σ_b（MPa）	伸长率 δ_5（%）	HBW	HRB	HV
00Cr18Ni12Mo2TiCu2	1 010～1 150 快冷	≥177	≥480	≥35	≤187	≤90	≤220
0Cr19Ni13Mo3	1 010～1 150 快冷	≥205	≥520	≥35	≤187	≤90	≤220
00Cr19Ni13Mo3	1 010～1 150 快冷	≥177	≥480	≥35	≤187	≤90	≤220
0Cr18Ni16Mo5	1 030～1 180 快冷	≥177	≥480	≥35	≤187	≤90	≤220
1Cr18Ni9Ti	920～1 150 快冷	≥205	≥520	≥40	≤187	≤90	≤220
0Cr18Ni10Ti	920～1 150 快冷	≥205	≥520	≥40	≤187	≤90	≤220
0Cr18Ni11Nb	920～1 150 快冷	≥205	≥520	≥40	≤187	≤90	≤220
0Cr18Ni13Si	1 010～1 150 快冷	≥205	≥520	≥40	≤207	≤95	≤218

经退火处理的铁素体不锈钢的力学性能

牌号	退火处理（℃）	拉伸试验			硬度试验			弯曲试验
		屈服强度 $\sigma_{0.2}$（MPa）	抗拉强度 σ_b（MPa）	伸长率 δ_5（%）	HBW	HRB	HV	180° 弯心直径 d 试样厚度 a
0Cr13Al	780～830 快冷或缓冷	≥177	≥410	≥20	≤183	≤88	≤200	$a<8$ mm $d=a$
00Cr12	700～820 快冷或缓冷	≥196	≥370	≥22	≤183	≤88	≤200	$a\geqslant 8$ mm $d=2a$
1Cr15	780～850 快冷或缓冷	≥205	≥450	≥22	≤183	≤88	≤200	$d=2a$
1Cr17	780～850 快冷或缓冷	≥205	≥450	≥22	≤183	≤88	≤200	$d=2a$
1Cr17Mo	780～850 快冷或缓冷	≥205	≥450	≥22	≤183	≤88	≤200	$d=2a$
00Cr17Mo	700～1 050 快冷	≥245	≥410	≥20	≤217	≤96	≤230	$d=2a$
00Cr18Mo2	700～1 050 快冷	≥245	≥410	≥20	≤217	≤96	≤230	$d=2a$
00Cr30Mo2	900～1 050 快冷	≥295	≥450	≥22	≤209	≤85	≤220	$d=2a$
00Cr27Mo	900～1 050 快冷	≥245	≥410	≥22	≤190	≤90	≤220	$d=2a$

经退火处理的马氏体不锈钢的力学性能

牌号	退火处理（℃）	拉伸试验			硬度试验			弯曲试验
		屈服强度 $\sigma_{0.2}$（MPa）	抗拉强度 σ_b（MPa）	伸长率 δ_5（%）	HBW	HRB	HV	180° 弯心直径 d 试样厚度 a
1Cr12	约 750 快冷或 800～900 缓冷	≥205	≥440	≥20	≤200	≤93	≤210	$d=2a$
0Cr13	约 750 快冷或 800～900 缓冷	≥205	≥410	≥20	≤183	≤88	≤200	$d=2a$
1Cr13	约 750 快冷或 800～900 缓冷	≥225	≥440	≥20	≤200	≤93	≤210	$d=2a$

续表

经退火处理的马氏体不锈钢的力学性能								
牌号	退火处理（℃）	拉伸试验			硬度试验			弯曲试验
		屈服强度 $\sigma_{0.2}$（MPa）	抗拉强度 σ_b（MPa）	伸长率 δ_5（%）	HBW	HRB	HV	180° 弯心直径 d 试样厚度 a
2Cr13	约750快冷或800~900缓冷	≥225	≥520	≥18	≤223	≤97	≤234	—
3Cr13	约750快冷或800~900缓冷	≥225	≥540	≥18	≤235	≤99	≤247	—
4Cr13	约750快冷或800~900缓冷	—	≥590	≥15	—	—	—	—
3Cr16	约750快冷或800~900缓冷	≥225	≥520	≥18	≤241	≤100	≤253	—
7Cr17	约750快冷或800~900缓冷	≥245	≥590	≥15	≤255	HRC≤25	≤269	—

奥氏体不锈钢常温下具有低的屈强比（40%~50%），伸长率、断面收缩率和冲击吸收功均很高，并具有高的冷加工硬化性。

铁素体不锈钢在常温下冲击韧度低。伸长率比奥氏体不锈钢低得多，断面收缩率与奥氏体不锈钢相似。当在高温长时间加热时，力学性能将进一步降低，可能导致475℃脆化、晶粒粗大等。

马氏体不锈钢在退火状态下硬度最低。可淬火硬化，正常使用时的回火状态的硬度稍有下降，其冲击韧度很低。

（3）不锈钢的耐腐蚀性能

金属腐蚀是受到介质的化学及电化学作用而破坏的现象。有表面均匀腐蚀和表面局部腐蚀之分。不锈钢主要的腐蚀形式也是均匀腐蚀和局部腐蚀，而局部腐蚀主要表现为晶间腐蚀，其次还有点腐蚀、应力腐蚀破坏等现象。

1）不锈钢的均匀腐蚀。均匀腐蚀是指接触腐蚀介质的金属表面全部产生腐蚀的现象。不锈钢在受到腐蚀介质侵蚀时，其速度比一般金属要缓慢得多，之所以有良好的耐腐蚀性，主要是钢中含有大量的铬元素。当处于钝化状态的不锈钢其表面形成一层致密的氧化膜时，这层氧化膜对内部金属起着保护作用，抑制金属释放电子的溶解过程，从而降低腐蚀速度。形成致密氧化膜的钢中含铬量必须大于12%，如用于氧化性较强的介质中的不锈钢，其含铬量一般高于16%。

2）不锈钢的晶间腐蚀。腐蚀介质对某些经过不适当的热处理或焊接后的不锈钢的晶间腐蚀是一种局部腐蚀。晶间腐蚀导致晶粒间的结合力丧失，使钢的强度大大降低或消失，是一种很危险的腐蚀现象。晶间腐蚀常见于奥氏体不锈钢。

引起奥氏体不锈钢发生晶间腐蚀的原因，主要是沿晶界析出富铬的碳化物（Cr，Fe)$_{23}$C$_6$，形成了晶粒边界附近的区域贫铬现象。当该区域的含铬量降低到钝化所需的极限量（含 Cr12.5%）以下时，在一定的介质中，就会加速该区域的腐蚀，即晶间腐蚀。18－8 型奥氏体不锈钢出现贫铬现象，主要是在 450～850℃温度区间加热后，过饱和固溶的碳就会向晶界扩散，在晶界附近和铬结合成碳化物。由于铬的原子半径较大，扩散速度较小，来不及向晶间扩散，使晶界附近大量的铬和碳化物化合成碳化铬，因此，在奥氏体晶界附近形成贫铬区。温度低于 450℃时不易析出碳化铬，高于 850℃时，铬扩散加快，均不致形成晶界贫铬，不至于造成晶间腐蚀。

不锈钢采用各种焊接方法的适用性见表 3—18。

表 3—18　　不锈钢采用各种焊接方法的适用性

焊接方法	母材			板厚（mm）	说明
	马氏体型	铁素体型	奥氏体型		
焊条电弧焊	适用	较适用	适用	>1.5	薄板焊条电弧焊不易焊透，焊缝余高大
手工钨极氩弧焊	较适用	适用	适用	0.5～3.0	厚度大于 3 mm 时，可采用多层焊工艺，但焊接效率较低
自动钨极氩弧焊	较适用	适用	适用	0.5～3.0	厚度大于 4 mm 时，采用多层焊；小于 0.5 mm 时，操作要求严格
脉冲钨极氩弧焊	应用较少	较适用	适用	0.5～3.0 <0.5	热输入低，焊接参数调节范围广，卷边接头
熔化极氩弧焊	较适用	较适用	适用	3.0～8.0 >8.0	开坡口，单面焊双面成形 开坡口，多层多道焊
脉冲熔化极氩弧焊	较适用	适用	适用	>2.0	热输入低，焊接参数调节范围广
等离子弧焊	较适用	较适用	适用	3.0～8.0 ≤3.0	厚度为 3.0～8.0 mm 时，采用“小孔法”焊接工艺，开 I 形坡口，单面焊双面成形。厚度≤3.0 mm 时，采用“熔透法”焊接工艺
微束等离子弧焊	应用很少	较适用	适用	<0.5	卷边接头
埋弧自动焊	应用较少	应用很少	适用	>6.0	效率高，劳动条件好，但焊缝冷却速度缓慢

（4）各类不锈钢的组织和性能

不锈钢种类繁多，分类方法各异。按成分分有以铬为主和以铬镍为主两大类，即 Cr 系不锈钢和 Cr－Ni 系不锈钢。前者 w（Cr）＝12%～30%，其基本类型为 Cr13 钢，后者

w（Cr）=12%～30%、w（Ni）=6%～12%和少量其他元素，其基本类型为Cr18Ni9钢。以这两种类型为基础发展出一系列不锈、耐热，并且有良好力学性能和工艺性能的钢种。

按不锈钢使用状态的金相组织分有铁素体、马氏体、奥氏体、铁素体+奥氏体和沉淀硬化型不锈钢五类，前两类基本属于Cr系不锈钢，后三类是属于Cr－Ni系不锈钢。它们的特点简述如下：

（1）铁素体型不锈钢。这类钢w（Cr）在13%～30%，不含镍，有些加入铁素体稳定化元素，如Al、Nb、Mo和Ti等。无相变，故不能通过热处理方法强化，存在加热时晶粒长大的不可逆性。高铬［w（Cr）=17%～30%］铁素体型不锈钢存在475℃和δ相析出而产生的脆性。钢的缺口敏感性和脆性转变温度较高，在加热后对晶间腐蚀也较敏感。

低铬铁素体不锈钢在弱腐蚀介质中，如淡水中，有良好的耐蚀性；高铬铁素体有良好的抗高温氧化能力，在氧化性酸溶液中，如硝酸溶液，有良好的耐蚀性，故其在硝酸和化肥工业中广泛使用。

（2）马氏体型不锈钢。这类钢w（Cr）≥13%，含碳量较高［w（C）=0.10%～0.4%］具有同素异构转变，可采用热处理方法强化。其淬透性较高，含碳高的钢在空气中冷却也能得到马氏体。钢在淬—回火状态下使用，有较高的强度、硬度和耐磨性。通常用于制造在弱腐蚀性介质（如海水、淡水、水蒸气等）中，其使用温度小于或等于580℃，且受力较大的零件和工具。在汽轮机和燃气轮机中应用广泛。这类钢焊接性能不好，一般不用做焊接件。但是，经过复杂合金化的12%铬型马氏体钢具有很高的热强性，不仅中温瞬时强度高，而且中温持久性能及抗蠕变性能也相当优越，耐应力腐蚀及冷热抗疲劳性能良好。很适于在550～600℃以下及湿热条件下工作的承力件和焊接构件。

（3）奥氏体型不锈钢。这类钢在不锈钢中应用最广（约占70%），它是在18%铬铁素体型不锈钢中加入Ni、Mn、N等奥氏体形成元素而获得的钢种系列。根据主加元素铬、镍含量，可分以下几种类型：

①18－8型钢。它是应用最多的奥氏体不锈钢。如w（C）≤0.03%的00Cr18Ni9钢可用于超低温结构；添加稳定性元素的1Cr18Ni9Ti钢可用于700～800℃以下受腐蚀介质作用的结构。这类钢由于含镍量较低，常温时所形成的奥氏体不稳定，因而冷作硬化倾向较大。

②18－12型钢。一般这类钢中w（Mo）=2%～3%，如Cr18Ni12Mo钢，在各类酸（含有机酸和无机酸）中，尤其是在还原酸中能提高其耐蚀性，故一般作为耐酸钢使用。

为进一步提高在还原酸中的耐蚀性，还可加入 w（Cu）=2%～2.5%Cu。由于钼是缩小γ相区的元素，为了固溶处理后能得到单一的奥氏体组织需将 w（Ni）提高到12%左右。钼有明显细化晶粒的作用，能提高抗热裂能力并改善综合力学性能和耐热性能。因此，Cr18Ni12Mo 钢可作为热强钢使用。

③25－20 型钢。这类钢的铬、镍含量都很高，如 Cr25Ni20Si 钢，具有很好的高温抗氧化性、组织稳定性和耐热性，可以作为高温（达1 050℃）腐蚀条件下工作的热稳定钢使用。钢中一般 w（Si）=2%左右，以提高高温抗氧化性能和改善铸造性能。由于含镍量高，奥氏体稳定性大。但焊接热裂纹倾向也较大，也和高铬［w（Cr）＞16%Cr］铁素体钢一样，具有高温下δ相析出而脆化的倾向。

由上可见，铬镍不锈钢可作为低温或超低温钢、耐蚀钢（抗大气或轻微介质腐蚀）、耐酸钢（耐化学介质腐蚀）、热强钢（＜700～800℃）及热稳定钢（＜1 050℃）使用。

④铬锰低镍型钢。为了节省贵重元素镍，在 Cr18Ni9 钢的基础上加了稳定奥氏体的元素锰或锰和氮代替部分镍而获得的不锈钢，如 1Cr18Mn8Ni5N 钢。这类钢也具有良好的塑性、韧性和工艺成形性能，强度较高，焊接性良好，可以代替部分18－8 型奥氏体不锈钢使用。但耐蚀性和抗氧化性略低，冷作硬化倾向较大。

奥氏体型不锈钢的 M_s 点降到室温以下，从室温到熔点基本上是无相变的奥氏体组织。因此，也和铁素体钢一样，无淬硬性，但无磁性。其屈服点较低，只能通过冷作硬化来提高强度。此外这类钢具有晶间腐蚀倾向。

（4）铁素体—奥氏体型不锈钢。这类钢是在18－8 型奥氏体不锈钢的基础上，添加更多的铬、钼、硅等有利于形成铁素体的元素，或降低钢的含碳量而获得。钢中铁素体δ的体积分数为60%～40%，而奥氏体γ的体积分数为40%～60%，故又称双相不锈钢。不能淬硬，有磁性，其屈服点为奥氏体型不锈钢的两倍，焊接性良好，韧性较高，应力腐蚀、晶间腐蚀及焊接时的热裂倾向均小于奥氏体型不锈钢。缺点是在550～900℃使用或保温有δ相脆化倾向。多用于在一定温度范围下工作的焊接件，特别适用于各种工业用的热交换器，能解决化工和石油化工中许多严重的腐蚀问题。

（5）沉淀硬化（PH）不锈钢。这是一类经过时效强化处理以形成析出硬化相的高强度不锈钢。最典型的有马氏体沉淀硬化钢，如 0Cr17Ni4Cu4Nb（简称17－4PH）；半奥氏体（奥氏体＋马氏体）沉淀硬化钢，如 0Cr17Ni7Al（17－7PH）。这类钢的优点是经沉淀硬化处理后具有高的强度，耐腐蚀性优于铁素体型不锈钢，而略低于奥氏体型不锈钢。主要用于制造要求强度高、耐腐蚀的容器和构件。这类钢的缺点是热处理工艺相对复杂。

二、不锈钢的焊接工艺

1. 奥氏体不锈钢的焊接

奥氏体不锈钢与其他两类不锈钢相比较易焊接。奥氏体不锈钢焊接接头也有较好的塑性和韧性。一般情况下能很好地适应焊条电弧焊、埋弧自动焊、气体保护焊及等离子弧焊等熔化焊接。

（1）奥氏体不锈钢的焊接性

奥氏体不锈钢与其他不锈钢相比，具有良好的焊接性。在任何温度下不会发生相变，对氢脆不敏感，在焊态下奥氏体不锈钢接头也有较好的塑性和韧性。但在选择焊接材料和确定焊接工艺时，若忽视了奥氏体不锈钢碳含量、铬镍含量比、稳定化元素钛、铌等含量及组织特征的不同，焊接接头会出现晶间腐蚀和热裂纹等问题。

1）热裂纹。奥氏体不锈钢具有较高的焊接热裂纹敏感性。热裂纹以结晶裂纹为主，裂纹的起端、扩展及裂纹的止端均沿一次结晶的晶界产生。

奥氏体不锈钢焊接时产生热裂纹的主要原因是焊缝的金相组织、化学成分和焊接应力。单相奥氏体焊缝组织与加入少量铁素体而形成双相组织的焊缝相比对热裂更为敏感。特别是焊接含镍量较高（>15%）的奥氏体不锈钢（如25－20型），奥氏体非常稳定，易产生方向性很强的粗大柱状晶的焊缝，并导致晶间存在低熔点夹层薄膜。加上奥氏体不锈钢导热系数小、膨胀系数大，在焊接局部加热和冷却的条件下，焊接接头在冷却过程中形成一定的拉应力而开裂。

2）晶间腐蚀。奥氏体不锈钢产生晶间腐蚀的主要原因前面已介绍。防止或减少焊件产生晶间腐蚀的措施是：

①控制含碳量。碳是造成晶间腐蚀的主要元素，应尽量降低奥氏体不锈钢中和焊接材料中碳的含量，减少析出碳的数量，避免贫铬区的出现。因此，常控制基本金属和焊条的含碳量在0.08%以下，如0Cr18Ni10Ti钢板、A107（E308－15）、A137（E347－15）焊条等就属于这一类。另外，选用超低碳奥氏体不锈钢（含碳量低于0.03%），即使在450～850℃的高温下加热，碳也能全部溶解在奥氏体中，不会形成贫铬区，因此也不会产生晶间腐蚀。如00Cr19Ni11、00Cr17Ni14Mo2及00Cr19Ni13Mo3钢板的焊接，焊条可采用A002（E316L－16），其含碳量小于0.04%，焊后的焊缝具有良好的抗腐蚀性能。

②添加稳定化合金元素。在钢和焊接材料中加入与碳亲和力很强的钛和铌等稳定化元素，把碳固定在无害的TiC或NbC中，从而避免有害的$Cr_{23}C_6$析出。属于这方面的有1Cr18Ni9Ti、0Cr18Ni10Ti和0Cr18Ni11Nb等钢材，A132（E347－16）、A137、A212（E318－16）焊条和H0Cr20Ni10Ti焊丝等。

③使焊缝形成双相组织。为消除奥氏体中的贫铬区，可在焊缝中加入铁素体形成元素，如铬、硅、铝、钼等，使焊缝具有奥氏体加铁素体的双相组织，即在奥氏体基体上分布有少量（5%左右）的一次铁素体晶粒。其作用是当不锈钢受热时，奥氏体中析出过饱和的碳，它将向临近的铁素体中扩散，并与铁素体中的铬结合成碳化铬。因为，铬在铁素体中的扩散速度比在奥氏体中快，同时铁素体的含铬量也比奥氏体多，所以，在铁素体中不会出现贫铬区。一般焊缝金属中的铁素体含量为4%～12%，若铁素体过多，也会使焊缝变脆。

④进行固溶处理和稳定化热处理。固溶处理是将焊接接头加热到1 050～1 100℃，使晶界上的碳化铬溶入奥氏体中形成固溶体，然后淬水冷却，使碳化铬来不及析出，还可稳定奥氏体组织。稳定化热处理是将焊接接头加热到850～900℃的温度下保温2 h，使奥氏体晶粒内部的铬逐步扩散到晶界，晶界处的含铬量又重新恢复到大于12%水平。这两种方法均能防止产生晶界腐蚀。

⑤采用合理的焊接工艺。如焊接含碳量较高的奥氏体不锈钢，应尽量缩短其在可能形成晶界腐蚀的450～850℃温度区间的停留时间。在此温度范围超过1 min，即可能有碳化铬析出。为此，焊接时应采用小电流、快焊速和短弧焊工艺，多层焊时，应待前一层焊缝完全冷却后再焊后一层。也可采用反面加垫板，甚至浇冷水等措施来加速焊缝的冷却，焊前不预热，与腐蚀介质接触面的焊缝应最后焊接。

（2）奥氏体不锈钢的焊接

1）焊接方法的选择。奥氏体不锈钢具有优良的焊接性，几乎所有的熔焊方法都可用于奥氏体不锈钢的焊接，许多特种焊接方法，如电阻点焊、缝焊、闪光焊、激光与电子束焊接、钎焊都可用于奥氏体不锈钢的焊接。但对于组织性能不同的奥氏体不锈钢，应根据具体的焊接性与接头使用性能的要求，合理选择最佳的焊接方法。其中焊条电弧焊、钨极氩弧焊、熔化极惰性气体保护焊、埋弧焊是较为经济的焊接方法。

焊条电弧焊具有适应各种焊接位置与不同板厚的优点，但焊接效率较低。埋弧焊焊接效率高，适合于中厚板的平焊，由于埋弧焊热输入大、熔深大，应注意防止焊缝中心区热裂纹的产生和热影响区耐蚀性的降低。特别是焊丝与焊剂的组合对焊接性与焊接接头的综合性能有直接的影响。钨极氩弧焊具有热输入小、焊接质量优的特点，特别适合于薄板与薄壁管件的焊接。熔化极富氩气体保护焊是高效优质的焊接方法，对于中厚板采用射流过渡焊接，对于薄板采用短路过渡焊接。

2）焊接材料的选择。奥氏体不锈钢常用的焊接方法有焊条电弧焊、埋弧自动焊和气体保护焊等。选择焊接材料时基本上应按“等成分原则”，即应确保所熔敷的焊缝金属与母材成分接近。但还必须考虑到焊缝的金相组织和焊件使用状态。常用奥氏体不锈钢焊接材料的选用见表3—19。

表 3—19　　常用奥氏体不锈钢焊接材料的选用

<table>
<tr><th rowspan="2">母材牌号</th><th colspan="2">焊条电弧焊</th><th>氩弧焊、埋弧焊</th><th rowspan="2">埋弧焊
焊剂牌号</th><th rowspan="2">焊件使用状态</th></tr>
<tr><th>焊条牌号</th><th>GB 型号</th><th>焊丝牌号</th></tr>
<tr><td>1Cr18Ni9
0Cr18Ni9</td><td>A102
A107</td><td>EB308－16
EB308－15</td><td>H0Cr21Ni10</td><td rowspan="2">HJ260
HJ151</td><td rowspan="3">焊态或固溶处理</td></tr>
<tr><td>0Cr17Ni12Mo2</td><td>A202
A207</td><td>EB316－16
EB316－15</td><td>H0Cr19Ni12Mo2</td></tr>
<tr><td>0Cr19Ni13Mo3</td><td>A242</td><td>EB317－16</td><td>H0Cr20Ni14Mo3[①]</td><td>—</td></tr>
<tr><td>00Cr19Ni11</td><td>A002</td><td>EB308－16</td><td>H00Cr21Ni10</td><td rowspan="3">HJ172
HJ151</td><td rowspan="2">焊态或消除应力处理</td></tr>
<tr><td>00Cr17Ni14Mo2</td><td>A022</td><td>EB316－16</td><td>H00Cr19Ni12Mo2</td></tr>
<tr><td>1Cr18Ni9Ti
0Cr18Ni10Ti
0Cr18Ni11Nb</td><td>A132
A137</td><td>EB347－16
EB347－15</td><td>H0Cr20Ni10Ti
H0Cr19Ni12Nb</td><td>焊态或稳定化和
消除应力处理</td></tr>
<tr><td>0Cr23Ni13
2Cr23Ni13</td><td>A302
A307</td><td>EB309－16
EB309－15</td><td>H1Cr24Ni13[①]</td><td>—</td><td rowspan="2">焊态</td></tr>
<tr><td>0Cr25Ni20
2Cr23Ni20</td><td>A402
A407</td><td>EB310－16
EB310－15</td><td>H0Cr26Ni21[①]
H1Cr26Ni21[①]</td><td>—</td></tr>
</table>

注：①为氩弧焊焊丝。

表 3—20　　不锈钢钨极手工氩弧焊的焊接规范选用

板厚（mm）	坡口形式	坡口尺寸			焊接层数	钨极直径（mm）	焊丝直径（mm）	焊接电流（A）	焊接速度（mm/min）	氩气流量（L/min）	备注
		间隙（mm）	钝边（mm）	角度（°）							
1.0	不开坡口	—	—	—	1	$\phi 2$	$\phi 1.6$	35～70	100～120	6～8	单面焊
1.5～2.0		—	—	—	1	$\phi 2$	$\phi 1.6$	45～80	100～120	8～10	单面焊
2.5～3.0		0.5～1.0	—	—	1	$\phi 3$	$\phi 1.6$～2.0	80～130	100～120	8～10	单面焊
4.0		0.5～1.0	—	—	2	$\phi 4$	$\phi 2.0$～3.0	150～200	110～150	12～14	双面焊
6.0	V形坡口	1.0～1.5	1.0～1.5	60±5	正2/反1	$\phi 4$	$\phi 3.0$	150～200	110～150	12～14	双面焊
6.0		2.0	1.0～1.5	60±5	正1/反1	$\phi 4$	$\phi 3.0$	200～250	150～200	12～14	反面垫板
12.0		1.0～2.0	1.5～2.0	60±5	正5/反1	$\phi 4$	$\phi 3.0$～4.0	200～250	150～200	12～14	无垫板
12.0		1.0～2.0	1.5～2.0	60±5	正6	$\phi 5$	$\phi 3.0$～4.0	180～250	110～150	14～16	反面垫板

3）工艺要点。

①坡口准备。不锈钢板的坡口形式基本上与碳钢相同，其不同点是板厚大于3 mm时需开坡口。采用衬垫的V形坡口，其角度为60°，凡需清根的Y形坡口留根为4～6 mm，坡口角度为80°，不清根的Y形坡口其角度为75°，留2 mm间隙。

②焊前准备。为避免焊接时碳和杂质混入焊缝，在焊前应将焊缝两侧20～30 mm范围内用丙酮或酒精擦净。若坡口加工采用等离子弧切割，只能使用专磨不锈钢的砂轮片，所用的钢丝刷必须用不锈钢丝制成。

③焊接工艺。对于不同的焊接方法有不同的焊接工艺要求。

焊条电弧焊用于奥氏体不锈钢板焊接时，在保证焊透和熔合良好的条件下用小电流快速焊，选用的焊接电流要比同规格的碳钢焊条小20%左右，以防电阻热导致焊条发红使药皮失效，同时对防晶间腐蚀和抗热裂也有好处。操作时采用快焊速及窄焊道，焊条最好不做（或稍做）横向和前后摆动，短弧焊接。多层焊时，层间温度不宜过高，必要时可在焊缝背面衬铜垫板或对焊件采取水冷的冷却措施，每焊完一层需彻底清除熔渣，对焊缝仔细检查，确认无缺陷后，并待前层焊缝冷却到60℃以下时再焊接下一层。多层焊时每层厚度不应超过3 mm，每层焊缝接头应相互错开。不在非焊接部位引弧，收弧一定要填满弧坑，否则产生弧坑裂纹成为腐蚀起源点，有条件的尽量使用引弧板和收弧板。与腐蚀介质接触面的焊缝应最后焊接。

埋弧自动焊用于奥氏体不锈钢焊接时，由于焊接规范稳定，熔合比波动很小，焊缝成分和组织较稳定，焊缝表面光洁，无飞溅损失，因而接头的耐腐蚀性很高。由于埋弧焊热输入大、熔深大，应注意防止焊缝中心区热裂纹的产生和热影响区耐蚀性的降低，并容易引起合金元素及杂质的偏析和组织过热倾向。特别是焊丝与焊剂的组合对焊接性与焊接接头的综合性能有直接的影响。因此，焊接时在保证焊透和良好的焊缝成形条件下，采用较小的热输入量。另外，埋弧焊因热裂敏感性较大，不适用于焊接25－20型的奥氏体不锈钢。埋弧自动焊的焊接电源基本上都采用直流电源，反极性接法。焊接时焊丝的伸出长度要短些，直径为2～3 mm焊丝的伸出长度为20～30 mm。

钨极手工氩弧焊最适于奥氏体不锈钢的焊接。其优点是热量集中，热输入量控制正确，焊接热影响区不易过热，变形小。缺点是熔敷速度低，对厚度大于12 mm的不锈钢板采用该工艺是不经济的。常用于板厚10 mm以下的不锈钢板的对接和角接、薄壁不锈钢管的对接、不锈钢管与板件的焊接以及中、厚板封底焊缝的焊接等。钨极手工氩弧焊电源极性为直流正接，如采用直流反接时，钨极容易烧损。焊接厚度1 mm以下的不锈钢薄板，焊时可不加填充焊丝。厚度大于1 mm的焊件则需填加焊丝。厚度在25 mm以下的不锈钢板一般采用单面焊，反面衬有垫板的对接缝，可留1～2 mm的间隙。大于

6.5 mm 板厚的不锈钢板可以采用多层多道焊。不锈钢管对接接头封底焊时，管子内应通入氩气，以防止管子内侧焊缝被氧化。不锈钢对接焊缝的钨极手工氩弧焊的焊接规范选用见表 3—20。

2. 铁素体不锈钢的焊接

（1）普通铁素体不锈钢的焊接特点

普通铁素体不锈钢焊接的主要问题有冷裂倾向和焊接接头的脆化。

1）冷裂倾向。焊接 w（Cr）>16% 的铁素体不锈钢时，近缝区晶粒急剧长大而引起脆化，同时常温韧性较低，如果接头刚度较大时，则很容易在接头上产生冷裂纹。在使用铬钢焊接材料时，为了防止过热脆化和产生裂纹，常采用低温预热以使接头处于富韧性状态下进行焊接。

2）焊接接头的脆化。这类钢的晶粒在 900℃以上极易粗化；加热至 475℃附近或自高温缓冷至 475℃附近，在 550～820℃温度区间停留（形成 σ 相）均使接头的塑性、韧性降低而脆化。

接头上一旦出现晶粒粗化就难以消除，因热处理无法细化铁素体晶粒。因此，焊接时尽量采取小的热输入和较快的冷却速度，多层焊时严格控制层间温度，避免过热。若已在接头上产生 σ 相和 475℃脆化，可通过热处理方法消除。

（2）高纯铁素体不锈钢的焊接特点

高纯铁素体不锈钢比普通铁素体不锈钢容易焊接，因为前者 w（C）<0.015%，w（C+N）又很低，比后者具有良好的抗裂性能和耐蚀性能，并且不再存在室温脆性问题。但要注意以下几点：

1）防止焊缝金属被污染。在焊接过程中必须防止带入 C、N、O 等杂质。最好采用带背面保护的 TIG 焊或双层气流保护焊，并用高纯度氩气，以获得高纯焊缝金属。有条件宜采用尾气保护，对多层焊尤其需要。

2）正确选择焊接材料。最好选用含有 Ti、Nb 稳定化元素的高纯铁素体不锈钢焊接材料，以防止多层多道焊时产生敏化以及焊缝金属吸收焊接气氛中的 C 和 N 后造成晶间腐蚀。

3）控制焊缝中 Ni、Cu 和 Mo 的含量。退火状态的高纯铁素体不锈钢在含 Cl^- 介质中一般不产生应力腐蚀，但是当钢或焊缝金属中 Ni、Cu 和 Mo 含量超过临界值时，会出现应力腐蚀倾向。

高纯铁素体不锈钢也存在 475℃脆性，且与杂质（C、N、O 等）含量无关，故焊接时，也应采取小焊接热输入，窄焊道并控制层间温度等措施。

由于铁素体不锈钢无相变过程，所以，在晶粒长大以后，不能通过热处理的方式使其重结晶而细化晶粒。因此，在焊接时防止铁素体不锈钢过热是主要的问题。

（3）焊接工艺

铁素体不锈钢焊接时通常采用焊条电弧焊、钨极氩弧焊及熔化极氩弧焊等。根据铁素体不锈钢的焊接特点，焊接工艺主要为合理掌握选择焊接材料、焊接规范、预热要求和焊后处理等要点。

1）焊接材料。所用的焊接材料有两类：同质的铁素体型和异质的奥氏体型。

选择与母材相匹配的焊接材料即同质的铁素体型。同质铁素体型焊接材料其优点是与母材有相同的膨胀系数和相似的耐蚀性，焊缝与母材有一样的颜色。缺点是由于铁素体焊接材料的熔敷金属韧性太低，焊缝的抗裂性能不高，加上添加的铝和钛等铁素体形成元素难于有效地过渡到熔池中去。焊后需回火处理，以改善接头组织的均匀性。因此，铁素体型焊接材料的应用受到一定的限制。

2）焊前预热。铁素体不锈钢在室温时的冲击韧度较低，焊接时容易产生裂纹。如1Cr17钢在室温下的冲击吸收功只有20 J左右，但稍微提高温度，就可使其韧性提高到40～70 J。因此，使用铁素体型焊接材料焊接时，焊前预热可提高焊接接头的抗裂能力。但预热温度不能太高，一般在70～200℃，若铁素体钢中含铬量高时，可适当提高预热温度至200～300℃。过高的预热温度将促进晶粒长大并出现过热脆化倾向。

3）焊接。为了防止铁素体不锈钢焊接接头过热脆化倾向及提高接头的抗裂性能、耐蚀性能，焊接时宜采用小电流、快焊速的较小热输入的焊接规范。操作时焊条不摆动，以获得窄焊缝，加快焊缝及热影响区的冷却速度。多层焊时，要控制层间温度，待前一道焊缝冷却到预热温度时再开始下一层焊缝的焊接，以减少焊缝及热影响区的高温停留时间。厚板焊接时，为降低焊接内应力，除第一层和盖面层外，对其他各层进行锤击处理。

4）焊后退火处理。铁素体不锈钢焊后退火处理的目的是消除应力，使碳化物球化并使铬分布均匀，恢复耐蚀性，并改善接头塑性。退火温度应在低于使晶粒长大的温度下进行，退火温度范围为750～850℃。退火后应快冷，避免在370～570℃缓冷，防止出现475℃脆性，可以采用空冷甚至水冷快速通过这一脆化温度区。

已产生475℃脆性和σ相脆化的焊接接头，可短时加热到600℃以上空冷消除475℃脆性；加热到930～980℃急冷消除σ相脆化。采用奥氏体钢焊接材料时，不必预热和焊后热处理。

3. 马氏体不锈钢的焊接

（1）焊接特点

马氏体不锈钢含铬量在12%～18%，是铁素体形成元素。此外，还含有一定数量的碳和镍的奥氏体形成元素。此类不锈钢在室温下是铁素体相的马氏体不锈钢，经高温加热后就可转变成奥氏体，再经空冷就有淬硬倾向。马氏体不锈钢的焊接性和调质的中低合金钢相似，焊接的主要问题是冷裂纹问题。

无论马氏体不锈钢以何种状态供货，焊后接头总会形成淬硬的马氏体组织。当焊接接头刚度大或含氢量高时，在焊接应力作用下，特别当从高温直接冷至100℃以下时，很容易产生冷裂纹。含碳量越高，焊缝及热影响区硬度就越高，对冷裂纹就越敏感。

防止淬硬造成冷裂纹的最有效方法是预热和控制层间温度；为了获得最佳的使用性能和防止延迟裂纹，焊后要求热处理。

此外，要防止铁素体的产生。含碳量较高的马氏体不锈钢如2Cr13、3Cr13等，经加热冷却后都可以形成完全马氏体组织。但是，对含奥氏体形成元素碳或镍较少或者含铁素体形成元素铬、钼、钨或钒较多的马氏体钢，如1Cr13、1Cr17Ni2等，其铁素体稳定性偏高，加热到高温后铁素体不能全部转变为奥氏体，淬火后除了得到马氏体外，还要产生一部分铁素体。在粗大铸态焊缝组织及过热区中的铁素体，往往分布在粗大的马氏体晶间（即原奥氏体晶界上），严重时可呈网状分布。这使接头对冷裂更加敏感，高温力学性能恶化。

含铁素体形成元素较高的马氏体不锈钢具有较大的晶粒长大倾向。如果焊接时过热或冷却速度小时，近缝区会出现粗大的铁素体和晶界碳化物，降低焊接接头的塑性。

为了提高焊接接头的塑性，减小内应力，避免产生裂纹和热影响区脆化，最好的方法是采取预热、控制层间温度以及焊后热处理等措施并配用相应的焊接工艺（如提高热输入等）。

（2）焊接工艺

1）焊接材料。马氏体不锈钢焊接可选用和基本金属相近的马氏体不锈钢焊条，如G202（E410－16）、G207（E410－15）焊条，或1G13焊丝。这类焊缝焊后应及时进行高温回火处理。当焊件不允许回火处理，或者为提高焊缝的塑性和韧性时可采用异质奥氏体钢焊条，如A102、A107、A202、A307、A402等，但焊缝强度低于基本金属。

2）预热及层间温度。马氏体不锈钢焊前预热的目的是防止冷裂纹。预热温度不能高于马氏体开始转变温度，一般选在150～400℃。确定预热温度最主要的因素是随含碳量增加而提高，此外还要根据焊件的厚度及刚度大小来决定。含碳量小于0.1%时，预热温度在200℃以下；含碳量为0.1%～0.2%时，预热温度为200～250℃；含碳量大于0.2%时，预热温度必须大于250℃，并需要保持层间温度。

3）焊接。马氏体不锈钢的焊接规范选择与铁素体钢相反，一般选用适当大的焊接电流，低焊速，运条时焊条可做横向摆动，以获得较宽的焊缝来减慢冷却速度，防止产生裂纹。多层焊时，宜采用细直径焊条或钨极氩弧焊焊接底层焊道，确保根部焊透。

4）焊后热处理。焊后热处理的目的：一是降低焊缝及热影响区的硬度，改善其塑性和韧性；二是减小或消除焊接残余应力，去除接头中的扩散氢，以防延迟裂纹的产生。

4. 不锈钢复合钢板的焊接

由不锈钢复层和碳钢（或低合金钢）基层复合而成的钢板称为不锈钢复合钢板。由于复合钢板中含两种金属成分，它们的物理性能和力学性能有很大差别，焊接时需采用不同的焊接工艺。基层的焊接以保证接头的力学性能为原则，一般可参照碳钢或低合金钢的焊接工艺。复层的焊接既要保证接头的耐腐蚀性能，又要获得满意的力学性能，操作时遵守不锈钢的焊接工艺。

（1）焊接材料

基层与基层的焊接采用与基层材料相应的结构钢焊条，在复层与基层相交处的焊缝称为过渡层焊缝，所用的焊条称为过渡层焊条，一般选用高铬镍奥氏体焊条（A302和A307等）或采用不锈钢药芯焊丝，使复层焊缝的合金成分与原来接近。最后复层与复层之间的焊接，可采用与复层材料相应的不锈钢焊条或药芯焊丝。

（2）焊前准备

不锈钢复合钢板的坡口宜用刨削加工，坡口一般都开在基层一侧。坡口形式多数采用Y形，其角度为60°，并在基层留出一定的钝边量，装配的基准是在复层。焊前可在基层上进行定位焊，但不允许在复层上定位焊。

（3）焊接工艺

不锈钢复合钢板一般先焊基层一侧，然后从复层一侧铲除焊根，并用砂轮片打磨干净，再焊过渡层。

基层焊接时，应避免熔化至不锈钢复层，否则碳钢焊缝会被复层中的铬、镍等元素合金化，而降低焊缝塑性，以致引起热、冷裂纹。

过渡层的焊接尽量采用小电流，焊条摆动幅度小，力求紧靠基层一侧的熔深浅些。因过多的基层金属（含碳、锰等元素）熔入过渡层，使焊缝被碳钢稀释，会形成脆硬的马氏体组织，降低了接头的塑性及耐腐蚀性。待过渡层的焊缝离复层1～2 mm时，就改用复层焊条焊接。复层的焊接宜采用小电流、快焊速、多道焊，焊条不做横向摆动。

第 5 节 铸铁的焊接

一、概述

1. 铸铁的定义及分类

铸铁是 w（C）>2% 的铁碳合金。其中还含有硅、锰及硫、磷等杂质。为了改善铸铁的某些性能，常加入一些合金元素而成为合金铸铁。

按碳在铸铁中存在的状态和形式不同，可将铸铁分为白口铸铁、灰铸铁、可锻铸铁、球墨铸铁及蠕墨铸铁五类。

（1）白口铸铁

碳在铁中绝大部分以渗碳体（Fe_3C）形式存在，因其断口呈白色而得名。渗碳体硬而脆，硬度为 800 HBW 左右。因无法机械加工，所以应用不广，主要用于轧辊或其他不需机械加工的耐磨零件。

（2）灰铸铁

碳以片状石墨存在，因其断口呈暗灰色而得名。普通灰铸铁中石墨片较粗，如果在浇注之前向铁水中加入少量硅铁或硅钙等孕育剂，进行孕育处理，促使石墨的非自发成核，可使灰铸铁的粗片状石墨细化，形成孕育铸铁。

（3）可锻铸铁

碳以团絮状石墨存在。将白口铸铁经长时间石墨化退火，使渗碳体分解析出石墨并呈团絮状分布于基体内。因具有较高韧度，故称为可锻铸铁。

（4）球墨铸铁

碳以球状石墨形式存在，常简称球铁，是在浇注前向铁水加入如纯镁或稀土镁合金等球化剂而获得。球墨铸铁因具有较高的强度和韧度，还可通过热处理显著地改善其力学性能，故常用来制造强度较高、形状复杂的铸铁件。

（5）蠕墨铸铁

碳以蠕虫状石墨存在。在浇注前向铁水加入如稀土硅铁、稀土镁钛等稀土合金的蠕化剂，促使石墨呈蠕状而称为蠕墨铸铁。

2. 铸铁的组织及力学性能

（1）灰铸铁

在灰铸铁中由于石墨的含量、形状和大小是在一个比较大的范围内变化的，所以灰铸铁的种类也比较多。若以其基体的结构形式可分三种：珠光体级灰铸铁，在珠光体中0.8%的碳为化合碳，其余均为自由状态的石墨；铁素体+珠光体级灰铸铁，其金相组织为铁素体+珠光体+自由状态的石墨，由于其含有一定量的铁素体，所以化合碳的含量低于0.8%；铁素体级灰铸铁，其金相组织是以铁素体为基体，其他则为自由状态的石墨，没有化合碳存在。

由于石墨的力学性能很低，使金属基体承受负荷的有效面积减小，而且片状石墨会使应力严重集中，降低灰铸铁的力学性能。灰铸铁的石墨形态可以以不同的数量、长短及粗细分布于基体中，对力学性能产生很大的影响。同时，因灰铸铁的金属基体是由珠光体与铁素体按不同比例组成的，所以灰铸铁中珠光体的含量越高其抗拉强度也越高，硬度也相应有所提高。灰铸铁的牌号及力学性能见表3—21。

表3—21　　灰铸铁的牌号及力学性能

牌号	抗拉强度 σ_b（MPa）	布氏硬度（HBW）	主要基体组织
	不小于		
HT100	100	≤175	铁素体
HT150	150	150~200	铁素体+珠光体
HT200	200	170~220	珠光体
HT250	250	190~240	珠光体
HT300	300	210~260	珠光体
HT350	350	230~280	珠光体

常用灰铸铁的化学成分为：含碳量=2.6%~3.8%，含硅量=1.2%~3.0%，含锰量=0.4%~1.2%，含磷量≤0.4%，含硫量≤0.15%。同一牌号的灰铸铁中，薄壁体(<10 mm)的碳、硅含量高于厚壁件。

牌号中HT表示灰铸铁，是“灰铁”二字汉语拼音的字头，随后的数字表示以MPa为单位的抗拉强度。灰铸铁几乎无塑性和韧性。

（2）白口铸铁

白口铸铁主要用做炼钢的原材料及铸造可锻铸铁的毛坯。有些零件如轧辊、球磨机的磨球及火车轮等，要求表面有较高的硬度和耐磨性，可以采用局部快冷的方法，使其表面获得白口铸铁组织，而心部仍为灰铸铁组织。

（3）可锻铸铁

可锻铸铁根据退火条件不同，可分为墨心可锻铸铁和珠光体可锻铸铁。墨心可锻铸铁是由白口铸铁在中性介质中退火得到的，断口呈暗灰色或灰色。其金相组织是在铁素体基体上加团絮状石墨。珠光体可锻铸铁是在氧化性介质中进行退火得到的，断口的中心呈灰白色，表面为暗灰色。其金相组织是中心基体组织为珠光体（也有少量渗碳体），表面为铁素体。

可锻铸铁的牌号是由“KTH”或“KTZ”表示以及其后的两组数字组成。其中“KT”是可铁二字的汉语拼音字头，“H”表示墨心可锻铸铁；“Z”表示珠光体可锻铸铁，其后的第一组数字为抗拉强度，第二组数字为伸长率。可锻铸铁的牌号及力学性能见表3—22。

表3—22　　可锻铸铁的牌号及力学性能

牌号	抗拉强度 σ_b（MPa）	屈服强度 $\sigma_{0.2}$（MPa）	伸长率 δ（%）（$L_0=3d$）	布氏硬度（HBW）
	不小于			
KTH300－06	300	—	6	≤150
KTH330－08	330	—	8	≤150
KTH350－10	350	200	10	≤150
KTH370－120	37	—	12	≤150
KTZ450－06	450	270	6	150～200
KTZ550－04	550	340	4	180～230
KTZ650－02	650	430	2	210～260
KTZ700－02	700	530	2	240～290

可锻铸铁的生产必须分两个步骤。第一步先浇注成白口铸铁；第二步再经高温长时间的石墨化退火，以获得团絮状的石墨。为保证铸件首先得到完全的白口铸铁组织，必须降低铸铁中碳和硅的含量。为此，可锻铸铁的化学成分控制在以下范围：含碳量＝2.2%～2.8%，含硅量＝1.2%～2.0%，含锰量＝0.4%～1.2%，含磷量≤0.1%，含硫量≤0.2%。

墨心可锻铸铁因塑性和韧性较高，多用于汽车、拖拉机的后桥外壳、前后轮壳、制动器等零件。珠光体可锻铸铁因强度高、耐磨性好，常用于轴套、摇臂、传动链条、车轮等零件。

（4）球墨铸铁

球墨铸铁的基体组织随成分和冷却速度的不同可分为：铁素体球墨铸铁、铁素体＋珠光体球墨铸铁及珠光体球墨铸铁三种。

在球墨铸铁中，石墨球越圆、球径越小、分布越均匀，则其力学性能就越高。以铁素体为基体的球墨铸铁强度较低，塑性和韧性较高；以珠光体为基体的球墨铸铁强度高、耐磨性好，但塑性和韧性较差。球墨铸铁的力学性能超过灰铸铁，可与相应组织的铸钢相媲美，同时还保留了灰铸铁的优良性能，因此在工业中得到广泛的应用。它已成功地替代了许多可锻铸铁、铸钢及锻钢，可用来制造一些受力复杂，强度、韧性和耐磨性要求高的零件。球墨铸铁的牌号及力学性能见表3—23。

表3—23　球墨铸铁的牌号及力学性能

牌号	抗拉强度 σ_b（MPa）	屈服强度 $\sigma_{0.2}$（MPa）	伸长率 δ（%）	布氏硬度（HBW）	主要基体组织
	不小于				
QT400－18	400	250	18	130～180	铁素体
QT400－15	400	250	15	130～180	铁素体
QT450－10	450	310	10	160～210	铁素体
QT500－7	500	320	7	170～230	铁素体＋珠光体
QT600－3	600	370	3	190～270	珠光体＋铁素体
QT700－2	700	420	2	225～305	珠光体
QT800－2	800	480	2	245～335	珠光体或回火组织
QT900－2	900	600	2	280～360	贝氏体或回火索氏体

（5）蠕墨铸铁

蠕墨铸铁的基体也同样分为铁素体型、珠光体型和铁素体＋珠光体型三种。其强度接近于球墨铸铁，有一定的韧性和较高的耐磨性。蠕墨铸铁的牌号及力学性能见表3—24。

表3—24　蠕墨铸铁的牌号及力学性能

牌号	抗拉强度 σ_b（MPa）	屈服强度 $\sigma_{0.2}$（MPa）	伸长率 δ（%）	布氏硬度（HBW）	蠕化率 *VG*（%）≥	主要基体组织
	不小于					
RuT420	420	335	0.75	200～280	50①	珠光体
RuT380	380	300	0.75	193～274	50①	珠光体
RuT340	340	270	1.0	170～249	50①	珠光体＋铁素体
RuT300	300	240	1.5	140～217	50①	珠光体＋铁素体
RuT260	260	195	3	121～197	50①	铁素体

二、铸铁的焊接工艺

铸铁补焊时用的焊接材料，除了国标 GB/T 10044—2006《铸铁焊条及焊丝》规定的牌号和型号外，还可选用 18－8 型不锈钢焊条和其他高铬镍焊条。铸铁焊条电弧焊常用的焊条见表 3—25。其型号的表示方法如下：

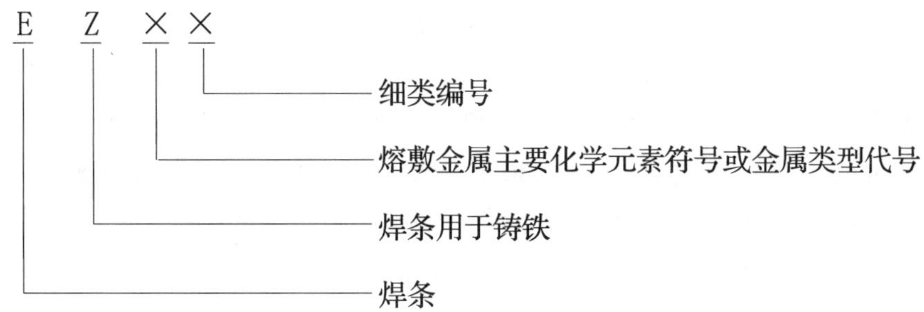

表 3—25　　铸铁焊条电弧焊常用的焊条

牌号	所属国标型号	药皮类型	焊芯主要成分	焊缝主要成分	焊接电源	主要用途
Z100	EZFe－2	氧化型	低碳钢	碳钢	交直流	焊后不进行切削加工的一般灰铸铁件
Z116	EZV	低氢型	低碳钢	高钒钢	交直流	要求强度较高的灰铸铁、球墨铸铁、可锻铸铁
Z117	EZV	低氢型	低碳钢	高钒钢	直流反接	
Z208	EZC	石墨型	低碳钢	灰铸铁	交直流	一般灰铸铁件，承受应力和冲击的重要铸铁件不能用
Z238	EZCQ	石墨型	低碳钢	球墨铸铁	交直流	球墨铸铁件
Z248	EZC	石墨型	灰铸铁	灰铸铁	交直流	要求焊缝组织为灰铸铁，而颜色、硬度、加工要求与母材相同的一般灰铸铁件
Z308	EZNi	石墨型	纯镍	镍	交直流	重要灰铸铁件，可切削加工，如机床导轨面、气缸加工面
Z408	EZNiFe	石墨型	镍铁合金	镍铁合金	交直流	球墨铸铁和灰铸铁，可切削加工，但熔合区比铸 308、铸 508 稍硬
Z508	EZNiCu	石墨型	镍铜合金	镍铜合金	交直流	灰铸铁，可切削加工，强度、抗裂性较差
Z607		低氢型	纯铜	铜基、铜铁混合	直流反接	一般灰铸铁，抗裂性好，加工性差，常用于非加工面的铸铁补焊
Z612		钛钙型	铜包钢心	铜基、铜铁混合	交直流	

1. 灰铸铁的焊接

（1）灰铸铁的焊接性

1）焊接接头易出现白口组织。灰铸铁件补焊时，往往会在焊缝和母材交界的熔合线处生成一层硬而脆的白口组织，严重时会使整个焊缝断面白口化，极难进行机械加工。其产生原因：主要是由于焊缝的冷却速度快，特别是在熔合线附近处的焊缝金属冷却最快；另外，则是焊条选择不当，使焊缝中的石墨化元素含量不足。

2）焊接接头易出现淬硬组织。灰铸铁件补焊时，在焊缝及热影响区均会产生高碳马氏体而形成淬硬组织。如采用低碳钢焊条补焊时，即使选用较小的焊接电流，母材在第一层焊缝中所占的百分比也将为25%～30%，第一层焊缝的平均含碳量将为0.75%～0.9%，属于高碳钢，焊缝在电弧冷焊后，将会产生高碳马氏体组织，不仅影响焊接接头的加工性，且由于脆性容易引发裂纹。这样在白口和淬硬组织的共同作用下，使焊缝和热影响区局部出现高硬度组织，给机械加工带来很大的困难。

防止产生淬硬组织的方法是：对焊件进行焊前预热和采用异质焊缝的焊接材料。

3）焊接接头易产生冷裂纹和热裂纹。灰铸铁补焊时极易产生裂纹，主要有冷裂纹和热裂纹两种类型。

①冷裂纹。冷裂纹多半是在焊缝金属（铸铁型）凝固后的冷却收缩过程中产生的，同时还伴随着清脆的金属开裂的响声，其发生温度在500℃以下。冷裂纹一般发生在焊缝或热影响区，也有发生在母材上或相互交错发生的。

②热裂纹。当采用非铸铁组织的焊条焊铸铁件时，易有产生热裂纹的倾向，而且热裂纹产生的部位总是在焊缝金属上。

（2）灰铸铁的焊接方法和焊接工艺

铸铁属于难焊的金属材料，实践证明，除了需正确选择焊接方法及其所用的焊接材料外，还需要有一套与之相适应的焊接工艺措施配合补焊才能取得成功。补焊灰铸铁的常用方法有电弧焊和气焊，此外还有钎焊和手工电渣焊。电弧焊中以焊条电弧焊应用最多，气体保护焊用得较少。

1）灰铸铁的焊条电弧冷焊技术。灰铸铁电弧冷焊是指焊前对被焊铸铁件不预热的焊条电弧焊。它具有补焊效率高、成本低及改善劳动条件等优点，得到广泛应用。根据灰铸铁件补焊的要求并结合补焊件大小、形状、刚度及用途等情况，可采用各种补焊工艺。所有的措施均着眼于减少焊接接头产生裂纹的倾向，保证具有良好的可加工性以及有较小的硬度差。

①灰铸铁同质焊缝焊条电弧冷焊。利用铸铁型焊条焊后所获得的焊缝金属，其化学成分、组织、性能及颜色与母材接近，这类焊缝称为铸铁型焊缝，也称同质焊缝。

同质焊缝焊条电弧冷焊的关键问题是使焊接接头获得灰口组织。主要措施：第一是使焊缝有较强的石墨化能力；第二是使焊接接头有足够缓慢的冷却速度，以克服本工艺的焊缝冷却速度快、接头的白口组织及裂纹问题较突出的不足。

同质焊缝补焊时采用的焊接材料主要有 Z248 和 Z208 焊条等。Z248 焊条为铸铁芯强石墨化型药皮的铸铁焊条。可通过焊芯和药皮同时向焊缝过渡石墨化元素，该焊条石墨化能力较强。Z208 焊条为低碳钢芯强石墨化药皮的铸铁焊条，通过保温缓冷，焊缝可获得灰铸铁。

同质焊缝补焊时，为减少焊接接头出现白口组织，应选用大直径焊条、大电流、长电弧和连续焊等工艺。同时，应在焊前铸铁件缺陷处加工出形状合适的坡口，然后在坡口周围 2 ~ 4 mm 处，围一圈 6 ~ 8 mm 高度的黄泥条。焊接时对大型铸铁件的较大缺陷，其体积在 60 ~ 100 cm^3 时，为防止发生冷裂纹，补焊区应分区、分段填满，待高出母材 4 ~ 6 mm时，再向前推进一区段。切忌电弧快速全面铺展，不宜分层堆焊。收尾时，在焊完的缺陷表面均匀摆动焊一层，并减缓冷速。如缺陷体积在 20 ~ 50 cm^3 时，可采用连续焊工艺一次焊完。对缺陷体积小于 20 cm^3 时，不用黄泥条圈，而是采取将焊出缺陷表面的焊缝在红热状态时将其刮平再焊接，反复进行三次以上，以降低焊缝与热影响区的硬度差。

灰铸铁电弧冷焊时焊接电流的选用见表 3—26。

表 3—26　　灰铸铁电弧冷焊时焊接电流的选用

焊件厚度（mm）	15 ~ 25	25 ~ 40	>40
焊条直径（mm）	5	6	8 ~ 10
焊接电流（A）	250 ~ 300	300 ~ 360	350 ~ 500

②灰铸铁异质焊缝焊条电弧冷焊。用非铸铁型的焊接材料补焊铸铁，其焊缝金属为异质焊缝。按其焊缝金属的性质可分为钢基、铜基及镍基三种。补焊灰铸铁时，在与母材周边接触的第一、二层异质焊缝中，会从灰铸铁母材中过渡一定量的碳、硫及磷，从而易使焊缝产生热裂纹、冷裂纹及淬硬组织，增加半熔化区的白口宽度，进而影响焊接接头的加工性。此外，异质焊缝金属的收缩率、膨胀系数、抗拉强度、屈服强度及塑性与铸铁有很大差异，对裂纹的发生有重要影响。

钢基焊条的焊芯为低碳钢，药皮中加入强氧化性物质或高钒铁，使焊缝金属中的碳含量降低或消除焊缝中碳的危害作用。如 Z100 焊条为氧化性药皮铸铁焊条，对第一层的焊缝含碳量虽有明显降低，但其含碳量平均仍达 0.8% 左右，仍属于高碳钢，所以用此种焊条焊后仍易发生热裂纹和冷裂纹以及加工困难等问题。因此，这种焊条一般仅用于修复经常在高温情况下工作的灰铸铁钢锭模出现的缺陷，有时也用于不要求加工、致密性及受力较低的缺陷部位的补焊。Z116 和 Z117 焊条为低氢型药皮的高钒铸铁焊条，这种焊条的最大优点是其焊缝具有优越的抗冷、热裂纹的性能，单层焊时其塑性、强度比灰铸铁高得多。但补焊面积较大时，易在交界处出现剥离裂纹，主要用于铸铁件非加工面的补焊。

铜基焊条补焊灰铸铁时，由于铜与碳不形成碳化物，也不溶解碳，彼此之间不形成高硬度组织，而且铜的屈服极限较低，且塑性好，所以补焊后的铜基焊缝对防止焊缝发生冷裂纹及防止交界部位发生剥离性裂纹会起着有利的作用。我国目前生产的铜基铸铁焊条的铜铁比一般为 80∶20。铜基焊缝中加入一定量的铁有利于提高焊缝抗热裂性能。Z607 焊条是以紫铜为焊芯，药皮中含有较多的低碳铁粉的低氢型焊条。此焊条的优点是补焊较大缺陷时，不易在焊缝与母材交界处出现剥离性裂纹。

镍基焊条补焊灰铸铁时，由于镍是奥氏体形成元素，能扩大 γ 相区，镍和铁能以任何比例相互溶解。另外，镍是较强的石墨化元素，高温时其扩散系数大，这对镍基焊缝中的镍向灰铸铁母材半熔化区扩散、缩小白口区的宽度、改善加工性能起着非常有利的作用。目前国内应用的镍基铸铁焊条所用的焊芯有纯镍焊芯（Z308）、镍铁焊芯（Z408）、镍铜焊芯（Z508）三种。所有镍基铸铁焊条均用石墨型药皮。镍基铸铁焊条的最大特点是焊缝硬度较低，半熔化区白口层薄，且呈断续分布，所以适用于加工面补焊。此外，该焊条对热裂纹敏感，当镍基焊缝中含有适量的碳稀土及细化晶粒元素时，可明显提高其抗热裂性能。

异质焊缝的灰铸铁电弧冷焊时应注意以下几点：

- 短段、断续施焊。焊接时为防止开裂，必须降低补焊区温度，以减小热应力和防止冷裂纹。其措施是每次只焊一小段，待焊缝冷却至 50～60℃时，再焊下一小段。焊接不能连续进行，但可分散在几处焊。
- 采用尽可能小的焊接电流。焊接电流过大会增加熔深，使母材铸铁熔入焊缝过多，影响焊缝成分，使白口区增厚，影响加工性能，甚至引起裂纹和焊缝剥离。因此，只要在保证焊缝与母材熔合的前提下，应尽量采用小电流。
- 锤击焊段。每焊一小段后，立即用带圆角的尖头小锤快速锤击焊缝，能松弛焊接应力，防止裂纹产生。
- 采用 U 形坡口。补焊线状裂纹缺陷时，需先在离裂纹两端 3～5 mm 处钻止裂孔，孔径 4～6 mm，以防焊接时裂纹扩展。在裂纹处开 70°～80°的 U 形坡口，与 V 形坡口相比，能减小熔合比。
- 多层焊的焊接顺序是先焊两边缘焊缝，依次向中间焊接，以减小焊接应力。

2）灰铸铁的焊条电弧热焊和半热焊技术。焊前将铸铁件整体或局部预热至 600～700℃进行补焊，并在焊后采取缓冷的工艺方法称为热焊，主要用于结构复杂且补焊处刚度较大的铸铁件。当预热温度在300～400℃时，称为半热焊，主要用于结构简单且补焊处刚度较小的铸铁件。

灰铸铁件被预热至600～700℃时，不仅能有效地减小焊接接头的温差，且铸铁件由常温完全无塑性改变成为有一定塑性，其伸长率可达2%～3%，再采取焊后缓冷，所以焊接接头的应力状态大为改善。此外，由于600～700℃预热及焊后缓冷，可使石墨化过程进行得比较充分，可完全防止焊接接头产生白口及淬硬组织，从而有效地防止裂纹的产生，并改善其加工性。热焊的缺点是生产效率低、能源消耗大以及劳动条件差。

灰铸铁件被预热至300～400℃时，可有效地防止热影响区产生马氏体，但要防止焊缝及半熔化区出现白口组织就必须提高焊缝的石墨化能力，由于预热温度降低，焊接接头温差增大，易形成较大的拉应力，对结构复杂且补焊处刚度很大的灰铸铁件来说，焊后发生冷裂纹的可能性增大。

电弧热焊和半热焊采用的焊接材料有：铸铁芯强石墨化型药皮焊条（Z248）和低碳钢芯强石墨化型药皮焊条（Z208）两种。前者焊芯直径为6～12 mm；后者焊芯直径在5 mm以下。

焊条电弧热焊的工艺过程包括焊前准备、预热、补焊及焊后处理等。

①焊前准备。铲除缺陷直至露出金属本色并开坡口，要求其上口稍大，底部应圆滑过渡。对较大的或边角处的缺陷，常需在缺陷周围2～3 mm处造型围筑，其高度为6～8 mm，可用黄泥条，也可用型砂，但焊前应烘干除去水分。

②预热。预热温度的选择主要根据铸铁件的体积、壁厚、结构复杂程度、缺陷的位置、补焊处的刚度等来确定。铸铁件预热时加热速度应给予控制，使铸件的内部与外部的温度尽可能均匀，减小热应力，防止铸铁件在加热过程中产生裂纹。预热温度最高控制在600～700℃。

③补焊。根据被焊铸铁件的壁厚，尽量选择较大直径的焊条和大电流施焊，焊接电流参照公式$I=(40\sim50)d$，d为焊条直径。引弧由缺陷中心逐渐移向边缘。较小的缺陷连续填满；缺陷较大时，逐层堆焊直至填满。在焊接过程中，要始终保持预热温度。

④焊后处理。对于重要的铸铁件，焊后需通过保温缓冷的措施消除应力。即焊后立即将铸铁件加热到600～700℃，保温一段时间，然后随炉冷却。对一般铸铁件可采用覆盖保温材料使其缓冷。

3）灰铸铁的气焊技术。气焊有热焊和冷焊（不预热气焊）两种方法。热焊能有效地防止白口、淬硬组织及裂纹产生，补焊质量好，适用于结构比较复杂，焊后要求使用性能较高的铸铁件。不预热气焊易产生裂纹，适用于补焊壁厚较均匀，结构件应力较小的中、小型铸件。

气焊用的焊接材料有焊丝和熔剂。为保证焊缝石墨化，气焊焊丝中碳、硅含量较母材高，以弥补焊接过程中的氧化烧损，并增强焊缝石墨化能力。灰铸铁气焊用焊丝的型号及化学成分见表3—27。由于气焊冷焊时焊缝冷却速度较快，为保证焊缝有合适的组织和硬度，其焊丝含碳、硅量较气焊热焊时稍高。

表3—27　　灰铸铁气焊用焊丝的型号及化学成分　　%

型号	C	Si	Mn	S	P	用途
RZC－1	3.20～3.50	2.70～3.00	0.60～0.75	≤0.10	0.50～0.70	气焊热焊
RZC－2	3.50～4.50	3.00～3.80	0.30～0.80		≤0.50	气焊冷焊

灰铸铁气焊时，由于硅易氧化生成熔点较高（1 713℃）的酸性氧化物 SiO_2，其黏度较大，流动性不好，妨碍焊接过程的正常进行，若不及时除去，易在焊缝中形成夹渣等缺陷。所以，需通过添加以碱性氧化物为主要成分的熔剂，使其与 SiO_2 生成中性低熔点的盐类，而容易浮到熔池表面，便于消除。常采用的熔剂牌号为CJ201，主要成分是脱水硼砂和苏打。

灰铸铁气焊时为减慢焊接接头的冷却速度，宜选用火焰能率较大的大、中号焊炬。铸铁件壁厚在20 mm以下，可选用 ϕ2 mm孔径的焊嘴；壁厚大于20 mm，可选用 ϕ3 mm孔径的焊嘴。

灰铸铁气焊时应注意以下几点：

①采用中性焰补焊，先将母材加热到熔化温度，再填入熔化的焊丝。

②在操作过程中，火焰的焰心距熔池表面保持10 mm左右，并使火焰始终盖住熔池，以加强保护作用。

③在焊接过程中焊丝端头插入熔池底部进行搅拌，使气体从熔池中充分逸出，以防止产生气孔。当发现熔池中有白亮的夹杂物时，应将焊丝端头粘上少量熔剂，搅动熔池使熔渣浮起，并用焊丝随时拨出。

④焊后应使焊缝高出母材2～3 mm，与母材保持平滑过渡。焊后在补焊区加热，然后使其缓冷。

气焊的焊前准备及预热、缓冷、焊后处理等工艺要求与焊条电弧热焊相同。

2. 球墨铸铁的焊接

（1）球墨铸铁的焊接性

1）球墨铸铁的白口化倾向及淬硬倾向比灰铸铁大。这是由于镁等球化剂有阻碍石墨化及提高淬硬临界冷却速度的作用，提高了其对白口化和淬硬倾向的敏感性。所以在焊接球墨铸铁时，同质焊缝及半熔化区更易形成白口组织，奥氏体区更易出现马氏体组织，这对焊接接头的可加工性及防止焊缝及熔合区产生裂纹是非常不利的。

2）提高对焊接接头的力学性能要求。由于球墨铸铁的强度、塑性和韧性比灰铸铁高，所以对焊接接头的力学性能要求也相应提高，但要求与球墨铸铁母材强度相同比较困难。为此，焊接时无论在选择焊接材料或确定焊接方法以及工艺规范时，都要认真地加以考虑。

3）球墨铸铁的焊接性比灰铸铁要好一些。由于球墨铸铁具有较高的强度和一定的塑性，因而母材的抗裂性能较好，尤其是铁素体为基体的球墨铸铁，因其承受塑性变形的能力较强，作为母材其抗裂性能也就更好一些。总之球墨铸铁的焊接性比灰铸铁要好一些。

为避免白口组织和淬硬组织的出现，球墨铸铁的补焊仍多采用热焊法，并且有时还要进行焊后热处理，以保证焊缝的性能。

（2）球墨铸铁的焊接方法及焊接工艺

球墨铸铁焊接工艺和灰铸铁焊接工艺基本相似，焊接方法主要是气焊和焊条电弧焊。焊接材料也分球墨铸铁（同质）型和非球墨铸铁（异质）型两种，后者多用于电弧冷焊。

1）球墨铸铁的焊条电弧焊技术。采用同质焊缝时，焊条可选用低碳钢芯球墨铸铁焊条（Z238）。该焊条是低碳钢芯外涂石墨化剂和球化剂药皮焊条，由于药皮中加有镁、铈等元素，所以适用于球墨铸铁的焊接。由于镁的存在，增加了焊缝的淬火敏感性，所以焊前应将铸铁件预热到500℃左右，焊后保温缓冷，为改善其加工性能，焊后可进行正火处理，将铸铁件加热到900～920℃，保温2.5 h，随炉冷却至730℃，再保温2 h，取出空冷。其组织一般为铁素体加球状石墨或珠光体加球状石墨，硬度为149～229 HBW。另外，也可采用退火处理，将铸铁件加热到900～920℃，保温2.5 h，炉冷到100℃以下，所得到的硬度为147～207 HBW。焊接时采用大电流、连续焊工艺，焊接电流可按焊条直径的30～60倍选用。

采用异质焊缝时，焊条可选用铁镍铸铁焊条（Z408），由于镍能提高碳在焊缝金属中的溶解度，使其不致形成渗碳体，从而获得奥氏体组织的焊缝，降低了其硬度和脆性。其次，镍是弱石墨化元素，也能促进石墨析出，从而降低了熔合区产生白口组织和裂纹的倾向。此外，Z408焊条焊得的焊缝力学性能基本上能满足对接接头强度的要求，且焊缝金属的硬度值不超过160 HBW。但焊接时因母材熔入量增加，使熔合线附近很窄的母材热影响区中由于有碳化物及马氏体的存在往往硬度较高（可达560～610 HBW）。采用后热处理可降低其硬度。

2）球墨铸铁的气焊技术。球墨铸铁气焊主要用于薄壁件的补焊，球墨铸铁气焊用铸铁焊丝的型号及化学成分见表3—28。其中RZCQ－1焊丝的锰、硫、磷含量较RZCQ－2焊丝降低1倍或稍多。但前者的碳、硅含量较后者略低。

表3—28　　球墨铸铁气焊用铸铁焊丝的型号及化学成分　　%

型号	C	Si	Mn	S	P	Fe	Ni	Ce	球化剂
RZCQ－1	3.20～4.00	3.20～3.80	0.10～0.40	≤0.015	≤0.05	余量	≤0.50	≤0.20	0.04～0.10
RZCQ－2	3.50～4.20	3.50～4.20	0.50～0.80	≤0.03	≤0.10	余量	—	—	0.04～0.10

由于浇铸后的球墨铸铁件存在缺陷，经气焊补焊后，铸铁件再进行退火处理，这样RZCQ－1焊丝的成分有利于提高焊缝的塑性和韧性。所以，RZCQ－1焊丝适用于铁素体球墨铸铁的焊接。

球墨铸铁气焊用火焰性质及熔剂与灰铸铁气焊相同，采用中性焰及CJ201熔剂。

3. 白口铸铁的焊接

（1）白口铸铁焊接特点

1）极易产生裂纹及剥离。白口铸铁是以连续渗碳体为基体，其伸长率为“零”，冲击韧度（10 mm×10 mm无缺口试样）仅为2～3 J/cm^2，既硬又脆，无塑性，其线收缩率为1.6%～2.3%，约为灰铸铁的2倍。这样的材料焊接性极差。尤其是不预热局部冷焊，焊接区温度梯度大，极脆的白口铸铁无法承受焊接过程中产生的膨胀和收缩应力，产生裂纹几乎是不可避免的。焊接接头出现裂纹，不仅破坏致密性，承载能力下降，而情况严重时在焊接过程中或焊后使用不久整个焊缝剥离，这是白口铸铁焊补失败的最主要表现。因此，防止焊接裂纹是焊补成败的关键之一。

2）异质焊缝硬度偏低，耐磨性不及母材。为了改善焊接性常采用塑性较高的异质焊条进行焊补，这必然导致焊补区硬度和耐磨性低于母材，使用过程中该区将过早磨损。

综上所述，要成功焊补白口铸铁必须解决焊缝金属与母材良好熔合而不会产生裂纹和剥离，以及焊补区工作表面具有与母材相同和相近的硬度和耐磨性。

（2）白口铸铁焊补工艺要领

这里以冷硬铸铁轧辊辊身掉皮缺陷焊补为例，介绍白口铸铁电弧冷焊工艺。

冷硬铸铁轧辊内部是球墨铸铁，辊身表面为白口铸铁，显微组织为在连续的硬、脆渗碳体的基体上分布着莱氏体与珠光体。轧辊在轧钢过程中承受着交变重复的热应力和机械应力作用。首先在表面引起热疲劳和机械疲劳，逐渐形成网状裂纹并扩展，最后产生局部剥离（掉皮）。

本例是对局部剥离处进行电弧冷焊修复，方法是采用专用焊条和较为独特的操作工艺。

1）焊条。研制了两种焊条：BT－1焊条，用于熔敷焊缝底层。其焊缝组织为奥氏体＋

球状石墨，与白口铸铁熔合良好；焊缝组织线膨胀系数低，球状石墨的析出伴随着体积膨胀，因而可减小收缩应力；又由于焊缝塑性好，焊时可以充分锤击焊缝以消除焊接应力，这些都有利于解决上述与母材良好熔合和不产生裂纹和剥离问题。

BT－2 焊条用于焊补工作层。其焊缝组织为马氏体＋下贝氏体＋残余奥氏体＋碳化物质点，与白口铸铁熔合良好，冲击韧度和撕裂功较高，硬度为 48～52HRC。用来解决焊补区工作层硬度和耐磨性问题。

上述两种焊条药皮中加入适量钾、钠等变质剂，通过冶金上的变质处理，使熔合区的网状渗碳体团球化，大大强化了熔合区，提高抗裂性能。

2）焊接操作要领。与传统焊条电弧冷焊铸铁工艺有较大区别。

①开成接近矩形截面坡口。对轧辊掉皮部位通常尺寸较大（多在 180 mm×180 mm，深 15～20 mm），焊前对该处凿成侧面与底面接近垂直（100°）的矩形截面坡口。当与后面的操作工艺配合可减小焊接应力，有利于提高抗裂性能。

②分块孤立堆焊。焊前将准备好的坡口划分成 40 mm×40 mm 若干个孤立块，各块之间及块与周围母材之间留出 7～9 mm 间隙，如图 3—7 所示。补焊分别在各孤立块内进行，可跳跃、分散施焊，以分散应力。每块焊到要求尺寸后，再将孤立块之间间隙焊满，最后使整个焊缝成为与周边母材保持预留的“孤立体”，如图 3—8 所示。

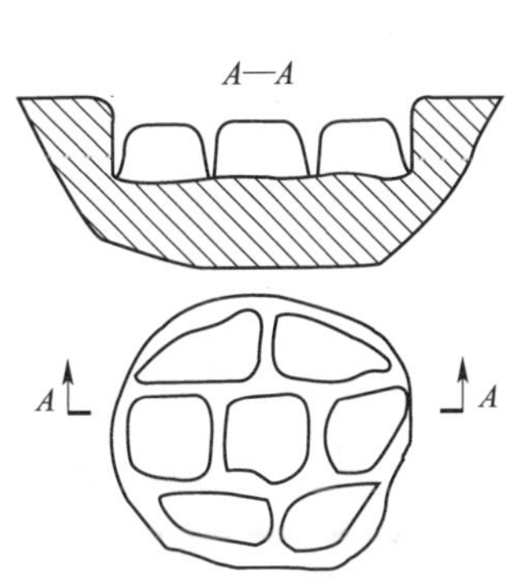

图 3—7　孤立块的划分及其堆焊

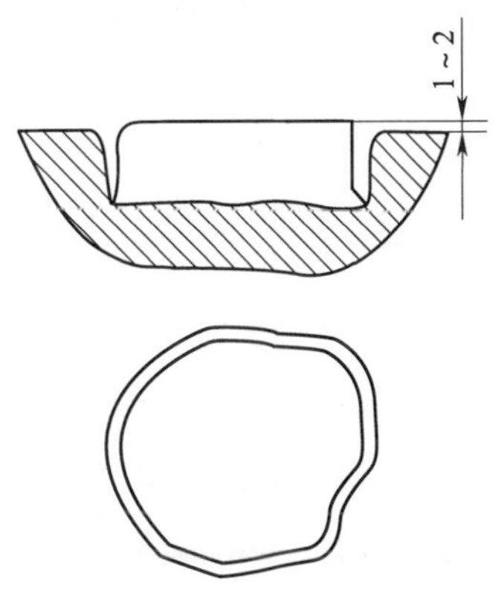

图 3—8　焊缝孤立体

③焊缝金属软硬结合。在坡口底部硬的白口铸铁上用 BT－1 焊条熔敷高塑性焊缝金属软层；用 BT－2 焊条在软层上面堆焊 10～20 mm 高硬度的工作层，使整个焊接接头形成“硬—软—硬”结合物，以提高焊缝的工作寿命。

④大电流、高温重锤击、焊接电流比正常焊条电弧焊大 1.5 倍以上，例如，ϕ4 mm 的 BT－1 焊条，可用到 240 A 焊接。大电流产生大熔深，可使母材和熔敷金属达到良好熔合，

有利于降低熔合区附近的裂纹敏感性和增加结合强度。

焊后需锤击焊缝以消除应力。应在焊缝温度处于500～800℃进行锤击，这时焊缝金属具有较高的塑性和延展性。低于500℃就不宜再锤击。用1 kg重的手锤重锤6～8次（其锤击力比传统铸铁冷焊大10～15倍），次数不宜多，否则熔合区会产生冲击疲劳。随着堆焊高度的增加，锤击次数和锤击力相应减小。

⑤周边焊缝最后焊。“孤立体”周边与母材之间的间隙最后焊满。先将周边划分成a、b、c、…若干段，每段长约40 mm，补焊按a→b→c…顺序跳跃分散进行，如图3—9所示。层间用扁凿锤击，电流应偏大，以防夹渣和未焊透。电弧始终指向“孤立体”一侧，以减少边缘熔化量和防止母材过热。焊后锤击要准确地锤在焊缝一侧，切忌锤击熔合区外白口铸铁一侧。

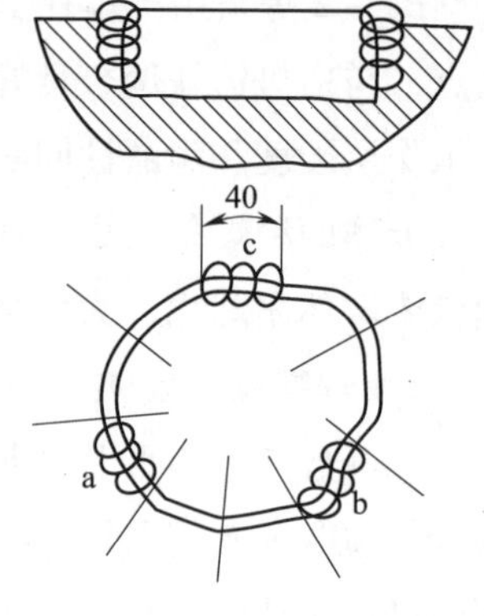

图3—9　周围缝隙的跳跃分散焊示意图

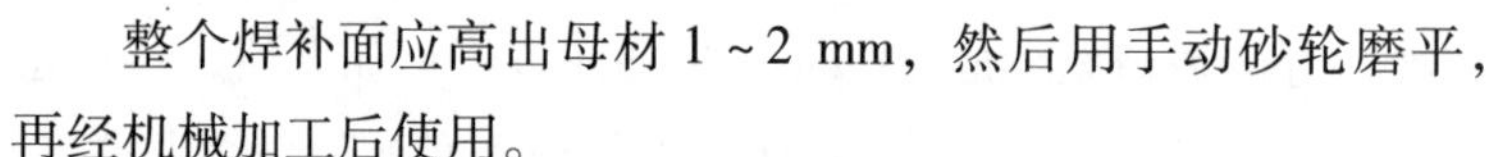

整个焊补面应高出母材1～2 mm，然后用手动砂轮磨平，再经机械加工后使用。

第6节　铝及铝合金的焊接

一、概述

1. 铝及铝合金的定义及分类

铝是银白色的轻金属，熔点660℃，密度2.7 g/cm^3，仅是钢铁密度的1/3左右，电导率仅次于金、银、铜而居第四位。铝抗大气腐蚀性能好，它与氧的结合能力较强，能在表面生成一层极薄而致密的氧化铝膜（Al_2O_3），阻止铝的进一步氧化，铝的纯度越高，耐蚀性越好。纯铝的强度较低，塑性良好，能经受冷和热的压力加工制成各种型材，但不能用来制造承受载荷很大的机械零件或结构材料，主要用于替代铜制作导线，配制各种铝合金以及制作要求质轻、导热或耐大气腐蚀的器皿等。当向纯铝中加入镁、锰、铜、硅及锌等合金元素后，形成的铝合金具有较高的力学性能和良好的加工性，密度小、强度高，适宜压制、焊接、锻造及铸造等多种工艺加工，已广泛用于机械、化工、航空、造船等行业。

铝及铝合金按成材方式可分为变形铝及铝合金和铸造铝合金。按合金化系列可分为

1×××系（工业纯铝）、2×××系（铝—铜）、3×××系（铝—锰）、4×××系（铝—硅）、5×××系（铝—镁）、6×××系（铝—镁—硅）、7×××系（铝—锌—镁—铜）、8×××系（其他）八类合金。

2. 铝合金的化学和物理性能

表3—29列出部分铝及铝合金的物理性能。

表3—29　　铝及铝合金与碳钢物理性能对比

牌号或代号	ρ (g/cm³)	比热容 C [J/（kg·K）]	热导率 λ [W/（m·K）]	电阻率 ρ （$\times10^{-6}$·cm）	线膨胀系数 α_l （$\times10^{-6}$/K）
		373 K	293 K	293 K	293～373 K
15号钢	7.85	468.9	50.24	12	11.16
1035（L4）①	2.71	946	218.9	2.922	24
5A03（LF3）	2.67	880	146.5	4.96	23.5
5A06（LF6）	2.64	921	117.2	6.73	23.1
3A21（LF21）	2.73	1 009	180.0	3.45	23.2
2A12（LY12）（M）①	2.78	921	117.2	5.79	22.7
2A16（LY16）（M）	2.84	880	138.2	6.10	22.6
6A02（LD2）（M）	2.70	795	175.8	3.70	23.5
2A14（LD10）（M）	2.80	836	159.1	4.30	22.5
7A04（LC4）（M）	2.85	921	155	4.20	23.1
ZL101	2.66	879	155	4.57	23.0
ZL201	2.78	837	121	5.95	19.5

注：（）内为旧牌号。（M）为退火状态。

工业用纯铝按其所含铁、硅杂质的多少分级，其牌号及主要化学成分见表3—30。纯铝的强度较低，抗拉强度仅为80～100 MPa，塑性良好，伸长率达60%，并具有良好的耐蚀性和焊接性。

表3—30　　纯铝的牌号及主要化学成分

牌号	1070A	1060	1050A	1035	1200	8A06
对照牌号	L1	L2	L3	L4	L5	L6
铝（%）	99.70	99.60	99.50	99.35	99.00	98.80

非热处理强化变形铝合金主要有防锈铝合金；热处理强化变形铝合金主要有硬铝、超硬铝及锻铝合金等。常用变形铝合金的牌号及主要化学成分见表3—31。

表 3—31　　变形铝合金的牌号及主要化学成分　　%

类别	牌号	对照牌号	Cu	Mg	Mn	Zn	Ti	其他
铝镁合金	5A02	LF2	0.10	2.0 ~ 2.8	或 Cr0.15 ~ 0.40	—	0.15	—
	5A03	LF3	0.10	3.2 ~ 3.8	0.30 ~ 0.60	0.20	0.15	—
	5A05	LF5	0.10	4.8 ~ 5.5	0.30 ~ 0.60	0.20	—	—
	5A06	LF6	0.10	5.8 ~ 6.8	0.50 ~ 0.80	0.20	0.02 ~ 0.10	—
铝锰合金	3A21	LF21	0.20	0.05	1.0 ~ 1.6	0.10	0.15	—
硬铝合金	2A12	LY12	3.8 ~ 4.9	1.2 ~ 1.8	0.3 ~ 0.9	0.30	0.15	Ni：0.10
	2A16	LY16	6.0 ~ 7.0	0.05	0.4 ~ 0.8	0.10	0.10 ~ 0.20	Zr：0.20
超硬铝合金	7A04	LC4	1.4 ~ 2.0	1.8 ~ 2.8	0.2 ~ 0.6	5.0 ~ 7.0	0.10	Cr：0.10 ~ 0.25
	7A09	LC9	1.2 ~ 2.0	2.0 ~ 3.0	0.15	5.1 ~ 6.1	0.10	Cr：0.16 ~ 0.30
锻铝合金	6A02	LD2	0.20 ~ 0.60	0.45 ~ 0.90	或 Cr0.15 ~ 0.35	0.20	0.15	—

铸造铝合金按主要合金元素的不同，可分为铝—硅系、铝—铜系、铝—镁系、铝—锌系四类合金。常用的铝—硅系合金具有良好铸造性和焊接性；铝—镁系合金的焊接性稍差；铝—铜系合金也具有焊接性较好的特点。通常铝合金铸件的缺陷用补焊工艺来修复。铸造铝合金的牌号及主要化学成分见表 3—32。

表 3—32　　铸造铝合金的牌号及主要化学成分　　%

类别	合金牌号	代号	Si	Cu	Mg	Zn	Mn	Ti
铝硅合金	ZAlSi7Mg	ZL101	6.5 ~ 7.5	—	0.25 ~ 0.45	—	—	—
	ZAlSi7MgA	ZL101A	6.5 ~ 7.5	—	0.25 ~ 0.45	—	—	0.08 ~ 0.20
	ZAlSi12	ZL102	10.0 ~ 13.0	—		—	—	—
	ZAlSi9Mg	ZL104	8.0 ~ 10.5	—	0.17 ~ 0.35	—	0.2 ~ 0.5	—
	ZAlSi5Cu1Mg	ZL105	4.5 ~ 5.5	1.0 ~ 1.5	0.4 ~ 0.6	—	—	—
	ZAlSi5Cu1MgA	ZL105A	4.5 ~ 5.5	1.0 ~ 1.5	0.4 ~ 0.55	—	—	—
铝铜合金	ZAlCu5Mn	ZL201	—	4.5 ~ 5.3		—	0.6 ~ 1.0	0.15 ~ 0.35
	ZAlCu4	ZL203	—	4.0 ~ 5.0		—	—	—
铝镁合金	ZAlMg10	ZL301	—	—	9.5 ~ 11.0	—	—	—
	ZAlMg5Si1	ZL303	0.8 ~ 1.3	—	4.5 ~ 5.5	—	0.1 ~ 0.4	—
铝锌合金	ZAlZn11Si7	ZL401	6.0 ~ 8.0	—	0.1 ~ 0.3	9.0 ~ 13.0	—	—

3. 铝合金的力学性能

表 3—33 给出了部分常见铝合金钢的力学性能。

表 3—33　　常用铝及铝合金轧制板材力学性能（摘自 GB/T 3880—2006）

牌号	包铝分类	供货状态	试样状态	厚度/mm	抗拉强度 σ_b/MPa	规定非比例伸长应力 $\sigma_{p0.2}$/MPa	伸长率（%）	
							$A_{5.65}$	$A_{50\ mm}$
1070	—	0	0	>0.2～0.3	55～95	—	—	≥15
				>0.3～0.5			—	≥20
				>0.5～0.8			—	≥25
				>0.8～1.5		≥15	—	≥30
				>1.5～6.0			—	≥35
1060	—	0	0	>0.2～0.3	60～100	≥15	—	≥15
				>0.3～0.5			—	≥18
				>0.5～1.5			—	≥23
				>1.5～6.0			—	≥25
1050	—	0	0	>0.2～0.5	60～100	—	—	≥15
				>0.5～0.8			—	≥20
				>0.8～1.5		≥20	—	≥25
				>1.5～6.0			—	≥30
				>6.0～50.0			—	≥28
2014	工艺包铝或不包铝	0	0	>0.5～12.5	≤220	≤110	—	≥16
				>12.5～25	≤220	—	—	—
			T62	>0.5～1.0	≥440	≥395	—	≥6
				>1.0～6.0	≥455	≥400	—	≥7
				>6.0～12.5	≥460	≥405	—	≥7
				>12.5～25	≥460	≥405	≥5	—
			T42	>0.5～12.5	≥400	≥235	—	≥14
				>12.5～25	≥400	≥235	≥12	—
		T6	T6	>0.5～1.0	≥440	≥395	—	≥7
				>1.0～6.0	≥455	≥400	—	≥7
				>6.0～12.5	≥450	≥405	—	≥8
		F	—	>4.5～150.0	—	—	—	—

续表

牌号	包铝分类	供货状态	试样状态	厚度/mm	抗拉强度 σ_b/MPa	规定非比例伸长应力 $\sigma_{p0.2}$/MPa	伸长率（%）	
							$A_{5.65}$	$A_{50\ mm}$
2A11	正常包铝或工艺包铝	0	0	>0.5~3.0	≤225	—	—	≥12
				>3.0~10.0	≤235	—	—	≥12
			T42	>0.5~3.0	≥350	≥185	—	≥15
				>3.0~10.0	≥355	≥195	—	≥15
		F	—	>4.5~150.0	—	—	—	—
2024	不包铝	0	0	>0.5~12.5	≤220	≤95	—	≥12
				>12.5~10.0	≤220	—	≥10	—
			T42	>0.5~6.0	≥425	260	—	≥15
				>6.0~12.5	≥425	260	—	≥12
				>12.5~25	≥420	260	≥7	—
			T62	>0.5~12.5	≥440	≥345	—	≥5
				>12.5~25	≥435	≥345	≥4	—
		T3	T3	>0.5~6.0	≥435	≥290	—	≥15
				>6.0~10.0	≥440	≥290	—	≥12
		T4	T4	>0.5~6.0	≥425	≥275	—	≥15
		F	—	>4.5~150.0	—	—	—	—
5A03	—	0	0	>0.5~4.5	≥195	≥100	—	≥16
		H14 H24 H34	H14 H24 H34	>0.5~4.5	≥225	≥195	—	≥8
		H112	H112	>4.5~10.0	≥185	≥80	—	≥16
				>10.0~12.5	≥175	≥70	—	≥13
				>12.5~25.0	≥175	≥70	≥13	—
				>25.0~50.0	≥165	≥60	≥12	—
		F	—	>4.5~150	—	—	—	—
5A05	—	0	0	>0.5~4.5	≥275	≥145	—	≥16
		H112	H112	>4.5~10.0	≥275	≥125	—	≥16
				>10.0~12.5	≥265	≥115	—	≥14
				>12.5~25.0	≥265	≥115	≥14	—
				>25.0~50.0	≥255	≥105	≥13	—
		F	—	>4.5~150	—	—	—	—

续表

牌号	包铝分类	供货状态	试样状态	厚度/mm	抗拉强度 σ_b/MPa	规定非比例伸长应力 $\sigma_{p0.2}$/MPa	伸长率（%）	
							$A_{5.65}$	$A_{50\ mm}$
5A06	工艺包铝	0	0	>0.5~4.5	≥315	≥155	—	≥16
		H112	H112	>4.5~10.0	≥315	≥155	—	≥16
				>10.0~12.5	≥305	≥145	—	≥12
				>12.5~25.0	≥305	≥145	≥12	—
				>25.0~50.0	≥295	≥135	≥6	—
		F	—	>4.5~150	—		—	—
5005	—	0 H111	0 H111	>0.2~0.5	100~145	≥35	—	≥15
				>0.5~1.5			—	≥19
				>1.5~3.0			—	≥20
				>3.0~6.0			—	≥22
				>6.0~12.5			—	≥24
				>12.5~50			≥20	—
		H12	H12	>0.2~0.5	125~165	≥95	—	≥2
				>0.5~1.5			—	≥2
				>1.5~3.0			—	≥4
				>3.0~6.0			—	≥5
		H14	H14	>0.2~0.5	145~185	≥120	—	≥2
				>0.5~1.5			—	≥2
				>1.5~3.0			—	≥3
				>3.0~6.0			—	≥4
		H16	H16	>0.2~0.5	165~205	≥145	—	≥1
				>0.5~1.5			—	≥2
				>1.5~3.0			—	≥3
				>3.0~4.0			—	≥3
		H18	H18	>0.2~0.5	≥185	≥165	—	≥1
				>0.5~1.5			—	≥2
				>1.5~3.0			—	≥2
		H112	H112	>6.0~12.5	≥115	—	—	≥8
				>12.5~40.0	≥105		≥10	
				>40.0~80.0	≥100		≥16	
		F	—	>4.5~150	—	—	—	—

续表

牌号	包铝分类	供货状态	试样状态	厚度/mm	抗拉强度 σ_b/MPa	规定非比例伸长应力 $\sigma_{p0.2}$/MPa	伸长率（%）	
							$A_{5.65}$	$A_{50\ mm}$
5083	—	0 H111	0 H111	>0.2~0.5	275~350	≥125	—	≥11
				>0.5~1.5			—	≥12
				>1.5~3.0			—	≥13
				>3.0~6.0			—	≥15
				>6.0~12.5			—	≥16
				>12.5~50			≥15	—
				>50~80	270~345	≥115	≥14	—
		H112	H112	>6.0~12.5	≥275	≥115	—	≥12
				>12.5~40.0		≥115	≥10	—
				>40.0~50.0	≥270	≥110	≥10	—
		F	—	>4.5~150	—		—	—
6A02	—	0	0	>0.5~4.5	≤145	—	—	≥21
				>4.5~10.0			—	≥16
			T62	>0.5~4.5	≥295	—	—	≥11
				>4.5~10.0			—	≥8
		T4	T4	0.5~0.8	≥195	—	—	≥19
				>0.8~3.0			—	≥21
				>3.0~4.5			—	≥19
				>4.5~10.0	≥175		—	≥17
		T6	T6	>0.5~4.5	≥295	—	—	≥11
				>4.5~10.0			—	≥8
		H112	T62	>4.5~12.5	≥295	—	—	≥8
				>12.5~25.0			≥7	—
				>25.0~40.0	≥285		≥6	—
				>40.0~80.0	≥275		≥6	—
			T42	>4.5~12.5	≥175	—	—	≥17
				>12.5~25.0			≥14	—
				>25.0~40.0	≥165		≥12	—
				>40.0~80.0			≥10	—
		F	—	>4.5~150	—	—	—	—

续表

牌号	包铝分类	供货状态	试样状态	厚度/mm	抗拉强度 σ_b/MPa	规定非比例伸长应力 $\sigma_{p0.2}$/MPa	伸长率（%）	
							$A_{5.65}$	$A_{50\ mm}$
7075	正常包铝	0	0	>0.5~1.5	≤250	≤140	—	≥10
				>1.5~4.0	≤260	≤140	—	≥10
				>4.0~12.5	≤270	≤145		≥10
				>12.5~25	≤275	—	≥19	
			T62	>0.5~1.0	≥485	≥415	—	≥7
				>1.0~1.5	≥495	≥425	—	≥8
				>1.5~4.0	≥505	≥435	—	≥8
				>4.0~6.0	≥515	≥440	—	≥8
				>6.0~12.5	≥515	≥445	—	≥9
				>12.5~25	≥540	≥470	—	—
		T6	T6	>0.5~1.0	≥485	≥415	—	≥7
				>1.0~1.5	≥495	≥425	—	≥8
				>1.5~4.0	≥505	≥435	—	≥8
				>4.0~6.0	≥515	≥440	—	≥8
		F	—	>4.5~150	—	—	—	—

二、铝及铝合金的焊接工艺

1. 铝及铝合金的焊接特点

（1）强的氧化能力

铝在空气中与氧的亲和力很大，很容易在其表面生成紧密结合的 Al_2O_3薄膜（厚度为 0.1~0.2 mm），这层薄膜的熔点高达 2 050℃，远远超过了铝及铝合金的熔点（约 660℃），焊接过程中，氧化铝会妨碍金属间的良好结合，易形成夹渣。此外，氧化铝的密度（3.85 g/cm^3）比铝及铝合金约大 1.4 倍，并会吸附水分，促使焊缝生成气孔。

（2）高的导热、导电性

铝及铝合金的热导率、比热容、熔化潜热都很大，在焊接过程中，大量的热能被传导到母材内部。为保证焊接质量，必须采用能量集中、功率大的热源，并采取预热等措施。

（3）裂纹倾向性大

铝的线膨胀系数为23.5×10^{-6}/℃，约比钢大2倍，凝固时的体积收缩率达6.5%～6.6%。因此，焊接某些铝合金时会产生较大的内应力而产生热裂纹。

（4）容易形成气孔

铝及铝合金焊接时，液态熔池易吸收气体，由于氮不溶于液态铝，铝也不含碳，因此不会产生氮气孔和CO气孔。而氢易溶解于液态铝中，随着温度的降低，氢的溶解度降低，原来溶于液态铝中的氢大量析出，形成气泡。同时，铝及铝合金的密度小，气泡在熔池中的上升速度慢，加上铝导热性强，熔池冷凝快，来不及逸出的氢气泡在焊缝内形成氢气孔。

（5）高温下强度和塑性低

在高温焊接时，铝的强度和塑性很低，在370℃时，铝的强度仅为9.8 MPa，以致不能支持住液态金属的重量，而引起焊缝成形恶化，甚至还容易造成焊缝金属塌落和焊穿等缺陷。

（6）合金元素的蒸发和烧损

有些铝合金中含有低沸点的合金元素，如镁、锌等，在电弧的高温作用下极易蒸发和烧损，使焊缝金属中的合金含量减少，而使焊缝性能下降。

（7）焊接接头与母材强度不等

铝及铝合金焊接时，由于热影响区受热而发生软化，强度降低，使焊接接头与母材无法达到等强度。纯铝及非热处理强化铝合金焊接接头的强度为母材的75%～100%；热处理强化铝合金的焊接接头强度较小，只有母材的40%～50%。

（8）固液态转变时无色泽变化

铝及铝合金由固态变成液态时，无明显颜色变化，所以不易判断母材温度，给操作带来困难，从而影响焊接质量。

2. 铝及铝合金的焊接材料选用

焊接铝及铝合金用的焊接材料与所用的焊接方法有关。

（1）焊条

铝及铝合金焊条电弧焊用的焊条，其药皮应能溶解氧化物，密度要小，熔渣应具有良好的流动性，其主要组成物是氟盐和氯盐。由于药皮组成物为盐类，易吸潮，应放在干燥处，使用前应经150℃烘干1～2 h。常用铝及铝合金焊条型号、焊芯化学成分及用途特性见表3—34。

表 3—34　　常用铝及铝合金焊条型号、焊芯化学成分及用途特性

型号	牌号	焊芯的化学成分（%）							用途及特性
		Cu	Si	Mn	Fe	Zn	Al	其他	
TAl	L109	≤0.20	≤0.5	≤0.05	≤0.5	≤0.1	99.5	≤0.15	焊接纯铝及要求不高的铝合金。耐蚀性较低
TAlSi	L209	≤0.30	4.5~6.0	≤0.05	≤0.8	≤0.1	余量	≤0.15	焊接铝板、铝硅铸件及一般铝合金（除铝镁合金）、锻铝、硬铝。抗裂性良好
TAlMn	L309	≤0.20	≤0.5	1.0~1.5	≤0.5	≤0.1	余量	≤0.15	焊接铝板、铝锰铸件及一般铝合金。焊缝强度较纯铝高，耐蚀性与纯铝相当

（2）焊丝

焊接铝及铝合金时，所选用的焊丝对焊接接头的物理性能和化学成分有较大的影响，它决定着焊缝的强度、塑性、抗裂性及耐蚀性等。因此，合理选用焊丝及填充材料是十分重要的。一般可选用与母材化学成分相同的同质焊丝，或可从母材金属上截取窄条代用。

铝及铝合金同种材料焊接时，选用的焊丝型号、主要化学成分及用途见表 3—35。异种铝及铝合金焊接用焊丝见表 3—36。焊丝直径可根据焊件厚度进行选择，见表 3—37。但是补焊铝铸件的焊丝，其化学成分与基本金属相同，直径可适当粗些，一般为 5 ~ 8 mm。

表 3—35　　铝及铝合金焊丝的型号、主要化学成分及用途

类别	型号	牌号	化学成分（%）					用途及特性
			Si	Cu	Mn	Mg	Al	
纯铝	SAl-1		Fe + Si1.0	0.05	0.05		≥99.0	焊接纯铝及对接头性能要求不高的铝合金。塑性好，耐蚀、强度较低
	SAl-2		0.20	0.40	0.03	0.03	≥99.7	
	SAl-3	HS301	0.30				≥99.5	
铝镁	SAlMg-1		0.25	0.10	0.5~1.0	2.4~3.0	余量	焊接铝镁合金和铝锌镁合金、焊补铝镁合金铸件。耐蚀、抗裂、强度较高
	SAlMg-2		Fe + Si0.45	0.05	0.01	3.10~3.90		
	SAlMg-3		0.40	0.10	0.50~1.0	4.30~5.20		
	SAlMg-5	HS331	0.40		0.20~0.60	4.70~5.70		

续表

类别	型号	牌号	化学成分（%）					用途及特性
			Si	Cu	Mn	Mg	Al	
铝铜	SAlCu		0.20	5.8～6.8	0.20～0.40	0.02	余量	焊接铝铜合金
铝锰	SAlMn	HS321	0.60		1.0～1.6		余量	焊接铝锰及其他铝合金。耐蚀、强度较高
铝硅	SAlSi－1	HS311	4.5～6.0	0.30	0.05	0.05	余量	焊接除铝镁合金以外的铝合金。抗裂
	SAlSi－2		11.0～13.0	0.30	0.15	0.10		

表3—36　异种铝及铝合金焊接的焊丝选用

母材组合	填充焊丝
1060（L2），1050A（L3），1035（L4），1200（L5），8A06（L6）与3A21（LF21）	3A21（LF21）或SAlSi－1（HS311）
3A21（LF21）与5A02（LF2）	5A03（LF3）或SAlMn（HS321），SAlMg－5（HS331）
3A21（LF21）与5A03（LF3）	5A05（LF5）或SAlMg－5（HS331）
5A06（LF6）与5A05（LF5）	5A06（LF6）
5A03（LF3）与5A05（LF5）	5A05（LF5）
1070A（L1），1060（L2），1050A（L3），1035（L4），1200（L5），8A06（L6）与5A02（LF5），5A03（LF3）	SAlMg－5（HS331）

表3—37　焊件厚度与焊丝直径的关系　mm

焊件厚度	<1.5	1.5～3.0	3～5	5～0	10～20
焊丝直径	1.5～2.0	2～3	3～4	4～5	5～6

纯铝焊丝中铁与硅之比应大于1，以防止形成热裂纹。对具有一定耐蚀要求的纯铝接头，应选用纯度比母材高一级的纯铝焊丝。

（3）熔剂

在气焊过程中需采用熔剂，目的是去除焊接时熔池中生成的氧化膜及其他杂质，以保证焊缝质量。一般熔剂应具有以下作用：

1）溶解和彻底清除覆盖在铝板及熔池表面上的Al_2O_3薄膜，并在熔池表面形成一层熔融及挥发性强的熔渣，可保护熔池免受连续氧化。

2）排除熔池中的气体、氧化物及其他杂质。

3）改善熔池金属的流动性，以保证焊缝成形良好。

通常熔剂是各种钾、钠、锂、钙等元素的氯化物和氟化物的粉末混合物。表3—38列出气焊、碳弧焊常用熔剂的配方。

表中含锂的熔剂熔点低，其熔渣黏度也较低，能大量溶解氧化膜，焊缝表面清渣容易，适用于薄板全位置焊。但易吸潮，且价格贵。不含锂的熔剂适于较厚的板焊接时使用。

焊接角接或搭接接头时，清渣较困难，建议用表3—38中8号熔剂。焊接铝镁合金时，不宜用含有钠的组成物，可选用9、10号熔剂。

熔剂的使用方法是：先把熔剂用洁净蒸馏水调成糊状，（每100 g熔剂加入约50 mL水），然后涂于焊丝表面及焊件坡口两侧，厚度为0.5～1.0 mm。或用灼热的焊丝端部直接沾上干的熔剂施焊，这样可以减少熔池中水的来源，避免产生气孔。调好的熔剂应在12 h内用完。

表3—38　　气焊、碳弧焊用的熔剂配方（质量分数%）

组成 序号	铝块晶石	氟化钠	氟化钙	氯化钠	氯化钾	氯化钡	氯化锂	硼砂	其他	备注
1		7.5～9		27～30	49.5～52		13.5～15			CJ401
2			4	19	29	48				
3	30			30	40					
4	20				40	40				
5		15		45	30		10			
6				27	18			14	硝酸钾41	
7		20		20	40	20				
8				25	25			40	硫酸钠10	
9	4.8		14.8			33.3	19.5	氯化镁2.3	氟化镁24.8	
10		氟化锂15				70	15			
11				9	3			40	硫酸钾20	硝酸钾28
12	4.5			40	15					
13	20			30	50					

（4）保护气体

焊接铝及铝合金用的惰性气体主要是氩气（Ar）和氦气（He）。由于氦气比氩气贵，故氩气应用更为广泛。氩弧具有良好清理（氧化膜）作用，且引弧容易，很适于铝及铝合合的焊接。但是氩弧产生热量较少，适于焊接薄板；且氩气比空气重，立焊和仰焊的保护效果不及氦气。所以当焊接厚铝板或仰焊或立焊时，常采用氩、氦混合气体或纯氦气做保护。

焊接铝及铝合金用的氩气纯度≥99.9%即满足要求。

3. 铝及铝合金的焊接方法选用

铝及铝合金的焊接方法很多，各具特色和适用场合。常用的焊接方法有气焊、焊条电弧焊、钨极氩弧焊（TIG）、熔化极氩弧焊（MIG）、等离子弧焊、电阻焊和钎焊等。真空电子束焊、超声波焊、储能焊、激光焊、爆炸焊和电渣焊等多在特殊情况下采用。

选择上述焊接方法时必须综合考虑母材的牌号（化学成分）、焊件厚度、接头形式、生产条件、使用要求和经济条件等因素。

（1）铝及铝合金的手工钨极氩弧焊

钨极氩弧焊具有保护效果好、电弧稳定、热量集中、焊缝成形美观以及质量好等特点，特别适用于焊接厚度较薄的零件及热处理强化的铝合金结构，是铝及铝合金熔化焊中比较完善和广泛应用的一种焊接方法。

1）焊接接头和坡口形状尺寸。铝及铝合金手工钨极氩弧焊采用的焊接接头和坡口形状尺寸见表3—39。表中所列的规格也可根据板材的厚度、焊接工艺以及对焊缝质量的要求进行适当的调整。

表3—39　　铝及铝合金的焊接接头和坡口形状尺寸

接头形式		示图	板厚 t（mm）	间隙 b（mm）	钝边 p（mm）	坡口角度 α（°）
对接接头	卷边	b p t	≤2	<0.5	≤2	—
	I形坡口	b t	1~5	0.5~2	—	—
	V形坡口	α t b p	3~5	1.5~2.5	1.5~2	60~70
			6~12	2~3	2~3	60~70
			13~20	1.5~3	4~6	60~70

续表

接头形式		示图	板厚 t（mm）	间隙 b（mm）	钝边 p（mm）	坡口角度 α（°）
对接接头	X形坡口		>10	1.5~3	2~4	60~70
T形接头	I形坡口		3~5	<1	—	—
			6~10	<1.5		
	K形坡口		10~16	<1.5	1~2	60
角接接头	I形坡口		<12	<1	—	—
	V形坡口		3~5	0.8~1.5	1~1.5	50~60
			>5	1~2	1~2	
搭接接头			<1.5	0~0.5	$L \geqslant 2t$	—
			1.5~3	0.5~1		

2）手工钨极氩弧焊电源。手工钨极氩弧焊通常采用交流电源。若采用直流正接法（见图3—10a），则因对铝材表面或熔池没有阴极破碎作用，不能去除铝材及熔池表面的氧化膜，使焊接质量严重恶化并且电弧不稳定。当采用直流反接法时（见图3—10b），虽

对焊件及熔池表面有阴极破碎作用，可以去除氧化膜，但是钨极端部被高速电子冲击而使温度剧烈升高，引起钨极严重的过热和熔化，焊接电流受到很大限制，远小于直流正接法相同直径的钨极所允许的焊接电流值。

采用交流电焊接时（见图3—10c），电弧极性是不断变化的。当焊件为负半波时，在电弧作用下的氩离子（带正电）向焊件运动，由于氩离子的质量较大，在撞击焊件熔池表面时释放出来的能量将表面的氧化膜撞碎破坏，同时由于电子从焊件表面离开时有效地冲破了氧化膜（称阴极破碎现象），即清除了焊件及熔池表面的氧化膜，使熔化的焊缝金属能良好地熔合。当焊件为正半波时，钨极为负极，此时钨极可采用较高的电流密度。由于半波周期十分短促，而且在氩气的有效保护下，熔池表面不易再氧化，使焊接过程能顺利进行，所以铝及铝合金钨极氩弧焊应采用交流电源焊接。

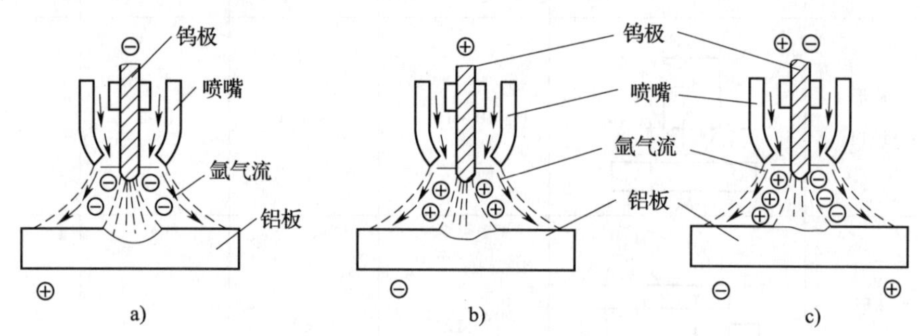

图3—10　钨极氩弧焊时极性的比较

a）直流正接法　b）直流反接法　c）交流

钨极氩弧焊采用交流电焊接时，由于钨极与铝材的热物理性能（电子发射率）及电极尺寸相差很大，同时氩气的电离势又高，所以氩弧焊设备需具有引弧、稳弧以及消除直流分量等功能及相对应的装置。

3）焊接规范的选择。铝及铝合金在进行手工钨极氩弧焊时，正确地选择焊接规范和熟练地掌握操作技术是保证焊接质量的主要因素。

焊接规范的主要参数包括焊接电流、钨极直径、焊丝直径、焊接速度、氩气流量、喷嘴口径、钨极伸出喷嘴长度以及喷嘴到焊件表面的距离等，上述各参数也是相互联系的。

一般根据焊件厚度来选择焊接电流和相应的钨极直径。根据操作经验，可通过观察电弧情况来判断焊接电流和钨极直径的选择是否合适，如图3—11所示。焊接电流正常时，钨极端部呈熔融状的半球形，此时的电弧最稳定，焊缝成形良好（见图3—11a）；焊接电流过小，钨极端部电弧单边，此时电弧易飘动（见图3—11b）；焊接电流过大时，易使钨极端部过热，钨极的熔化部分易脱落到焊接熔池中形成夹钨等缺陷，并且电弧不稳定，焊接质量差（见图3—11c）。

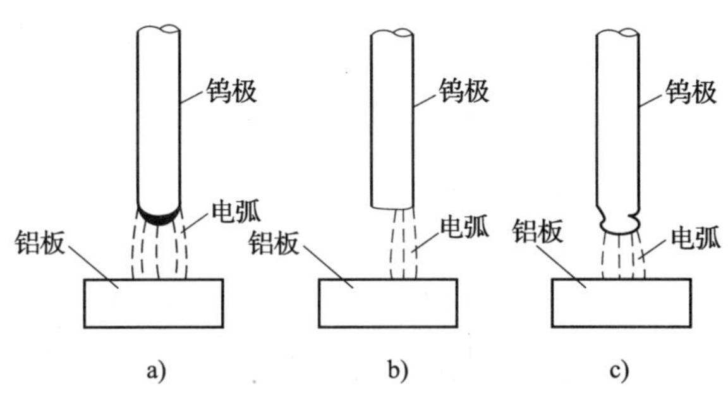

图3—11　钨极上的电弧分布示意图

a）电流正常　b）电流过小　c）电流过大

氩弧焊过程中，氩气的保护效果也直接影响焊接质量，可通过测定氩气有效保护区域的直径来判断。测定方法是在铝板上点燃电弧后，焊枪固定不动，电弧燃烧一定时间后切断电源，电弧熄灭，这时在铝板上留下一白色圆圈层，如图3—12所示。内圈层为熔池，外圈层铝板表面光亮清洁，这就是氩气有效保护及产生阴极破碎作用的范围。一般要求焊接区都在氩气有效保护范围内。

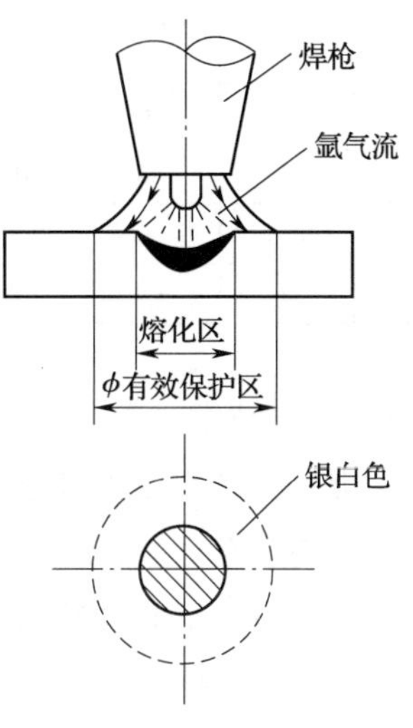

图3—12　氩气有效保护区域

焊接时，要求氩气在喷嘴出口处形成完善的层流，并具有足够的挺度，使焊接区域得到有效的保护。影响氩气保护效果的除了与焊枪结构形状有关外，还与接头形式、氩气流量、喷嘴口径、钨极伸出喷嘴长度以及喷嘴到焊件表面的距离等因素有很大关系。在合理选择焊接规范的条件下，钨极伸出喷嘴的长度一般为3～4 mm，喷嘴到焊件表面的距离可控制在8～14 mm。

在选择焊丝时，直径不宜过大，有利于熔滴呈细滴状过渡并提高氩气的保护效果，粗焊丝对氩气流产生一种阻力，并在焊丝的下面引起涡流现象，降低了氩气的保护效果。但焊丝也不宜过细，否则由于焊丝熔化过快，增加送丝频率，易使焊丝与钨极接触，给焊接操作带来困难。焊丝直径一般按板厚选择，为3～5 mm。

铝及铝合金常用的手工钨极氩弧焊的焊接规范见表3—40。

表3—40　　铝及铝合金手工钨极氩弧焊的焊接规范

板厚（mm）	焊丝直径（mm）	钨极直径（mm）	预热温度（℃）	焊接电流（A）	氩气流量（L/min）	喷嘴口径（mm）	焊接层数（正面/反面）	备注
1	1.6	2	—	45～60	6～8	7～8	正1	卷边焊
1.5	1.6～2	2	—	50～80	6～8	7～8	正1	卷边或单面焊
2	2～2.5	2～3	—	90～120	7～9	8～10	正1	对接焊
3	2～3	3	—	150～180	8～12	8～10	正1	V形坡口
4	3	4	—	180～200	8～12	8～10	（1～2）/1	
5	3～4	4	—	180～240	10～14	10～12	（1～2）/1	
6	4	5	—	240～280	10～14	10～12	（1～2）/1	
8	4～5	5	100	260～320	10～14	12～14	2/1	
10	4～5	5	100～150	280～340	14～18	12～14	（3～4）/（1～2）	
12	4～5	5～6	150～200	300～360	14～18	14～16	（3～4）/（1～2）	
14	5	5～6	180～200	340～380	14～18	14～18	（3～4）/（1～2）	
16	5	6	200～220	340～380	16～20	16～20	（4～5）/（1～2）	
18	5	6	200～240	360～400	16～20	16～20	（4～5）/（1～2）	
16～20	5	6	200～260	300～380	20～25	16～20	（2～3）/（2～3）	X形坡口
22～25	5	6～7	200～260	360～400	20～25	16～20	（3～4）/（3～4）	

4）操作技术。

①焊接方向。铝及铝合金手工钨极氩弧焊通常采用左焊法。

②焊前检查。检查焊件清洗状况以及焊机、氩气皮管和冷却水系统是否正常，然后预放氩气15 s左右，以驱除管路中的空气，并在试板上调整焊接规范。

③焊丝、焊枪与焊件之间的相对位置。焊接时，焊丝、焊枪与焊件之间的相对位置如图3—13所示。焊接过程中，要求焊枪运行平稳，送丝均匀，保持电弧稳定燃烧。

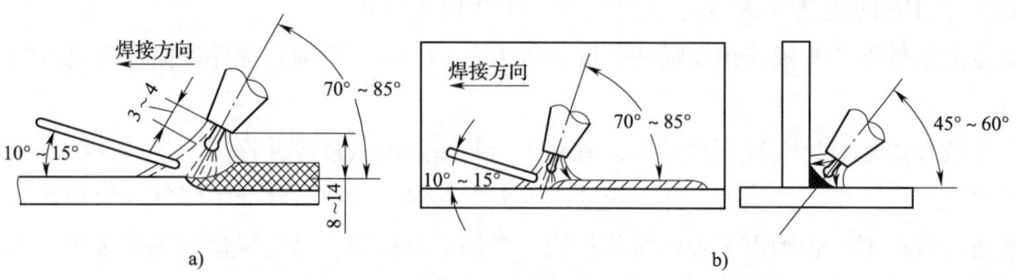

图3—13　氩弧焊焊丝、焊枪与焊件之间的相对位置

a）平对接　b）平角接

④引弧。引弧一般采用高频或脉冲两种方法。引弧时，先将焊枪中的钨极端部与焊件之间保持一定的距离，然后接通引弧器，在高频电流或高压脉冲电流作用下，使氩气电离而引燃电弧。这种引弧方法能在焊接位置直接引弧，钨极端头不损坏，是一种常用的引弧方法。

⑤焊枪运行方法。

a. 焊枪等速运行。焊枪等速运行法电弧比较稳定，焊后焊缝平直均匀，质量稳定，因此是常用的操作方法。

b. 焊枪断续运行。为了增加熔透深度，焊接时将焊枪停留一段时间，当达到一定的熔深后添加焊丝，然后继续向前移动，此法主要适宜于中厚板的焊接。

c. 焊枪横向摆动。焊接时，焊枪沿着焊缝横向摆动。此法主要用于开坡口的厚板及盖面层焊缝，通过横向摆动来保证焊缝两边缘良好地熔合。

d. 焊枪纵向摆动。焊接时，焊枪沿焊缝纵向往复摆动，此法主要用于小电流焊接薄板时，可防止焊穿和保证焊缝良好成形。

⑥送丝方法。填充焊丝送入方法有两种：断续点滴法和连续推送法。无论哪一种方法均需遵循两个原则：一是填充焊丝不能离开氩气保护区，以免高温的焊丝末端被氧化；二是焊丝不能与钨极接触发生短路或直接送入电弧柱内，否则，钨极将被氧化烧损或焊丝在高温弧柱作用下一刹那熔化产生飞溅（有啪啪声），从而破坏了电弧的稳定燃烧和氩气的保护作用，引起熔池沾污和夹钨等缺陷。

a. 断续点滴法。焊丝在氩气保护层内往复断续地（点滴）送入熔池，使焊丝与钨极保持一定距离，即焊丝应在熔池前缘熔化。此法适用于各种接头的焊接，焊后焊缝表面呈清晰和均匀的鱼鳞状。

b. 连续推送法。即焊丝均匀、连续地送入熔池。此法主要用于角接或搭接接头的焊接。焊后焊缝表面光滑平整，无鱼鳞状。

⑦收弧。铝及铝合金氩弧焊在焊接中断或结束时，应保证收弧的质量，为防止在收弧处产生严重的缩孔及弧坑裂纹等缺陷，在收弧时应采取有效的措施，通常可采用引出板将弧坑引出焊件。对于中断处或不能安装引出板的焊件，可采用添加焊丝填满弧坑或采用电流衰减方法。

（2）铝及铝合金的钨极自动氩弧焊

铝及铝合金钨极自动氩弧焊的特点是生产效率高，熔透深度大，焊缝平直美观，焊接质量稳定可靠。常用于大型结构中比较规则的焊缝（如直缝和环缝等）的焊接。

钨极自动氩弧焊所采用的焊丝、焊接电源以及焊接工艺基本上与钨极手工氩弧焊相同。其不同之处是焊丝的输送和焊接过程都是自动的。所以焊接规范参数除了手工氩弧焊的规范参数外，还与送丝速度和焊接速度的选择有关，也会直接影响焊接质量。

1）焊接规范。钨极自动氩弧焊的焊接规范主要是焊接电流、焊接速度和送丝速度，而其他的规范参数随上述三个参数的改变而变化。

焊接电流一般比手工氩弧焊大，在确定焊接电流后再选择相应的钨极直径。焊接时要求钨极端部也呈熔融状的半球形。

由于焊接时电弧比较稳定，可采用短弧焊接，一般电弧长度宜控制在3～6 mm，以增加焊缝熔透深度。

焊枪的喷嘴口径和氩气流量也比手工氩弧焊大，以保证氩气具有良好的保护效果。

钨极伸出喷嘴的长度应控制在4～8 mm。喷嘴到焊件表面距离保持在10～14 mm。

焊丝直径宜选用2～4 mm，以便送丝。因为铝及铝合金的焊丝较软，为使焊丝伸出部分具有一定的刚度，焊丝伸出导电嘴的长度不宜太长，以便稳定地送入熔池。焊丝伸出导丝嘴的长度一般取10～24 mm，焊丝的端头应在焊接熔池前缘熔化。焊丝与钨极的相对位置如图3—14所示。

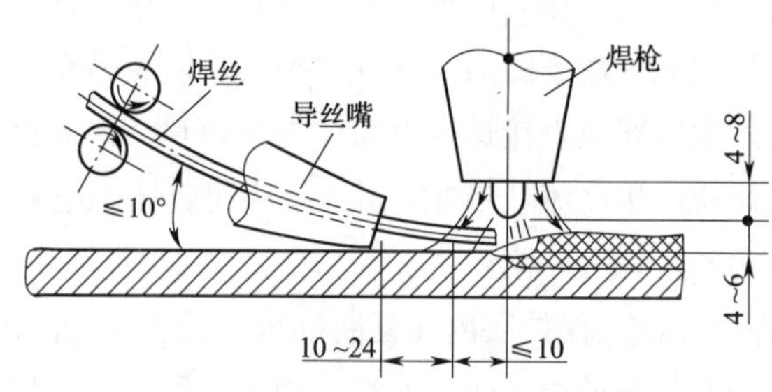

图3—14　钨极自动氩弧焊时焊丝与钨极的相对位置

送丝速度的选择与焊接电流、熔池温度以及焊缝成形有关。若送丝速度过慢，不仅影响焊缝成形，而且引起焊缝过热。若送丝速度过快，会造成焊缝余高太高及未焊透等缺陷，甚至引起焊丝来不及熔化而与钨极发生短路，破坏了整个焊接过程。所以，必须合理地选择送丝速度。

焊接速度的大小应根据焊件厚度和熔池温度而定。并与焊接电流、焊缝成形以及氩气保护效果有一定的关系。当其他焊接规范一定时，焊接速度应随着焊件厚度的增大而减慢，否则，会引起焊缝边缘成形不好和未焊透等缺陷。反之，焊缝会产生过烧或焊穿等缺陷。

氩气的保护效果与焊接速度的大小有关，当焊枪不动时，氩气保护效果如图3—15a所示。随着焊接速度的增加，氩气保护气流遇到空气的阻力，使保护气体偏到一边，正常的焊接速度氩气保护情况如图3—15b所示，此时，氩气对焊接区域仍保持有效的保护。

当焊接速度过快时，氩气流严重偏向一侧，使钨极端头、电弧柱及熔池的一部分暴露在空气中，此时氩气保护情况如图 3—15c 所示，这时氩气保护作用破坏，焊接过程无法进行。因此，在钨极自动氩弧焊时，若采用较快的焊接速度，必须采用相应的措施来改善氩气的保护效果，如加大氩气流量或将焊枪后倾一定角度，以保持氩气仍有良好的保护效果。

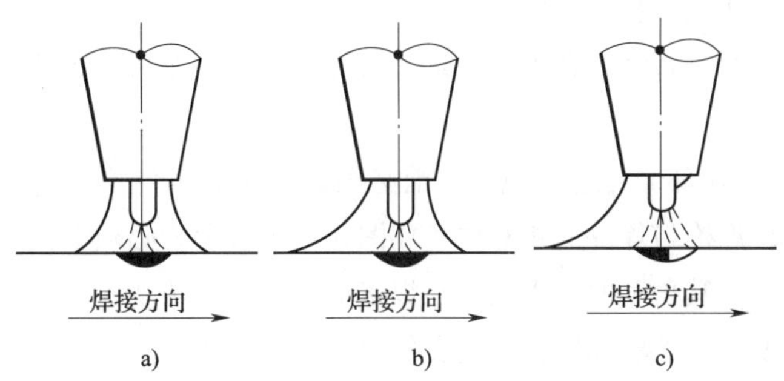

图 3—15　焊接速度对氩气保护效果的影响

a）焊枪不动　b）正常焊接速度　c）焊接速度过大

铝及铝合金钨极自动氩弧焊的焊接规范选用见表 3—41。

表 3—41　铝及铝合金钨极自动氩弧焊的焊接规范

焊件厚度（mm）	焊接层数	钨极直径（mm）	焊丝直径（mm）	喷嘴口径（mm）	氩气流量（L/min）	焊接电流（A）	送丝速度（m/h）	焊接速度（m/h）
1	1	1.5～2	1.6	8～10	5～6	120～160	—	—
2	1	4	1.6～2	8～10	12～14	180～220	65～70	28～32
3～5	1～2	5	2～3	10～14	14～18	240～280	69～74	24～30
6～8	2～3	5～6	3	14～18	16～20	280～320	70～80	18～24
9～12	2～3	6	3～4	16～20	18～24	300～340	80～85	18～24

2）操作技术。钨极自动氩弧焊的焊前准备工作和手工氩弧焊基本相同。但是，由于钨极自动氩弧焊的特点，其操作方法有所不同。

①引弧。钨极自动氩弧焊的引弧方法有两种：

a. 应用引弧器。由于钨极与焊件之间的距离不能灵活移动，所以在二者之间保持一定距离，通过高频或脉冲引弧器使其引燃电弧。

b. 应用钨棒引弧。此法是用在无引弧器的焊机中，引弧是采用钨棒（或炭精棒）在钨极与焊件之间瞬时短路引燃电弧。这种引弧方法若操作不当，会引起电弧光刺伤眼睛和电极端头折断现象，并影响焊接质量。

②焊接。

a. 对接缝自动焊。钨极自动氩弧焊有填充焊丝和不加填充焊丝两种。加填充焊丝钨极自动氩弧焊时焊枪与焊丝的相对位置如图3—14所示。在焊前把钨极端头调整到对准焊缝中心。钨极的伸出长度在8 ~ 10 mm为宜，钨极端头到焊件之间距离应在4 ~ 6 mm，对于不加填充焊丝的电弧长度相应可以小些。

对于薄板焊件的对接直缝，在焊缝两端容易焊穿和产生变形。因此，在起焊端头和收尾处，采用引、熄弧板。

b. 环缝自动焊。在环缝自动焊中，焊前必须进行对称定位焊，定位焊点要求熔透均匀。环缝自动焊时，焊枪与焊件的相对位置如图3—16所示。必须掌握好焊枪与环缝焊件中心之间的偏移角度，其角度的大小主要与焊接电流、焊件转动速度及焊件直径等参数有关。偏移一定的角度便于送丝和保证焊缝良好成形。在引弧后，应逐渐增大焊接电流到正常值，同时输送焊丝进行正常焊接。在焊接收尾时，应使焊缝重叠一定的长度（25 ~ 40 mm）。重叠开始后，应降低送丝速度，同时，衰减焊接电流到一定数值后，再停止送丝，切断电源，以防止在收弧时产生弧坑缩孔和裂纹等缺陷。

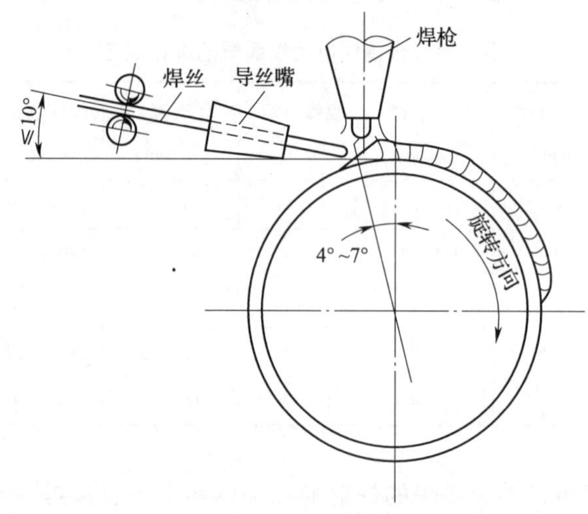

图3—16 环缝钨极自动氩弧焊的焊枪位置

（3）铝及铝合金的熔化极氩弧焊

熔化极氩弧焊采用可熔化的焊丝与焊件之间的电弧作为热源来熔化焊丝与母材金属，并向焊接区输送氩气，使电弧、熔化的焊丝、熔池及附近的母材金属免受周围空气的危害作用。连续送进的焊丝金属不断熔化并过渡到熔池，与母材金属熔合形成焊缝金属，从而使焊件连接起来。铝及铝合金的熔化极氩弧焊包括自动及半自动两种方法，通常适用于中厚板焊接。

1）焊接电源。当用细丝（$\phi<1.6$ mm）焊接时，通常采用平特性电源。这是因为平特性电源配合等速送丝系统，可通过改变电源空载电压来调节电弧电压，通过改变送丝速度来调节焊接电流，所以焊接规范调节比较方便。粗丝（$\phi>2$ mm）焊接时，通常采用下降外特性电源，配用变速送丝系统。由于焊丝直径较粗，电弧自身调节作用较弱，弧长变化后恢复速度较慢，单靠电弧的自身调节作用难以保证稳定的焊接过程。

铝及铝合金熔化极氩弧焊采用直流反极性，这样对焊件及熔池表面的氧化膜有阴极破碎作用，焊接时电弧比较稳定。

2）电弧特性。铝及铝合金的焊接熔滴过渡形式通常采用射滴和短路相混合的过渡形式，也称亚射流过渡。其特点是弧长较短，电弧电压较低，电弧略带轻爆破声，焊丝端部的熔滴长大到大约等于焊丝直径时，便沿电弧轴线方向一滴一滴过渡到熔池，没有瞬时短路发生。铝及铝合金采用亚射流过渡焊接时，电弧的固有自调节作用特别强。当弧长受外界干扰而发生变化时，焊丝的熔化速度发生较大的变化，促使弧长向消除干扰的方向变化，因而可以迅速恢复到原来的长度。此外，阴极雾化区大，熔池的保护效果好，焊缝成形良好，焊接缺陷较少。

若采用滴状过渡形式，因其使用的电流较小，熔滴直径比焊丝直径大，飞溅较大，焊接过程不稳定，故很少采用，通常仅用于薄板焊接。若采用射流过渡形式焊接时，焊缝易呈现窄而深的指状熔深，易产生两侧面熔透不良、气孔和裂纹等缺陷。

3）焊接规范。铝及铝合金熔化极氩弧焊的焊接规范主要有焊接电流、电弧电压、焊接速度、焊丝伸出长度、焊丝的倾角、焊丝直径及气体流量等。各种规范参数的选择直接影响到焊缝成形和工艺性能。

在确定焊接规范参数时，应先根据焊件厚度选择焊丝直径、坡口尺寸及焊接电流。焊丝直径一定时，选用的焊接电流尽量偏大，以达到亚射流过渡形式。焊接电弧不宜太短，否则会引起严重飞溅。但也不宜太长，电弧太长易飘动，氩气保护效果也差。

焊接速度应在保证焊缝熔透深度、成形良好以及氩气保护效果良好的条件下，选用比较高的数值，以提高焊接生产效率和减小焊接变形。焊接速度减小时，单位长度上填充金属的熔敷量增加，熔池体积增大。由于这时电弧直接接触的只是液态金属，所以母材金属的熔化是靠液态金属的导热作用实现的，这样熔深减小，熔宽增加。焊接速度过高，单位长度上电弧传给母材的热量显著降低，母材的熔化速度减慢。随着焊接速度的提高，熔深和熔宽则减小。

焊丝伸出长度一般为13～25 mm。伸出长度越长，焊丝的电阻热越大，加快了焊丝的熔化速度，电弧不稳定；焊丝伸出长度过短，电弧易烧损导电嘴，并因飞溅造成喷嘴堵塞。铝及铝合金熔化极自动与半自动氩弧焊的焊接规范见表3—42。

表3—42　铝及铝合金熔化极自动与半自动氩弧焊的焊接规范

焊接方法	板厚（mm）	焊丝直径（mm）	喷嘴口径（mm）	氩气流量（L/min）	焊接电流（A）	电弧电压（V）	焊接速度（m/h）	焊接层数（正/反）	备注
自动焊	6	2.5	22	30~33	236~260	20~23	25.0	1	—
	8	2.5	22	30~33	300~320	20~23	25~28	1	—
	12	3	22	30~33	320~340	26~28	15.0	1/1	—
	16	4	28/17	25~40	380~420	28~32	17~20	1/1	采用双层喷嘴
	20	4	28/17	47~60	450~500	25~27	16~19	1/1	
	25	4	28/17	47~60	490~520	29~32	—	1/1	
半自动焊	8	1.6	18~20	20~25	180~220	26~28	—	1/1	—
	12	1.6~2.0	18~20	25~30	260~300	28~32	—	2/1	—
	16	2.0~2.5	18~20	30~40	280~340	30~34	—	2~3/1	—
	20	2.5~2.6	18~20	50~60	380~420	35~38	—	3~4/1	—

（4）铝及铝合金的气焊

气焊是一种设备简单，使用灵活方便和较经济的焊接方法。它特别适用于薄板(0.5~20 mm)构件的焊接和铝铸件的补焊。但由于热量分散、加热范围大，因而焊接热影响区和结构变形较大。因此，必须熟练地掌握操作技术和采用合理的工艺措施才能获得良好的焊接质量。

1）焊前预热。气焊薄板小焊件时，一般不需要预热。当气焊厚度大于5 mm及结构复杂的焊件时，根据板厚和焊件结构形状，一般应预热至200~250℃。通过预热，可减少熔化金属与热影响区母材之间的温差，减少应力和焊接变形，去除金属表面水分有利于减少气孔，使金属较快熔化，缩短焊接过程。但预热温度过高，会使热影响区宽度增大，引起过热，甚至引起热影响区中较低熔点的物质熔化而产生强烈的氧化反应。如铝镁合金中铝镁化合物 Al_3Mg 熔点比铝低100~150℃，因此，焊铝镁合金时焊前预热应严格控制。

铝及铝合金焊接应尽量避免多次加热，每道焊缝尽可能一次完成，防止接头过热，使焊缝的气孔、夹渣增多，造成力学性能和耐蚀性下降。

2）火焰的性质和能率。铝及铝合金气焊时一般采用氧乙炔焰，并选用中性焰或轻微碳化焰，绝不能使用过量的碳化焰和氧化焰。因火焰中含过量的乙炔时，由于氢的作用导致气孔和裂纹等缺陷产生，若火焰中存在过量的氧，会使焊缝金属氧化。

在气焊操作中很重要的一环是选择火焰能率（即选择焊嘴大小）和掌握熔池温度，它直接影响到焊接速度和焊缝质量。焊嘴大小应根据焊件厚度、坡口形式、焊接位置及焊工的技术水平而定。一般焊嘴选用与焊件厚度的关系见表3—43，并结合其他因素进行适当的调整。薄板焊接时易烧穿，故选用的焊嘴比焊钢板小 1 号；而焊厚件由于散热量大，焊嘴应比焊钢板时大 1 号。

表 3—43　　铝及铝合金气焊的焊嘴选用与焊件厚度的关系

焊件厚度（mm）	<1.5	1.5～3.0	3～4	4～10	10～20
焊嘴号码	H01－6	H01－6	H01－6	H01－12	H01－12
	1	1～2	2～4	1～3	2～4

3）操作方法。铝及铝合金气焊时，常采用左焊法，这样能防止金属过热和晶粒粗大，特别适宜于 5 mm 以下薄板的焊接；厚度大于 5 mm 时，则可采用右焊法，有利于加热铝材至较高的温度，使其迅速熔化，同时也便于观察熔池的温度和流动情况。

气焊开始时，火焰与焊件表面垂直，并做圆周运动，以预热焊接区附近金属。由于铝在高温时的色泽变化不大，为了掌握好起始端的熔化时间，可在预热时用焊丝不断地拨动起焊处的金属表面，当感到其已带黏性，并且焊丝的熔融金属与焊件金属熔合在一起时即可进行焊接。另一种观察方法是当金属加热后，由光亮的银白色逐渐变成暗淡的银白色或表面有微微起皱的现象时，即可进行焊接。当进入正常焊接时，立即调整焊炬、焊丝与焊缝的位置。焊炬与焊件的角度在焊接薄板时控制在 30°～45°；焊接 5 mm 以上的厚板时应保持在 45°～70°，以增加熔深。焊接不同厚度或不同的材料时，火焰应偏向较厚或难熔的材料一边。

焊炬的运动形式有两种，如图 3—17 所示。一种是保持焊炬一定的高度，沿焊接方向移动，如图 3—17a 所示。这样能保持火焰对焊接处的连续加热，适用于厚度较大的对接接头和卷边接头的焊接。焊接时，应使中性焰的内焰心尖端与熔池液面保持 2～5 mm 的距离。若焊接较厚或间隙较小的焊件时，尽可能将火焰压低些，以增加熔透深度，但应控制在 2～4 mm。

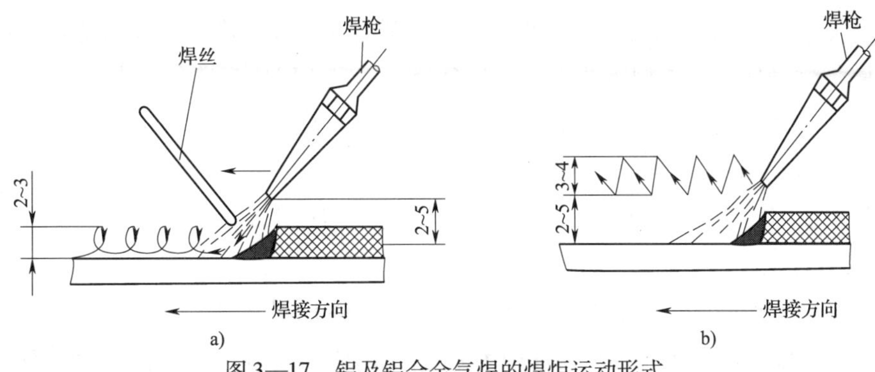

图 3—17　铝及铝合金气焊的焊炬运动形式

a）移动焊接　b）挑动焊接

另一种运动方法是在焊炬向前移动时还做周期的上下挑动，如图3—17b所示。其作用是控制熔池温度，防止熔池过热或烧穿。此法适用于焊件厚度小于1.5 mm薄板的各种接头。但焊炬提起的高度不宜过高，否则会造成未焊透及焊缝成形变差等缺陷。

焊丝的送入应与焊炬的运动密切配合，焊丝与焊炬的夹角一般控制在80°~100°，焊丝尖端应不断地送入熔池及移出熔池。依靠加焊丝时的动作，能增加熔池的搅动，又能拨去熔池表面的氧化膜，以清除焊缝中的杂质，并使熔滴很好地与熔池金属熔合。

对非封闭的焊缝气焊时，为避免焊件的胀缩而引起裂纹，一般起焊点应离端头30~80 mm，待焊完后，再从相反方向焊接起始端留下的部分，接头处应重叠20~30 mm，以保证良好的质量。

铝及铝合金气焊一般要求整条焊缝一次焊完，因故中断时，焊炬火焰应缓慢地离开熔池，防止熔池因突然冷却而产生缩孔。当重新起焊时，应在接头处重叠20~30 mm。

气焊后对焊缝表面及两边附近的熔剂、熔渣需及时处理干净，否则，在空气、水分的作用下与金属起化学反应，引起强烈的腐蚀，阻碍氧化膜重新生成。

常用的焊后清洗方法是：

①在60~80℃热水中冲刷洗涤或用硬毛刷洗刷正反面焊接接头污染处。

②重要的焊件经上述洗刷后，再放入60~80℃，2%~3%的稀铬酸水溶液中浸洗5~10 min，然后用热水洗刷并干燥。

③先用60~80℃热水洗刷，再用含5%硝酸和2%重铬酸的混合液浸洗5~10 min，然后用热水冲洗并干燥。

焊后清洗质量的检查：一般观察表面无白色的附着物即可，或用2%硝酸银溶液滴在焊缝上，若没有白色沉淀物产生时，则说明已清洗干净，否则需要重新清洗。

（5）铝及铝合金的焊条电弧焊

铝及铝合金的熔点较低，焊条与焊件由于电弧热的作用操作较困难，对焊工的熟练程度要求较高，一般只在无气焊、氩弧焊场合或氩弧焊和气焊炬难以到位的场合，对板厚大于2 mm的焊件采用。主要用于纯铝、铝锰合金、铸铝及部分铝镁合金结构的焊接与补焊。

铝及铝合金焊条电弧焊时，常出现金属氧化、元素烧损以及气孔、裂纹等缺陷。为了避免缺陷的产生，在操作时应注意以下要点：

1）焊条使用前应经150℃左右温度烘干1~2 h，使用后的焊条应储存在干燥密封容器内，以免受潮。

2）板厚小于6 mm可不开坡口，板厚在6~12 mm时开V形坡口，板厚大于12 mm开X形坡口，夹角为70°。施焊前坡口应按要求进行清理。施焊不开坡口或V形坡口焊缝时，应采用带有弧形槽的垫板（如石墨、不锈钢、碳钢等）来托住熔化金属，以保证焊缝背面成形。

3）采用直流电源焊接，焊条接正极。

4）由于铝焊条熔化速度比钢焊条大 3 倍左右，因此一般采用快速焊接，对厚度大的焊件需采取预热措施。焊接过程中，焊条应垂直于焊件表面做往复直线运动，电弧应尽量短，以防止金属氧化，减少飞溅和增加熔透深度，更换焊条必须快速进行。焊接规范见表 3—44。

表 3—44　　铝及铝合金焊条电弧焊的焊接规范

板厚（mm）	焊条直径（mm）	焊接电流（A）	焊接速度（mm/min）	焊接层数	预热温度（℃）
2.0	3.2	60～80	420	1	室温
3.0	3.2	80～100	370	1	室温
4.0	4.0	110～130	350	1	100～200
5.0	4.0	130～150	330	1	100～200
6.0	5.0	150～200	300	1	200～300
12.0	5.0	270～320	300	1	200～300

5）引弧或接头处起弧时电弧宜长些，使焊条端头产生熔滴喷射，待熔池充满液态金属后再逐渐缩短电弧。熄弧时需填满弧坑，然后缓慢地将电弧移去。

6）铝铸件补焊采用的焊接电流比焊接板材稍大些，但补焊铝镁铸件时，宜用较细的焊条及较小的焊接电流，因电流过大会产生塌陷。

7）铝铸件补焊多条裂纹时，应先焊小裂纹，再补焊大裂纹。长裂纹应分段补焊，每段长度为 60～70 mm，先从裂纹中间向一端焊，再回到中间向另一端焊。

8）铸件补焊后应进行 300～350℃的整体退火处理，然后缓冷，以改善焊缝金属的组织并消除焊接残余应力。

9）多层焊接或补焊应逐层清渣，以免造成夹渣。

10）焊接结束后，应仔细清除焊件表面的熔渣，以防焊件腐蚀。

第 7 节　铜及铜合金的焊接

一、概述

1. 铜及铜合金的定义

铜及铜合金是有色金属。在纯铜中加入合金元素后就成为铜合金。铜具有面心立方结构，其密度是铝的3倍，电导率和热导率是铝的1.5倍。纯铜以其优良的导电性、导热性、延展性，以及在某些介质中良好的耐腐蚀性能，成为电子、化工、船舶、能源动力、交通等工业领域中高效导热和换热管道、导电、耐腐蚀部件的优选材料。

铜及其合金的种类繁多，目前大多数国家都是根据化学成分进行分类，常用的铜及铜合金在表面颜色上区别很大。根据表面颜色可以分为纯铜、黄铜、青铜及白铜，相对应的是纯铜、铜锌、铜铝和铜镍合金等。

在铜中通常可以添加约10多种合金元素，以提高其耐腐蚀性、强度，并改善其加工性能。加入的元素多数是以形成固溶体为主，并在加热及冷却过程中不发生同素异构转变。锌、锡、镍、铝和硅等与铜固溶形成了不同种类的铜合金，具有完全不同的使用性能；还可少量添加锰、磷、铅、铁、铬和铍等微量元素，起到焊接过程中脱氧、细化晶粒和强化作用。

2. 铜及铜合金的种类及性能

（1）纯铜

纯铜呈紫红色，故称紫铜，它的含铜量不低于99.5%，密度为8.89 g/cm^3，熔点是1 083℃，具有良好的导电性、导热性、耐腐蚀性及延展性。纯铜的强度和硬度低，尤其是在400～700℃的高温下其强度和硬度显著降低。但铜具有面心立方晶格结构，有极好的塑性，能利用各种形式的冷、热及压力加工，制成棒、线、板、管等型材，用于制造电线、电缆、电器零件及熔制铜合金等。

纯铜的牌号和用途按其含氧量不同分级，国内生产的纯铜牌号、代号及主要成分见表3—45。

表3—45　纯铜的牌号、代号及主要成分

国际铜协牌号	对照牌号	代号	主要成分（%）			杂质，不大于（%）						用途
			Cu 不大于	P	Mn	Bi	Pb	S	P	O	总和	
C11000	一号铜	T1	99.95	—	—	0.002	0.005	0.005	0.001	0.02	0.05	电线、电缆、雷管
	二号铜	T2	99.90	—	—	0.002	0.005	0.005	—	0.06	0.1	导电用铜材，冷凝管

续表

国际铜协牌号	对照牌号	代号	主要成分（%）			杂质，不大于（%）						用途
			Cu 不大于	P	Mn	Bi	Pb	S	P	O	总和	
C11300	三号铜	T3	99.70	—	—	0.002	0.01	0.01	—	0.1	0.3	一般用铜材，如电气开关、散热片
	四号铜	T4	99.50	—	—	0.003	0.05	0.01	—	0.1	0.5	一般用铜材，输电管道等
C10200	一号无氧铜	TU1	99.97	—	—	0.002	0.005	0.005	0.003	0.003	0.03	电真空器件用铜件
	二号无氧铜	TU2	99.95	—	—	0.002	0.005	0.005	0.003	0.003	0.05	电真空器件用铜件
C12200	磷脱氧铜	TUP	99.50	0.01 ~ 0.04	—	0.003	0.01	0.01	—	0.01	0.49	焊接等用铜材
	锰脱氧铜	TUMn	99.60	—	0.1 ~ 0.3	0.002	0.007	0.005	0.003	—	0.30	电子管的脚栅极支杆

纯铜具有较好的化学稳定性，能在大气、水、水蒸气和热水中不受腐蚀，在含有硫酸和二氧化硫的气体中腐蚀速度也不太大，但在氨、氨盐以及氧化性的硝酸和浓硫酸中的抗腐蚀性很差，对海水的抗腐蚀性较差。

（2）黄铜

黄铜是由铜和锌组成的合金，其表面呈淡黄色，故称黄铜。工业上应用的黄铜中，其含锌量均小于46%，其颜色随含锌量的增加而由黄红色变为淡黄色。普通黄铜的强度和耐腐蚀性都比纯铜高得多，并保持一定的塑性，可承受冷热加工。

为了进一步提高黄铜的力学性能和耐腐蚀性，在黄铜中加入适量的锡、锰、硅、铝、铁和镍等元素，便成为特殊黄铜。一般加入合金元素的总含量不超过4%。根据加入的合金元素相应地构成锡黄铜、锰黄铜、硅黄铜、铝黄铜、铁黄铜和镍黄铜等。

黄铜按其加工方法和用途可分为压力加工黄铜和铸造黄铜两类。常用黄铜的牌号、主要化学成分及力学性能见表3—46。

表 3—46　　常用黄铜的牌号、主要化学成分及力学性能

类别	牌号	主要化学成分，余量为 Zn（%）							材料状态或铸模	力学性能		
		Cu	Pb	Sn	Mn	Al	其他	杂质不大于		σ_b（MPa）	δ_5（%）	HBW
压力加工用	H68	67.0～70.0	—	—	—	—	—	0.3	软 硬	320 600	55 3	— 150
	H62	60.5～63.5	—	—	—	—	—	0.5	软 硬	330 600	49 3	56 164
	HSn62－1	61.0～63.0	—	0.7～1.1	—	—	—	0.3	软 硬	400 700	40 4	— —
	HMn58－2	57.0～60.0	—	—	1.0～2.0	—	—	1.2	软 硬	400 700	40 10	85 175
	HFe59－1－1	57.0～60.0	—	0.3～0.7	0.5～0.8	0.1～0.4	Fe 0.6～1.2	0.25	软 硬	450 700	50 10	88 160
	HSi80－3	79.0～81.0	—	—	—	—	Si 2.5～4.0	1.5	软 硬	300 600	58 4	— —
铸造黄铜	ZHSi80－3	79.0～81.0	—	—	—	—	Si 2.5～4.0	2.8	金属模 砂模	300 250	15 10	110 100
	ZHMn58－2－2	57.0～60.0	1.5～2.5	—	1.5～2.5	—	—	2.5	金属模 砂模	350 250	8 10	80 70
	ZHMn55－3－1	53.0～58.0	—	—	3.0～4.0	—	Fe 0.5～1.5	2.0	金属模 砂模	500 400	10 15	100 90
	ZHAl66－6－3－2	64.0～68.0	—	—	1.5～2.5	6.0～7.0	Fe 2.4～4.0	2.1	金属模 砂模	650 600	7 7	160 160

黄铜以汉语拼音字母“H”表示，其后的字母是指所加入元素的平均含量。例如，HSi80－3表示含铜量为80%，含硅量为3%的硅黄铜。H 字母前的“Z”表示该黄铜为铸造黄铜。

（3）青铜

铜合金中不以锌或镍为主要元素，而加入锡、铝、硅等其他元素时，通称为青铜。按加入的合金元素不同，则分为锡青铜、铝青铜、硅青铜等。有时为了改善青铜的铸造性能，常加入铅、锌、磷等元素。

青铜具有良好的力学性能、铸造性能、耐磨性能与耐腐蚀性等。因此，常用于制造各种耐磨零件及与酸、碱、蒸汽等接触的零件。

青铜按加工方法和用途可分为压力加工青铜和铸造青铜两类，铸造青铜在工业上应用广泛。常用青铜的牌号、主要化学成分及力学性能见表3—47。

青铜以汉语拼音字母“Q”表示，其后标出主要合金元素的化学符号及平均含量，再后面标出其他合金元素的平均含量。例如，ZQAlMn9－2 表示含铝约 9%、含锰 2%、其余为铜的铸造铝青铜。

（4）白铜

白铜是铜和镍的合金，是因镍的加入使纯铜的紫色逐渐变成白色而得名，一般含镍量为 5%～30%。单纯由铜和镍组成的合金称为普通白铜，常用牌号有 B5、B10、B30 等。当再加入锰、锌、铝及铁等合金元素时，就分别称为锰白铜、锌白铜、铝白铜及铁白铜等，常用牌号有 BMn3－12、BZn15－20、BAl13－3 及 BFe5－1 等。

白铜具有较好的综合力学性能，而且由于导热性与碳钢接近，因此易于焊接，不需要预热。但这些合金对于磷、硫杂质很敏感，易形成热裂纹，焊接时要严格限制这些杂质的含量。

二、铜及铜合金的焊接工艺

1. 铜及铜合金的焊接性

铜及铜合金具有独特的物理性能，因而它的焊接性有别于钢和铝。焊接时主要问题如下：

（1）难熔合、焊缝成形能力差

铜的热导率在 20℃时比铁大 7 倍多，1 000℃时大 11 倍多。焊接时热量迅速从加热区传出去，使加热范围扩大，焊件厚度越大，散热越严重。焊接区难以达到熔化温度，所以母材和填充金属难熔合。为此，焊接时需使用大功率的热源，焊前常需预热。

表 3—47　常用青铜的牌号、主要化学成分及力学性能

类别	牌号	主要化学成分，余量为 Cu（%）							材料状态或铸模	力学性能		
		Sn	Pb	Zn	Mn	Al	其他	杂质不大于		σ_b（MPa）	δ_5（%）	HBW
压力加工用青铜	QSn4－3	3.5～4.5	—	2.7～3.3	—	—	—	0.2	软	350	40	60
									硬	350	4	160
	QSn4－4－2.5	3.0～5.0	1.5～3.5	3.0～5.0	—	—	—	0.2	软	300～350	35～45	60
									硬	550～650	2～4	160～180
	QSn6.5－0.4	6.0～7.0	—	—	—	—	P 0.3～0.4	0.1	软	350～450	60～70	70～90
									硬	700～800	7.5～12	160～200
	QAl9－2	—	—	—	1.5～2.5	8.0～10.0		1.7	软	441	20～40	80～100
									硬	588～784	4～5	160～180
	QAl9－4	—	—	—	—	8.0～10.0	Fe 2.0～4.0	1.7	软	490～588	40	110
									硬	784～980	5	160～200
	QSi3－1	—	—	—	1.0～1.5	—	Si 2.75～3.5	1.1	软	343～392	50～60	80
									硬	637～735	1～5	180
铸造青铜	ZQSn10－2	9.0～11.0	—	1.0～3.0	—	—	—	1.0	金属模	200～250	2～10	90～105
									砂模	250～350	10～35	75～90
	ZQSn8－12	7.0～9.0	11.0～13.0	—	—	—	—	0.75	金属模	150～200	3～8	80～120
									砂模	150～180	3～8	70～100
	ZQAl9－2	—	—	—	1.5～2.5	8.0～10.0	—	2.8	金属模	392	20	80
									砂模	392	20	90～120
	ZQAl10－4－4	—	—	—	—	9.5～11.0	Fe 3.5～5.5 Ni 3.5～5.5	1.5	金属模	50～100	5～10	170～200
									砂模	—	—	—

铜在熔化温度时，表面张力比铁小1/3，流动性比钢大1～1.5倍。因此，表面成形能力差，当用大功率熔化极气体保护焊或埋弧焊时，熔化金属易流失。为此，单面焊时，背面需使用衬垫（板）等成形装置。

（2）焊接应力与变形大

铜的膨胀系数比铁大15%，而收缩率比铁大1倍以上，又由于铜的导热能力强，冷却凝固时，变形量大。当焊接刚度大的焊件或焊接变形受阻时，就会产生很大的焊接应力，成为导致焊接裂纹的力学原因。

（3）易产生热裂纹

在焊缝和热影响区上都可能产生热裂纹。主要原因是铜在液态下易氧化生成氧化亚铜（Cu_2O），它溶于液态铜而不溶于固态铜，冷凝过程中与铜生成熔点略低于铜的 Cu_2O+Cu 共晶（熔点为1 064℃）；铜中若有杂质铋（Bi）和铅（Pb）等，在熔池结晶过程中也生成低熔点共晶 Cu＋Bi（熔点270℃）、Cu＋Pb（熔点326℃），这些共晶物分布在焊缝金属的枝晶间或晶界处。当焊缝处于高温时，热影响区的低熔共晶物重新熔化，在焊接应力作用下，在焊缝或热影响区上就会产生热裂纹。又因铜和铜合金在加热过程中无同素异构转变，晶粒易长大，有利于低熔点共晶薄膜的形成，从而增大了热裂倾向。

为了防止热裂纹，从冶金方面需严格限制铜中杂质的含量，增强对熔池的脱氧能力；若有可能选用获得双相组织的焊接材料，以破坏低熔共晶薄膜的连续性，打乱柱状晶的方向。另外，从力学方面需减小焊接应力的作用。

（4）易产生气孔

铜及铜合金熔焊时，焊缝产生的气孔比焊接钢时严重得多。这与铜及铜合金的冶金特性和物理特性有关。

从冶金特性方面，焊接时铜中存在有溶解性气体和氧化还原反应产生的气体。氢在铜中的溶解度与温度有关，随温度升降而增减，当铜处于液—固态转变时，有一突变，如图3—18所示。说明冷凝过程要析出大量扩散性氢；熔池中的 Cu_2O 在凝固时因不溶于铜而析出，便与氢或CO反应生成水蒸气或 CO_2 气体，因不溶于铜而逸出。

$$Cu_2O+2H \rightarrow 2Cu+H_2O\uparrow$$

$$Cu_2O+CO \rightarrow 2Cu+CO_2\uparrow$$

从物理特性方面，铜的热导率比铁大7倍以上，焊缝金属的结晶速度很大，在这种条件下氢的扩散逸出和 H_2O、CO_2 上浮极为困难，往往是来不及逸出和上浮便形成了气孔。减少或防止铜焊缝中的气孔，主要是减少氢和氧的来源以及采用预热等方法延长熔池存在时间，使这些气体易于逸出。加强对焊接区的保护和在焊接材料中加入脱氧剂，都可减少气孔的产生。

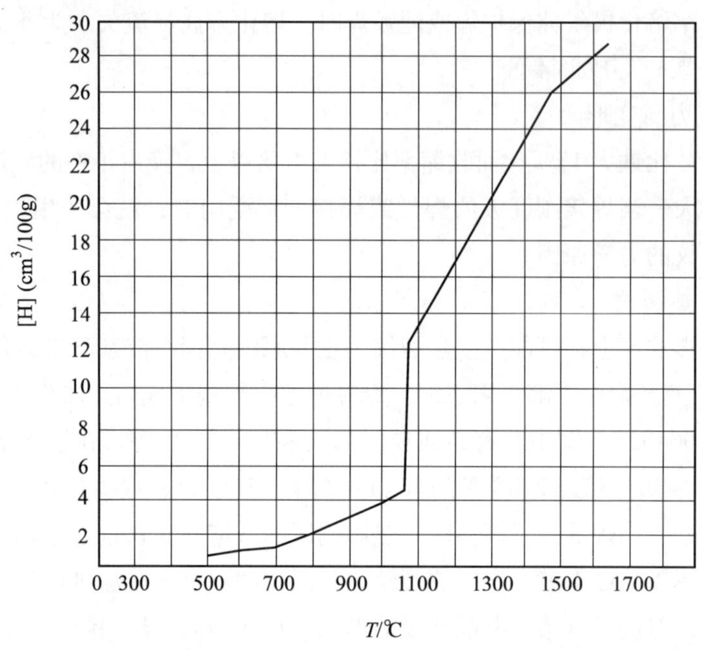

图3—18 氢在铜中溶解度与温度的关系（$p_{H_2}=10^5$ Pa）

（5）接头性能下降

1）接头塑性显著下降。因铜及铜合金一般不发生相变，焊缝和热影响区晶粒易长大，各种脆性低熔共晶出现于晶界，使接头的塑性和韧性显著下降。

2）导电性能下降。铜越纯其导电性能就越好，焊接过程中任何杂质和合金元素的加入，都导致电导率降低。

3）耐腐蚀性变差。铜合金的耐腐蚀性是依赖于锌、铝、锰、镍等合金元素的加入，而这些元素在焊接过程中蒸发、烧损，都不同程度上使接头的耐腐蚀性能下降。焊接应力的存在会使得那些对应力腐蚀较敏感的高锌黄铜、铝青铜、镍锰青铜的焊接接头在腐蚀环境中过早失效。

改善接头性能的主要措施可以是控制杂质含量；加强焊接区的保护以减少合金元素的烧损；通过合金化对焊缝进行变质处理；减少热的作用和焊后消除应力处理等。

必须指出，铜及铜合金的种类繁多，其成分和性能差别很大，因而焊接性能表现各异。在做焊接性分析时，除注意上述共性问题外，还应针对铜合金的不同类型及其对各种焊接方法的适应性做出具体评价。表3—48是铜及铜合金对几种常用的熔焊方法适应性比较，可供选择焊接方法时参考。

表 3—48　　铜及铜合金的焊接方法选择

焊接方法（热效率 η）＼焊接性＼材料	纯铜	黄铜	锡青铜	铝青铜	硅青铜	白铜	简要说明
钨极气体保护焊（0.65～0.75）	好	较好	较好	较好	较好	好	用于薄板（小于 12 mm），纯铜、黄铜、锡青铜、白铜采用直流正接，铝青铜用交流，硅青铜用交流或直流
熔化极气体保护焊（0.70～0.80）	好	较好	较好	好	好	好	板厚大于 3 mm 可用，板厚大于 15 mm优点更显著，电源极性为直流反接
等离子弧焊（0.80～0.90）	较好	较好	较好	较好	较好	好	板厚在 3～6 mm 可不开坡口，一次焊成，最适合 3～15 mm 中厚板焊接
焊条电弧焊（0.75～0.85）	差	差	尚可	较好	尚可	好	采用直流反接，操作技术要求高，适用板厚 2～10 mm
埋弧焊（0.80～0.90）	较好	尚可	较好	较好	较好	—	采用直流反接，适用于 6～30 mm 中厚板
气焊（0.30～0.50）	尚可	较好	尚可	差	差	—	易变形，成形不好，用于厚度小于 3 mm 的不重要结构中
碳弧焊（0.50～0.60）	尚可	尚可	较好	较好	较好	—	采用直流正接，电流大，电压高，劳动条件差，目前已逐渐被淘汰，只用于厚度小于 10 mm 的铜件

2. 铜及铜合金焊接材料的选用

铜及铜合金熔焊时用的焊接材料有焊丝（棒）、焊条、焊剂和熔剂等，钎焊时用的是钎料和钎剂，此外是保护气体。

（1）焊丝

焊丝是气焊、碳弧焊、TIG 焊、MIG 焊和埋弧焊等使用的填充金属。铜及铜合金焊接用的焊丝，除必须满足焊缝金属的性能和焊接工艺性能方面的要求外，还应能控制杂质含量和提高脱氧性能。

铜及铜合金焊丝的名称、牌号及代号见表 3—49，化学成分见表 3—50。圈状焊丝的直径有1.0 mm、1.5 mm、2.0 mm和2.5 mm；直焊丝长1 m，直径有3 mm、4 mm、5 mm和6 mm，通常是选择与母材化学成分相近的焊丝使用。

表3—49　　铜及铜合金焊丝的名称、牌号及代号

类别	名称	牌号	代号
铜	纯铜丝	HSCu	HS201
黄铜	1号黄铜丝	HSCuZn－1	HS221
	2号黄铜丝	HSCuZn－2	HS222
	3号黄铜丝	HSCuZn－3	HS223
	4号黄铜丝	HSCuZn－4	HS224
白铜	锌白铜丝	HSCuZnNi	HS231
	白铜丝	HSCuNi	HS234
青铜	硅青铜丝	HSCuSi	HS211
	锡青铜丝	HSCuSn	HS212
	铝青铜丝	HSCuAl	HS213
	镍铝青铜丝	HSCuAlNi	HS214

在铜及铜合金焊缝中加入硅、锰，磷、钛、铝等元素，是为了加强脱氧，降低焊缝中的气孔。其中钛和铝除脱氧外，还能细化焊缝晶粒，提高焊缝金属的塑性、韧性。但脱氧剂加入量不宜过高，否则焊缝会形成过多的高熔点氧化夹杂；硅在焊接黄铜时可防止锌的蒸发、氧化，降低焊接时的烟雾，而且还能提高焊缝金属的流动性，抗裂性和耐腐蚀性，加入锡可提高焊缝耐腐蚀性能也可提高焊缝金属的流动性改善工艺性能。加入铁可提高焊缝强度和耐腐蚀性，但塑性会降低。

焊丝中铋、铅、硫等杂质必须严格控制，其质量分数均应小于0.01%。磷虽然能脱氧，但含量过多后会使接头导电性能下降。因此，对导电性能要求高的铜及铜合金不宜选用含磷的焊丝。

（2）焊条

铜及铜合金用的焊条，其熔敷金属的化学成分和力学性能见表3—51。为了减少焊缝中的气孔，所有焊条均采用低氢型药皮，直流反接（焊条接正极）。通常在焊条的涂料中加入硅铁、锰铁、钛铁、铝铁、铝铜等，目的是向焊接熔池过渡硅、锰、钛、铝等脱氧元素，以获得良好的焊缝金属力学性能。

表 3—50 铜及铜合金焊丝的化学成分 %

牌号	化学成分												杂质元素总和
	Cu	Zn	Sn	Si	Mn	Ni	Fe	P	Pb	Al	Ti	S	
HSCu	≥98.0	①	≤1.0	≤0.5	≤0.5	①	①	≤0.15	≤0.02	① ≤0.01			
HSCuZn-1	57.0~61.0		0.5~1.5	—	—	—	—			—			
HSCuZn-2	56.0~60.0		0.8~1.1	0.04~0.15	0.01~0.50		0.25~1.20						
HSCuZn-3	56.0~62.0	余量	0.5~1.5	0.1~0.5	② ≤1.0	② ≤1.5	② ≤0.5	—	≤0.05	≤0.01	—		
HSCuZn-4	61.0~63.0		—	0.3~0.7	—	—	—			—			
HSCuZnNi	46.0~50.0			≤0.25		9.0~11.0		≤0.25	① ≤0.05	① ≤0.02		≤0.01	≤0.50
HSCuNi		①	①	≤0.15	≤1.0	29.0~32.0	0.40~0.75	≤0.02		—	0.2~0.5		
HSCuSi		≤1.5	≤1.1	2.8~4.0	≤1.5	①	≤0.5	①		① ≤0.01			
HSCuSn	余量	①	6.0~9.0	①	①		①	0.10~0.35	① ≤0.20		—		
HSCuAl		≤0.10	—	≤0.10	≤2.0	—	—	①					
HSCuAlNi		① ≤0.10			0.5~3.0	0.5~3.0	≤2.0						

注：（1）杂质元素总和包括带①的元素，微量元素可以不分析。

（2）在规定的范围内允许制造厂选择加入。

表3—51　　铜及铜合金焊条的型号、牌号及主要成分和用途

型号	牌号	药皮类型	电源及极性	焊缝主要成分（%）	焊缝金属力学性能	主要用途
ECu	T107	低氢型	直流反接	Si0.5 Mn3.0 P≤0.30 Cu>95	σ_b≥170 MPa δ_5≥20%	导电铜排、热交换器、海水导管、碳素钢堆焊，不宜焊含氧铜、电解铜，用于脱氧铜和无氧铜的焊接
ECuSi－B	T207	低氢型	直流反接	Si2.5～4.0 Mn3.0 P≤0.30 Cu>92	σ_b≥270 MPa δ_5≥20%	用于纯铜、硅青铜及黄铜的焊接，化工机械、管道内衬的堆焊或在钢上堆焊
ECuSn－B	T227	低氢型	直流反接	Pb≤0.02 Sn7.0～9.0 P≤0.30 Cu余量	σ_b≥270 MPa δ_5≥12%	用于焊接纯铜、黄铜、磷青铜等同种或异种金属，也可用于铸件补焊及堆焊，还可广泛用于堆焊磷青铜轴衬、船舶推进器叶片等
ECuAl－C	T237	低氢型	直流反接	Al6.5～10.0 Mn2.0 Si1.0 Fe1.5 Cu余量	σ_b≥390 MPa δ_5≥15%	用于铝青铜及其他铜合金、铜合金和钢的焊接，以及铸件补焊，如各种化工机械、海水散热器、阀门、水泵、气缸的堆焊及船舶螺旋桨的补焊

（3）焊剂与熔剂

埋弧焊和电渣焊焊接铜及铜合金用的焊剂可借用焊接低碳钢的焊剂，如HJ431、HJ260和HJ150等。其中HJ431为高锰高硅焊剂，其工艺性能好，但氧化性较强，容易向焊缝过渡Si、Mn等元素，使接头导电性、耐腐蚀性和塑性下降。HJ260和HJ150氧化性较弱，与HS201（纯铜）焊丝配合使用，可以获得塑性较高的焊缝金属。

气焊和碳弧焊铜及铜合金需采用熔剂，以去除熔池金属中的氧化物和防止焊缝金属受到氧化，见表3—52。所选用的熔剂必须能改善熔池金属的流动性以获得良好的焊缝成形；它的熔点必须低于母材和填充焊丝的熔点；焊接时所形成的熔渣其密度应小于液体金属，否则浮不出来而形成焊缝夹渣缺陷；此外，不吸潮，且腐蚀性要小等。

表 3—52 铜及铜合金气焊、碳弧焊用熔剂

牌号		化学成分（质量分数%）						熔点（℃）	应用范围
		$Na_2B_4O_7$	H_3BO_3	NaF	NaCl	KCl	其他		
标准	CJ301	17.5	77.5	—	—	—	$AlPO_4$ 5	650	铜及铜合金气焊、钎焊
	CJ401	—	—	7.5～9.0	27～30	49.5～52	LiAl 13.5～15	560	青铜气焊
非标准	1	20	70	10	—	—	—	—	铜及铜合金气焊及碳弧焊通用
	2	56	—	—	22	—	—	—	
	3	68	10	—	20	—	—	—	
	4	LiCl 15	—	KF 7	30	30	45	—	铝青铜气焊用

（4）保护气体

铜及铜合金电弧焊用的保护气体主要是惰性气体氩（Ar）和氦（He）。氮（N_2）高温时与铜不发生反应也可作保护气体。但是，铜在氮气中焊接，熔池金属流动性降低，焊缝易产生气孔，故主要在钎焊中采用。

氩气和氦气在物理性能上存在着差别，用做电弧焊铜及铜合金的保护气体表现出不同的电弧特性。在相同的焊接电流下，氦弧的功率比氩弧大约 1.5 倍，其穿透能力比氩弧大 3～5 倍。图 3—19 是这两种保护气体在焊接熔深上的比较，以及预热温度对氩弧熔深的影响。显然，当焊接纯铜或高热导率铜合金、不允许预热或要求获得较大熔深（如焊厚铜板）时，采用氦气保护最适宜。但是氦气价格昂贵，而且其密度较小，要获得良好保护效果，消耗的气体量比氩气增加 1～2 倍，成本太高，所以应用得不多。有时利用氩加入体积分数为 25%～75% 的氦作为混合保护气体，兼顾了氦气的熔透特性和氩气的电弧稳定特性，进行较厚板的焊接或平焊以外的位置焊接。

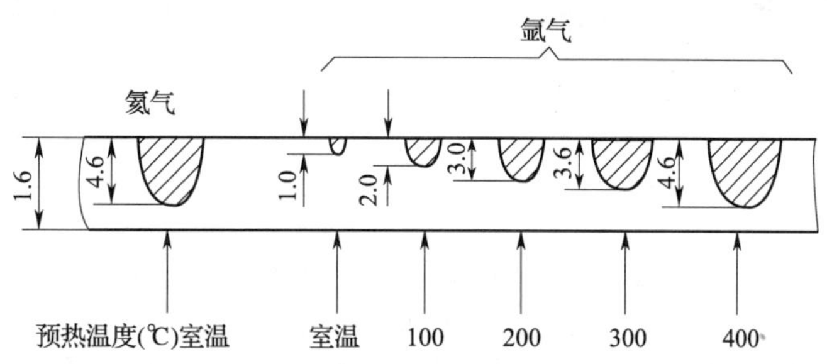

图 3—19 TIG 焊保护气体和预热温度对熔深影响（I = 300 A，焊速 3.4 mm/s）

3. 纯铜的焊接技术

（1）焊前准备

1）焊前清理。铜及铜合金在焊前必须对吸附在焊丝和焊件坡口两侧 30 mm 范围内表面的油脂、水分、金属表面氧化膜及其他杂质彻底清除，直至露出金属光泽为止。油脂等杂质一般用汽油、酒精、丙酮等溶剂擦拭，污染较重的也可将焊丝、焊件置于10%氢氧化钠水溶液中，并将水溶液加热到 30～40℃进行清洗，然后用清水冲净吹干。焊件表面氧化膜一般用钢丝轮或不锈钢丝轮清除。

2）坡口形式。铜及铜合金的焊接接头形式应保证接头两侧受热和传热条件相同，才能获得均匀的焊缝。合理的接头形式是对接接头、端接接头。尽量不采用搭接、T 形接头、内角接头，如图 3—20 所示。因这些接头形式不仅传热条件不同，还会使熔渣容易渗进间隙，易引起焊件腐蚀。焊接接头的坡口形式无论采用哪种熔焊工艺，单面坡口还是双面坡口，其坡口角度都应比碳钢坡口大一些，一般为 70°～90°。如果坡口角度过小，接头没间隙或间隙过小（一般间隙为 1～3 mm），由于铜的线膨胀系数大，凝固时的收缩率大，易引起焊缝开裂，所以，其间隙应比碳钢焊件大一些。

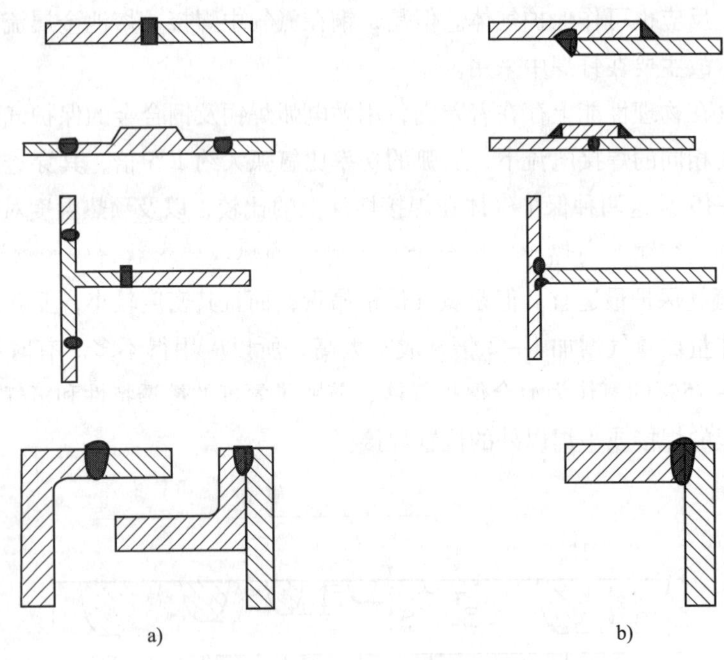

图 3—20　铜及铜合金熔化焊接头形式

a）合理　b）不合理

（2）纯铜的焊接方法

纯铜常用的焊接方法有焊条电弧焊、气焊、碳弧焊、钨极手工氩弧焊、埋弧焊及熔化极氩弧焊等。纯铜有无氧铜和含氧铜两种，含氧铜的焊接性较差，无氧铜由于焊接时没有氧化亚铜的不利作用，因此比较容易焊接。

1）纯铜的焊条电弧焊。纯铜的焊条电弧焊与其他熔焊方法相比，是一种最简单、灵活的熔焊方法，但其只能在其他方法难以进行焊接时才使用。原因是焊条电弧焊的焊缝含氧、氢量较高，不但容易出现气孔，而且焊后接头强度低，导电导热性下降。

焊接纯铜用焊条有 T107、T207、T227 等，均属于低氢型，采用直流反接焊接。焊条使用前要严格经 200 ~ 250℃烘干 2 h，彻底清除药皮中吸附的水分。

纯铜在焊前或多层焊的层间要对焊件进行预热。目的是使焊件获得足够的能量，保证焊缝良好成形及随后的冷却中气体充分地析出。纯铜预热温度根据焊件的厚度来确定。焊件越厚，预热温度越高。厚度从 4 ~ 40 mm 的焊件，其预热温度可在 400 ~ 500℃选择。焊接规范宜选用硬规范（较大电流、高焊速）以改善焊缝及近缝区的组织和性能。纯铜焊条电弧焊的焊接规范见表 3—53。

表 3—53　　纯铜焊条电弧焊的焊接规范

焊丝直径（mm）／焊接电流（A）／焊条牌号	3.2	4.0	5.0
T107	120 ~ 150	150 ~ 200	180 ~ 240
T207	90 ~ 130	110 ~ 160	150 ~ 200
T227	100 ~ 140	140 ~ 180	160

操作时一般采用右焊法，短弧焊，焊条不做横向摆动，仅做往复直线运动，尽量使焊缝窄而薄。对有坡口的焊道，即使摆动，其摆动宽度也不应超过焊条直径的 2 倍。在焊接中断或更换焊条时，动作要迅速，引弧必须在弧坑后端 10 ~ 20 mm 处，以保证接头的质量。焊条操作角度基本上与碳钢焊接相同，在焊接结束时必须填满弧坑。

纯铜焊条电弧焊也常用焊剂垫、铜垫、石墨垫等衬垫形式来保证焊件焊透及背面良好成形。在长焊缝焊接时，为了减少变形，应采用分段逐步退焊法。在厚板多层焊时，应仔细清除层间表面的熔渣，以防止产生夹渣。焊接结束后可对焊缝和接头进行热态和冷态的锤击，以改善接头的组织和性能。

2）纯铜的气焊。气焊与焊条电弧焊相比，其热源（主要是氧乙炔焰）的特点是温度低、能量密度小、热能分散，使焊件受热面积大、变形严重。但气焊工艺简单，使用灵活，因此比较适用于薄板铜件的焊接、铜件的修补或不重要构件的焊接。

气焊纯铜用的焊丝牌号为 HS201，焊剂牌号为 CJ301。使用时将焊剂用水调成糊状，涂于焊丝或焊件表面，也可把加热后的焊丝放在焊剂中滚动，使焊丝表面沾上一层焊剂。

纯铜气焊必须选用严格的中性焰，不能采用氧化焰或碳化焰。因氧化焰使熔池金属氧化生成氧化亚铜而引起焊接裂纹，碳化焰因含有过量的氢会使焊缝产生气孔。

在气焊过程中，由于铜导热性强，所以必须选用比焊接碳钢时大的火焰能率。根据焊件厚度选用的焊嘴，一般比焊接同厚度碳钢时大 1 ~ 2 号，焊嘴的选择可参见表 3—54。焊接厚度大的焊件时还需采取预热措施，预热温度一般在 350 ~ 700℃。

纯铜气焊时，一般采用左焊法，但对于厚度大的焊件可采用右焊法，以便提高熔池的温度并便于观察熔池，由于液态铜具有良好的流动性，因此，一般采用水平位置焊接。当焊件厚度较大时，可将焊件倾斜 7° ~ 10°，采用上坡焊，易焊透。

表 3—54　　纯铜气焊时焊嘴的选择

焊件厚度（mm）	1 ~ 1.5	1.5 ~ 2.5	2.5 ~ 4	4 ~ 8	8 ~ 12
焊丝直径（mm）	1.5	2	3	4	5 ~ 6
焊炬型号	H01 ~ 6	H01 ~ 6	H01 ~ 12	H01 ~ 12	H01 ~ 12
焊嘴号码	1	2 ~ 4	1 ~ 2	2 ~ 3	3 ~ 4
乙炔流量（L/h）	150 ~ 170	170 ~ 350	350 ~ 500	500 ~ 700	750 ~ 1 040

在气焊开始时，为了使火焰集中加热，焊炬与焊件应成垂直位置。随着熔池的建立，焊炬的角度逐渐减小，一般为 60° ~ 90°，如图 3—21 所示。为了减少金属在高温时的氧化反应，焰心不能接触焊丝及熔池，一般焰心离开焊件表面 3 ~ 10 mm，焊丝与焊件的夹角为 30° ~ 45°。

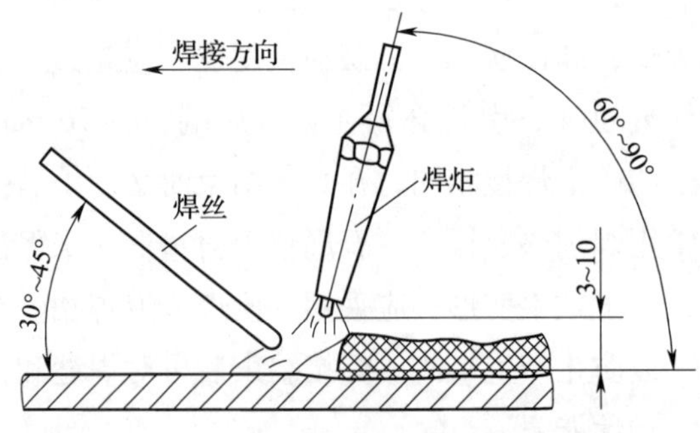

图 3—21　纯铜气焊时焊炬与焊丝的相对位置

由于纯铜气焊时，长时间的过热易引起焊缝晶粒长大和脆性共析体的析出，影响焊接质量并促使焊缝性能下降。所以，在保证焊透的条件下，应尽量加快焊接速度，同时每条焊缝要求一次焊透和焊完，以免由于多次重复加热而引起晶粒长大和增加焊件的变形。

纯铜气焊后，为了改善焊接接头的组织和性能，常采用锤击焊缝及焊后进行热处理的方法，把焊缝及近缝区加热到550～650℃，然后放入水中急速冷却，以促使焊缝晶粒细化和组织紧密。

锤击焊接接头时应采用球形或平面锤头，薄板（厚度小于4 mm）的焊缝可在冷态下锤击，沿焊缝两侧的100 mm范围内进行。5 mm以上的中厚铜件需加热至250～500℃后进行锤击，在锤击后最好再进行550～650℃的退火热处理。

3）纯铜的钨极手工氩弧焊。钨极手工氩弧焊具有电弧稳定、能量集中、保护效果好、操作灵活等优点，因此，成为纯铜熔化焊接方法中应用最广泛的一种。它与碳弧焊的区别是用钨极代替碳极，并用氩气有效地保护熔池，防止空气的侵入。

纯铜钨极手工氩弧焊采用直流正接，其操作技术与氩弧焊基本相同，常采用左焊法。操作时，焊枪做均匀平稳的直线运行，电弧长度保持在3～5 mm，喷嘴到焊件表面的距离应控制在8～14 mm，这样既便于观察熔池，又能使焊接区获得良好的氩气保护，同时送丝速度应根据熔池温度及焊缝的成形来确定。

焊接含氧铜时，采用普通纯铜焊丝，必须使用铜焊剂，以改善熔池的流动性和脱氧能力；或者选用含有脱氧元素的HS201焊丝，否则，焊缝易出现气孔及裂纹等缺陷。

纯铜氩弧焊时，选用的焊丝不宜太粗，与焊件表面的角度要尽量小，以减少对氩气流的阻碍作用，同样，送丝时焊丝也不能与钨极接触，以保证焊接过程的顺利进行。

钨极手工氩弧焊时，对焊件的预热要求与焊条电弧焊相似。预热温度根据焊件厚度而定，厚度在4 mm以下的焊件可不预热，焊接规范的选择见表3—55。焊枪、焊丝与焊件的相对位置如图3—22所示。

表3—55　　纯铜钨极手工氩弧焊的焊接规范

板厚(mm)	预热温度(℃)	钨极直径(mm)	喷嘴孔径(mm)	焊丝直径(mm)	焊接电流(A)	氩气流量(L/min)	备注
1	不预热	2	10	1.6～2.0	120～160	10～12	
1.5	不预热	2～3	10	1.6～2.0	140～180	10～12	
2.0	不预热	2～3	12	2	160～180	14～16	
3.0	不预热	3～4	12	2	200～240	14～16	单面焊双面成形
4.0	300～350	4	10～14	3	220～260	16～20	正面焊一至二层，背面焊一层
5.0	350～400	4	10～14	3～4	240～320	16～20	

续表

板厚（mm）	预热温度（℃）	钨极直径（mm）	喷嘴孔径（mm）	焊丝直径（mm）	焊接电流（A）	氩气流量（L/min）	备注
6.0	400～450	4～5	14～18	3～4	280～360	20～22	
10	450～500	6	16～20	4～5	340～440	20～22	正面焊二层，背面焊一层
12	450～600	6	16～20	4～5	360～420	20～24	
20	500～700	6	20～22	4～5	400～450	20～24	正面焊三层，背面焊一层

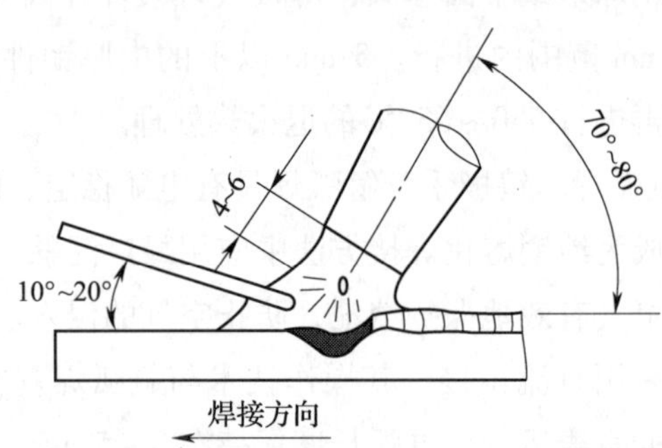

图3—22　焊枪、焊丝与焊件的相对位置

4）纯铜的熔化极氩弧焊。熔化极氩弧焊的焊丝在焊接过程中既作为电极，又作为填充金属。因此，不受钨极氩弧焊电极熔化温度的限制，焊接时可选用更大的电流，其电弧功率大、熔敷效率高、熔深大，它是中等以上厚度纯铜焊接的理想方法。所以，对厚度大于12 mm的纯铜，几乎一定要选熔化极氩弧焊的方法。

选用焊丝的原则及具体选用的焊丝牌号与钨极手工氩弧焊完全一样。熔化极氩弧焊的焊件坡口形式与钨极氩弧焊相似，有较强的穿透力，不开坡口的极限尺寸及钝边可比钨极氩弧焊增大，坡口角度减小，一般不留间隙。

为提高焊接效率，熔化极氩弧焊采用大电流、高焊速的硬规范。由于熔池增大，保护气体流量也应增加。纯铜熔化极氩弧焊的焊接规范见表3—56。焊接电源采用直流反接，与钨极氩弧焊相比，焊接同样厚度的铜件时焊接电流增加30%，焊接速度可提高一倍。

表3—56　　**纯铜熔化极氩弧焊的焊接规范**

板厚（mm）	坡口形式及尺寸				焊丝直径（mm）	焊接电流（A）	电弧电压（V）	气体流量（L/min）	焊速（m/h）	层数	预热温度（℃）
	形式	间隙（mm）	钝边（mm）	角度（°）							
3	I	0	—	—	1.6	300～350	25～30	16～20	40～45	1	—
5	I	0～1	—	—	1.6	350～400	25～30	16～20	30	1～2	100
6	V	0	3	70～90	1.6	400～425	32～34	16～20	30	2	250

续表

板厚（mm）	坡口形式及尺寸				焊丝直径（mm）	焊接电流（A）	电弧电压（V）	气体流量（L/min）	焊速（m/h）	层数	预热温度（℃）
	形式	间隙（mm）	钝边（mm）	角度（°）							
6	I	0~2	—	—	2.5	450~480	25~30	20~25	30	1	100
8	V	0~2	1~3	70~90	2.5	460~480	32~35	25~30	25	2	250~300
9	V	0	2~3	80~90	2.5	500	25~30	25~30	21	2	250
10	V	0	2~3	80~90	2.5~3	480~500	32~35	25~30	20~23	2	400~500
12	V	0	3	80~90	2.5~3	550~650	28~32	25~30	18	2	450~550
12	X	0~2	2~3	80~90	1.6	350~400	30~35	25~30	18~21	2~4	350~400
15	X	0	3	80	2.5~3	500~600	30~35	25~30	15~21	2~4	450
20	V	1~2	2~3	70~80	4	700	28~30	25~30	23~25	2~3	600

5）纯铜的埋弧自动焊。埋弧自动焊的特点是电弧功率大、热量集中、效率高及劳动强度低等，适用于厚度较大的纯铜板焊接。其原理与普通碳钢埋弧自动焊基本相同。

纯铜埋弧自动焊采用直流电源反接，焊接设备可以选用 MZ-1-1000（1250）型埋弧自动焊机。自动焊丝一般采用无氧铜（TUP）焊丝或含有脱氧元素的 HS201。可选用 HJ431 的高锰高硅焊剂，能获得满意的工艺性，但不可避免地会发生合金元素向焊缝的过渡。因此，对于接头性能要求高的焊件宜选用 HJ260、HJ150 焊剂。

纯铜埋弧自动焊的焊接规范主要包括焊接电流、焊丝直径、电弧电压以及焊接速度等。规范参数直接影响焊缝成形和焊接质量，其焊接规范的选择见表 3—57。由于纯铜导热性高、热容量大，宜选用大电流、高电压的硬规范。

表 3—57　　纯铜埋弧自动焊的焊接规范

板厚（mm）	坡口形式	焊丝牌号	焊剂牌号	预热温度（℃）	电流种类及极性	焊丝直径（mm）	焊接层数	焊接电流（A）	电弧电压（V）	焊接速度（m/h）	备注
8~10	90°；4~5；8~10；2~3	HS201	HJ431	不预热	直流反接	5	1	500~550	30~34	18~23	有垫板单面单层焊背面焊透

续表

板厚（mm）	坡口形式	焊丝牌号	焊剂牌号	预热温度（℃）	电流种类及极性	焊丝直径（mm）	焊接层数	焊接电流（A）	电弧电压（V）	焊接速度（m/h）	备注
16	90°；16；4；2~3	SH201 TUP	HJ150 或 HJ431	不预热	直流反接	6	1	950 ~ 1 000	52 ~ 54	13	有垫板单面单层焊背面焊透
20 ~ 24	80°；20~24；4；1~3	HS201 TUP	HJ150 或 HJ431	260 ~ 300	直流反接	4	3 ~ 4	650 ~ 700	40 ~ 42	13	有垫板单面多层焊背面焊透

纯铜埋弧自动焊可不预热，但为保证焊接质量，对于厚度大于20 mm的焊件可采用局部预热，预热温度为260 ~ 300℃。通常采用单道焊，厚度小于8 mm可采用不开坡口的单面焊或双面焊。厚度更大的焊件最好开U形坡口（钝边为5 ~ 7 mm）。

埋弧自动焊的电源极性采用直流反接，焊缝平直均匀，成形良好，无缺陷。如使用直流正接焊接，电弧不稳定，焊缝成形恶化，并有未焊透和夹渣等缺陷，接头的强度和塑性降低。

埋弧焊时焊丝伸出长度为35 ~ 40 mm。焊丝与焊件表面垂直，为提高熔深也可将焊丝向前倾斜10°。焊件处于水平或倾斜5° ~ 10°的位置。在倾斜位置时采用上坡焊，增加熔深，有利于坡口根部焊透。

在焊件的始末端安装铜或石墨板做引弧、熄弧板，确保两端有良好的成形和性能。引弧、熄弧板尺寸为100 mm × 100 mm × t mm（t为焊件厚度）。引弧、熄弧板与焊件接合处的间隙不得大于1 mm。

4. 黄铜的焊接技术

黄铜焊接的主要问题除在其焊接性中谈到以外，还有锌蒸发、烧损而使焊缝金属含锌量减少，导致焊接接头力学性能和耐腐蚀性降低，对应力腐蚀的敏感性增大。因锌的熔点较低（熔点为419℃）、沸点也较低（沸点为907℃），因此在焊接高温的作用下，熔池的锌大量蒸发。另一方面，锌蒸发后在空气中氧化成白色的氧化锌，不仅给操作带来困难，而且还会影响焊工的身体健康。

黄铜的结晶区间小，焊接时不易引起偏析及低熔点共晶，形成热裂纹的倾向比纯铜、青铜小。但由于黄铜的强度高、线膨胀系数大，以致形成较大的焊接内应力，在接头薄弱的断面处（主要在热影响区）产生冷裂纹。

（1）黄铜的气焊

气焊是黄铜焊接中应用较广的焊接方法之一。气焊坡口形状及尺寸见表 3—58。黄铜焊丝中含有少量的硅、锡元素，能防止和减少焊接熔池中锌的烧损和气孔的产生，常用的焊丝有锡黄铜焊丝（HS221）、铁黄铜焊丝（HS222）、硅黄铜焊丝（HS224）等，还有含锌比黄铜母材高 2% ~5% 的特殊焊丝。上述焊丝中含有少量硅元素，在焊接过程中能形成致密的氧化硅薄膜覆盖在熔池表面，阻止锌的蒸发、烧损，防止氢气溶入。如含硅量大于 0.7% 时，使氧化硅薄膜增厚，反而会阻止熔池中氢气的逸出而产生气孔。

表 3—58　黄铜气焊的坡口形状和尺寸

坡口形式	示图	板厚 t (mm)	间隙 b (mm)	钝边 p (mm)	坡口角度 α (°)
单面焊	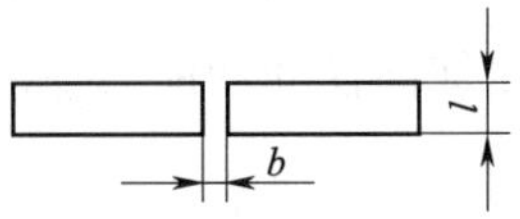	1 ~5	0.5 ~1.5	—	—
双面焊		3 ~6	1 ~2		
用垫板单面焊	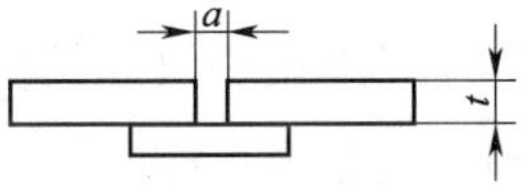	3 ~5	2 ~3	—	—
V 形坡口	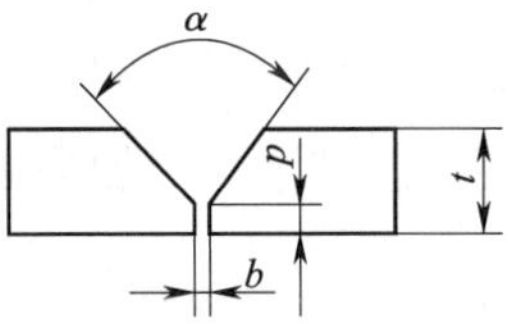	6 ~15	2 ~4	1.5 ~3	70 ~90
X 形坡口	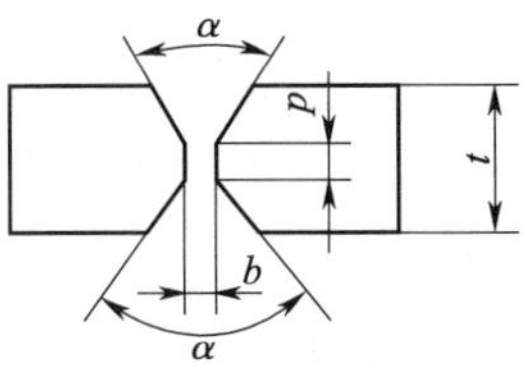	15 ~25	2 ~4	2 ~4	70 ~90

黄铜气焊用的焊剂及使用要求与纯铜气焊相同。

黄铜焊前必须仔细消除焊丝及焊接件表面的油污及污物。焊接时，应采用轻微氧化焰或中性焰，因为轻微氧化焰可使熔池金属表面形成一层氧化锌薄膜，它不易熔化（熔点为1 800℃），所以可阻止锌的进一步氧化和蒸发。由于黄铜的导热能力比纯铜小，所以焊接一般黄铜焊件时可不预热，但对于厚度较大的焊件还需预热，其预热温度比纯铜相应要低，一般为250～450℃；厚度大于16 mm以上的焊件，预热温度为500～550℃。

黄铜气焊的操作技术与纯铜相同，一般采用左焊法，以减少焊缝金属的过热，并改善焊缝的成形。在操作中，焰心离焊件表面需大于6 mm，尽量避免高温焰心与熔池金属直接接触，否则，容易引起熔池内锌的继续氧化烧损并增加有害气体的溶解，导致焊缝金属内产生气孔。焊接时，在保证焊透的条件下，应尽量加快焊接速度。焊后可在550～650℃的温度下进行退火处理，以消除焊缝应力，改善焊缝性能。

（2）黄铜的焊条电弧焊

黄铜焊条电弧焊用的焊条很少采用黄铜芯制成，因焊接时焊芯中的锌大量蒸发、飞溅，烟雾也大，故多用青铜芯焊条T207、T227、T237。焊接时采用直流反接。黄铜导热性比纯铜差，为了抑制锌的蒸发也必须预热至200～400℃。焊接时采用短弧以减少锌的烧损，并配合采用小电流、快焊速的焊接。运条时不做横向摆动和前后摆动。由于黄铜流动性好，故尽量进行平焊。

（3）黄铜的氩弧焊

氩弧焊是黄铜焊接常用的方法之一。钨极氩弧焊适于焊接小尺寸的黄铜焊件；熔化极氩弧焊适用于焊接大尺寸的黄铜焊件，其焊接工艺与纯铜氩弧焊相同。

黄铜氩弧焊同样存在锌的烧损现象，以及气氛污染影响电弧燃烧稳定性，所以，选择焊丝最好不含锌元素。如焊接普通黄铜采用无氧铜加脱氧剂的锡青铜焊丝，焊接高强度黄铜采用青铜加脱氧剂的硅青铜或铝青铜焊丝。其焊接工艺措施除应加强工作场地的通风设施外，还应有以下措施：

1）由于锌的蒸发破坏了氩气的保护效果，所以黄铜氩弧焊时，焊枪的喷口直径比焊接同样厚度的铝合金时要大2～6 mm，氩气流量要大4～8 L/min。

2）钨极氩弧焊的焊接电源可用直流正接，但也可采用交流电，因交流电焊接时合金成分锌的烧损比直流正接时少。熔化极氩弧焊采用直流反接。

3）焊接时尽量将填充焊丝置于电弧与母材之间，避免电弧对母材的直接加热。

4）宜选用硬规范，高的焊接速度，以减少热影响区范围。对厚板及铸件焊接时，可采取预热200～350℃的措施。ZHMn55－3－1铸造黄铜钨极氩弧焊的焊接规范见表3—59。

表 3—59　　ZHMn55－3－1 铸造黄铜钨极氩弧焊的焊接规范

板厚（mm）	钨极直径（mm）	焊丝直径（mm）	电流种类	焊接电流（A）	喷口直径（mm）	氩气流量（L/min）
16～20	5	3.5～4.0	交流	260～300	14～16	20～25

5. 青铜的焊接技术

青铜的种类很多，其化学成分和性能差别很大，因而其焊接性也各不相同。青铜的焊接，主要用在铸件缺陷和损坏机件的补焊上。由于青铜的导热性比纯铜小，合金蒸发烧损比黄铜弱，所以青铜的焊接性比纯铜和黄铜好。

（1）锡青铜的焊接工艺

锡青铜的焊接性较差，主要是氧化和偏析问题。合金元素锡在高温下易氧化，生成的氧化锡（SnO_2）溶解于熔池中，引起焊缝的质量下降。由于低熔点的锡偏析，削弱了晶界的结合力，使焊接接头的强度和耐腐蚀性下降，是引起裂纹的根源，而且锡青铜在加热状态下具有很大的脆性。因此，锡青铜焊接时必须采取适当的焊接工艺。

1）锡青铜气焊。气焊焊丝可选用与基本金属化学成分相同的铸造青铜棒（或含锡量比基本金属高 1%～2%）。气焊用焊剂与纯铜相同。气焊时采用中性焰，火焰能率与碳钢气焊时基本相同。为了减少锡的烧损，火焰的焰心与焊件表面的距离应比焊接碳钢时高一些，不小于 7～10 mm。预热温度比纯铜低，操作工艺基本与纯铜气焊时相同，焊后可采用焊缝锤击或退火处理，以消除焊接内应力，提高焊缝的性能和致密性。

2）锡青铜焊条电弧焊。焊条电弧焊主要用于锡青铜铸件缺陷的补焊。采用 T227 焊条或专用青铜焊条。其操作工艺与纯铜焊接时相同。焊前对铸件进行 100～200℃的预热，过高的预热温度会使强度和塑性降低，因此，在保证熔透的条件下应尽量降低预热温度。用短弧进行快速焊接，焊后在 200℃以下应对焊缝锤击，可使晶粒细化，提高焊缝的致密性并消除焊接内应力。但对第一层及最后一层焊缝一般不进行锤击。为提高焊接接头的韧性，焊后可加热到 480℃左右后快速冷却。

3）锡青铜氩弧焊。锡青铜氩弧焊工艺与纯铜氩弧焊基本相同。钨极氩弧焊采用直流正接，钨极烧损小，焊件熔深大；熔化极氩弧焊时采用直流反接，可获得稳定的熔滴过渡和较高的焊丝熔化速度。

焊接不含锌的锡青铜时可用与基本金属相同成分的焊丝，或用含锡量比母材高 1%～2% 的青铜焊丝，以补偿焊接过程中锡的蒸发和烧损。对于含锌的锡青铜可选用黄铜焊丝，以防止锌烧损后形成气孔。锡青铜的导热性比黄铜稍大，焊接时应采用较大的焊接电流和较低的焊接速度。

（2）铝青铜的焊接工艺

铝青铜焊接的主要困难是其合金元素铝在高温下氧化生成的 Al_2O_3 薄膜覆盖在熔池金属表面，阻碍了焊丝与熔池金属的熔合，易在焊缝金属中产生夹渣、气孔以及未熔合缺陷，尤其在气焊时，很难将氧化铝薄膜除去，所以很少采用。常用的焊接方法有焊条电弧焊及氩弧焊，主要用于补焊铸件。

1）铝青铜焊条电弧焊。焊接时采用的焊条牌号为T237，有良好的工艺性能，电弧稳定，焊缝成形良好，焊缝无气孔和夹渣等缺陷。

铝青铜的焊接性不同于其他青铜，为了防止焊缝产生夹渣和气孔，应在焊接工艺上采取特殊的措施。如采用较大的坡口角度（90～100℃），焊前预热（300～600℃）以及焊后缓慢冷却，或在焊缝红热状态下进行锤击等。

铝青铜的焊条电弧焊采用直流反接，短弧焊接。操作时，由于液态铜流动性大，故只限于水平位置焊接，焊条不宜做横向摆动，尽可能地采用大的焊接电流，焊后应使焊件缓慢冷却，或采用热态锤击等方法消除应力。

2）铝青铜氩弧焊。铝青铜的钨极氩弧焊用焊丝与基本金属成分相同，采用交流电源焊接，比直流电源更有利于破除表面氧化膜，使焊接过程稳定。铝青铜的钨极手工氩弧焊规范见表3—60。对于厚度大的焊件（铸件）需要进行150～300℃的预热，操作技术与一般氩弧焊工艺相同。补焊缺陷尺寸较大的铝青铜铸件时，可将其倾斜15°，施行上坡焊。

表3—60　　铝青铜的钨极手工氩弧焊规范

板厚（mm）	钨极直径（mm）	焊丝直径（mm）	喷嘴孔径（mm）	氩气流量（L/min）	焊接电流（A）
1.5	4	2	10～12	8～10	100～130
3	4	3	10～12	12～16	180～220
6	4	3	12～18	20～24	280～320
9	4	4～5	12～18	22～28	320～420
12	4	4～5	12～18	22～28	360～420

熔化极氩弧焊如用直流反接，有助于获得稳定的熔滴过渡，但不利于破除熔池表面的氧化膜，因此从总的焊接性能来看，还是采用交流电源，能兼顾直流正、反接各自的优点。

熔化极氩弧焊适用于中、大厚度铝青铜焊件，也适用于钢基表面铝青铜的堆焊，它的焊接设备及工艺与一般熔化极氩弧焊相同。

复 习 题

1. 低合金高强度钢焊接时，采用焊前预热有哪些有利作用?
2. 试述 16Mn 钢的焊接性及其焊接工艺。
3. 15CrMo 低合金耐热钢是怎样进行焊接的?
4. 造成奥氏体不锈钢晶间腐蚀的原因是什么? 怎样防止?
5. 试述不锈钢复合板的焊接工艺。
6. 异质焊缝的灰铸铁电弧冷焊时，应采用哪些焊接工艺?
7. 铝及铝合金采用氩弧焊工艺的优越性是什么?
8. 简述铜及铜合金的焊接性。

第 4 章

常用焊接操作技能

学习目标

➢ 掌握焊条电弧焊、钨极氩弧焊、CO_2 气体保护焊所要求的试件装配和技术要求。

➢ 熟练掌握焊条电弧焊、钨极氩弧焊、CO_2 气体保护焊的引弧、运条、连接和收尾；焊条电弧焊 V 形坡口板对接横焊、立焊，插入式 V 形坡口管板垂直平焊、水平固定焊，V 形坡口大口径管对接水平固定焊；钨极氩弧焊 V 形坡口小口径管对接垂直转动焊、水平转动焊；单边 V 形坡口 T 形接头横角焊、立角焊等操作技术。

第 1 节　焊条电弧焊

一、V 形坡口板对接横焊

将板状试件组合成 V 形坡口形式，焊缝与水平成平行位置的板与板对接焊，称为 V 形坡口板对接横焊，如图 4—1 所示。

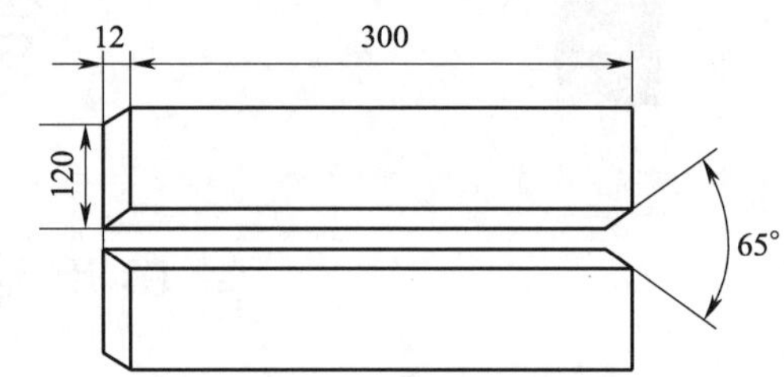

图 4—1　V 形坡口板对接横焊

1. 试件装配（见图 4—2）

（1）坡口钝边（p = 1 ~ 1.5 mm）。

（2）装配间隙（b = 3.2 ~ 4 mm）。

（3）试板错边（≤0.5 mm）。

（4）定位焊部位（在坡口背面两顶端）。

（5）定位焊尺寸（长 10 ~ 15 mm）。

（6）试件预变形（12 ~ 13 mm，α = 6° ~ 7°）。

（7）试件固定高度（试件最下端距离地面 550 ~ 650 mm）。

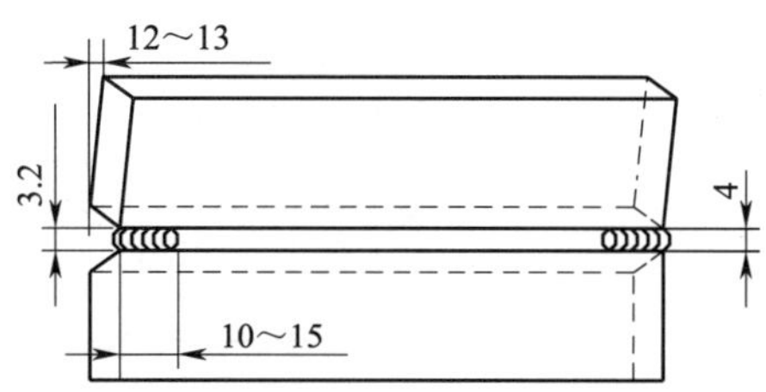

图 4—2　装配间隙、定位焊部位、尺寸及预变形

2. 技术要求（见表 4—1）

表 4—1　技术要求

打底层（mm）	中间层	盖面层（mm）
（1）焊缝无气孔、夹渣、裂缝和未熔合 （2）焊缝无未焊透、内凹及焊瘤 （3）焊缝背面高度≤2，高度差≤1	（1）见本表打底层序号 1 （2）焊道平整，无内拱和死角 （3）起头处不外溢，收尾处无塌陷和缺口 （4）上下坡口两侧棱边无烧损	（1）见本表打底层序号 1 （2）焊缝正面宽度 16 ~ 18，宽度差≤2 （3）焊缝正面高度≤3，高度差≤2 （4）焊缝咬边深度≤0.5，长≤10 （5）焊缝弧坑填满 （6）焊后试件变形度≤1°，无错边 （7）非焊接区域无碰弧

3. 焊接参数（见表 4—2）

表 4—2　焊接参数

焊条型号	焊接层次	焊条直径（mm）	焊接电流（A）	焊接方式	焊接道数	焊条量（根）
E5015	打底层	3. 2	100 ~ 110	连弧焊	一道	3 ~ 4
	中间层	4	160 ~ 170	连弧焊	两道	3. 5 ~ 4
	盖面层	3. 2	120 ~ 130	连弧焊	四道	5 ~ 5. 5

4. 操作方法

（1）打底层

1）焊条角度。焊条与焊钳的角度为 145° ~ 155°，焊条与试件角度如图 4—3 所示。

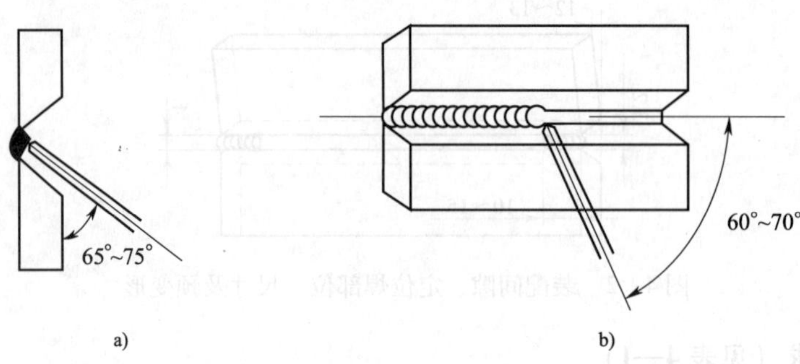

图4—3　焊条与试件的角度

a）焊条的横向角度　b）焊条的纵向角度

2）施焊。

①起头。沿左面定位焊缝的始端处引弧，电弧引燃后迅速向上下两侧稍做摆动，当熔池形成后为起头完毕。

②运条。熔池形成后焊条慢慢向前移动，到达定位焊前沿时焊条向根部内送进稍作停留后，在听到轻微的穿透声和看见一个新的熔孔时开始断弧焊，后面一次的断弧焊焊条落点对准原先的熔池弧坑口，在其红热状态未消失前就要点上去，焊条贴近根部并将上侧坡口多熔化一点，当再次出现新的熔孔时表示此次断弧焊过程已完成。每一次断弧焊的焊接时间为1～1.5 s，间断时间为0.5～1 s，通过有规律有节奏的交叉断弧引弧便能得到整条焊缝。

③收弧。将焊条向焊接反方向的下侧坡口面上用断弧焊点焊2～3次。

④接头。可不铲接头直接接头，俗称热接。断弧后立即在熔池弧坑稍后约10 mm处引燃电弧，当焊条焊至原弧坑前沿时，向坡口内推进，稍作停留后听到穿透声，见到新的熔孔出现，表示接头已完成。但在断弧焊的过程中，有时焊条会突然粘在试件上或熔池内泛气孔等因素而被迫断弧所引发的接头，为确保根部焊透或X光拍片达到压力容器2级以上，必须对接头部位进行打磨或铲根，确认隐患被清除后再接头，也称冷接，接法与热接相似。

⑤收尾。当施焊到临近末尾定位焊缝的前沿还剩3～4 mm时，用连弧的方式与定位焊连接并焊至终端后用断弧焊点焊2～3次。

（2）中间层

中间层的填充可焊两道，也可焊三道，这里讲述的是焊两道。

1）焊条角度。焊条与焊钳的角度：参照打底层。焊条与试件的角度：焊条的纵向角度，如图4—3b所示；横向角度，如图4—4所示。

2）施焊。

①起头。在距离始端约 10 mm 处引弧，电弧引燃后迅速后移到始端处做上下摆动，一旦熔池形成表示起头完成。

②运条。焊条的位置，如图 4—4 所示；做斜圆形摆动，如图 4—5 所示；各焊道的覆盖量和棱边的预留量，如图 4—6 所示。

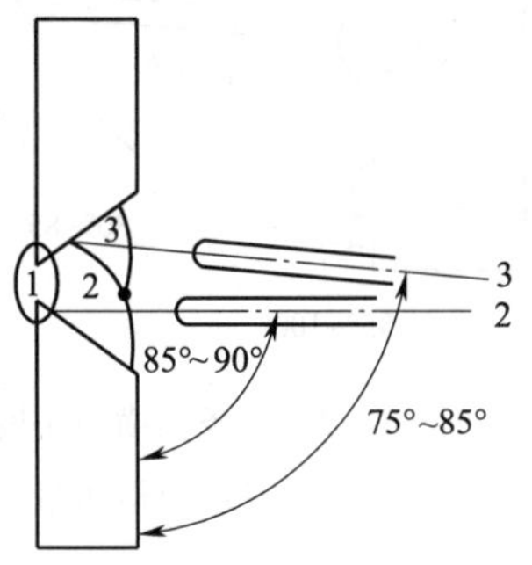

图 4—4　焊条的横向角度

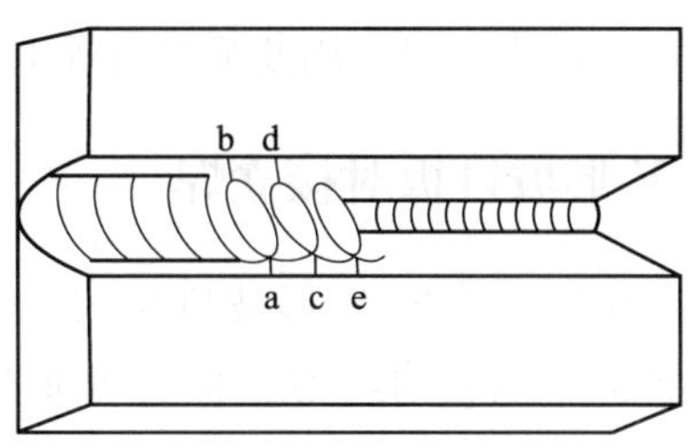

图 4—5　中间层斜圆形运条

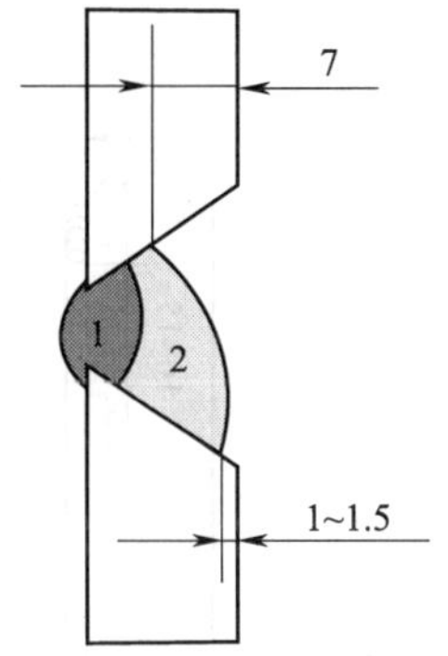

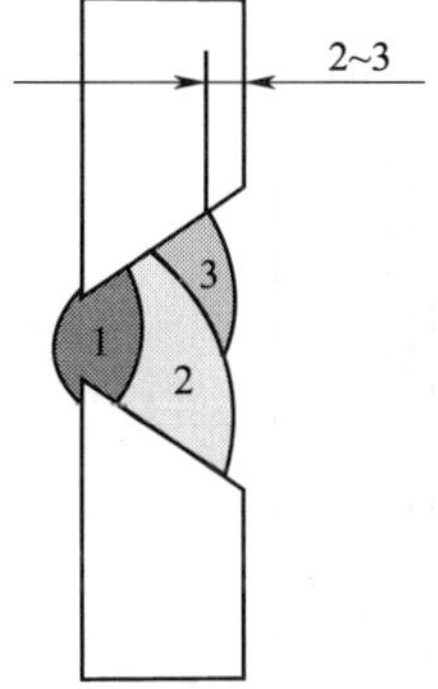

图 4—6　中间层各焊道覆盖量及棱边预留量

③收弧。直接收弧。

④接头。趁热直接引入弧坑内接头。

⑤收尾。焊至收尾处时，回焊 10 ~ 15 mm，用断弧焊点焊 2 ~ 3 次。

（3）盖面层

1）焊条角度。焊条与焊钳的角度：参照打底层。焊条与试件的角度：纵向角度，如图 4—3b 所示，横向角度如图 4—7 所示。

2）施焊

①起头。参照中间层进行。

②运条。作直线型运条，焊条的位置，如图4—7所示，各焊道的覆盖量及越出上下两侧棱边量，如图4—7所示。

③收弧。直接收弧。

④接头。参照中间层进行。

⑤收尾。稍作回焊，用断弧焊点焊1～2次。

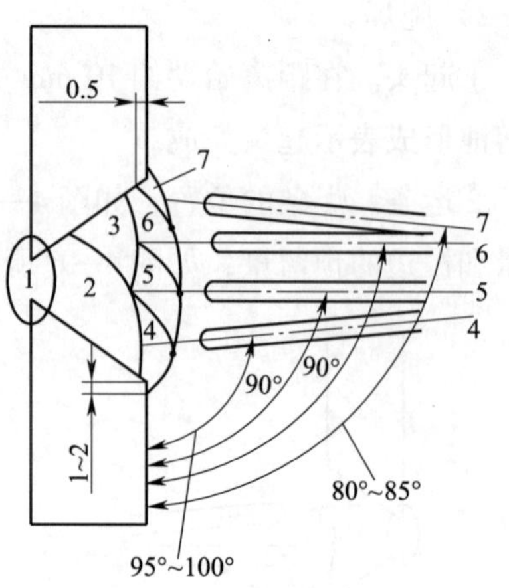

图4—7　焊条的横向角度及越出棱边量

二、V形坡口板对接立焊

将板状试件组合成V形坡口形式，焊缝与水平成垂直位置的板与板对接焊，称为V形坡口板对接立焊，如图4—8所示。

1．试件装配（见图4—9）

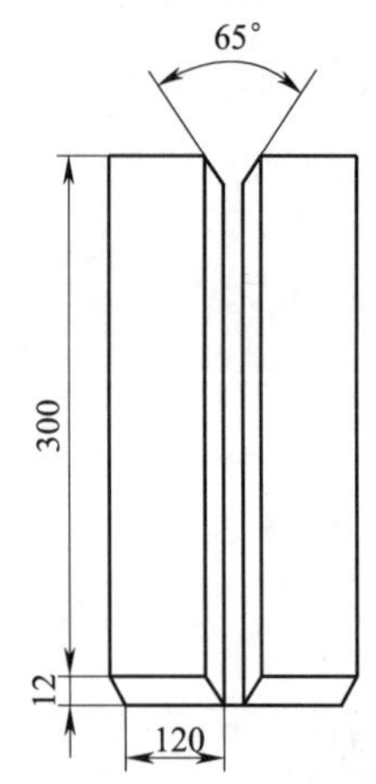

图4—8　V形坡口板对接立焊

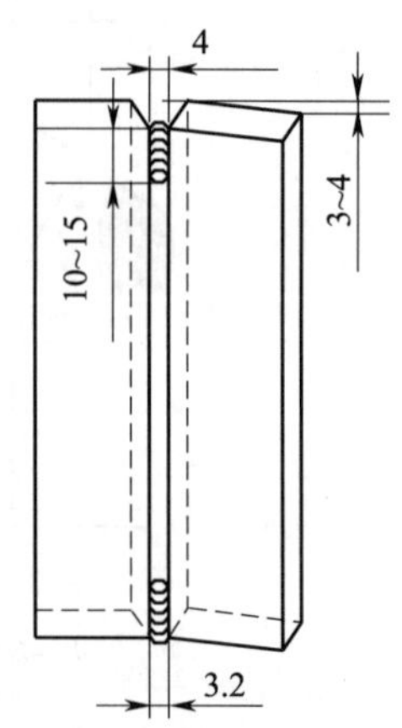

图4—9　装配间隙、定位焊尺寸及预变形

（1）坡口钝边（p＝1～1.5 mm）。

（2）装配间隙（b＝3.2～4 mm）。

（3）试板错边（≤0.5 mm）。

（4）定位焊部位（在坡口背面两顶端）。

（5）定位焊尺寸（长 10 ~ 15 mm）。

（6）试件预变形（3 ~ 4 mm，$\alpha = 1° \sim 2°$）。

（7）试件固定高度（试件最下端距离地面 350 ~ 450 mm）。

2. 技术要求（见表 4—3）

表 4—3　技术要求

打底层（mm）	中间层	盖面层（mm）
（1）焊缝无气孔、夹渣、裂缝和未熔合 （2）焊缝无未焊透、内凹及焊瘤 （3）焊缝背面高度≤2，高度差≤1	（1）见本表打底层序号 1 （2）焊道平整，无内拱和死角 （3）起头处不下淌，收尾处无缺口 （4）坡口两侧棱边无烧损	（1）见本表打底层序号 1 （2）焊缝正面宽度 16 ~ 18，宽度差≤2 （3）焊缝正面高度≤3，高度差≤2 （4）焊缝咬边深度≤0.5，长≤10 （5）焊缝弧坑填满 （6）焊后试件变形度≤1°，无错边 （7）非焊接区域无碰弧

3. 焊接参数（见表 4—4）

表 4—4　焊接参数

焊条型号	焊接层次	焊条直径（mm）	焊接电流（A）	焊接方式	焊接道数	焊条量（根）
E5015	打底层	3.2	100 ~ 110	断弧焊	一道	4 ~ 4.5
	中间层		120 ~ 130			4.5 ~ 5
	盖面层		110 ~ 120			5

4. 操作方法

打底时焊条的横向角度可采用 90°，也可采用 70° ~ 75°，这里讲述的是后面一个角度。

（1）打底层

1）焊条角度。焊条与焊钳的角度为 160° ~ 170°。焊条与试件角度如图 4—10 所示。

2）施焊。打底可采取连弧焊，也可采取断弧焊，这里讲述的是断弧焊。

①起头。沿下侧定位焊的始端处引弧，电弧引燃后迅速向左右两侧稍做摆动，当熔池形成后即为起头完毕。

②运条。熔池形成后，焊条慢慢向上移动，到达定位焊上沿时焊条向根部内送进，稍做停留后，在听到轻微的穿透声和看见一个新的熔孔时，便可开始断弧焊，后面一次的焊

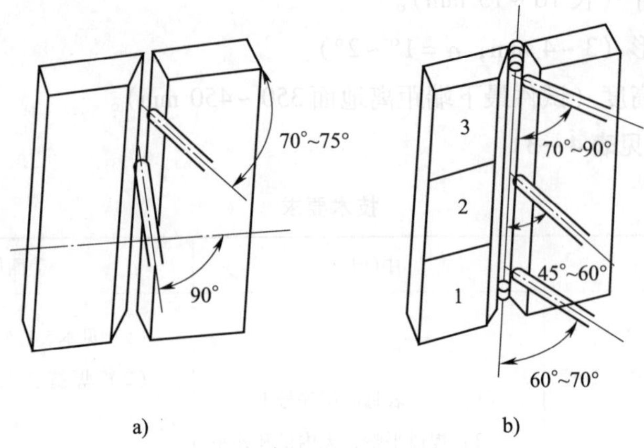

图4—10 焊条与试件的角度

a）焊条的横向角度 b）焊条的纵向角度

条落点对准原先的熔池弧坑口，在其红热状态未消失前就要点上去，并且焊条要紧贴坡口根部稍作横向摆动后，当再次出现新的熔孔时表示此次断弧焊过程已完成，每一次的焊接时间为1～1.5 s，间断时间为0.5～1 s。施焊过程中为减少手抖便于打底焊道均匀，焊条可轻微靠在右侧坡口，电弧对着另一侧坡口往上焊。通过有规律有节奏的交叉断弧引弧便能得到整条焊缝。

立对接熔孔可比平对接时稍大些，但要注意打底焊道平整，熔池表面呈扁平的椭圆形为宜，慎防焊道中间凸起而在两侧形成死角，如图4—11所示。

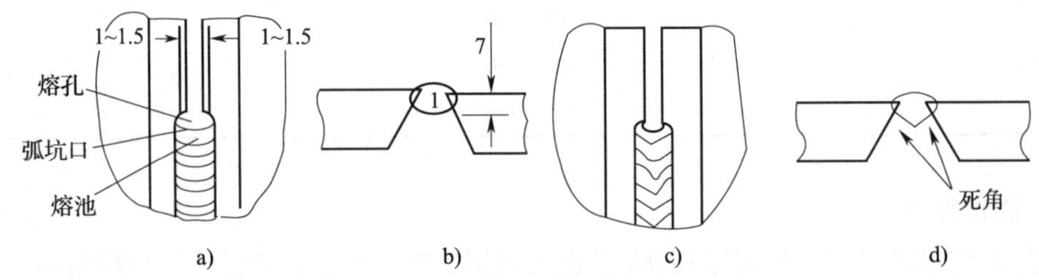

图4—11 立对接打底焊道的熔池形状

a）温度正常时熔池为水平椭圆形 b）合格的焊道表面平整

c）温度高时熔池向下凸起 d）焊道凸出太高两侧形成死角

③收弧。当焊条即将焊完需要暂时熄弧时，为防止收弧处产生弧口缩孔或微裂纹，通常将焊条迅速向右下方坡口上面断弧焊点焊2～3次。

④接头。热接，断弧后立即在熔池弧坑下侧约10 mm处引燃电弧，当焊条焊至原弧坑上沿时，向坡口内推进，稍做停留后听到穿透声，见到新的熔孔出现表示接头完成。如需

冷接，可参照前面 V 形坡口板对接横焊方式进行。

⑤收尾。当施焊到临近末尾定位焊缝的下沿还剩 3 ~4 mm 时，用连弧的方式与定位焊连接，并焊至终端后用断弧焊点焊 3 ~4 次。

（2）中间层

1）焊条角度。焊条与焊钳的角度参照打底层。焊条与试件角度参照打底层。

2）施焊。

①起头。沿打底焊道始端的上方 15 ~20 mm 处为引弧的起始点，电弧引燃后焊条迅速下移到始端，并向两侧摆动，熔池形成后且达到所需的填充厚度即为起头完毕。

②运条。中间层的填充可填一层，也可采取填两层的方式进行，这里讲述的是填一层。当熔池形成后，采用三角形运条法，焊条由中间点亮后先向左侧坡口方向运条，到达坡口边缘时做适当停留后，迅速向右侧坡口方向运条，到达坡口边缘时也做适当停留后，迅速回焊到熔池中心将弧断掉，表示此次断弧焊过程已完成，如图 4—12 所示，每一次断弧焊的焊接时间为 2 ~2. 5 s，间断时间约 1 s。后面的断弧焊焊条落点只要对准先前的熔池中心，重复前面的动作即可，但填充层的焊道要比坡口棱边低 1. 5 ~2 mm，如图 4—12 所示。

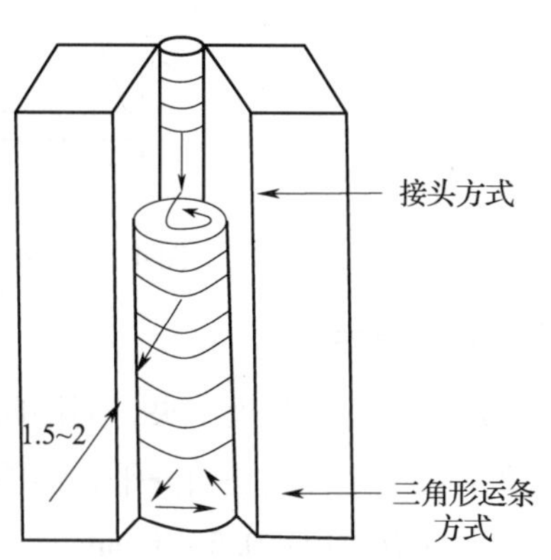

图 4—12　中间层的运条与接头

③收弧。直接收弧。

④接头。在弧坑的上方 10 ~15 mm 处引燃电弧后，焊条迅速下移到原弧坑的三分之二处，沿该弧坑形状迅速进行相切，施焊的时间比后面断弧焊的施焊时间略长一点，大约为 3 s，如图 4—12 所示。

⑤收尾。当焊至临近终端时，及时增大纵向的焊条角度，采取左右交叉断弧引弧数次的方式收尾。

（3）盖面层

盖面层可采取断弧焊，也可采取连弧焊，这里讲述的是断弧焊。盖面层的操作方法与中间层类似，所不同的是焊条水平摆动的幅度要比中间层宽，当焊条运条距离棱边附近约剩 2 mm 时，做适当停留，让熔池自然向棱边方向过渡，并分别越出棱边 1 ~2 mm，其他均参照中间层的操作方法进行。

三、插入式V形坡口管板角接垂直平焊

将管状试件垂直插入V形圆孔的板状试件中央，成俯视平焊位置的管与板之间的一种角焊焊接，称为插入式V形坡口管板角接垂直平焊，如图4—13所示。

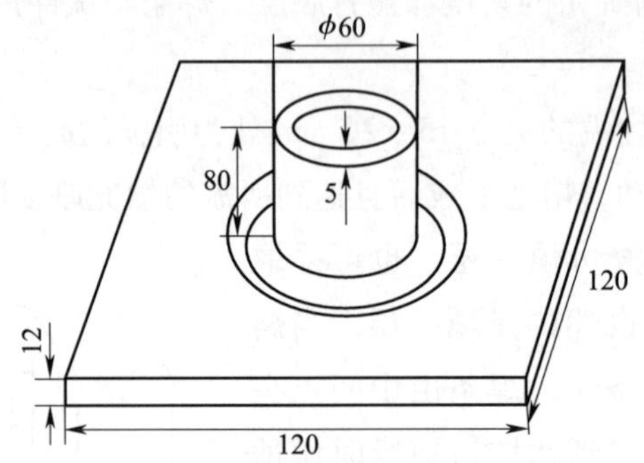

图4—13　插入式V形坡口管板角接垂直平焊

1. 试件装配

（1）管子位于管板中央，周围间隙3 mm。

（2）管子与管板端面齐平，误差≤0.5 mm。

（3）管板钝边：0.5～1 mm。

（4）定位焊部位、顺序及数量，如图4—14所示。

（5）定位焊尺寸：$C=5$ mm，$L=5$ mm。

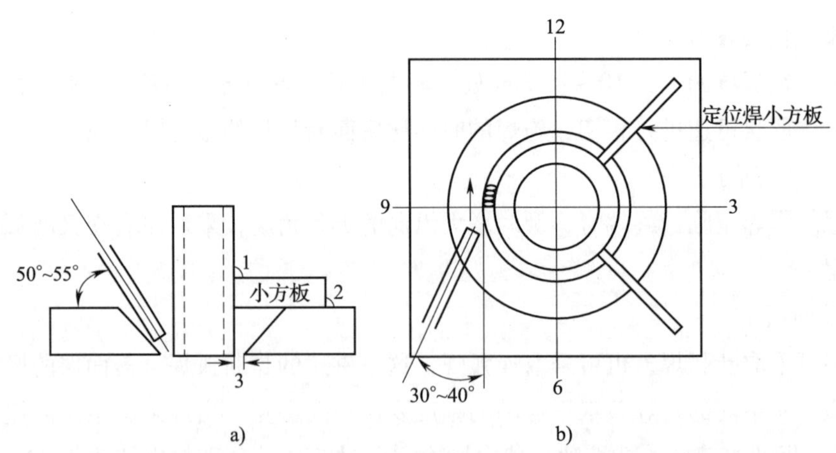

图4—14　焊条与试件的角度、定位焊及起头

a）焊条的横向角度、定位焊顺序　b）焊条的纵向角度、定位焊数量及起头

2. 技术要求（见表 4—5）

表 4—5　　技术要求

打底层（mm）	中间层	盖面层（mm）
（1）焊缝无气孔、夹渣、裂缝和未熔合 （2）焊缝无未焊透、内凹及焊瘤 （3）焊缝背面高度≤2，高度差≤1	（1）见本表打底层序号 1 （2）焊道平整，无内拱和死角 （3）管板坡口棱边无烧损	（1）见本表打底层序号 1 （2）焊脚尺寸：K_1 = 13 ~ 14，K_2 = 6 ~ 7 （3）焊脚宽窄差：K_1 ≤2，高低差：K_2 ≤2 （4）焊缝单边：≤2 （5）焊缝咬边深度≤0.5，长≤10 （6）焊缝表面：无气孔、夹渣，周围无碰弧 （7）相邻焊道之间：无脱节或覆盖过多

3. 焊接参数（见表 4—6）

表 4—6　　焊接参数

焊条型号	焊接层次	焊条直径（mm）	焊接电流（A）	焊接方式	焊接层道	焊条量（根）
E5015	打底层	2.5	80 ~ 90	断弧焊	一层一道	4 ~ 5
	中间层	4	160 ~ 170	连弧焊	两层一道	1 ~ 1.5
						1.5 ~ 2
	盖面层	4	150 ~ 160	连弧焊	一层两道	2
						1

4. 操作要领

（1）打底层

1）焊条角度。焊条与焊钳的角度：焊条夹在 1 号槽内。焊条与试件角度如图 4—14 所示。

2）施焊。打底时可选用 ϕ3.2 mm 焊条，这里讲述的是 ϕ2.5 mm 焊条。

①起头。在临近 9 点处的坡口根部为引弧的起始点，当电弧引燃后迅速过 9 点横向中

心线约5 mm后，焊条快速向两侧摆动，一旦熔池形成使两侧得到相互连接，并伴有一个小的熔孔，表示起头完毕，如图4—14所示。但是管板的起头与坡口横对接、立对接的起头情况不一样，它是在没有定位焊作依托的坡口内直接起头，很容易出现偏弧，使坡口与管子两侧不能迅速达到相互粘连形成熔池，一旦出现这种情况则马上熄弧，以防试件两侧被过大烧熔，然后在偏弧的另一侧迅速引燃电弧，重复前面的动作，直至两侧的熔池相互粘连。

②运条。起头完毕开始断弧焊，焊条的落点对准原熔池的弧坑口，由管板的坡口一侧向管子方向运条，到达之后做适当停留，见到新的熔孔出现，表示此断弧焊过程已完成，每一次的焊接时间为1.5 s，间断时间约为1 s。

③收弧。当焊条临近焊完，此时将焊条向焊接反方向的坡口上面用断弧焊回点2～3次。

④接头。每次都将收弧位置旋转到9点位置后趁热接头，在熔池弧坑稍后约10 mm处引燃电弧，当焊条焊至原弧坑前沿时，向坡口内送进，稍做停留后听到穿透声，见到新的熔孔出现表示接头完成，可继续断弧焊。

⑤收尾。收尾前，先将起头部位打磨或铲薄到位。当施焊到与起头临近还剩3～5 mm一个小孔时，用连弧的方式前后来回运条，动作要迅速，一旦小孔完全被封闭后不要熄弧继续向前施焊5～10 mm后，用断弧焊回点2～3次即可，如果间隙没有明显缩小可直接用断弧焊封闭。

（2）中间层

1）焊条角度。焊条与焊钳的角度参照打底层。焊条与试件的角度：横向角度，参照打底层；纵向角度，如图4—15所示。

2）施焊。

①起头。施焊前认真清理打底层焊道内的飞溅、熔渣，在临近9点处为引弧的起始点，电弧引燃后迅速过9点横向中心线约5 mm后，焊条及时向两侧稍做摆动，一旦熔池形成表示起头完毕。

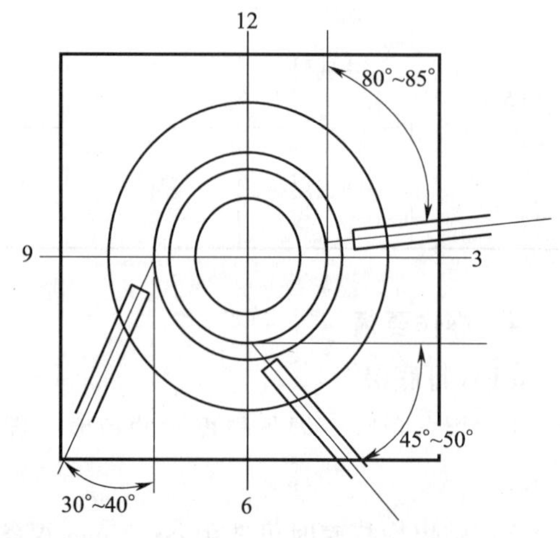

图4—15　纵向角度

②运条。运条时焊条的纵向角度不易过大，防止液态熔渣跑到焊条前面，造成施焊困难或夹渣，焊第二层时不做大的摆动，只要将打底层焊道的坡口和管子一侧充分熔合即可，焊第三层时由于焊道较宽要做适当的圆弧形摆

动，但向前弧度不宜过大，整圈焊道低于坡口棱边约0.5 mm，注意坡口棱边的烧损，在每一层的施焊过程中要保持短弧焊接，焊条角度随管子圆弧的变化而转动，如图4—15和图4—16所示。

③收弧。焊条过3点横向中心线5 mm左右后直接收弧。

④接头。在完成前半圈施焊之后，将试件旋转180°，分别敲掉起头和收弧处的熔渣，迅速在弧坑前约5 mm处引燃电弧后，将焊条后移至弧坑的三分之二处，沿原先弧坑的形状进行迅速相切后，便可返身向前运条。

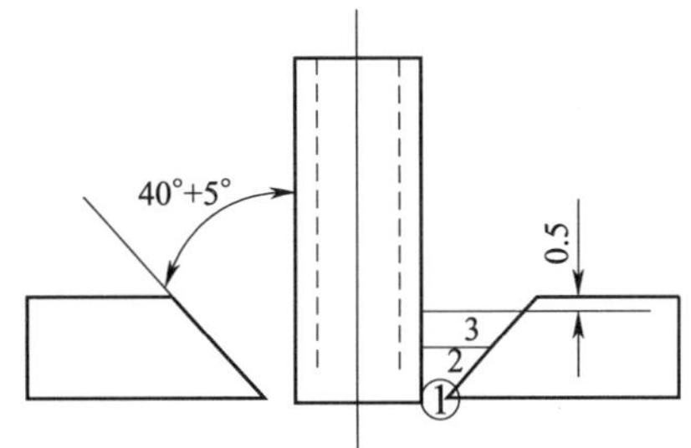

图4—16　棱边的预留量

⑤收尾。当焊条移至前半周与起头相接时，焊条继续向前略过横向中心线5～10 mm后，用断弧焊回点2～3次。

（3）盖面层

1）焊条角度。焊条与焊钳的角度参照打底层。焊条与试件的角度：纵向角度如图4—15所示；横向角度如图4—17所示。

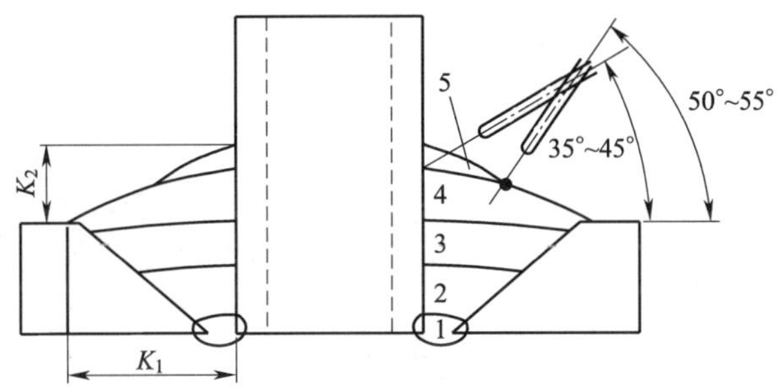

图4—17　横向角度、焊条位置及焊道覆盖位置

2）施焊。施焊的5个环节与前面相类似，所区别的是焊第4焊道时填充金属的三分之二焊在管板一侧，三分之一焊在管子一侧，焊第5焊道时下沿覆盖第4焊道二分之一处，上沿到达所需的尺寸处。

四、插入式V形坡口管板角接水平固定焊

将管状试件垂直插入V形圆孔的板状试件中央，成平视水平位置的一种管与板之间的固定角焊焊接，称为插入式V形坡口管板角接水平固定焊，如图4—18所示。

1. 试件装配

（1）管子位于管板中央，周围间隙3 mm。

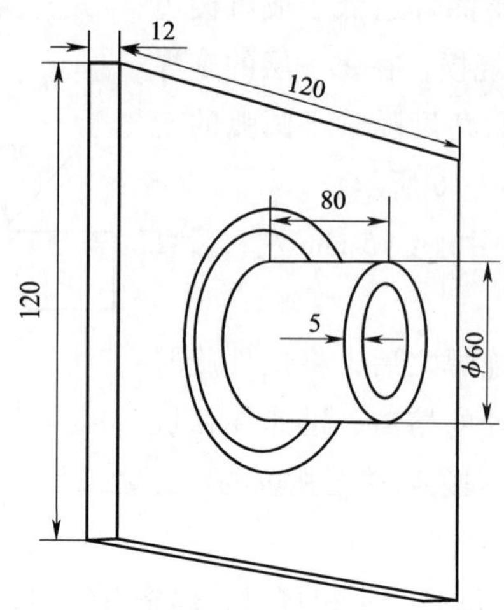

图4—18　插入式V形坡口管板角接水平固定焊

（2）管子与管板端面齐平，误差≤0.5 mm。

（3）管板钝边：0.5～1 mm。

（4）定位焊部位、顺序及数量，如图4—19所示。

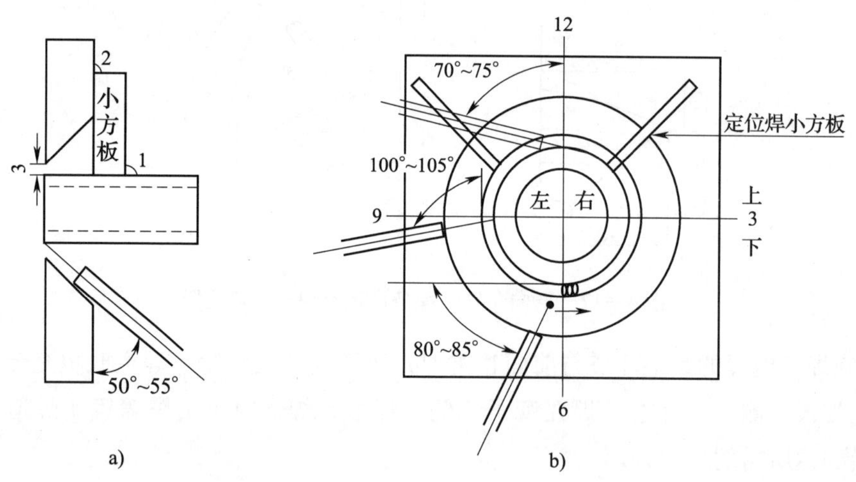

图4—19　焊条与试件的角度、定位焊

a）焊条的横向角度、定位焊顺序　b）焊条的纵向角度、定位焊位置、数量

（5）定位焊尺寸：C=5 mm，L=5 mm。

（6）试件固定高度：试件最下端距离地面800～900 mm。

2. 技术要求（见表 4—7）

表 4—7　　技术要求

<table>
<tr><th>打底层（mm）</th><th>中间层</th><th>盖面层（mm）</th></tr>
<tr><td>（1）焊缝无气孔、夹渣、裂缝和未熔合
（2）焊缝无未焊透、内凹及焊瘤
（3）焊缝背面高度≤2，高度差≤1</td><td>（1）见本表打底层序号 1
（2）焊道平整，无内拱和死角
（3）管板坡口棱边无烧损
（4）起头部位无凸起
（5）收尾部位无塌陷</td><td>（1）见本表打底层序号 1
（2）焊脚尺寸：K_1 = 13 ~ 14，K_2 = 6 ~ 7
（3）焊脚宽窄差：K_1 ≤2，高低差：K_2 ≤2
（4）焊缝单边：≤2
（5）焊缝咬边：深≤0.5，长≤10
（6）起头部位无凸起
（7）收尾部位无塌陷
（8）焊缝表面：无气孔、夹渣，周围无碰弧</td></tr>
</table>

3. 焊接参数（见表 4—8）

表 4—8　　焊接参数

<table>
<tr><th>焊条型号</th><th>焊接层次</th><th>焊条直径（mm）</th><th>焊接电流（A）</th><th>焊接方式</th><th>焊接层道</th><th>焊条量（根）</th></tr>
<tr><td rowspan="4">E5015</td><td>打底层</td><td>2.5</td><td>70 ~ 80</td><td rowspan="4">断弧焊</td><td>一层一道</td><td>5 ~ 6</td></tr>
<tr><td rowspan="2">中间层</td><td rowspan="3">3.2</td><td rowspan="2">120 ~ 130</td><td rowspan="2">两层一道</td><td>3</td></tr>
<tr><td>3</td></tr>
<tr><td>盖面层</td><td>115 ~ 125</td><td>一层一道</td><td>4 ~ 4.5</td></tr>
</table>

4. 操作要领

（1）打底层

1）焊条角度。焊条与焊钳的角度为 155° ~ 165°。焊条与试件的角度如图 4—19 所示。

2）施焊。可以先焊左半圈，也可先焊右半圈，这里讲述的是先焊左半圈，包括焊中间层和盖面层。

①起头。下半圈 7 点仰焊位置的坡口根部为引弧起始点，电弧引燃后迅速过 6 点纵向中心线约 5 mm 后，焊条快速向两侧稍作摆动，当熔敷金属将两侧的管板和管子相互粘连形成熔池，并伴有一个小的熔孔表示起头完毕，如图 4—19b 所示。

②运条。起头完毕开始断弧焊，焊条的落点对准原熔池的弧坑口，由管板的坡口一侧向管子方向运条，到达之后做适当停留，为防止6点仰焊位置的焊缝根部出现内凹，焊条应紧贴根部，见到新的熔孔出现，表示此次断弧焊过程已完成，每一次的焊接时间约为1.5 s，间断时间约为1 s（右半圈的运条可参照左半圈进行）。

③收弧。当焊条临近焊完需要收弧时，将电弧逐步向坡口方向的下侧回点2~3次即可，当焊条重新引燃继续上移到9点或12点位置时，为便于后面的接头和收尾，收弧位置应分别过横向和纵向中心线5~10 mm。

④接头。

a）9点或9点下面位置的接头。与9点位置发生接头前，先敲去9点上面的小方板之后，可不用铲接头直接接头，但不要直接接在弧坑内，应在9点或9点下面位置接头的弧坑下方5~10 mm处引弧，电弧引燃后慢慢上移，到达弧坑口稍作停留，在听到穿透声，见到新的熔孔出现时表示接头完成。

b）6点位置的接头。由于先前起头部位的操作难度较大，施焊时经常会出现偏弧而引起的焊缝单边、偏厚和气孔等现象，所以在接头前先将起头部位铲薄或打磨到位，然后在起头部位的后面5~10 mm处引弧，电弧引燃后慢慢前移，到达接口处时做适当停留，在听到穿透声见到新的熔孔出现时，表示接头已完成。

⑤收尾。为使12点位置收尾熔合良好，在焊右半圈之前先将该部位铲薄或打磨到位。当焊条运条到该点位置临近封口还剩下3 mm一个小孔时，迅速用连弧焊来回运条的方式将对面的弧口充分熔化直至小孔完全被封闭，此时继续向前施焊5~10 mm后，断弧焊回点2~3次即可。

（2）中间层

1）焊条角度。焊条与焊钳的角度参照打底层。焊条与试件的角度参照打底层。

2）施焊。可以采用连弧焊，也可以采用断弧焊，这里讲述的是断弧焊，包括盖面层。

①起头。焊前先将坡口内的飞溅、熔渣、烟层清理干净，打磨或铲去接头部位的凸出部分。起头要形成缓坡形以防凸起，通常在7点仰焊位置的坡口内引燃电弧，迅速过6点纵向中心线约5 mm后，焊条快速向两侧稍做摆动，一旦熔池形成表示起头完成。

②运条。

a）第二层的运条。起头完成迅速返身连弧焊到7点位置开始断弧焊。注意焊缝尺寸不宜过大，只要将打底焊道的两侧充分熔合覆盖即可，每一次的施焊时间为1~1.5，间隔时间为0.5~1 s。

b）第三层的运条。此时由于焊道坡口较宽需做适当摆动，运条时，左侧或者右侧的焊条位置都要保持相对水平，焊接下半圈时，焊条由管子一侧向管板坡口方向运条，焊接上半圈时则相反，每一次的施焊时间为 1.5 ~ 2 s，间隔时间约为 1 s，坡口一侧的棱边预留 1 ~ 1.5 mm，如图 4—20 所示。

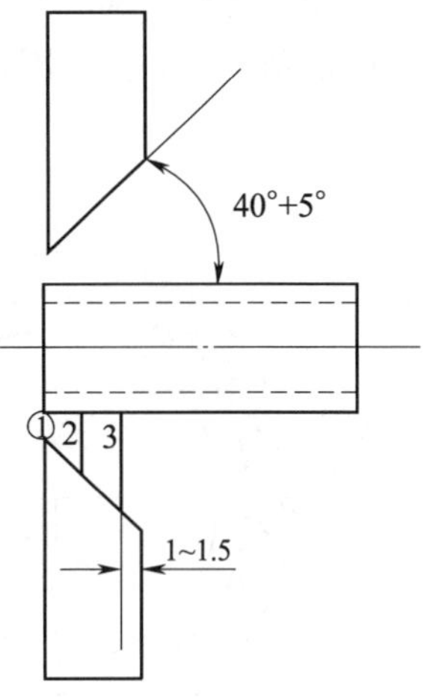

图 4—20　坡口棱边的预留量

③收弧。当焊条运条到 9 点或 12 点位置时，分别过中心线 5 ~ 10 mm，直接收弧。

④接头。

a）9 点或 3 点位置的接头。趁热接头，施焊时焊钳略低于横向中心线。焊条在弧坑的上方 5 ~ 10 mm 处引燃电弧后，焊条迅速下移到弧坑内的三分之二处稍做摆动，当熔池的下沿与弧坑的后沿相切时即为接头完成。

b）6 点位置的接头。由于 6 点位置的接头是两个起头相接，很容易形成接头处凸起。操作时动作要迅速在 5 点处引燃电弧后，焊条快速向 6 点方向后移，越过中心线 5 ~ 10 mm 后，将焊缝焊在起头的上侧部位，稍做摆动后迅速返身向前施焊。

⑤收尾。当施焊到临近 12 点位置时，不管是焊左半圈还是焊右半圈，焊条由原来的横向摆动改为来回直线运条，在越过中心线 5 ~ 10 mm 后，回点 2 ~ 5 次直至填满弧坑。

（3）盖面层

1）焊条角度。焊条与焊钳的角度参照打底层。焊条与试件的角度参照打底层。

2）施焊。

①起头。考虑到起头后的焊道能便于后半圈焊道的接头，通常形成一个逐渐由小到大的斜面。在 7 点位置引燃电弧后，焊条迅速向 6 点方向运条，并过中心线 5 ~ 10 mm 后，返身沿左半圈的管板坡口棱边，采用连弧焊水平摆动，熔池逐渐由小到大，当焊条上移到管壁之处表示起头完成，如图 4—21 所示。

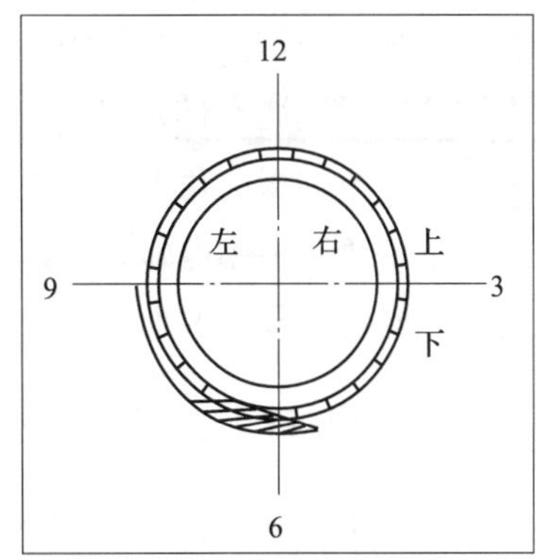

图 4—21　水平管板盖面层起头方式

②运条。当起头完成即可采用断弧焊，在原熔池的中心引燃电弧后，采用三角形运条法先向左侧摆动，到达棱边附近稍做停留，见到棱边处无咬边，迅速向右侧运条，到达管子一侧稍做停留后，见已达到所需焊缝尺寸没有咬边，迅速向熔池中心

回焊后即可断弧，如图4—22所示。有关焊道分布、焊脚尺寸的大小如图4—23所示。右半圈的运条可参照左半圈进行。

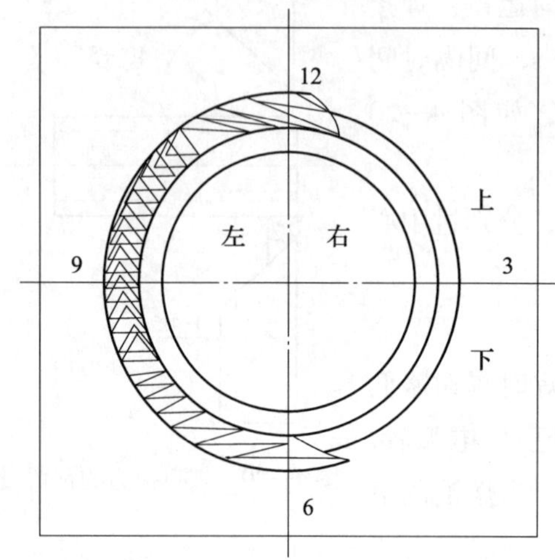

图4—22　水平管板盖面层运条方式

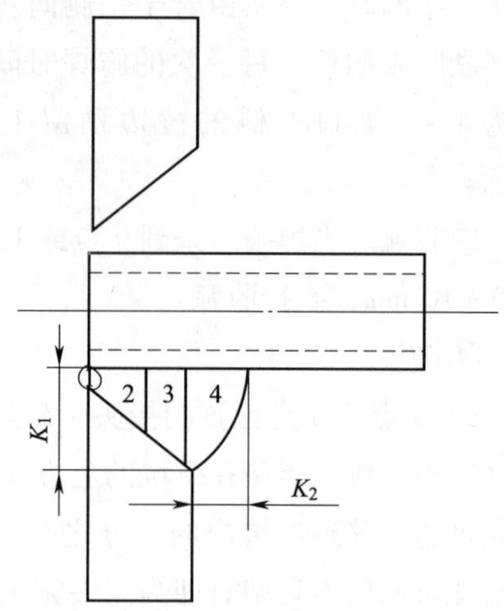

图4—23　焊道的分布与焊脚尺寸

③收弧。参照中间层。

④接头。

a）9点或3点位置的接头参照中间层。

b）6点位置的接头。难度较大，在5点处引燃电弧后，焊条迅速向6点方向移动，略过中心线之后，沿起头上侧的斜面向管板的右半圈方向采用连弧焊方式水平摆动，熔池逐渐由小到大，当焊条运条到5点位置管板之处，形成与左右对称的焊脚尺寸时，表示接头完成。

⑤收尾。当焊条上移到临近11～12点或1～12点区域时，由于熔池温度的不断升高，受金属向下的重力作用，在管板的上侧部位常常会出现咬边，焊缝较多的偏向管子一侧，运条中熔渣不时地堵在熔池的前面，造成施焊困难，引起靠近管子一侧的焊缝增厚或夹渣。施焊时焊条的横向角度不宜过小，采取前后来回直线的方式运条。当熔池处在较红的状态时，不要急于引燃电弧，待红热状态明显暗淡后再重新引燃电弧，每一次的停留和间隔时间视当时的实际情况而定。收尾过12点中心线之后仍需倒回到12点的位置上。

五、V形坡口大口径管对接水平固定焊（焊条电弧焊）

将口径大于ϕ76 mm以上的管子组合成V形坡口形式，管子的轴心线与水平成平行位置的一种管与管固定对接焊，称为V形坡口大口径管对接水平固定焊，如图4—24所示。

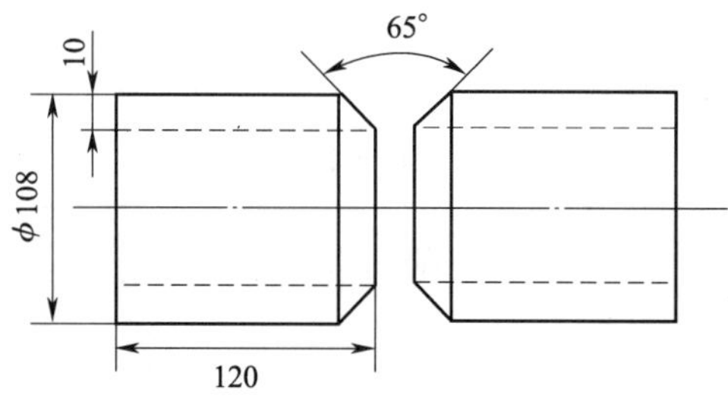

图 4—24　V 形坡口大口径管对接水平固定焊

1. 试件装配

（1）坡口钝边（1～1.5 mm）。

（2）装配间隙（3.2～4 mm，见图 4—25）。

（3）试件错边（≤0.5 mm）。

（4）定位焊尺寸（C=5 mm，L=5 mm）。

（5）定位焊位置、数量（见图 4—26）。

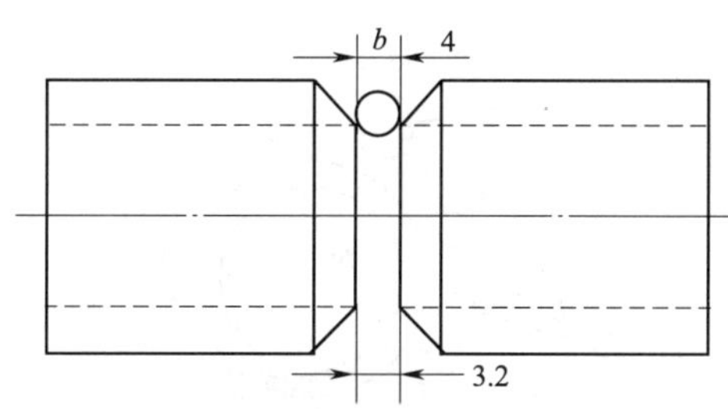

图 4—25　装配间隙

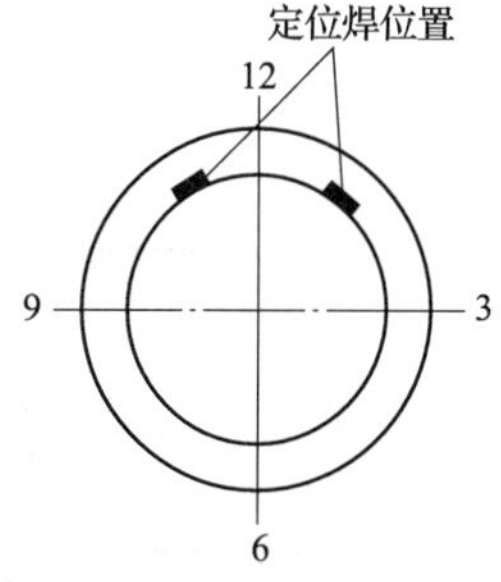

图 4—26　定位焊位置、数量

（6）试件离地高度（试件最下端距离地面 800～900 mm）。

2. 技术要求（见表 4—9）

表 4—9　技术要求

打底层（mm）	中间层	盖面层（mm）
（1）焊缝无气孔、夹渣、裂缝和未熔合 （2）焊缝无未焊透、内凹及焊瘤 （3）焊缝管内高度≤2，高度差≤1	（1）见本表打底层序号 1 （2）焊道平整，无内拱和死角 （3）仰焊位置不下淌，收尾处无塌陷 （4）坡口两侧棱边无烧损	（1）见本表打底层序号 1 （2）焊缝正面宽度 14～15，宽度差≤2 （3）焊缝正面高度≤3，高度差≤2 （5）焊缝咬边深度≤0.5，长≤10 （6）焊缝弧坑填满 （7）焊缝表面：无气孔、夹渣，周围无碰弧

3. 焊接参数（见表4—10）

表4—10　　焊接参数

焊条型号	焊接层次	焊条直径（mm）	焊接电流（A）	焊接方式	焊接层道	焊条量（根）
E5015	打底层	2. 5	70 ~ 80	断弧焊	一层一道	7 ~ 8
	中间层	3. 2	120 ~ 130			5 ~ 6
	盖面层		115 ~ 125			5

4. 操作方法

（1）打底层

1）焊条的角度。焊条与焊钳的角度为150° ~ 160°。焊条与试件的角度如图4—27所示。

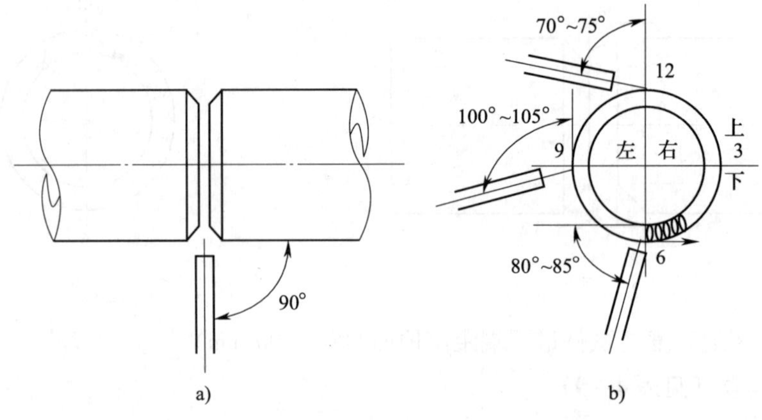

图4—27　焊条与试件的角度及起头方式

a）焊条的横向角度　b）焊条的纵向角度

2）施焊。可选用 ϕ3. 2 mm 的焊条打底，这里选用的是 ϕ2. 5 mm 的焊条。

①起头。左下半圈约7点仰焊位置的坡口根部为引弧的起始点，电弧引燃后迅速过6点纵向中心线5 ~ 10 mm 后，焊条迅速向两侧稍做摆动，一旦两侧坡口被熔敷且相互粘连形成熔池，并伴有一个小的熔孔表示起头完毕，如图4—27b所示。

②运条。起头完毕开始断弧焊，当熔池的红热状态逐渐暗淡将要消失前，迅速在熔池的弧坑口引燃电弧，稍做停顿见到新的熔孔出现，表示此次断弧焊过程已完成，每一次的

焊接时间约为 1.5 s，间断时间约为 1 s。在焊接下半圈时，为防止仰焊部位出现内凹，焊条要贴紧坡口根部，当焊接上半圈时，为防止上坡路段出现渗漏过多，每一次的焊条落点位置应在熔池的中心或稍后，焊条与坡口根部不要贴得过紧。

③收弧。当焊条临近焊完需要收弧时，将电弧逐步向坡口方向的下侧回点 2 ~ 3 次即可，当焊条重新引燃继续上移到 9 点或 12 点位置需要收弧时，为便于后面的接头和收尾，收弧位置应分别过横向和纵向中心线 5 ~ 10 mm，如图 4—28 所示。

④接头。

a）9 点或 9 点下面位置的接头。与 9 点位置发生接头前，先铲去 9 点上面的定位焊后，包括 9 点下面位置的接头可不用铲接头直接接头。通常在弧坑的下方 5 ~ 10 mm 处引弧，电弧引燃后慢慢上移，到达弧坑口稍做停留，在听到穿透声，见到新的熔孔出现时表示接头完成，如图 4—29 所示，右半圈的接头与左半圈类同。

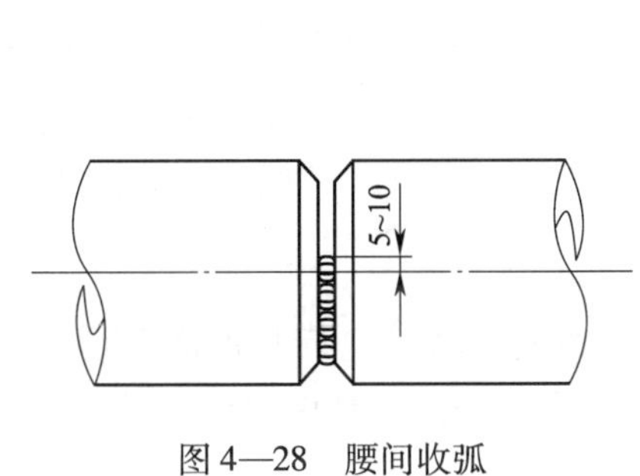

图 4—28　腰间收弧

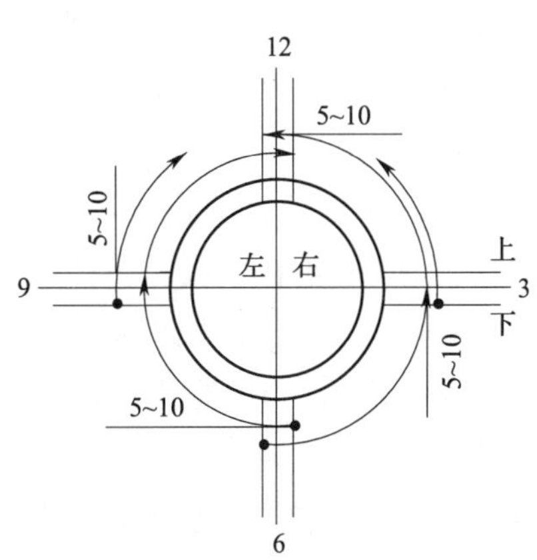

图 4—29　起头、收弧、接头、收尾过中心线点位

b）6 点位置的接头。由于先前起头部位的操作难度较大，施焊时经常会出现偏弧而引起的焊缝单边、偏厚或气孔等缺陷，所以在接头前先将起头部位铲薄或打磨到位，然后在其后面 5 ~ 10 mm 处引弧，电弧引燃后慢慢前移到达接口处时做适当停留，在听到穿透声见到新的熔孔出现时表示接头已完成，如图 4—29 所示。

⑤收尾。为使收尾熔合良好，在焊右半圈之前先将 12 点部位铲薄或打磨到位。如果间隙已小于 2.5 mm 以下，当焊条运条到 12 点位置临近封口还剩下 3 ~ 4 mm 一个小孔时，迅速用连弧焊来回运条的方式将对面的弧口充分熔化直至小孔完全被封闭，此时还要继续向前施焊 5 ~ 10 mm 后，断弧焊回点 2 ~ 3 次即可。如果间隙在 2.5 mm 以上，可直接用断弧焊将其封闭。

（2）中间层

1）焊条角度。焊条与焊钳的角度参照打底层。焊条与试件的角度参照打底层。

2）施焊。

①起头。焊前认真清理坡口内的飞溅、熔渣、烟尘，打磨或铲去接头的凸出部分。下半圈仰焊位置的7点处为引弧的起始点，电弧引燃后迅速过6点纵向中心线5～10 mm后，向两侧稍做摆动，一旦熔池形成表示起头完成。

②运条。起头完毕开始断弧焊，下半圈的仰焊部位的施焊要防止焊道起筋、焊得过厚。采用三角形运条法，摆动时中间运条速度要快，到达两侧坡口时做适当停留，焊道距离坡口棱边1.5～2 mm；焊上半圈尤其接近平焊位置时，增大焊条的纵向角度，用连弧焊前后来回直线方式运条，焊道距离坡口棱边0.5～1 mm，如图4—30所示。

③收弧。当焊条运条到9点或12点位置时，分别过中心线5～10 mm，直接收弧。

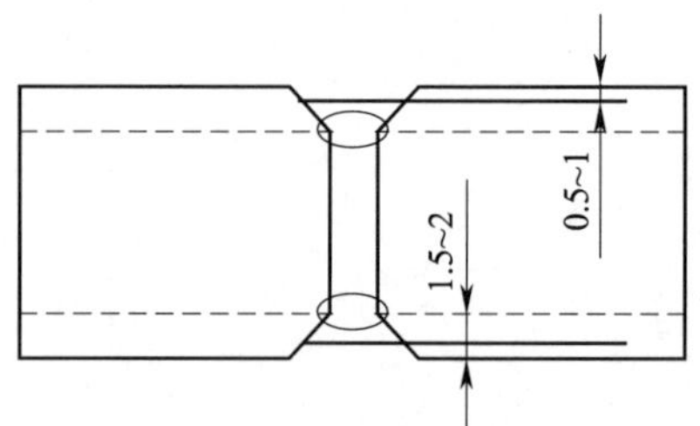

图4—30　上、下半圈的棱边预留量

④接头。

a）9点或3点位置的接头。趁热接头，施焊时焊钳略低于横向中心线。在弧坑的上方5～10 mm处引燃电弧后，焊条迅速下移到弧坑内的三分之二处稍做摆动，当熔池的下沿与前弧坑的后沿相切时即为接头完成。

b）6点位置的接头。起头处如有较明显凸起或不到位的地方，先修磨起头部位再接头。在5点处引燃电弧后，迅速向6点方向移动，略过中心线之后稍做两侧摆动，与前面起头的后沿一旦相切，表示接头完成。

⑤收尾。当焊条上移到临近1～2点位置时，此时焊条正处在平焊逆向施焊状态当中，熔渣很容易堵在熔池的前面造成施焊困难。这时除增大焊条的纵向角度外，焊道不宜焊得过厚，通过左半圈和右半圈过中心线重复交叉的施焊增厚焊道。

（3）盖面层

盖面层与中间层基本类似，所不同的是焊条水平摆动的幅度要比中间层宽，当焊条运条距棱边附近约剩2 mm时，做适当停留。让熔池自然向棱边方向过渡，并分别越出棱边1～2 mm，其他均参照中间层的操作方法进行。

第 2 节　钨极氩弧焊

一、V 形坡口小口径垂直对接转动焊

1. 试件装配要求

（1）材料牌号（20#）。

（2）规格（ϕ60 mm×5 mm×120 mm）。

（3）试件坡口角度（35°，见图 4—31）。

（4）坡口钝边加工（0.5～1 mm，见图 4—31）。

（5）试件清理区域（管壁内外 20 mm，见图 4—32）。

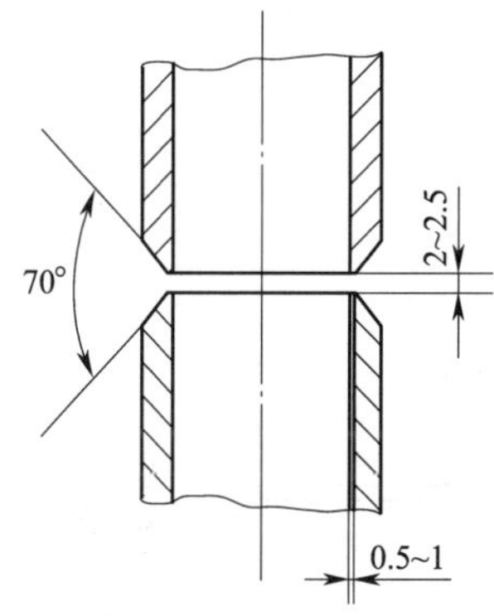

图 4—31　坡口角度、钝边尺寸

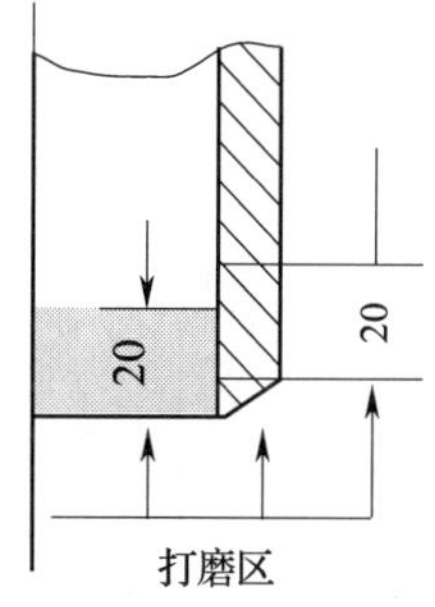

图 4—32　清理区域

（6）装配点焊间隙（2～2.5 mm，见图 4—31）。

（7）定位焊位置（时钟 10 点与 2 点，见图 4—33）。

（8）装配错边（≤0.5 mm）。

（9）试件高度（管子最低点离地面 450 mm）。

2. 技术要求

（1）焊缝表面不得有裂纹、未熔合、未焊透、夹渣、气孔、焊瘤等缺陷。

（2）焊缝宽度（C≤11 mm）。

（3）宽度差（≤1 mm）。

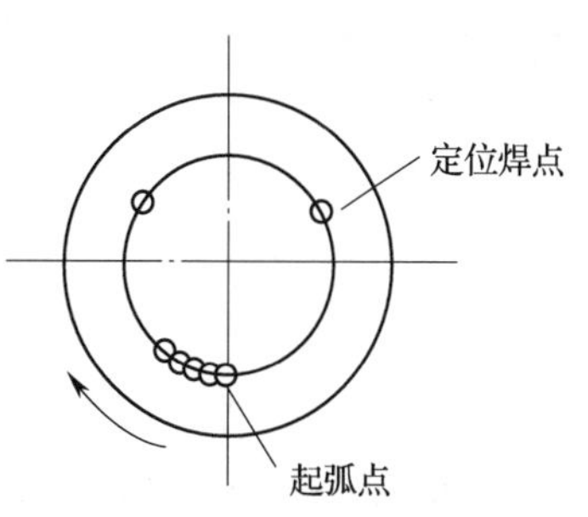

图 4—33　定位焊

（4）焊缝余高（$h=0\sim2$ mm）。

（5）高度差（≤1 mm）。

（6）两侧咬边（深度≤0.5 mm，长度累计≤50 mm）。

（7）通球（ϕ60 mm×5 mm 管子的通球尺寸是管子内径的85%）。

3. 工艺参数

（1）焊接电流（$I=90\sim110$ A）。

（2）电弧电压（$U=10\sim12$ V）。

（3）焊丝牌号（TIG－J50）。

（4）焊丝直径（ϕ2.5 mm，长度500～600 mm，用砂布打磨出金属光泽）。

（5）喷嘴直径（12～15 mm）。

（6）喷嘴与工件距离（8～15 mm）。

（7）氩气流量（7～10 L/min）。

（8）钨极直径（ϕ3 mm，端部形状：30°圆锥形，见图4—34）。

（9）层间温度（＜250℃）。

（10）两层三道焊（见图4—35）。

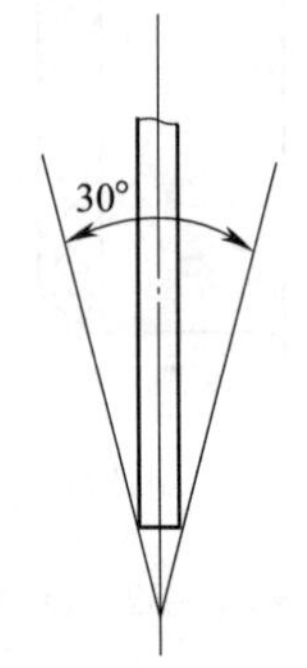

图4—34　钨极尺寸

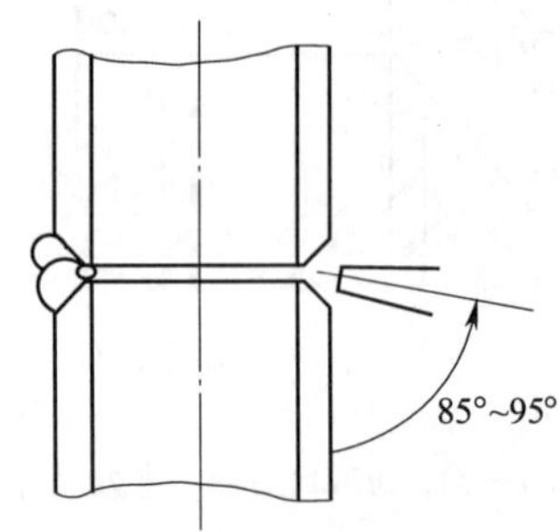

图4—35　焊道排布

4. 操作要领

（1）打底层

1）引弧。焊缝坡口右侧间隙处引弧，如图4—36所示，先不加焊丝，焊枪停留在原位置不动，当管子上下坡口根部熔化后，迅速将焊丝送进坡口根部，连接上下坡口形成熔池，并轻轻将焊丝向管内推一下，使管内焊缝有一定高度。

2）焊接。完成上述动作，焊枪沿管壁内向左面移动，焊丝以往复运动方式不断地送入电弧内的熔池根部。

3）收弧。当焊接中要移动位置，暂停焊接时，应将焊枪稍偏向坡口处，同时放开按钮。焊丝也随焊枪的偏移而跟进，填满弧坑，待电弧完全熄灭后提起焊枪。

4）接头。接头前，应将收弧处修磨成斜坡状并清理干净。接头时在斜坡处引弧，慢慢向左移动，待坡口熔化出现熔孔，即可填加焊丝继续焊接。

5）收尾。绕管子焊接将近一周，焊接接头时，离起弧处 3 ~ 5 mm ，暂停送丝，将起弧处重新熔化，再将焊丝送进坡口熔孔根部，填满弧坑继续向右移 5 ~ 10 mm，松开按钮将焊枪稍向下移至坡口棱边，待电弧完全熄灭停留 1 ~ 2 s，才能提起焊枪，防止焊缝金属在高温下氧化。

（2）盖面层

打底层焊完后，用钢丝刷清除焊缝表面的残渣，如有焊道凸起，用机械方法或手工方法修平。

盖面焊缝分上下两道组成，焊枪角度如图 4—37 所示。焊下道焊缝时，电弧对准焊道下沿，熔池下边缘超出管子坡口棱边 0. 5 ~ 1. 5 mm，上边缘基本覆盖打底焊道，并距上沿坡口棱边 0. 5 ~ 1 mm。

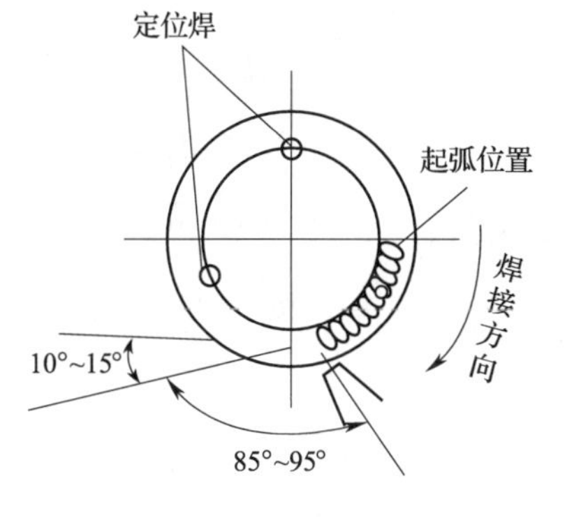

图 4—36　起弧位置

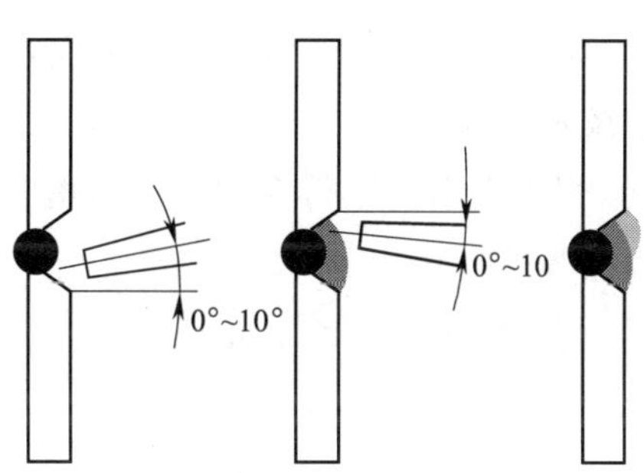

图 4—37　焊枪角度

焊上道焊缝时，电弧对准坡口的上边缘，熔池超出管子坡口上沿棱边 0. 5 ~ 1. 5 mm，覆盖前道焊缝的三分之二，焊接时速度适当加快，减少送丝量，使上下两道焊缝连接圆滑平整。

二、V 形坡口小口径水平对接转动焊

1. 试件装配要求

（1）材料牌号（20#）。

（2）规格（ϕ60 mm × 5 mm × 120 mm）。

（3）试件坡口角度（35°，见图4—38）。

（4）坡口钝边加工（0.5～1 mm，见图4—38）。

（5）试件清理区域（管壁内外20 mm，见图4—39）。

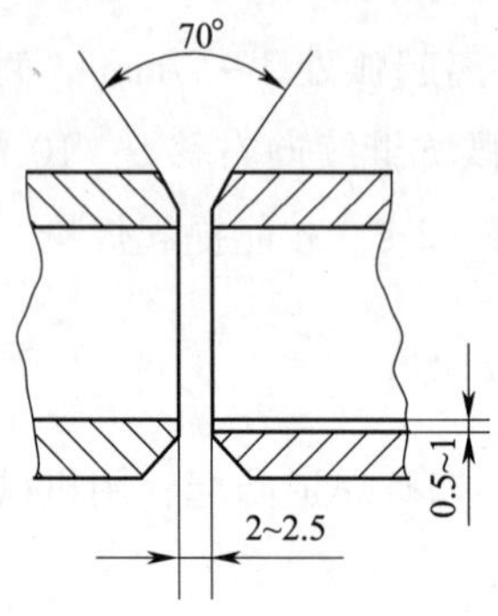

图4—38　坡口角度、钝边尺寸

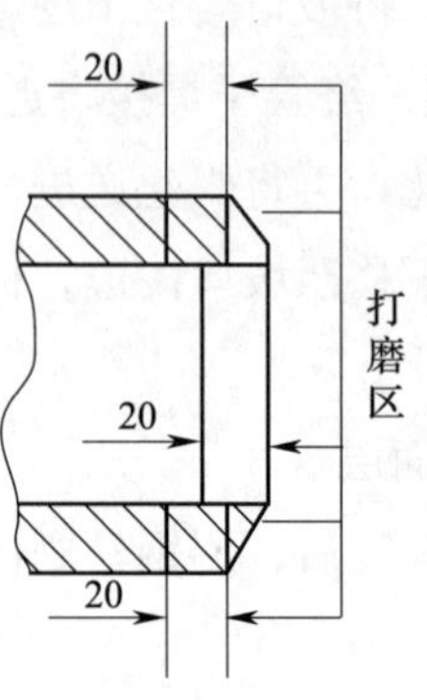

图4—39　清理区域

（6）装配点焊间隙（2～2.5 mm，见图4—38）。

（7）定位焊位置（时钟10点与2点，见图4—40）。

（8）装配错边（≤0.5 mm）。

（9）试件高度（管子最低点离地面800 mm）。

2. 技术要求

（1）焊缝表面（不得有裂纹、未熔合、未焊透、夹渣、气孔、焊瘤等缺陷）。

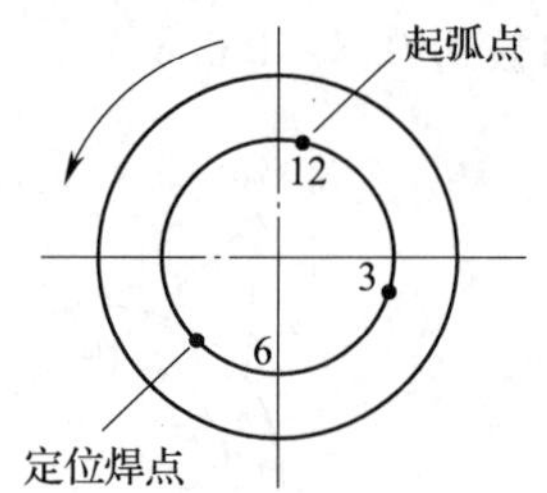

图4—40　定位焊

（2）焊缝宽度（C≤11 mm）。

（3）宽度差（≤1 mm）。

（4）焊缝余高（h=0～2 mm）。

（5）高度差（≤1 mm）。

（6）两侧咬边（深度≤0.5 mm，长度累计≤50 mm）。

（7）通球（ϕ60 mm×5 mm管子的通球尺寸管子内径的85%）。

3. 工艺参数

（1）焊接电流（I=90～110 A）。

（2）电弧电压（U=10～12 V）。

（3）焊丝牌号（TIG－J50）。

（4）焊丝直径（ϕ2.5 mm，长度500～600 mm，用砂布打磨出金属光泽）。

（5）喷嘴直径（12～15 mm）。

（6）喷嘴与工件距离（8～15 mm）。

（7）氩气流量（7～10 L/min）。

（8）钨极直径（ϕ3 mm，端部形状：30°圆锥形，见图 4—41）。

（9）层间温度（<250℃）。

（10）三层三道焊（见图 4—42）。

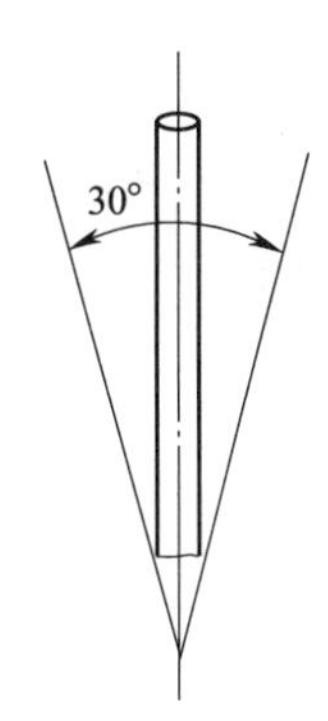

图 4—41　钨极尺寸

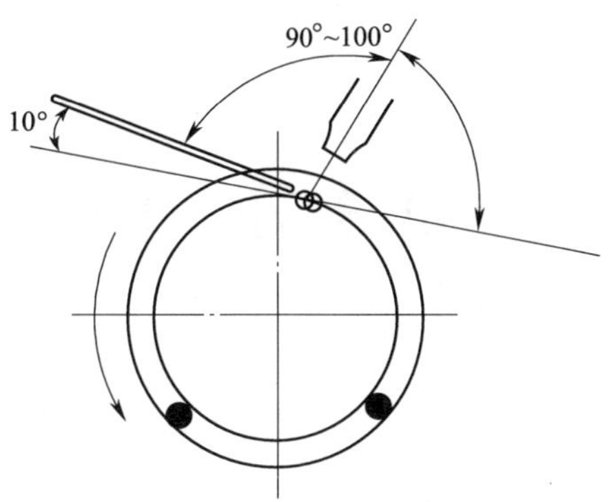

图 4—42　起弧位置

4．操作要领

（1）打底层

1）引弧。在水平部位时钟 1 点处引弧，焊枪角度如图 4—42 所示，电弧引燃后焊枪停留在坡口内预热，当坡口根部两侧熔化，迅速将焊丝送入熔化部位，连接坡口根部两侧，形成熔池。

2）焊接。完成上述动作，焊枪随熔池向前移动，焊丝稍向上提一下，离开熔池，待出现熔孔采用断续填丝进行焊接，焊枪均匀沿管子向下移动，焊枪的角度也随移动逐渐转动，保证氢气保护效果。焊接时，从时针 1 点位置向时钟 2 点位置焊接。

3）收弧。焊接到时钟 2 点位置时收弧，焊枪稍向坡口棱边偏移，使熔池中心偏离间隙，并松开按钮。焊丝随焊枪移动并填满弧坑，电弧熄灭后，提起焊枪。

4）接头。把收弧点转到时钟 1 点位置，再进行接头，接头时在离开弧坑 5～10 mm 焊缝处引弧，慢慢向下移动，待原弧坑熔化出现熔孔后，将焊丝送入焊孔，进行焊接。

5）收尾。焊缝焊到离起头处 20 mm 时熄弧，将起弧处和收弧处修磨成斜坡状，并清理干净进行焊接，离起头处 3～5 mm 时，暂停送丝，待起头处重新熔化，再将焊丝送进坡口熔孔根部，填满弧坑继续向前移 5～10 mm 时熄弧。待电弧完全熄灭，停留 1～2 s 才能提起焊枪，防止焊缝金属在高温下氧化。

（2）中间层

打底层焊完后，清除焊缝表面的残渣，如有焊道凸起，应用砂轮或凿子修平后进行中间层的焊接。焊枪角度、焊丝角度与打底层相同。

（3）盖面层

盖面层焊接操作时，操作的步骤、焊枪角度与中间层相同，焊枪采用小幅锯齿形摆动的方法，焊丝的填充采用断续填入方法，控制均匀的焊接速度和焊丝的填充量，保证焊缝表面美观均匀。

第3节　CO_2 气体保护焊

一、单边V形坡口T形接头横角焊

1. 试件装配（见图4—43）

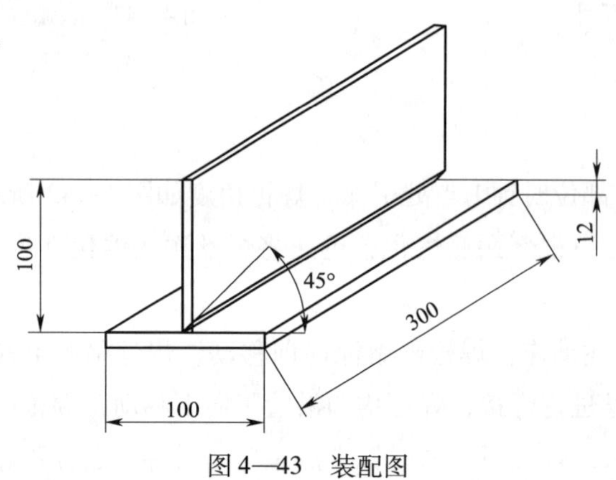

图4—43　装配图

（1）材料牌号（Q235 - A）。

（2）规格（12 mm × 100 mm × 300 mm，1 块，12 mm × 100 mm × 300 mm，单边 V 形坡口 45° 1 块）。

（3）试件矫平（除锈，去毛刺）。

（4）钝边（p = 1 ~ 1.5 mm）。

（5）装配间隙（b = 4 ~ 5 mm）。

（6）定位焊部位（在坡口背面两顶端）。

（7）定位焊尺寸（长 10 mm）。

（8）试件预变形（$\alpha=2°\sim4°$）。

（9）试件高度（一般离地面 100～150 mm）。

2. 技术要求

（1）采用左焊法，单面焊双面成形。

（2）焊缝长度（$l=300$ mm）。

（3）焊脚高度（$K=9\sim11$ mm）。

（4）焊接层数（三层六道焊，见图 4—44）。

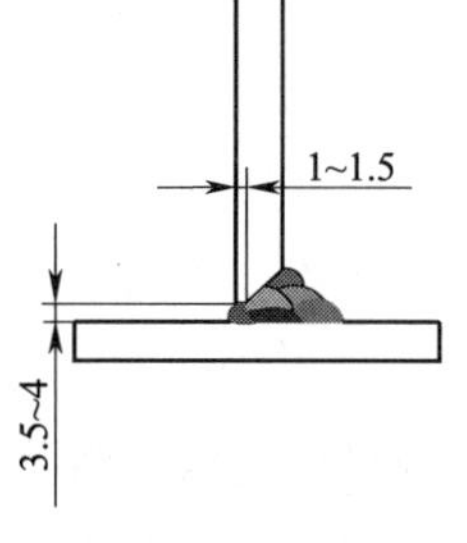

图 4—44　焊道排布

3. 工艺参数

（1）焊丝牌号（H08Mn2SiA）。

（2）焊丝直径（ϕ1. 2 mm 实心焊丝）。

（3）焊接电流、电压（打底层：$I=100\sim110$ A，$U=19\sim20$ V；中间层焊两道 $I=120\sim140$ A，$U=20\sim21$ V；盖面层焊三道 $I=120\sim140$ A，$U=20\sim21$ V）。

（4）焊接速度（三层六道焊。第一层 70～90 mm/min；第二层第一道 140～160 mm/min，第二道 80～100 mm/min；第三层第一道 100～120 mm/min，第二道 80～100 mm/min，第三道 120～140 mm/min ）。

（5）焊丝伸出长度（8～15 mm）。

（6）气体流量（8～15 L/min）。

（7）电源极性（直流反接）。

（8）焊枪倾角（纵向 80°，焊枪与起始端；横向 45°，焊枪与板横向，见图 4—45）。

（9）喷嘴高度（一般在 10～15 mm）。

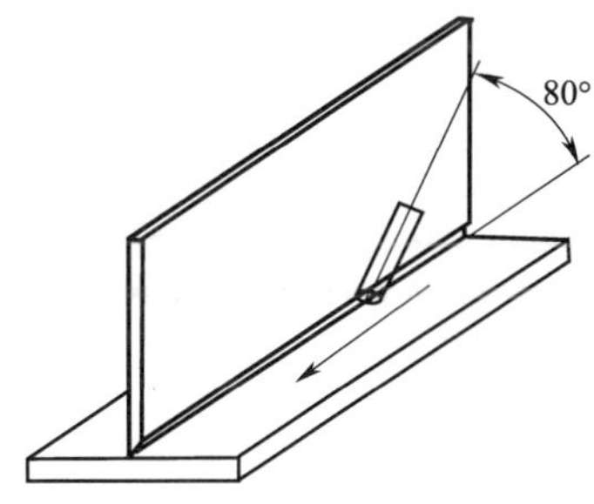

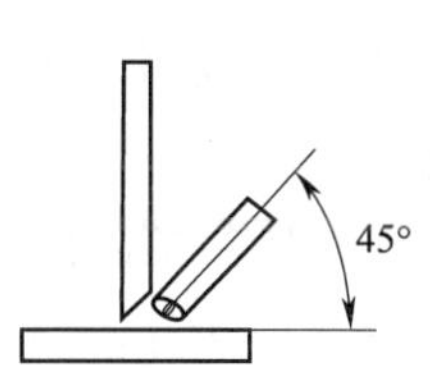

图 4—45　焊枪角度

4. 操作要领

（1）电流电压要匹配好，当电流调大时，相对电压也要调大，关键是匹配好。

（2）焊接时，要做到：

1）焊丝送进的速度均匀。

2）焊接方向移动速度要均匀。

3）焊接左右摆动速度要均匀。

（3）打底时，电流：100 A；电压：20 V，焊枪角度如图4—45所示，起弧后等熔池充分形成，再进行运条（采用小摆动斜锯齿形运条法）。打底时，掌握好焊枪角度，焊丝不能脱离熔池，焊丝要焊到坡口根部，打底焊尽量一焊到底，不要接头，如果接头，在收弧点挑出一个斜坡。

（4）中间层、盖面层焊接时，尽量不要产生两边咬肉，咬肉时容易引起夹渣，每焊一层要彻底清渣，清除焊枪喷嘴中的飞溅，保持气流畅通。

（5）盖面层第三道焊：$I=120\sim130$ A；$U=20\sim21$ V，采用小摆动锯齿形运条法，防止焊缝中间凸出、上口咬边现象。

二、单边V形坡口T形接头立角焊

1. 试件装配（见图4—46）

（1）材料牌号（Q235－A）。

（2）规格（12 mm×100 mm×300 mm，1块，单边V形坡口45°1块）。

（3）试件矫平（除锈，去毛刺）。

（4）钝边（$p=1\sim1.5$ mm）。

（5）装配间隙（$b=4\sim5$ mm）。

（6）定位焊部位（在坡口背面两顶端）。

（7）定位焊尺寸（长10 mm）。

（8）试件预变形（$\alpha=1°\sim2°$）。

（9）试件高度（一般离地面350～450 mm）。

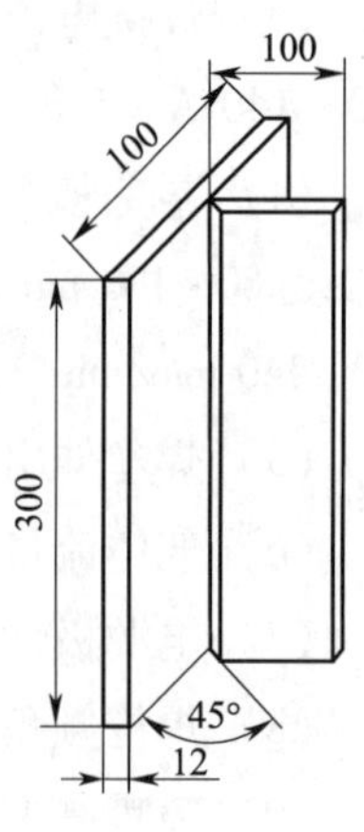

图4—46　装配图

2. 技术要求

（1）采用向上立焊，单面焊双面成形。

（2）焊缝长度（$l=300$ mm）。

（3）焊脚高度（$K=9\sim11$ mm）。

（4）焊接层数（三层三道焊，见图4—47）。

3. 工艺参数

（1）焊丝牌号（H08Mn2SiA）。

（2）焊丝直径（$\phi1.2$ mm实心焊丝）。

（3）焊接电流、电压（打底层 $I=100\sim110$ A，$U=$

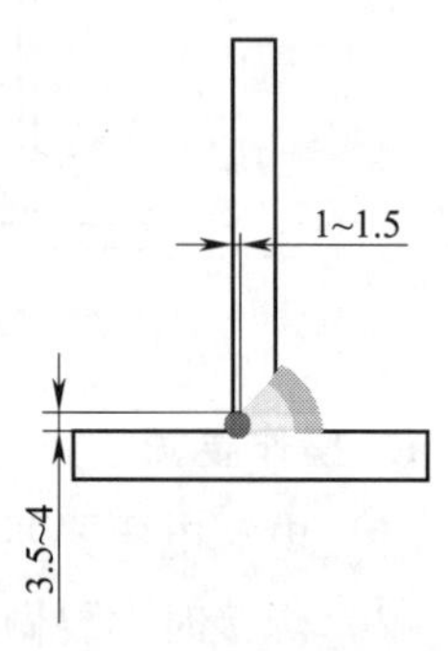

图4—47　焊道排布

19 ~ 20 V；中间层 I = 110 ~ 130 A，U = 20 ~ 21 V；盖面层 I = 110 ~ 130 A，U = 20 ~ 21 V）。

（4）焊接速度（三层三道焊。第一层 70 ~ 80 mm/min；第二层 60 ~ 70 mm/min；第三层 60 ~ 70 mm/min）。

（5）焊丝伸出长度（8 ~ 15 mm）。

（6）气体流量（8 ~ 15 L/min）。

（7）电源极性（直流反接）。

（8）焊枪倾角（纵向 80°，焊枪与起始端；横向 45°，焊枪与板横向，见图 4—48）。

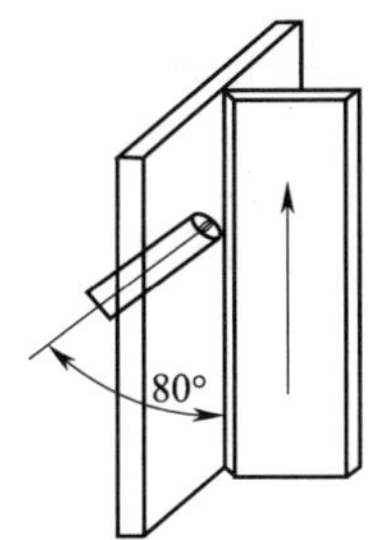

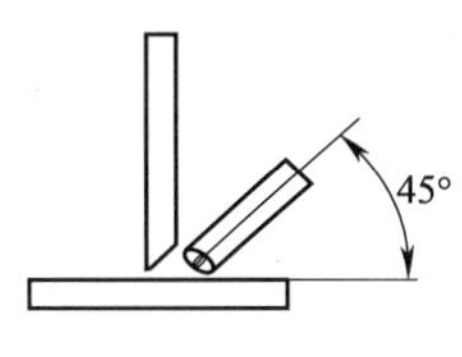

图 4—48　焊枪角度

（9）喷嘴高度（一般在 10 ~ 15 mm）。

4. 操作要领

（1）电流电压要匹配好，当电流调大时，相对电压也要调大，关键是匹配好。

（2）焊接时，要做到：

1）焊丝送进的速度均匀。

2）焊接方向移动速度要均匀。

3）焊接左右摆动速度要均匀。

（3）打底时，电流为 100 A，电压为 20 V，焊枪角度如图 4—48 所示。起弧后等熔池充分形成，再进行运条（采用小摆动锯齿形运条法）。打底时，掌握好焊枪角度，焊丝不能脱离熔池，焊丝在底板上停留时间长一点，打底焊尽量一焊到底，不要接头，如果接头，在收弧点挑出一个斜坡。

（4）焊接时尽量不要产生两边咬肉，咬肉时容易夹渣，每焊一层要彻底清渣，清除焊枪喷嘴中的飞溅，保持气流畅通。

（5）中间层 I = 110 ~ 130 A，U = 20 ~ 21 V，采用锯齿形运条法，防止焊缝中间凸出两边不均匀现象。

（6）盖面层 I = 110 ~ 130 A，U = 20 ~ 21 V，采用锯齿形运条法，两边停留时间稍长一点，防止焊缝两边产生咬边现象。

复 习 题

1. 手工电焊条 V 形坡口板对接横焊装配时有哪些注意事项？
2. 手工电焊条横焊的焊条角度与平焊有哪些不同？
3. 手工电焊条 V 形坡口板对接立焊装配时有哪些注意事项？
4. 钨极氩弧焊 V 形坡口小口径垂直对接转动焊收尾时有哪些技术操作要求？
5. 钨极氩弧焊 V 形坡口小口径水平对接转动焊收尾时有哪些技术操作要求？
6. CO_2 气体保护焊装配时有哪些技术要求？
7. CO_2 气体保护焊单边 V 形坡口 T 形接头立角焊打底时有哪些技术要求？

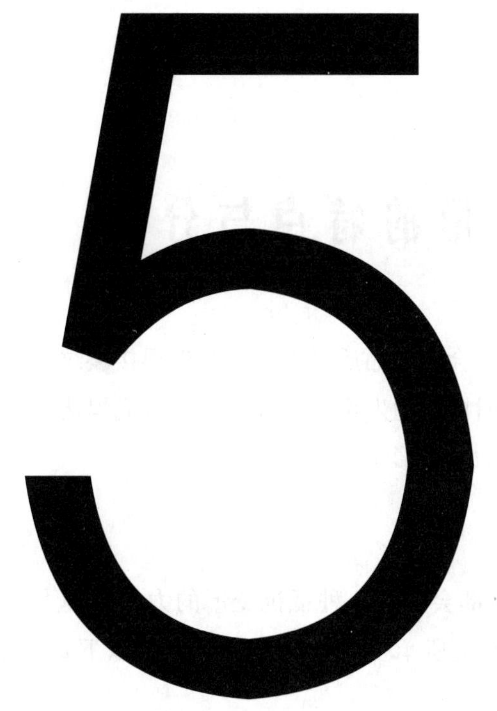

第 5 章

焊接应力和变形

- 了解应力和变形的特点与分类。
- 熟悉焊接应力和变形的产生原因。
- 掌握预防或减小应力变形的措施。

第1节　应力和变形的特点与分类

焊接时所产生的应力和变形，如控制不当，会使产品质量下降，产生焊接裂纹，甚至导致产品报废。对于焊工来说，充分了解焊接时内应力发生的原理和焊后造成焊接变形的基本规律，对于控制或减少因焊接所产生的应力和变形十分重要。

一、应力和变形的概念

当物体受到外力作用发生变形时，在其内部会产生一种抵抗变形的力，这种力称为内力。物体由于受到外力的作用，在单位截面上所承受的内力称为应力。以下式表示，即：

$$\sigma = P/F$$

式中 σ——应力，MPa；

P——外力，N；

F——截面积，mm^2。

物体在没有外力的条件下存在于内部的相互平衡的内力叫做内应力。内应力往往是由于物体加热和冷却不均匀而产生的。在内应力的作用下，物体也会产生变形。

物体受到一定数值的外力作用后，使物体的形状和尺寸发生改变的现象称为变形。在外力去除后，物体能恢复原来的形状和尺寸，则该变形称为弹性变形。在外力去除后，物体不能恢复到原来的形状和尺寸，则该不可恢复部分的变形称为塑性变形。如薄板受力后，很易弯曲而产生塑性变形。变形的大小取决于所加外力的大小。外力越大，所引起的变形也越大。对于同样材料、不同截面积的物体，在受到相同的外力作用后，截面积较小的物体会发生较大的变形。因此，变形的大小也与物体的截面积有关。

二、应力和变形的产生原因

焊接应力与变形的形成都是由不均匀温度场造成的。焊接时的不均匀温度场引起了三个变化。

1. 温差大

主要表现在原来是室温（或预热温度）的金属，在焊接时焊缝的最高温度达到了金属的熔点，温差是很大的；另外，焊缝中心的温度高达 1 000℃以上，而离开热源的其他部位则保持在室温，其温差也是很大的。

2. 力学性能变化

金属的力学性能在高温下变化很大。例如，低碳钢当温度达到500℃左右时，其力学性能迅速下降。

3. 可能出现相变

焊接过程中，由于温差大，可能出现金属的相变，其结果将引起许多物理和力学参量的变化。

内应力的特点在于形成互相平衡的力系，即在没有外力作用的情况下，其相互间应是平衡的。在内应力图上，应满足下列两个要求：

（1）正应力的波形面积总和应等于负应力的波形面积总和。

（2）波形面积对图中任一点的正力矩应等于对该点的负力矩。一般将顺时针方向旋转的力矩作为正力矩，逆时针方向旋转的力矩作为负力矩。应用在内应力图（见图 5—1）上即：

1）根据第一个要求：$S_1 + S_3 = S_2$。

2）根据第二个要求：$S_1 \times l_1 = S_3 \times l_3$（式中 l 为面积 1 和面积 3 对面积 2 的重心力臂）。由于是对面积 2 的重心取力矩，所以 =0，使算式更简单。

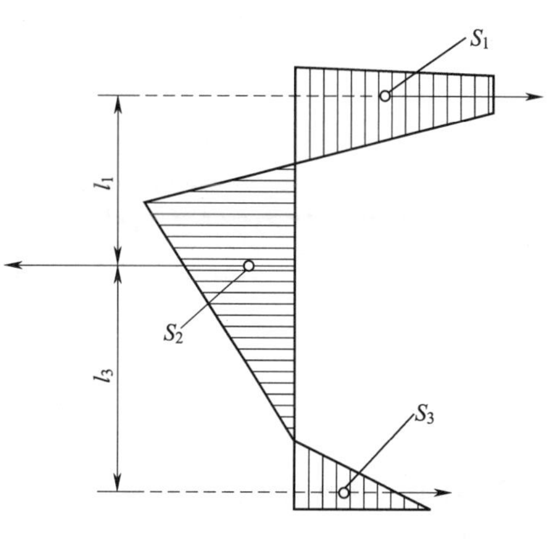

图 5—1　内应力图

三、焊接应力和变形的分类

构件在焊接过程中产生的内应力称为焊接应力。可以根据下列不同方法进行分类。

1. 根据焊接应力在空间的位置分类

根据在空间的位置不同，焊接应力可分为单向应力、双向应力和三向应力等。

（1）单向应力

应力在焊件中只沿其一个方向发生。如焊接薄板的对接焊缝以及在焊件表面上堆焊时，焊件存在的应力是单方向的，也称线应力，如图5—2所示。

（2）双向应力

双向应力存在于焊件中一个平面的不同方向上。如焊接较厚板的对接缝或具有拘束条件时，焊件存在的应力虽不同向，但均在一个平面内，故也称平面应力，如图5—3所示。薄板上的交叉焊缝也有平面应力存在。

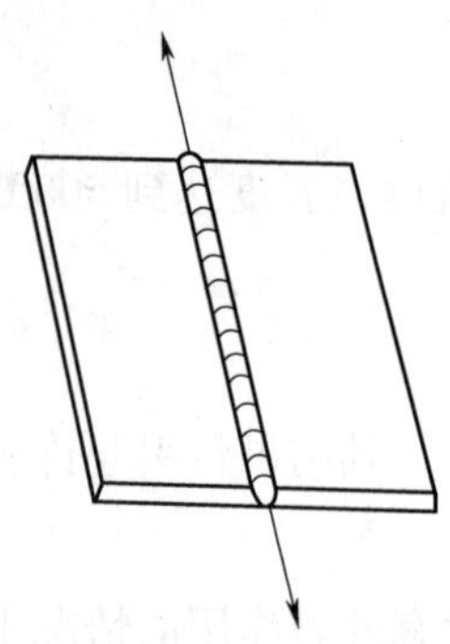

图5—2　单向应力

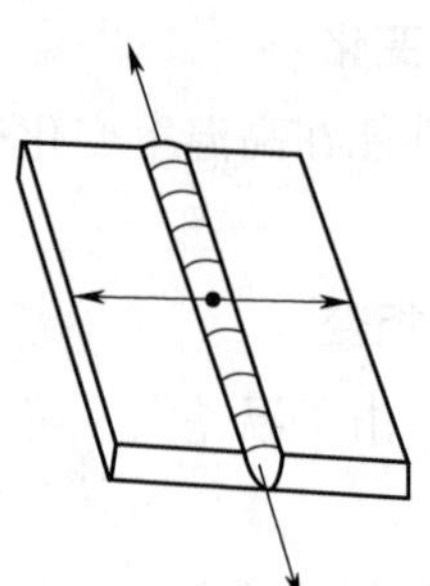

图5—3　双向应力

（3）三向应力

在焊件中的应力是沿空间三个方向上存在的。如焊接厚大焊件的对接缝（见图5—4a）和三个方向焊缝的交叉处时，都存在三向应力（见图5—4b），三向应力也称体积应力。

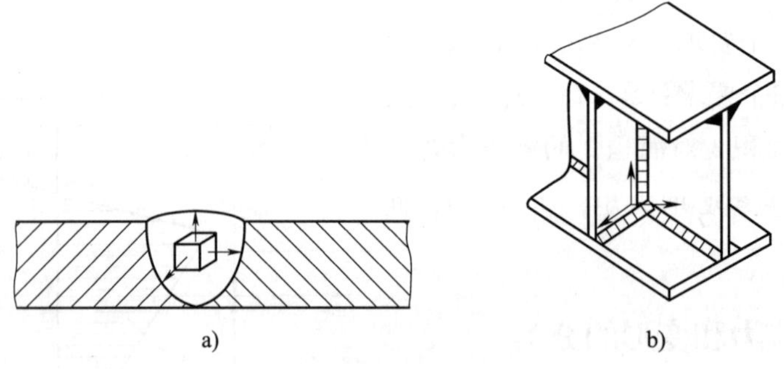

图5—4　三向应力

a）焊接厚大焊件时　b）焊接三向交叉焊缝时

2. 根据焊接应力发生和互相平衡所在的范围大小分类

根据焊接应力发生和互相平衡所在的范围大小不同，可将其分为第一类应力、第二类应力和第三类应力等。

（1）第一类应力

作用在较大的体积内，引起的裂缝可用目测的方法来决定。如低碳钢焊接时，起主要作用的仅是第一类应力。这类应力也称宏观应力。

（2）第二类应力

作用在金属的晶粒之间，所生成的裂纹需用金相显微镜观察，主要出现于合金钢焊接中，这类应力也称微观应力。在低碳钢和特种钢焊接时，要充分考虑第二类应力。

（3）第三类应力

作用在金属的晶格之间，生成的裂纹难以用一般方法观察到，也称超微观应力。对这类应力的研究较少。

3. 根据焊接应力形成的原因分类

根据焊接应力形成的原因不同，可将其分为温度应力、组织应力和凝缩应力等。

（1）温度应力

焊接时，由于焊件受热不均匀，使各部分的热膨胀不一样而引起的应力称为温度应力，也称热应力。

（2）组织应力

焊接时，由于不同的焊接热循环的作用，引起局部金属的金相组织发生转变而出现体积变化。当这种体积变化受到阻碍时便产生了应力，这种应力称为组织应力。

（3）凝缩应力

焊接时，由于金属熔池从液态冷凝成固态，其体积发生收缩受到限制而形成的应力称为凝缩应力。

4. 根据焊接应力在焊缝中的方向不同分类

根据焊接应力在焊缝中的方向不同，可将其分为沿焊缝方向的纵向应力、垂直焊缝方向的横向应力和沿厚度方向上的应力等。

（1）纵向应力

它的作用方向与焊缝长度方向平行。在低碳钢和普通低合金钢的焊接结构中，焊缝及近缝区的压缩塑性变形区内的纵向应力为拉应力，其数值一般达到材料的屈服点。

（2）横向应力

横向应力的作用方向与焊缝的长度方向垂直。它是由焊缝及其附近塑性变形区的纵向收缩所引起的横向应力和由焊缝冷却的先后不同所形成的横向应力合成的结果。

（3）厚度方向上的应力

在厚板的焊接接头中，除纵向和横向焊接应力外，还存在较大的沿厚度方向上的焊接应力。它们在厚度上的分布是不均匀的，分布状况与焊接工艺方法密切相关。

第 2 节　焊接应力和变形的产生原因

焊接过程中，对焊件进行局部的、不均匀的加热是产生焊接应力和变形的原因。焊接后，焊缝及其附近受热区的金属都发生缩短，即沿着焊缝长度方向的纵向收缩和垂直于焊缝长度方向的横向收缩，同时也包括焊缝附近某一部分受热区金属的收缩，最终都会导致焊接结构产生各种变形。

一、金属棒的均匀加热和冷却

金属棒在均匀加热后发生变形的原因可从图 5—5 中两个试验结果得出，两种试验都是用同样材质和长度的金属棒试件。试验时，都采用均匀加热至 900℃的方法。图 5—5a 所示的试验过程表示，金属棒试件在自由状态下加热就产生自由膨胀而伸长，随着冷却时就产生自由收缩而缩短，冷却到室温时，金属棒又恢复到原来的长度，结果是没有发生伸长和缩短。

图 5—5b 所示的试验过程表示，金属棒试件在加热时产生的热自由伸长，在开始时就受到阻碍，就好像自由伸长在整个加热过程中都被压缩回去（图中虚线部分）一样。由于加热温度同样达到 900℃，所以这里被压缩的变形也是属于塑性变形。显然，金属棒试件从 900℃自由地冷却到室温时，也就发生长度比原来缩短的现象。上述试验说明，金属棒在加热时，产生过压缩塑性变形，则冷却后必定会产生缩短变形。

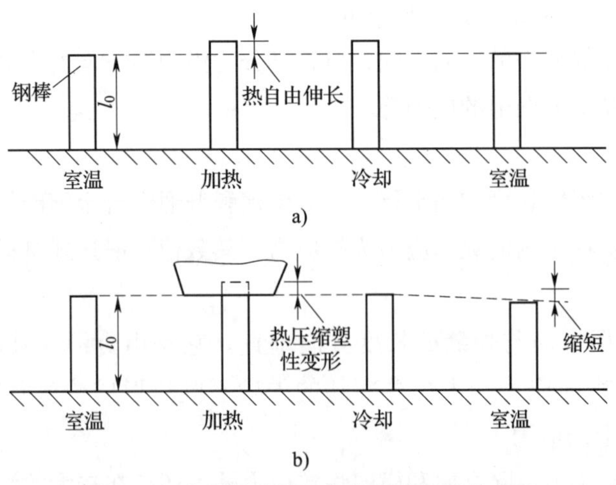

图 5—5　金属棒在均匀加热和冷却时的变形

a）试验一　b）试验二

二、纵向焊接应力和变形

焊接时，在电弧热的作用下，使金属局部达到熔化温度，但离电弧较远处的金属温度则较低，这样焊件就出现了不均匀的膨胀。即温度高的金属伸长较多；温度低的金属伸长较少；而未加热部分的金属没有伸长。如果在钢板中间堆焊一条焊缝（见图 5—6a），并认为钢板是由无数条能自由收缩（类似于钢棒）的小板条组成，这样从钢板中间到边缘，根据受热程度的不同，小板条就会按图 5—6a 中虚线所示伸长。但实际上钢板是一个整体，假想的小板条是互相牵连的，钢板的端面变化只能是一条直线。因此，钢板中间温度高的金属受到两边温度低的金属的阻碍，限制了它的自由伸长。这就好像钢棒加热后受到墙的阻挡一样，使这部分金属产生压应力。同时对于两边温度低的金属受到反作用而产生拉应力。当钢板中间的金属所受的压应力超过屈服极限时，该部位就出现了压缩塑性变形。此时，钢板中存在着压应力和拉应力且相互平衡，钢板也比原来的长。

当冷却时，由于中间温度高的金属在加热时产生压缩塑性变形的缘故，所以最后的长度要比原来的短些，它的长度等于压缩塑性变形的长度，如图 5—6b 所示的虚线。而实际上由于相互牵制的影响，两边的金属阻碍了中间金属的缩短，这好像加热膨胀产生压缩塑性变形、冷却时受到阻碍的钢棒一样。因此，使中间部分产生拉应力，而在两边金属内部产生压应力，并相互平衡，最终使钢板产生收缩变形。

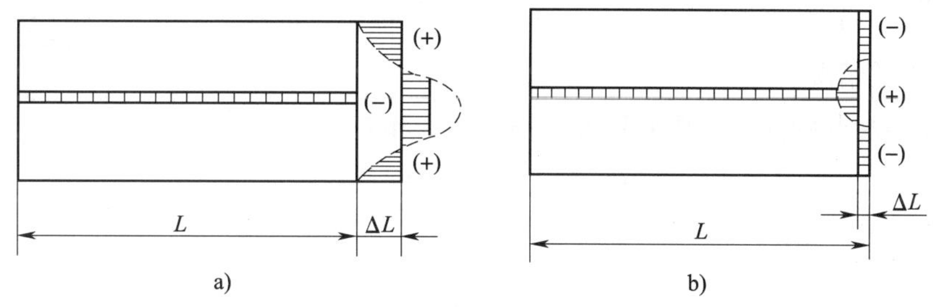

图 5—6　平板中间堆焊时的应力和变形

a）加热时　b）冷却后

表 5—1 所列举的是焊接构件在自由状态下，焊条电弧焊所积累的焊缝纵向收缩的近似值，一般以每米焊缝长度收缩多少毫米来计量。焊缝的纵向收缩随着焊缝长度的增加而增加。表中所表示的数据是在宽度大约为 15 倍板厚的焊缝区域中的纵向收缩量。其中对接接头的纵向收缩值主要取决于板材的刚度条件，焊缝每米的纵向收缩在 0. 15 ~ 0. 30 mm 变动，由于纵向收缩值较小，在工作中可以较少地考虑它。T 字梁的角焊缝是三个方向散热的，因此比对接焊的散热快，接头受热区较小，收缩量也较小。纵向收缩值与加热线的

长度成正比，所以间断角焊缝的纵向收缩值比连续角焊缝小。但总体来说，角焊缝的纵向收缩值都是比较小的。

表5—1　　焊缝纵向收缩近似值　　mm/m

对接焊缝	连续角焊缝	间断角焊缝
0.15～0.3	0.2～0.4	0～0.1

三、横向焊接应力和变形

实践证明，焊件在焊接后不但会产生纵向焊接应力和变形，同时也会产生横向焊接应力和变形。即在与焊缝轴线垂直的方向上，焊缝及热影响区金属在加热过程中也受到压应力，发生压缩塑性变形，在冷却后则存在着残余应力和变形，称为横向焊接应力和变形。

焊接结构的横向应力和变形是比较复杂的，它是几种收缩情况的合成。现分以下几种情况加以讨论。

1. 由纵向变形引起的横向应力和变形

对接焊时，假设像沿焊缝中心切开的两块板边缘堆焊时一样，焊后边缘焊缝区域发生纵向收缩，这样的收缩就使焊件的变形有如图5—7所示的情况。但实际上焊缝将假设的两块板连接在一起，因此，在焊缝的中部出现了横向的拉应力，在焊缝两端则出现了横向压应力，这就是由于纵向变形而引起的横向应力和变形的情况。

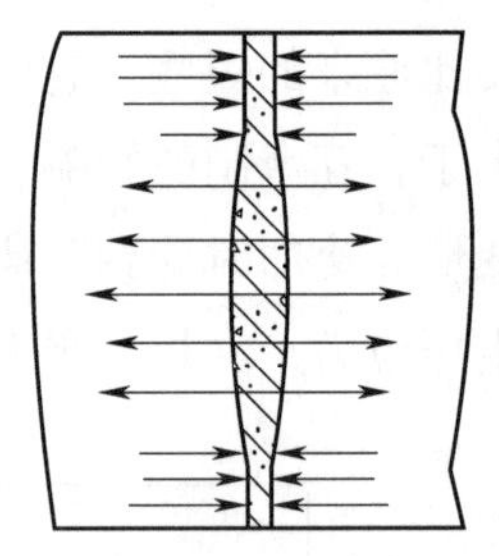

图5—7　纵向变形而引起的横向应力

2. 由焊缝冷却的先后不同而形成的横向应力和变形

对接焊时，由于焊接次序和方向的不同，而使焊缝冷却后形成了横向应力，如图5—8所示。

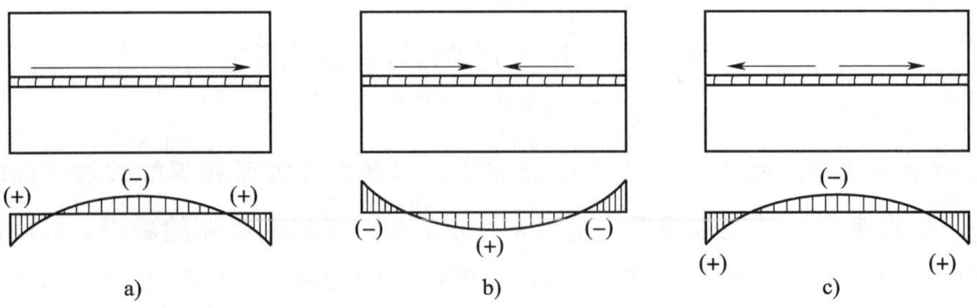

图5—8　焊缝冷却先后形成的横向应力

a）连续单向焊　b）两端向中间焊　c）中间向两端焊

由于焊缝不是在同一时间内完成的，先焊部分受到后焊焊缝横向收缩的作用，而它又限制了后焊焊缝的横向收缩，因此，焊缝末端受到拉应力的作用，而先焊部分受到压应力的作用。

焊缝总的横向应力是由上述两部分应力合成的结果。即由纵向变形而引起的横向应力和由焊缝冷却先后不同形成的横向应力合成的结果。

在实践中，焊缝常常是处在拘束状态之间，在这种情况下，由于焊缝冷却后不能自由收缩，而必定出现横向拉应力，如图 5—9a 所示钢板的对接焊。但实际上焊接过程总是有先后的，后焊部分焊缝膨胀和收缩的阻碍大，冷却后的拉应力也大。同时，由于后焊部分焊缝对先焊部分的压缩作用，也减少了先焊部分焊后的拉应力。所以在这种情况下，焊缝的横向拉伸应力不是全部一样的，此时的应力分布如图 5—9b、c 所示。

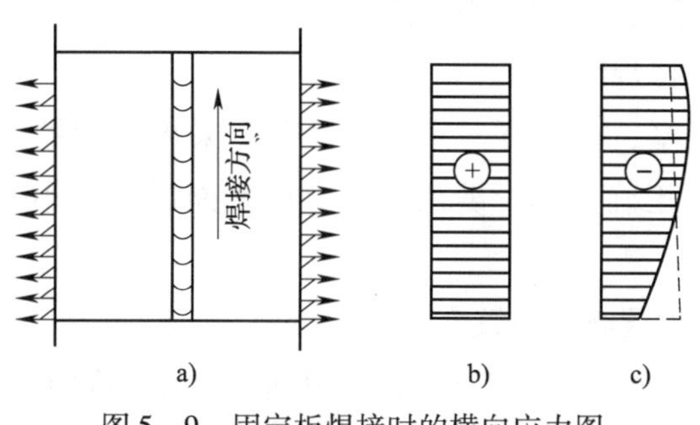

图 5—9　固定板焊接时的横向应力图

a）焊缝位置　b）、c）应力图

表 5—2 所列的是焊接构件在自由状态下焊条电弧焊时焊缝横向收缩的近似值。焊缝的横向收缩量同焊缝的纵向收缩量的影响因素大致相似。但角焊缝的横向收缩比对接焊缝的横向收缩要小，对接焊的横向收缩量随着板厚的增大而增加；另外，同样板厚的坡口角度越大，间隙越大，则横向收缩量也越大。

表 5—2　焊缝横向收缩近似值　mm

接头类型	钢板厚度										
	5	6	8	10	12	14	16	18	20	22	24
	横向收缩量										
U 形坡口对接焊缝	1.3	1.3	1.4	1.6	1.8	1.9	2.1	2.4	2.6	2.8	3.1
X 形坡口对接焊缝	1.2	1.2	1.3	1.4	1.6	1.7	1.9	2.1	2.4	2.6	2.8
单面坡口十字角焊缝	1.6	1.7	1.8	2.0	2.1	2.3	2.5	2.7	3.0	3.2	3.5
单面坡口角焊缝	0.8	0.8	0.8	0.8	0.7	0.7	0.6	0.6	0.6	0.4	0.4
无坡口单面角焊缝	0.9	0.9	0.9	0.9	0.9	0.8	0.8	0.7	0.7	0.5	0.4
双面连续角焊缝	0.4	0.3	0.3	0.25	0.2	0.2	0.2	0.2	0.2	0.2	0.2

四、影响焊接应力和变形的因素

影响焊接应力和变形的因素主要包括以下几点：焊接规范、焊缝尺寸、焊缝在结构中位置的布置、焊缝分段和焊接方向、焊接顺序、焊接结构的刚度以及焊接层数等。

1. 焊接规范的选用

焊接规范是影响变形的重要因素。在焊条电弧焊中，采用大电流和降低焊接速度都会使焊接热输入增大，因此要求不采用过大的焊接电流。在埋弧自动焊中，由于采用较大的焊接速度，使焊接热输入减小，为此变形也比焊条电弧焊小。总之，一般都是在保证焊件焊透的情况下，采用焊接热输入较小的规范。

2. 根据板厚正确选择焊缝尺寸

焊缝尺寸取决于板厚，在板厚一定的条件下，采用过大的焊缝尺寸会增大焊接变形。所以要求根据板厚正确选择焊缝尺寸，这样既能保证较小的变形，又可节省焊接材料。

3. 焊缝在结构中的位置必须布置合理

焊缝在结构中的位置必须布置得合理，因焊缝位置与结构中性轴的距离有关，即当焊缝对称于结构的中性轴时，变形便可小些。如果结构中的焊缝不能做到位置对称布置，那么也应尽可能避免在容易产生变形的方向或应力集中处布置焊缝位置。

4. 焊缝分段和焊接方向

焊缝分段和焊接方向是指在焊接较长的焊缝时，为了尽量使焊件受热均匀，采用分段焊法和逆向分段焊法等工艺，以减少内应力。特别是后者，能使整个焊缝长度上的温度分布得更均匀。

5. 焊接顺序

对于用许多零、部件装焊而成的某些构件，一般刚度较强，究竟先焊哪些焊缝可使应力最小就关系到焊接顺序的问题，即尽可能保证每条焊缝能自由收缩。

6. 焊接结构的刚度要适当

若焊接结构的刚度大，则抵抗变形的能力也就大，结构的残余变形就小；反之，结构的刚度小，则残余变形就大。但结构刚度过大，会导致产生较大的内应力，这对于塑性较差的板材是不适用的。

7. 焊接层数

焊接层数也影响焊后的焊接应力和变形的大小。多层焊时，第一层焊缝引起的收缩量最大；第二层焊缝的收缩量约为第一层的20%；第三层焊缝的收缩量约为第一层的

5% ~10%。由于第一层的熔敷金属量少，热量分布均匀，同时焊接后一层焊缝时，前层焊缝对后层焊缝的收缩有牵制作用，因此在焊接刚度大的结构时，常采用多层焊或多层多道焊工艺，以减少结构的焊接应力和变形。

第 3 节　预防或减小焊接应力和变形的措施

根据焊接应力和变形的形成机理以及影响焊接变形的因素，必须从设计到整个装焊过程采取各种有效措施，以预防或减小焊接应力和变形。

一、结构设计方面的预防措施

1. 尽量采用大尺寸的板材，用型材或压筋板替代焊接梁，力求减少焊接接头数量。

2. 由于焊缝单位长度上的纵向收缩远小于横向收缩，焊接接头应布置在与要求较小变形的方向相平行。

3. 避免焊缝密集或布置在应力集中处，也不要布置在线型曲率较大的部位。

4. 焊缝应布置在结构断面对称处或变形中性轴上，以减小弯曲变形。

5. 焊接接头应处于同一断面或整个直线上，以免由于收缩不均匀而造成变形。

6. 选取合理的焊接方法，使焊接接头中的熔敷金属量最小，使焊缝的收缩量最小。为此，应尽量采用自动、半自动焊替代焊条电弧焊。对于有一定强度要求的角焊缝，从等强度出发，采用双面连续焊优于单面连续焊；而对于无强度要求的角焊缝，只从减小变形出发，采用双面间断焊优于单面连续焊。

二、减小焊接应力和变形的方法

1. 反变形法

反变形法是根据焊件焊后变形情况，焊前预先给焊件一个方向相反、大小相等的变形，用以抵消焊件焊后产生的变形，使焊件焊后减小变形或全部消除变形。采用反变形法，必须事先掌握焊件焊接的变形规律（方向、大小），以确定反变形的数据，这样才能取得有效的结果，否则不但达不到要求，甚至还会引起变形增加的不良后果。目前对于反变形的数值，一般都是根据统计所得的经验数据或者实测所得。如船舶建造中的甲板分段、双层底分段、船体总段装焊前都可采用反变形法。

对甲板分段采用胎架反变形，可以避免和减小使甲板分段的梁拱拉直的倾向，如图

5—10 所示。对双层底分段，根据在胎架上制造的变形规律，为减少分段的横向收缩变形，可在胎架模板上给予一定的横向反向变形，如图 5—11 所示。

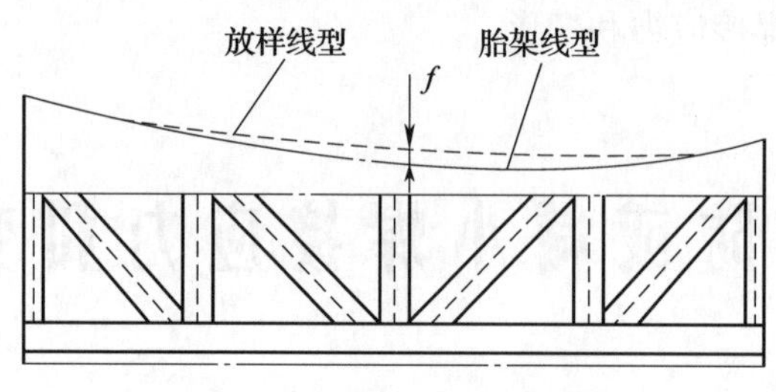

图 5—10　甲板分段反变形法

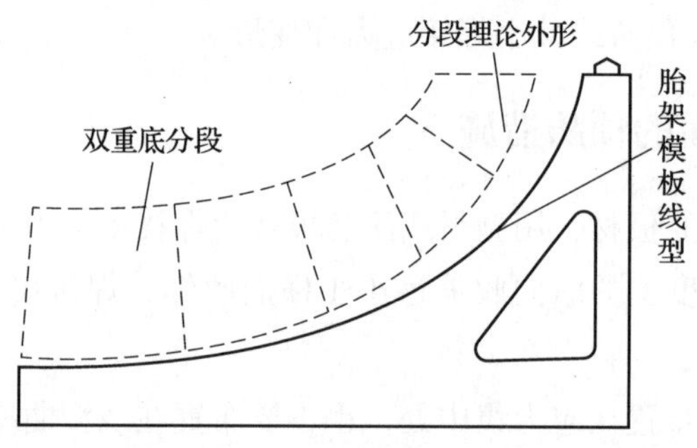

图 5—11　双层底分段反变形法

船体总段大合拢时，容易产生船首尾部上翘的现象。这是由于船体结构的重心平面处于结构底部，因此总段合拢时的环缝焊接后，会发生船首尾上翘变形，即横向收缩引起纵向弯曲变形，如图 5—12 所示。图中是某船在船台大合拢时，采用反变形的情况。总之，反变形法在船厂中应用非常广泛，形式多样，收到的效果也较好。

2. 合理的焊接顺序

选择合理的焊接顺序，是减少焊接应力与变形最有效的方法之一。同样一个焊接构件，采用不同的焊接顺序，焊后产生的变形情况不一样。为此，在制定焊接顺序时，应遵循以下原则：

（1）尽可能从保证焊缝能自由收缩、减小应力的角度考虑。应先焊不影响其他焊缝收缩的焊缝，或变形量小的焊缝。

（2）结构中同时存在对接缝和角接缝时，必须先焊对接缝，后焊角接缝。这是因为先焊的焊缝在收缩时受到的阻力较小。所以先焊收缩量大的焊缝，可以做到比较自由地收缩。而对接缝的收缩量比角接缝大，因此应该先焊对接缝，然后再焊内部的构架角焊缝。同样在大面积拼板中，焊缝既有端接缝又有边接缝，则必须先焊端接缝，后焊边接缝，这也是由于横向收缩大于纵向收缩。

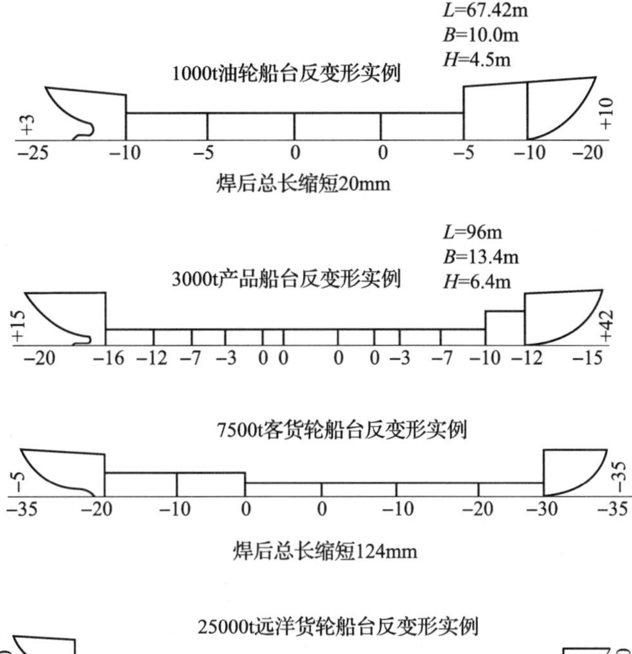

图 5—12　几例船台加放反变形的实例

（3）采用对称焊接。对结构中任何类型的对称结构，应有双数焊工采用从结构中间依次向两端、前后、左右发展的焊接顺序。这样可以使两边收缩对称，避免由于焊接结构的变形而引起的结构中心线扭曲。

（4）合理选用各种焊接顺序。在焊接 1 m 以上的长焊缝时，可采用逐步退焊法、分中逐步退焊法、跳焊法、交替焊法；对于 0.5 ~1 m 的中等长度焊缝，可采用分中对称焊法，如图 5—13 所示。

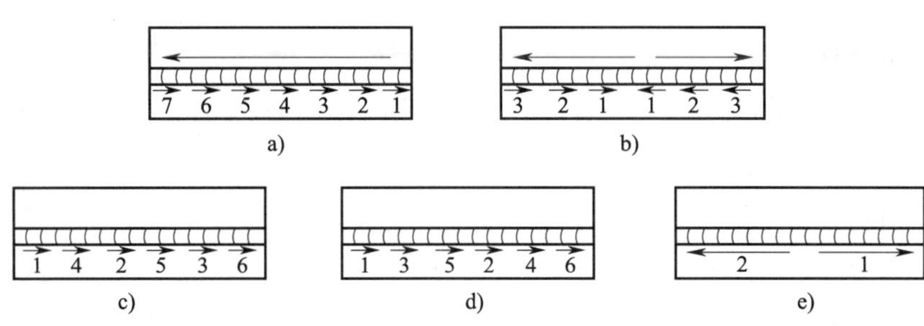

图 5—13　各种焊接程序示意图

a）逐步退焊法　b）分中逐步退焊法　c）跳焊法

d）交替焊法　e）分中对称焊法

一般退焊法和跳焊法的每段焊缝长度为100～350 mm。交替焊法因工作位置移动次数太多，故较少采用。

下面举例介绍工字梁翼板和复板是如何焊接的，如图5—14所示。如果是一名焊工操作，就先焊焊缝1，再焊焊缝2，然后把工字梁翻过来，焊焊缝3、4和5、6，最后再翻过来焊焊缝7、8。如果4条角焊缝不需要焊两层，则先焊焊缝1、2时，不焊满焊缝全长，留下焊缝长度30%～50%，等焊完焊缝3、4后再焊。在焊接每一边焊缝时，都是从中间向外分段焊，每段长度为1 m左右。当两名焊工操作时，应在互相对称的位置上采用基本相同的电流、焊接速度和方向进行焊接。

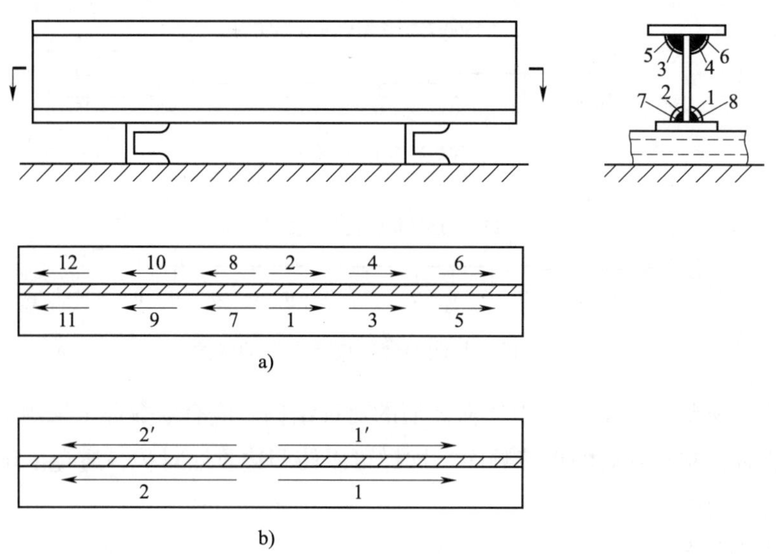

图5—14　工字梁的焊接程序

a）一名焊工焊接时　b）两名焊工焊接时

3. 刚性固定法

此法主要是用强制的手段，将构件加以刚性固定，起到减小焊后变形的作用，但不能完全消除变形。例如，能减小焊后角变形、弯曲变形及波浪变形等。

刚性固定的方法很多，主要采用定位焊、工夹具、加临时支撑（如安装“马”及“排”等）、把构件固定在平台上或胎架上等，也可利用构件本身的刚度来控制或减小变形。刚性固定法能显著减小变形，但必须注意，如果被焊件的焊接性较差、环境温度低，因刚性固定阻止了焊件的自由收缩，则易在结构中出现较大的内应力，而导致产生裂纹倾向。在薄板焊接时，在焊缝两侧加放压铁或加焊角钢“马”，就能起到减小变形的效果。

也可在钢板周围用临时点固定焊缝，或用“马”固定，来增加板材的刚度。这样焊后可大大减小焊件的波浪变形和角变形，如图 5—15、图 5—16 所示。

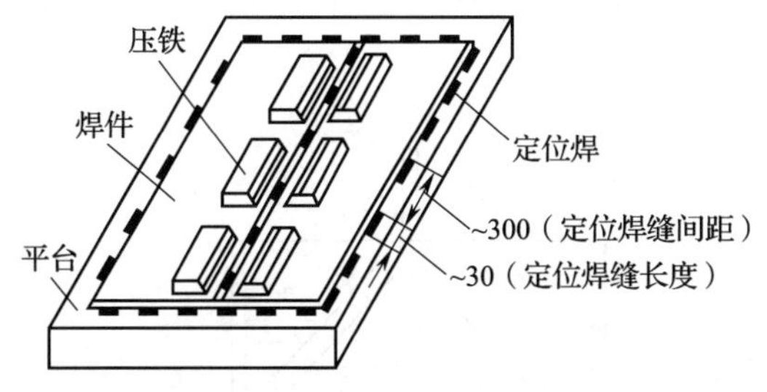

图 5—15　薄板拼接时用刚性固定法防止波浪变形

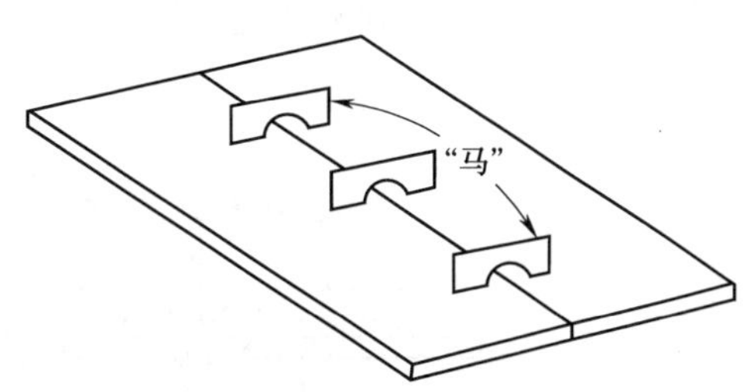

图 5—16　钢板对接焊时加“马”进行刚性固定

4. 锤击焊缝法

用锤子或风锤对焊缝敲击的方法，可以减小某些接头的焊接应力和变形。由于焊接应力和变形主要是焊后焊缝发生缩短所引起的，因此使焊缝适当延展伸长，补偿缩短，就能减小焊接应力和变形。锤击时，一般采用质量为 0.45 ~ 0.7 kg、头部带有小圆弧的锤子。锤击应保持均匀适度，避免锤击过分而产生裂纹。底层和表面层焊道一般不锤击，避免金属表面冷作硬化，其余各焊道每焊完一道后立即锤击，直至将焊缝表面打击均匀为止。锤击焊缝的路线如图 5—17 所示。

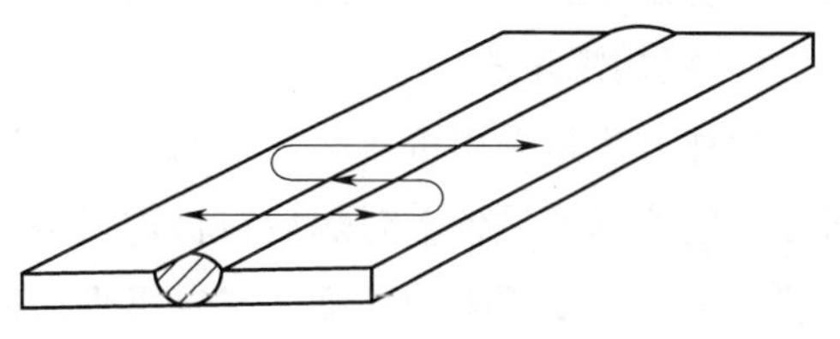

图 5—17　锤击焊缝的路线

5. 焊前预热法

某些有局部裂纹的刚性部件补焊时，常常对一些影响焊缝收缩的部位预先进行适当加热，预热温度仅 200℃即可，使缺陷补焊后能自由收缩，甚至使原先阻碍焊缝收缩的部位也能随同焊缝同时收缩。从而大大减小了焊接应力，有效地避免裂纹出现。对一些尺寸较小、刚度较大、特别是合金钢材料的零部件，为了减小焊后的残余应力，避免裂纹，需对零部件予以整体预热。经预热后焊接区的温度与非焊区的温度差别减小，从而减小了温差应力，还使焊缝和热影响区的焊后冷却速度延缓，得到塑性好的组织。

总之，一般焊前预热温度在 100 ~ 200℃，对于某些合金元素多、含碳量高的钢种，则用更高的预热温度。预热达 200℃时，在减小残余应力方面已有显著的作用。

6. 冷却法

冷却法是利用容易散热的物体把焊接处的热量迅速散去，使焊缝附近的金属受热面大大减小，达到减小焊接变形的目的。如图 5—18a 所示为散热垫法示意图，一般采用紫铜垫板，有的还钻孔通冷却水，垫板越靠近焊缝，防止变形的效果越好。

如图 5—18b 所示为水浸法示意图，常用于表面堆焊和补焊。对具有淬火倾向的钢材不宜采用冷却法，否则易产生裂缝。

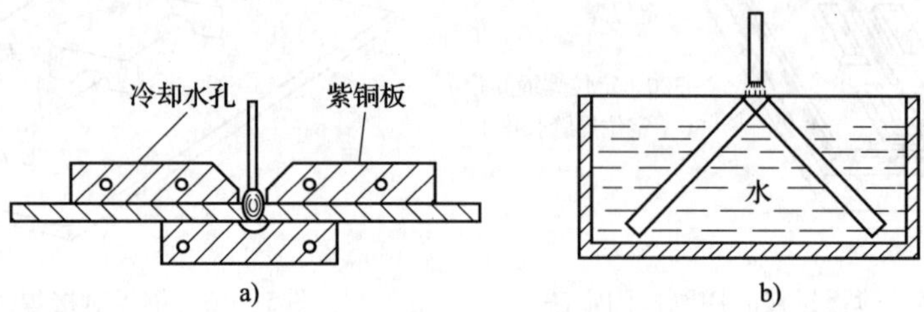

图 5—18　冷却法

a）散热垫法　b）水浸法

三、焊接变形的矫正方法

焊接变形矫正的实质是设法制造一个新的变形去抵消已经产生的变形。目前采用的焊接变形矫正方法有机械矫正法和火焰矫正法两种。

1. 机械矫正法

此种方法是采用机械冷加工的方法来进行的。被矫正的焊件不必加热，可采用在液压机和三星滚车等设备上对焊后板材进行矫正。如对平板对接时引起的波浪变形的滚平，使焊缝区金属恢复原来的长度。工字梁焊后的弯曲变形，可在压力机械撑床上矫直，或用千斤顶、拉紧螺旋等工具矫直，如图 5—19 所示。该方法适用于对简单构件、板材，如零、部件装配焊接后的变形矫正，或对某些不能进行热加工的金属材料的矫正。因其使用方便，故应用很广。

2. 火焰矫正法

此种方法的实质是利用不均匀加热所引起的变形去矫正焊接结构已经产生的变形。其原理是将被矫正部位局部加热，使加热区产生压缩塑性变形，冷却后产生拉应力，来矫正原来的焊接变形。

火焰矫正的效果取决于火焰加热的部位和加热的温度，不同的加热部位可以矫正不同方向的变形。加热温度可根据板厚决定，一般火焰局部加热温度为 500 ~ 800℃，加热时要防止温度过高，否则会使金属过热甚至熔化。钢材表面加热颜色及其相应温度见表 5—3。

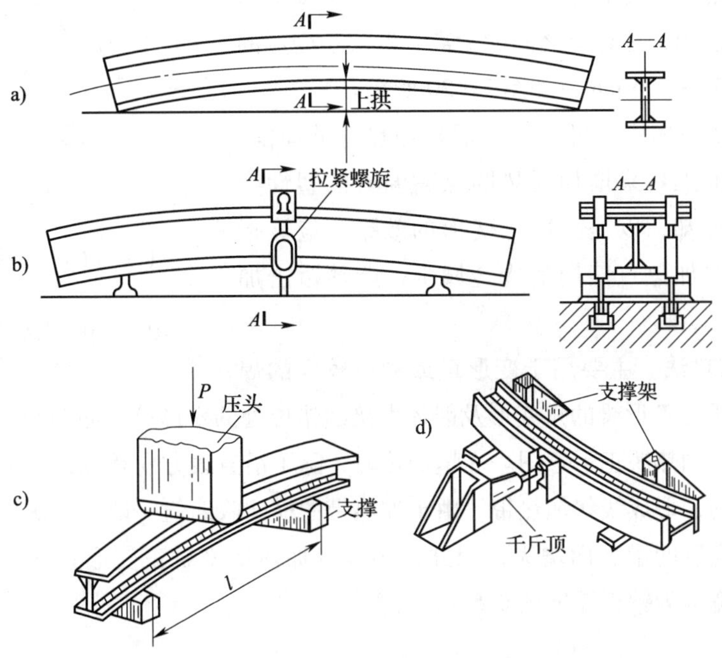

图 5—19　工字梁焊后的变形机械矫正示意图

a）变形的焊件　b）用拉紧螺旋矫正　c）用压力机矫正

d）用液压千斤顶矫正

表 5—3　　钢材表面加热颜色及其相应温度　　℃

颜色	温度	颜色	温度
深褐红色	550 ~ 580	亮樱红色	830 ~ 900
褐红色	580 ~ 650	橘黄色	900 ~ 1 050
暗樱红色	650 ~ 730	暗黄色	1 050 ~ 1 150
深樱红色	730 ~ 770	亮黄色	1 150 ~ 1 250
樱红色	770 ~ 780	白黄色	1 250 ~ 1 300
淡樱红色	780 ~ 830		

（1）火焰矫正法的加热方式

火焰矫正法的加热方式包括点状加热法、线状加热法、三角形加热法以及水火矫正法等。

1）点状加热法。主要用来矫正薄板结构的波浪变形。它是利用圆点加热后，由于温度很高，使圆点受到压缩塑性变形，在圆点冷却时产生的平面收缩应力，将不平的板材拉平。加热时，可根据结构特点和变形程度，加热一点或多点。多点加热时，加热点的分布呈梅花形，加热点的大小可根据板厚的不同，其直径 d 在 15 ~ 60 mm 选用；加热点之间的距离 a 取决于变形的大小，一般在 50 ~ 100 mm，如图 5—20 所示。

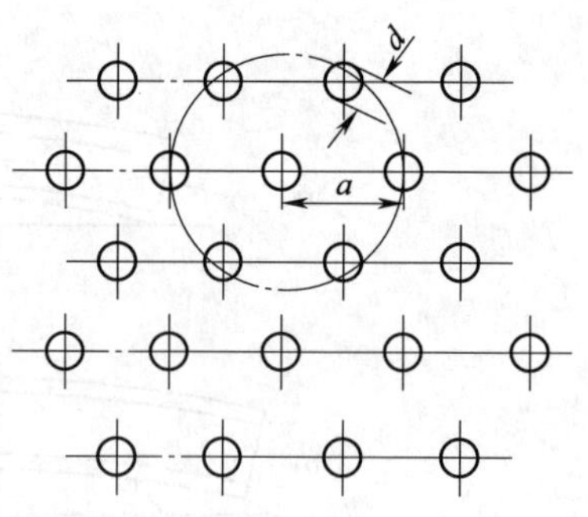

图 5—20　点状加热示意图

为了提高矫正速度，可用木锤锻打加热点的周围，或采用一些辅助工具来增加受热圆点高温时的塑性变形，然后浇水冷却，以提高矫正变形的效果。应该指出，锤击点应在加热点四周的冷金属上，严禁锤击加热点。

2）线状加热法。主要用于变形量或刚度较大的焊接结构中。如矫正 T 形梁的角变形及船体大接缝错位处的变形等。如图 5—21 所示为 T 形梁角变形的线状加热矫正示意图。火焰加热时，除了沿直线方向移动外，同时还可在宽度方向做横向摆动，形成线状加热带。由于加热带的横向收缩值一般大于纵向收缩量，并且又随着加热带宽度的增加而增大，因此，用线状加热法来矫正变形必须有一定的加热宽度，一般加热宽度为钢板厚度的 0.5 ~2 倍。

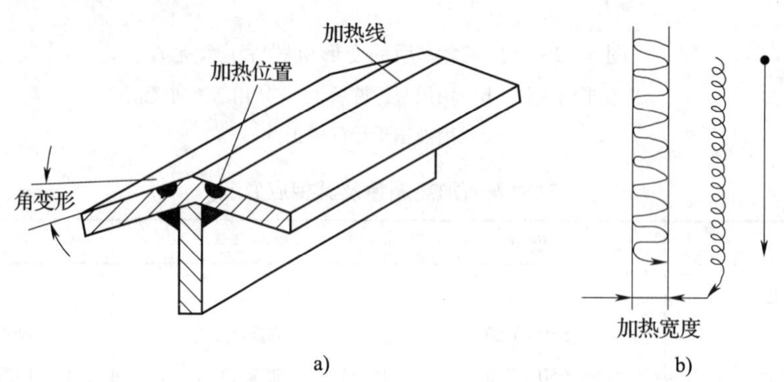

图 5—21　T 形梁角变形的线状加热矫正示意图

a）加热位置　b）加热方式

当钢板较厚并有均匀的弯曲时，则可在凸起的最高点用线状加热法加热，其加热深度不超过板厚的 2/3，并用水随后急冷，这样矫正的效果很显著。

3）三角形加热法。主要用于矫正厚度较厚和刚度较强构件的弯曲变形。如对 T 形焊接梁（见图 5—22）及板边的波浪变形矫正等。加热时，应使三角形的底边在被矫正的钢板边缘，而顶端朝内。此法的特点是加热面积较大，因而收缩量也较大，矫正效果较好。

4）水火矫正法。水火矫正法能提高矫正变形的效率，并可用于双曲面板材的加工成形。此法是在对结构或板材用火焰线状加热的同时，用水急冷，其效率可提高3倍以上。但必须注意火焰与水管间距离的配合，以控制板材加热后的浇水温度。如对厚度为4～6 mm的钢板矫平时，加热温度为600～800℃，水管与火焰的距离为25～30 mm。对普通低合金钢板的矫平，因材料有不同程度的淬火倾向，可根据不同的钢种把水火距离拉得远些。

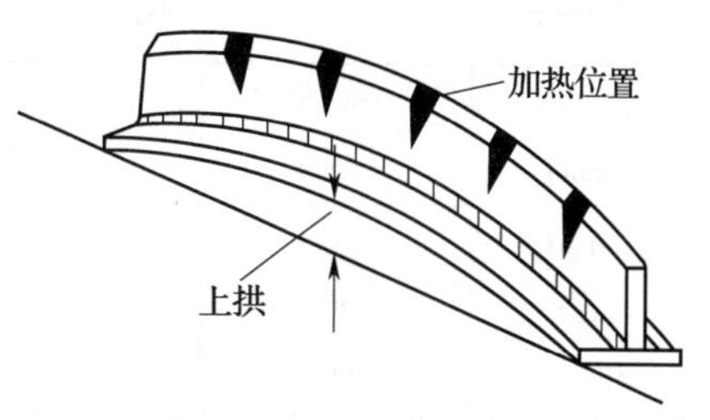

图5—22　T形焊接梁的三角形加热矫正

应该指出，用火焰矫正变形的方法，并不是所有钢材都能适用，如对加热后其性能会发生变化的调质钢等，则不能使用。

（2）影响火焰矫正效果的因素

影响火焰矫正变形效果的因素主要有以下几点：加热线、点的尺寸大小、温度高低及焊件的刚度大小等。

1）加热线宽度的影响。弯曲变形大小与加热线宽度成正比关系，见表5—4。因此，在一定的加热温度、加热深度情况下厚件应采用较大的加热宽度。

表5—4　　不同加热宽度对焊件弯曲变形的影响（700℃）

加热宽度（mm） 厚度（mm）	20	30	40	60	80	加热深度（mm）
20	3.8	5.3	6.6	8.0	—	2～3
30	—	3.2	4.1	5.6	6.5	2～3
60	—	2.1	2.5	3.2	3.7	3～5
80	—	—	0.5	0.8	1.2	3～5

2）加热线长度的影响。通过试验得出不同直径的轴用火焰加热时可得到的数据见表5—5。试验条件为：加热温度为600～700℃，加热深度为3～5 mm，试验轴长为500 mm。从表中看出，变形随加热长度的增加而增加，但到一定长度时变形反而减小；加热线宽度也同样存在上述现象，这是因为随着加热线长、宽的增加使温度分布趋向均匀，反而使矫正作用减弱。因此，加热线长度通常取焊件长度的70%以下，加热宽度通常取焊件厚度的0.5～2.0倍（不包括薄件）。

表 5—5　　不同加热宽度和长度对弯曲变形的影响

轴直径	加热宽度	一定加热宽度和长度对弯曲变形的影响				
φ（mm）	（mm）	50	100	200	300	400
60	30	—	3.5	8.4	11.0	8.5
100	30	—	0.4	4.0	4.8	3.8
100	60	3.6	4.5	5.5	5.2	—

3）加热温度的影响。加热温度一般在 200 ~ 700℃选取，加热温度低于 200℃时，将不能实现变形的矫正工作。对于金相组织及力学性能对温度不甚敏感的材料，也可采用更高的加热温度，以便提高矫正效率。

加热温度与弯曲变形的关系见表 5—6，其试验条件为：轴的直径为 100 mm，加热线长为 100 cm，加热线宽为 6 mm，加热深为 3 ~ 5 mm。

表 5—6　　加热温度与弯曲变形的关系

加热温度（℃）	弯曲变形值（mm/m）	加热长度（cm）	加热宽度（mm）	加热深度（mm）
200	0.08	100	6	3 ~ 5
400	0.14	100	6	3 ~ 5
600	0.20	100	6	3 ~ 5
800	0.26	100	6	3 ~ 5
1 000	0.32	100	0	3 ~ 5

从表中看出，当加热线长、宽、深度一定时，加热温度与弯曲变形成正比关系，在试验条件下每差 100℃变形量就相差 0.06 mm/m。

4）加热深度对矫正变形的影响。加热深度对弯曲变形的影响是比较重要的，对加热深度的控制完全取决于操作者的熟练程度。在厚度为 10 mm 的平板上，以加热温度为 700 ~ 800℃，加热宽度 20 mm 进行火焰加热，根据不同的加热深度所获得的试验数据见表 5—7。

表 5—7　　加热深度对弯曲变形的影响

加热深度（mm）	1	2	3	4	5	6	7	8	9	10
弯曲变形值（mm/m）	2.0	2.8	3.2	3.3	3.2	2.9	2.6	1.9	1.2	1.0

从表中可看出，对 10 mm 厚度的板，加热深度取 3 ~ 5 mm 为最合适。加热深度超过 5 mm，变形反而变小，这个性质对其他厚度的钢板也有同样的表现。因此，加热深

度取板厚的30%～50%为好，超过板厚60%的深度矫正效果反而下降（结构件不受此范围限制）。

复 习 题

1. 什么叫变形、弹性变形和塑性变形？
2. 什么叫内力、应力和内应力？
3. 根据焊接应力形成的原因不同可分为哪几种应力？其各自的含义是什么？
4. 影响焊接应力和变形有哪些因素？怎样防止？

第 6 章

焊 接 检 验

学习目标

- 了解焊接检验的分类及基本原理。
- 熟悉破坏性及非破坏性试验的检验过程。
- 掌握焊接检验方法的基本运用。

第1节　概　　述

一、焊接质量检验的作用和意义

1. 焊接质量检验的重要性

焊接接头的质量好坏，将直接影响到产品结构的安全性。当一条船的主要结构的焊接接头存在着严重的焊接缺陷时，如果船舶在航行过程中受到大风浪的冲击，很有可能使该结构断裂，甚至造成船破人亡事故。同样，如压力容器的焊接接头质量低劣的话，有可能造成泄漏爆破事故。起重结构的焊接接头质量不好，也会造成结构断裂。总之，质量不好的焊接接头，将直接影响到焊接结构的安全使用，同时还会导致发生种种意外事故，造成生命和财产的严重损失。

焊接接头的质量除了取决于结构设计、材料选择、施工工艺等各种因素外，为了保证焊接质量，还应在施工阶段的各个环节，通过各种焊接检验方法减少或避免焊接缺陷的产生，同时能发现并判断已经产生的焊接缺陷的性质、部位和尺寸，以便及时地消除各种焊接缺陷。

为了满足产品的使用要求，必须把焊接缺陷限制在一定的允许范围内，使之不影响焊接结构的安全使用。

2. 焊缝表面质量要求

焊接接头的外观检查是一种简便而又广泛应用的检验方法。外观检查贯穿整个焊接过程的始终，它不仅是对产品最终焊缝外观尺寸和表面质量的检验，对产品焊接过程中的每一道焊缝也应进行外观检查，如厚壁进行多层焊接时，为防止前道的缺陷带到下一焊道，每焊完一道焊道便需进行外观检查。

（1）外观检查

外观检查的方法主要有直接目视检查和远距离目视检查。直接目视检查观察到的焊缝外形应均匀，焊道与焊道及焊道与基本金属之间应平滑过渡。在检查过程中可采用适当照明设施，利用反光镜调节照射角度和观察角度，或借助低倍放大镜观察，以提高眼睛发现和分辨缺陷的能力。焊缝背面外观检查难以检查区域，如人无法进入的容器可以用内窥镜或照相机等辅助设备进行检查。

外观检验工作较简单、直观、方便、效率高。应对焊接结构的所有可见焊缝进行外观检查。对于结构庞大、焊缝种类或形式较多的焊接结构，为避免外观检查时遗漏，可按焊缝的种类或形式分为区、块、段逐次检查。焊接工作结束后，要及时清理焊渣和飞溅，然后按表 6—1 所列的项目进行检查。

表 6—1　　　　焊缝目视检查的项目

序号	检查项目	检验部位	质量要求	备注
1	几何形状	焊缝与母材连接处	焊缝完整不得有漏焊，连接处应圆滑过渡	可用测量尺
		焊缝形状和尺寸急剧变化的部位	焊缝高低、宽窄及结晶鱼鳞波纹应均匀变化	
2	焊接缺陷	整条焊缝和热影响区附近	无裂纹、夹渣、焊瘤、烧穿等缺陷	接头部位易产生焊瘤、咬边等缺陷
		重点检查焊缝的接头部位，收弧部位及形状和尺寸突变部位	气孔、咬边应符合有关标准规定	收弧部位易产生弧坑裂纹、夹渣和气孔等缺陷
3	伤痕补焊	装配拉筋板拆除部位	无缺肉及遗留焊疤	
		母材碰弧部位	无表面气孔、裂纹、夹渣、疏松等缺陷	
		母材机械划伤部位	划伤部位不应有明显棱角和沟槽，伤痕深度不超过有关标准的规定	

（2）尺寸要求

焊缝外形尺寸的检验是按照图样标注尺寸或技术标准规定的尺寸对实物进行测量检查。通常在目视检查的基础上，选择尺寸正常部位、尺寸变化的过渡部位和尺寸变化的部位进行测量检查，然后相互比较，找出焊缝外形尺寸变化的规律，与标准的尺寸对比，从而判断焊缝的外形尺寸是否符合要求。

1）对接焊缝外形尺寸的检验。对接焊缝的外形尺寸包括焊缝的余高 h、焊缝宽度 c、焊缝边缘直线度 f、焊缝宽度差和焊缝表面凸凹度。焊缝的余高 h 和焊缝宽度 c 是重点检查的外形尺寸。

JB/T 7949—1999《钢结构焊缝 外形尺寸》就对对接焊缝焊缝的余高 h、焊缝宽度 c 做如下规定：I形坡口对接焊缝（包括I形带垫板对接焊缝）尺寸如图6—1所示。其焊缝宽度 $c=b+2a$ 及余高 h 值应该符合表6—2中I形焊缝的规定。

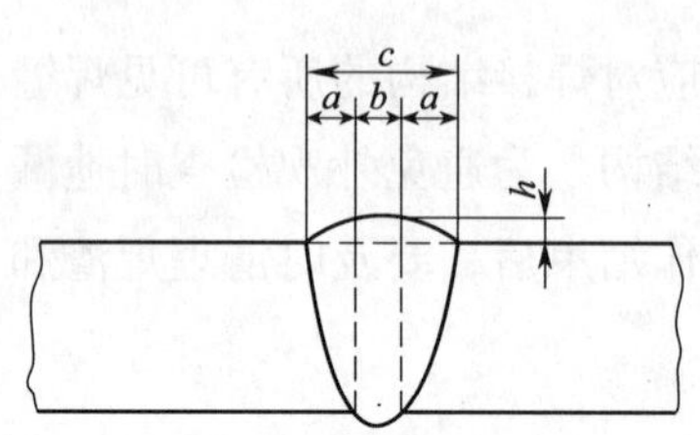

图6—1 I形坡口对接焊缝尺寸

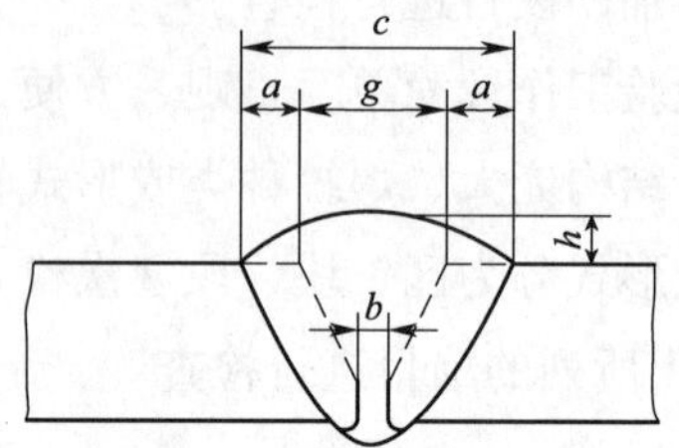

图6—2 非I形坡口对接焊缝尺寸

非I形坡口对接焊缝（GB/T 985—1988、GB/T 986—1988中除I形坡口外的各种对接坡口形式的焊缝）尺寸如图6—2所示。其焊缝宽度 $c=g+2a$ 及余高 h 值应该符合表6—2中非I形焊缝的规定。

表6—2 焊缝外形尺寸 mm

焊接方法	焊缝形式	焊缝宽度 c		焊缝余高 h
		c_{min}	c_{max}	
埋弧焊	I形焊缝	$b+8$	$b+28$	0~3
	非I形焊缝	$g+4$	$g+14$	
焊条电弧焊及气体保护焊	I形焊缝	$b+4$	$b+8$	平焊：0~3
	非I形焊缝	$g+4$	$g+8$	其余：0~4

注：1. 表中 b 值为符合GB/T 985、GB/T 986要求的实际装配值。

2. g 值为坡口张开的最大宽度，见图6—3。

g 值的计算公式是由坡口形式来确定的，下面推荐了常用的V形坡口和U形坡口 g 值的计算公式。

图6—3a中 g 值的计算公式为 $g=b+2(\delta-p)\tan\beta$。

图6—3b中 g 值的计算公式为 $g=2R+b+2(\delta-R-p)\tan\beta$。

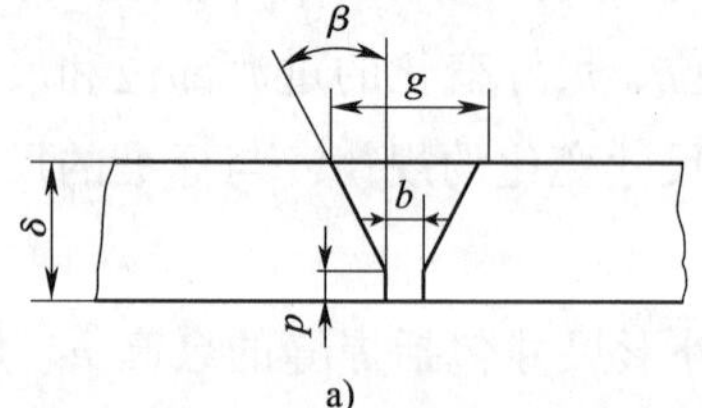

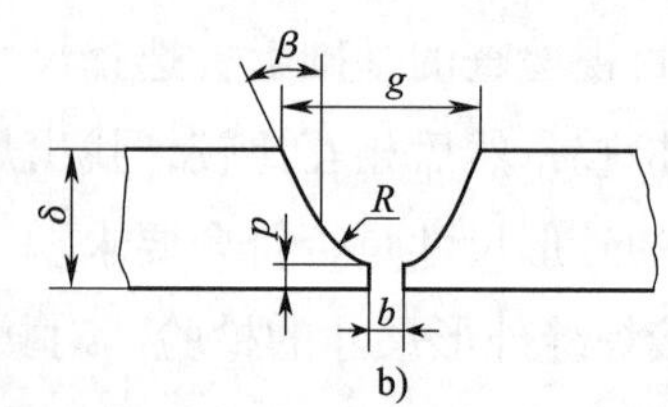

图6—3 g 值计算示意图

a）V形坡口 b）U形坡口

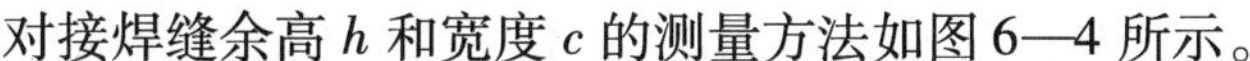

对接焊缝余高 h 和宽度 c 的测量方法如图 6—4 所示。

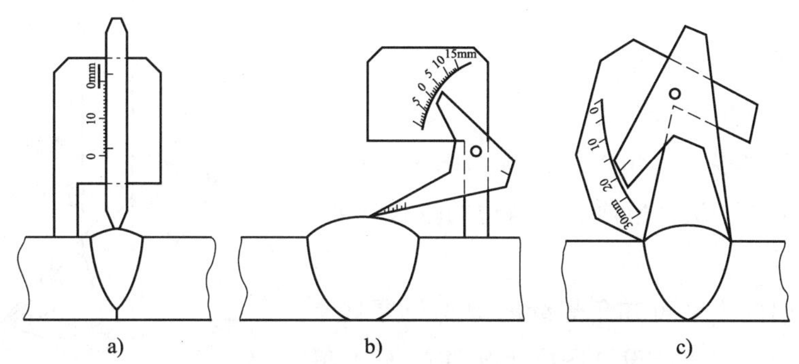

图 6—4　用焊接检验尺测焊缝余高和高度

a）测较小的焊缝余高　b）测较大的焊缝余高　c）测焊缝宽度

在任意 300 mm 连续焊缝长度内，焊缝边缘沿焊缝轴向的直线度 f 如图 6—5 所示，其值应符合表 6—3 的规定。

表 6—3　　焊缝边缘直线度

焊接方法	焊缝边缘直线度 f（mm）
埋弧焊	≤4
焊条电弧焊及气体保护焊	≤3

焊缝表面凸凹度：在焊缝任意 25 mm 长度范围内，焊缝余高 h_{max} 和 h_{min} 的差值不得大于 2 mm，如图 6—6 所示。

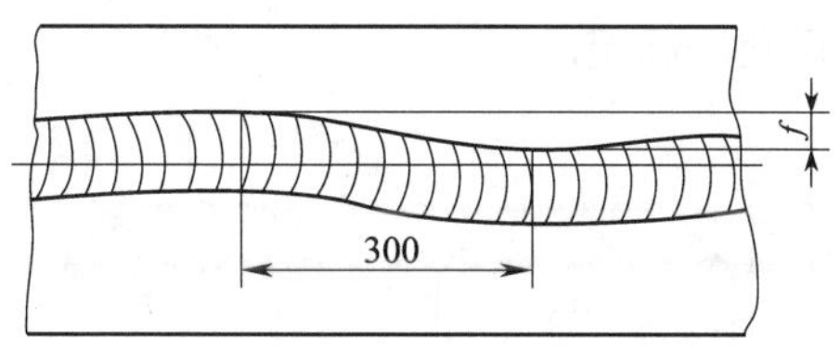

图 6—5　焊缝边缘直线度示意图

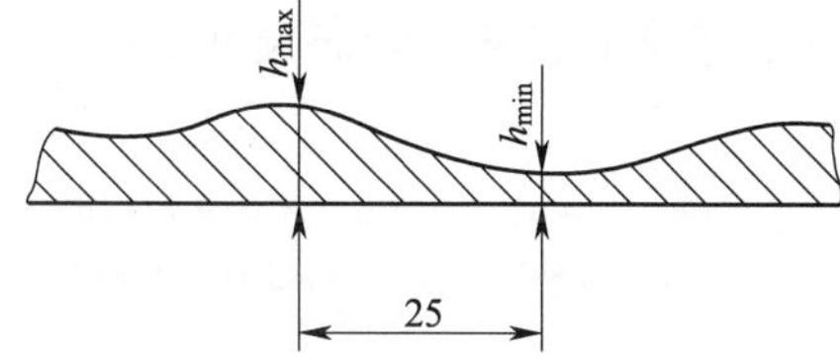

图 6—6　焊缝表面凸凹度示意图

焊缝宽度差：焊缝最大宽 c_{max} 和最小宽度 c_{min} 的差值，在任意 50 mm 长度范围内不得大于 4 mm，整个焊缝长度范围内不得大于 5 mm。

2）角焊缝外形尺寸的检验。角焊缝外形尺寸包括焊脚、焊脚尺寸、凸凹度和焊缝边缘直线等。大多数情况下，焊缝计算厚度不能进行实测，需要通过焊接尺寸进行计算。要了解焊缝外形尺寸的检验，必须首先了解角焊缝外形尺寸的有关术语定义。

①焊脚：角焊缝的横截面，从一个直角面上的焊趾到另一个直角面表面的最小距离。

②焊脚尺寸：在角焊缝横截面中，画出的最大等腰直角三角线直角边的长度。

③焊缝计算厚度：在角焊缝横截面画出的最大等腰直角三角形中，从直角顶点到斜边的垂直长度，如图 6—7 所示。

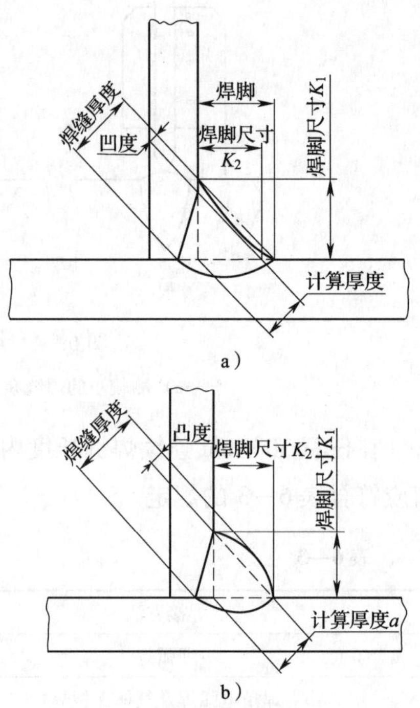

图 6—7　角焊缝尺寸

a）凹形角焊缝　b）凸形角焊缝

从上述术语的定义可知角焊缝的焊脚与焊脚尺寸是角焊缝的两个尺寸。设计图样上标注的 K 为角焊缝的焊脚尺寸大小，而不是焊脚大小。一般情况下图样上标注的角焊缝两侧的焊脚尺寸相等（即 $K_1=K_2=K$）。尽管焊缝计算厚度是保证角焊缝强度的关键尺寸，但是图样上不标注对焊缝计算厚度要求，因为从焊脚尺寸、焊缝计算厚度的定义可知，如果焊脚尺寸大小满足图样标注尺寸或技术标准规定的尺寸，则焊缝计算厚度也就满足有关规定。因此，在角焊缝外形尺寸的检验时，主要检验焊脚尺寸是否符合有关技术条件和图样的规定，不需要检验焊缝计算厚度。如果角焊缝是理想的平直焊缝（没有凸凹度），可以用图 6—8 所示的专用检验尺测量出焊脚的大小，该情况下，焊脚的大小就是焊脚尺寸的大小。但是除了典型形状的角焊缝可以测得焊脚尺寸大小外，在一般情况下，不能直接测得焊脚尺寸大小，只有通过作图法确定。

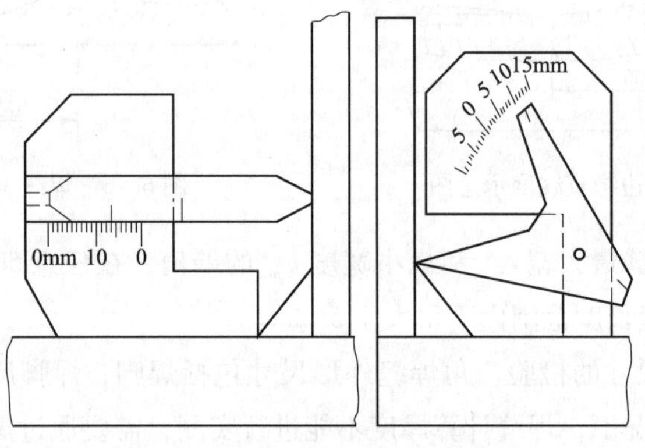

图 6—8　用焊接检验尺测量焊脚尺寸

典型凸形角焊缝尺寸可以通过专用检验尺测量出焊脚大小，该情况下，焊脚大小就是焊脚尺寸大小，测得的 K_1、K_2 值在 K 的公差范围内就合格，如图 6—9d 所示。为了减小焊缝焊趾处的应力集中，不希望角焊缝外形为凸形。一般产品技术条件和图样上要求角焊缝为焊趾处圆滑过渡的凹形角焊缝，如图 6—9a 所示。

典型的凹形角焊缝（见图 6—9a）厚度可用角焊缝厚度尺直接测出角焊缝的实际厚度 a 值，再根据有关定义计算出 $K_1=K_2=\sqrt{2}a$。

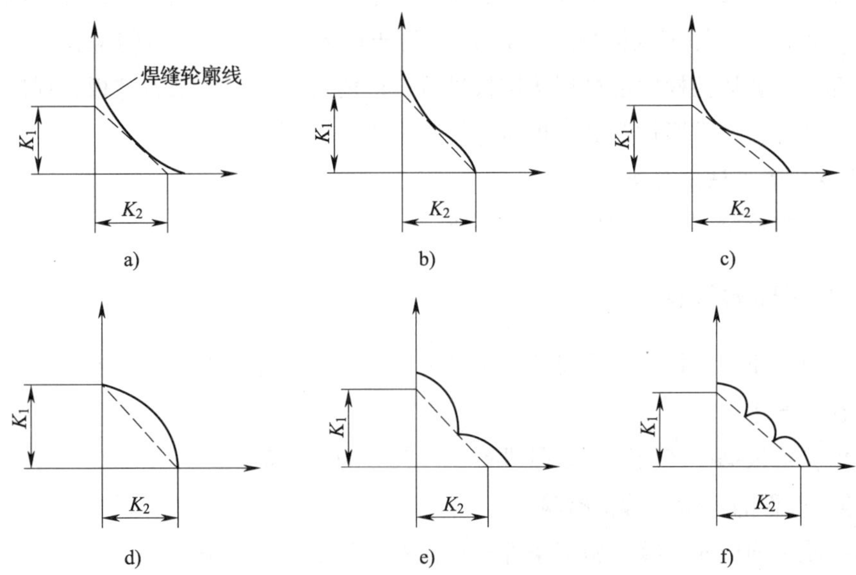

图 6—9　焊脚尺寸 K_1、K_2 的确定

3. 焊缝内在质量的要求

焊缝内在质量通过无损（RT、UT）检查，主要检测焊缝内部是否存在气孔、夹渣、未焊透等缺陷。在任何钢结构焊缝内不允许存在裂纹；未焊透缺陷、气孔、夹渣应符合产品技术条件的规定。

4. 焊接接头力学性能要求

焊接接头或焊缝金属的力学性能数值，应不低于母材的力学性能数值或产品技术条件的规定值。通过破坏性试验来测定焊接接头或焊缝金属的强度（抗拉强度 σ_b、屈服强度 σ_s）、塑性（伸长率 δ、断面收缩率 ψ）、冲击功（冲击值 A_K）以及弯曲角度（检测有无裂纹）等。焊接接头主要考核抗拉强度和塑性（弯曲角度）；焊缝金属考核抗拉强度、屈服强度和塑性（伸长率、断面收缩率）等。

5. 金相组织、硬度测定和化学成分分析

通过金相试验，观察焊接接头各区域的金相组织、晶粒大小、晶间裂纹及夹杂物的分布。通过金相试验及对硬度的测定和化学分析，检测焊件所选用的焊接材料、焊接工艺、焊接规范参数是否正确。

二、焊接检验方法及分类

1. 焊接检验方法介绍

常用的焊接检验方法分非破坏性和破坏性检验两大类，非破坏性检验包括外观检验、无损检验和焊缝铁素体含量测定等检验。检验对象可以是产品焊接接头，也可以是焊接试板（例如，焊接工艺评定试板和产品试板）；耐压检验和密封性检验的检验对象为产品整体或产品部件。破坏性检验通过焊接试板进行，产前通过焊接性试验试板、焊接工艺评定试板和产前试件，产后通过产品试板对焊接接头进行破坏性检验。

2. 焊接检验方法的分类

常用的焊接检验方法分类如图 6—10 所示。

三、焊接检验过程

为保证焊接质量，在施工阶段的各个环节，需要通过各种焊接检验来避免或减少焊接缺陷的存在和产生。

焊接检验可根据生产情况分阶段进行，一般分为三个阶段。

1. 施工条件的检验（焊前检验）

产品在施工前应对焊接的施工条件进行检查，其主要内容是：

（1）图样、技术文件与工艺规程的完整性。

（2）工厂所采用的焊接工艺方法和焊接材料是否已取得有关部门的认可。

（3）各类焊工是否已按有关部门的要求进行了培训与资格考试，并取得了相关等级的资格证书。

（4）焊接设备的仪表精度，以及焊接工艺装备的可靠性和适用程度。

2. 施工过程的检验

在产品施工过程中进行检查的主要内容是：

（1）对焊件坡口的准备及装配质量是否符合标准和有关工艺文件的规定。

（2）检查焊接材料的使用条件、焊接程序、焊接条件（包括焊接规范参数、预热温度、层间温度）和使用的焊接工艺方法是否符合各项技术条件的规定。

（3）各类焊工从事的焊接作业内容、焊接部位与所领取的资格证书是否相符。

3. 焊后质量的检验（成品检验）

产品的完工检验是焊接质量检验中的重要阶段。其主要内容是：

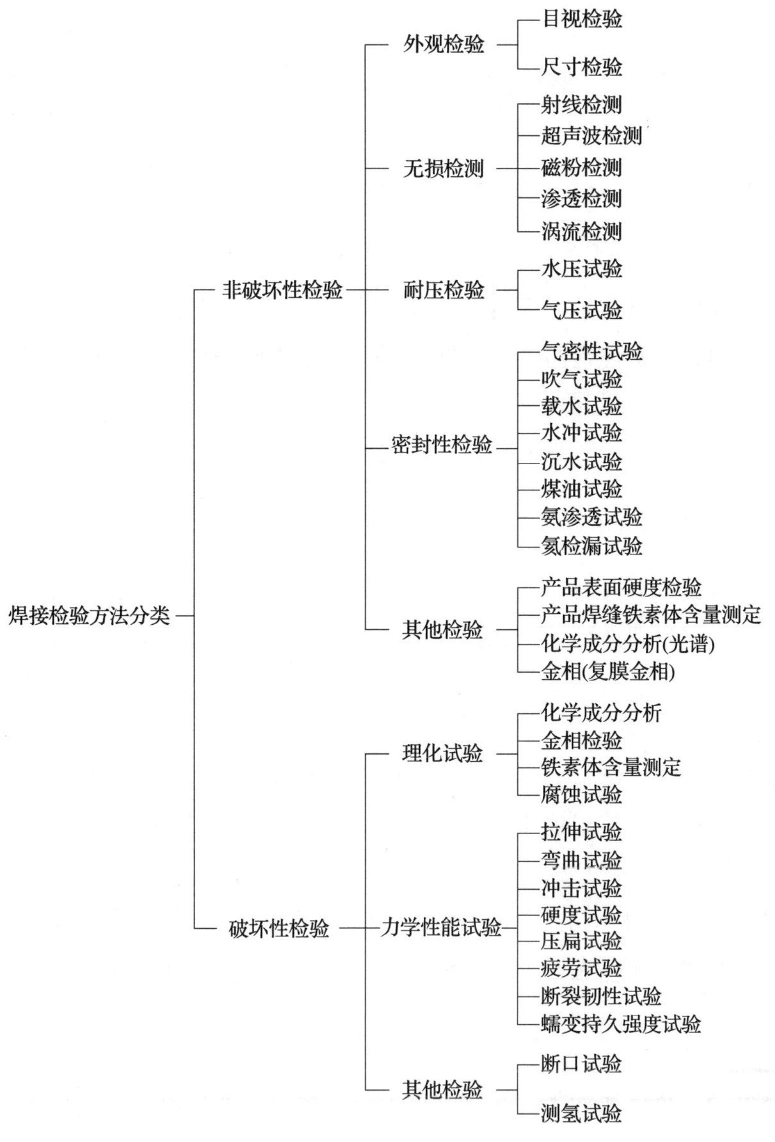

图 6—10　常用的焊接检验方法分类

（1）对焊缝进行外观检验（表面缺陷和焊缝尺寸），并进行焊缝的完整性检验。

（2）焊后变形的测量。

（3）按有关规定进行无损检验。

（4）对有致密性要求的产品，按要求进行致密性试验。

（5）其他检验。根据各类焊件产品技术文件所规定的特殊要求进行检验。

第2节 焊接接头的非破坏性检验

一、非破坏性检验方法

焊接接头非破坏性检验是指焊后对产品焊接接头的外观质量和内在质量的检验。检验方法有：外观检验、致密性检验、射线探伤检验及超声波、磁粉、渗透探伤检验等。

焊缝的外观检验以肉眼观察为主，也可利用5～20倍的放大镜检验焊缝表面的缺陷，或用标准样板、量规等工具对焊缝外形尺寸进行检查。

二、致密性检验

致密性检验的试验方法有：灌水试验、冲水试验、水压试验、充气试验、涂煤油试验以及氨气试验等。可根据产品结构的强度及气密、水密、油密的不同要求，分别采用不同的方法。

1. 灌水试验

灌水试验是一种水压试验方法，用于开口容器的致密性试验。试验时，用水将容器灌满或灌至规定的高度，在不附加压力的情况下检验焊缝的致密性。

2. 冲水试验

冲水试验是在焊缝的一面用一定压力的水流喷射，在焊缝的另一面检查有无渗漏现象。一般要求试验用的喷嘴直径不小于16 mm，试验时水压高度不少于10 m，喷射距离不大于3 m。

3. 水压试验

水压试验是用水将容器灌满，并将开口封闭，再用增压泵将容器内的水压提高到工作压力，无渗漏后再将压力提高到试验压力，在此压力持续规定的时间，再把压力降至容器的工作压力，检查焊缝有无渗漏。这种方法常用于封闭容器的试验。

4. 充气试验

对于某些管子或小型容器，常采用充气试验。试验时，将一定压力的空气通入容器内，在容器外壁的焊缝处涂上肥皂水，观察有无渗漏现象。充气试验要在结构强度允许的条件下，按技术文件的规定确定试验压力。检查渗漏情况应在规定的压力下保持15 min后进行。这种方法又称气压试验。

5. 涂煤油试验

试验时，在焊缝的一面涂上白粉，在焊缝的另一面涂上足够的煤油，待 15 ~ 20 min 后，开始检查涂白粉的一面有无油迹。由于煤油的渗透力强，因此适用于对致密性要求较高的结构检验。这种方法适用于不受压的容器，如储存石油、汽油的固定式容器。

6. 氨气试验

在容器内通入含有 10% 的氨气，并在容器的外壁焊缝处贴上一条比焊缝略宽的硝酸汞溶液试验纸。若焊缝有渗漏现象，则氨与硝酸汞溶液起化学反应，试纸即会呈现黑色斑点。这种方法有时也用于蒸汽管的焊缝致密性试验。

三、射线检验

射线检验是利用射线能穿过物体，并在穿透物体过程中，受到因密度不同而衰减不同的特性，在感光材料上获得与焊缝内部缺陷对应的黑度不同的图像，从而判别焊缝内部缺陷的种类、大小与分布状况的一种检验方法。

射线检验可检测金属材料的内部缺陷（如焊缝中的气孔、夹渣、裂纹等）；也可检测非金属材料的内部情况（如医院透视内脏、骨骼拍片等）；还可用于海关、机场和车站的安全检查。目前射线检验已广泛应用于工业、医疗和安全检查等领域。射线检验具有直观性强、准确度高和可靠性好的独特优点，且得到的射线底片既可用于缺陷分析又可作为质量凭证存档。射线检验按其所使用的射线源种类不同，分为 X 射线检验和 γ 射线检验两种。γ 射线的波长较 X 射线短，能量高，但成像质量比相同穿透力的 X 射线低，因此有些产品的无损检验规定尽量避免使用 γ 射线。

1. X 射线的产生及其性质

X 射线检验以照相法为主，当用 X 射线检查焊缝内部缺陷时，焊缝中有缺陷部位与无缺陷部位对 X 射线的吸收系数不同，透过有缺陷部位与无缺陷部位的射线强度不同，呈现在底片上的黑度也不同。因此，可通过底片上的不同黑度情况来显示缺陷影像，对焊缝进行检验。

（1）X 射线的产生

X 射线由 X 射线管产生，它由阴极、阳极和真空玻璃管等主要元件组成。射线管的阴极灯丝被加热后产生电子，在高电压的作用下，电子加速撞击阳极靶而射出 X 射线（见图 6—11）。

（2）X 射线的性质

X 射线是一种波长很短的电磁波。和可见光、无线电波以及 γ 射线都是属于电磁波，只是波长不同。X 射线的主要性质如下：

1）不可见光。直线传播。

2）不带电。不受电场和磁场的影响。

3）具有很强的穿透物质的能力，但透过物质后能量要衰减。如能穿透金属、水泥、木材等。

4）具有光化作用。能使照相底片感光，并能使某些物质产生荧光。

5）能被物质吸收并使物质电离。

6）能产生生物效应，伤害细胞。

2. X射线探伤的原理及底片缺陷的辨认

（1）原理

X射线是一种波长很短的电磁波，X射线的波长范围为 $10.9\times10^{-10}\sim0.06\times10^{-10}$ m，实际应用的波长为 $3.1\times10^{-10}\sim10^{-10}$ m。

当射线通过物质时，射线和物质的原子互相碰撞，结果使通过物质后的射线发生衰减。当射线通过无缺陷的焊缝处，原射线强度 I_0 由于焊缝金属对射线的衰减，结果穿透出来的射线将被减弱至 I（见图6—12）。而通过有缺陷的部位（缺陷厚度为 Δt），因该部位的射线透过焊件的实际厚度减少，所以透过的射线强度 I' 比无缺陷处的射线强度 I 要大些。由于射线对胶片的光化作用，使有缺陷部位的感光量大于无缺陷处的感光量，底片经显影后出现的黑度较高。射线探伤就是利用这个原理来检测焊缝内部缺陷的。

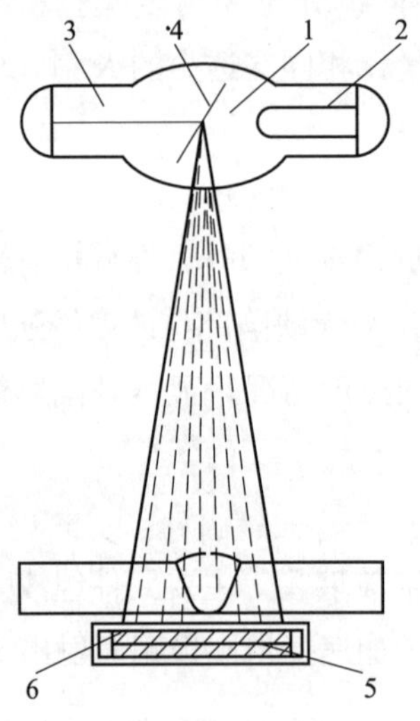

图6—11　X射线探伤原理示意图

1—X射线管　2—阴极　3—阳极

4—阳极靶　5—底片　6—底片夹

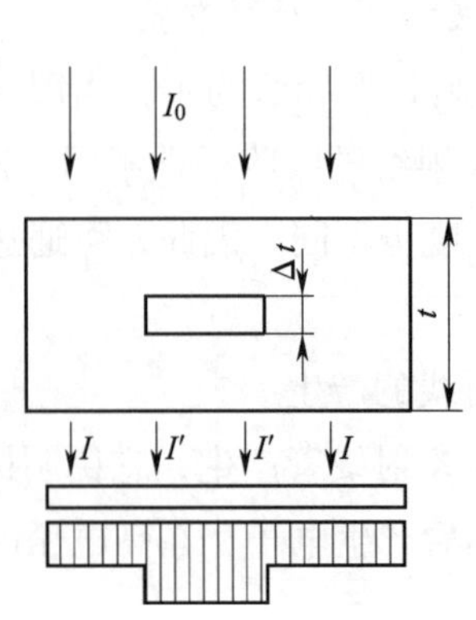

图6—12　X射线通过焊缝的情况

（2）底片缺陷的辨认

观察底片上的影像，能发现焊缝有无缺陷及缺陷的种类、大小与位置。

焊缝内部缺陷一般有气孔、夹渣、裂纹、未焊透和未熔合等。各种缺陷在底片上呈现的影像特征如下：

1）气孔。气孔多数为圆形、椭圆形黑点，其中心处黑度较大；此外，还有针状、柱状气孔。其分布形式有单个的、密集的和链状的。

2）夹渣。夹渣的影像为形状不规则（有点、条、块等）的暗线，黑度不均匀。一般条状夹渣部位与焊缝平行。

3）裂纹。裂纹的影像一般呈直线或带锯齿状的细致暗线，轮廓分明，两端尖细，中部稍宽，有时呈树枝状。

4）未焊透。未焊透在底片上的影像呈规则的细直线状的黑色线条。在 Y、X 形坡口的焊缝中，未焊透都出现在焊缝中间的钝边部位，因此，未焊透的黑色线条一般位于焊缝中心，而 K 形坡口则偏离焊缝中心。

5）未熔合。对于开坡口的焊缝，未熔合一般在坡口两侧的交界处，底片上的影像一般呈一侧平直、另一侧弯曲、黑度淡而均匀的黑线。层间未熔合的影像不规则，不容易分辨。

3. γ 射线的性质及与 X 射线的比较

γ 射线的射线源是由放射性元素的原子核在自然裂变时辐射出的一种波长比 X 射线更短的电磁波。一般为 $10^{-20} \sim 10^{-40}$ m。在 γ 射线检验中应用最广泛的射线源有钴 60 和铯 137 等，此外还有铱 192 等。

γ 射线检测原理基本与 X 射线相同，利用 γ 射线透过焊缝金属和缺陷时的强度不同，从而使底片上感光的黑度也不同。用 γ 射线源对焊接接头进行探伤时，γ 射线源要安装在专用的安瓿内，安瓿要安装在铅制的容器内。安瓿在 360°方向上能辐射出相同强度的 γ 射线。

γ 射线的波长比 X 射线更短，因此穿透能力比 X 射线强，它可穿透厚度为 300 mm 左右的钢制件。

X 射线与 γ 射线检验相比较，X 射线检验具有单向探伤时间短、速度快等优点，但设备复杂，成本较高，穿透能力比 γ 射线小，携带式 X 光机仅适用于中、薄板的探伤，这种探伤在船厂中被广泛采用。γ 射线检验的最大特点是穿透能力大，操作简单，不需要电源和水源，适宜于野外工作，在检查环形焊缝时，可采用一次曝光。但单次探伤时间长，对防辐射损伤劳动保护的要求高。

四、超声波检验

超声波检验是用超声波对金属内部缺陷做无损测量的一种检验方法。超声波是弹性介质中的机械振荡，以波的形式在材料介质内传播。声波通常以其波动频率和人耳可闻频率加以区分。一般人耳可闻的声波在 20 Hz ~ 20 kHz，低于或高于此范围的声波人耳不可闻。低于 20 Hz 的声波为次声波，高于 20 kHz 的声波为超声波。用于金属材料超声波探伤的常用频率为 0.5 ~ 20 MHz。超声波能在任何介质内传播，但不能在真空中传播。由于超声波的波长较短，在固体中传播时，传播能量较大。

1. 超声波的产生与特性

超声波的产生方法有机械法、热学法、电动力法和压电法等。其中压电法产生超声波是最简单的方法，且能获得很高频率的超声波，因此超声波探伤都采用压电法。

压电法是利用压电晶体来产生超声波，这种晶体具有压电效应和逆压电效应。当对某些晶体施加一定方向的机械力（拉、压），使其产生弹性变形时，在晶体受力方向的两面上，就会产生符号相反的电荷，此现象称为压电效应。该晶体称为压电晶体。这种过程是可逆的，称为逆压电效应。另外，在压电晶体的一定面上施加高频交变电压，在相应的方向上晶体就会发生交变的伸长与压缩变形，当晶体变形而振动时，其表面就发出了与施加电压相同频率的声波，若所加电压的频率在 20 kHz 以上，即产生超声振荡，形成超声波。常用的压电晶体材料有石英、硫酸锂和钛酸钡等。

压电晶体能在高频交变电场的作用下产生超声波，将电振荡转换成超音频的机械振荡。同样要将超音频的机械振荡转换成电振荡也是容易的，利用压电晶体的逆压电效应现象。当压电晶体接收到超音频的机械振荡时，因超声波的作用而发生变形，由于压电效应便会在晶体表面上产生电荷，即高频脉冲电信号。这样，利用压电晶体便可发射或接收超声波。

超声波具有以下主要特性：

（1）由于超声波的波长短，声束指向性好，能在同一种均匀介质中向一定方向集中辐射，也就是直线传播，且传播速度不变。

（2）从一种介质传播到另一种介质时，在两介质的界面上会发生反射、透射和折射现象。超声波探伤就是利用其反射特性来探测焊缝中的缺陷。

（3）超声波在弹性介质中传播时，质点振动位移小，振速高，传播距离远，在金属中具有良好的穿透能力。

（4）超声波在介质中传播会发生衰减现象。

2. 超声波探伤仪的结构及工作原理

目前使用最广泛的超声波探伤仪是脉冲反射法 A 型显示形式，它是利用焊缝及母材的正常组织与焊缝中的缺陷具有不同的声阻抗（材料密度与声速的乘积）和声波在不同的声阻抗的异质界面上会产生反射的原理来发现缺陷的。

超声波探伤仪由机体和探头两部分组成。机体内主要由同步电路、扫描电路、发射电路、接收放大电路、时标电路和示波器电路等部分组成（见图 6—13）。在示波器的 CRT 屏幕上，横坐标代表超声波传播时间，纵坐标代表脉冲高度。

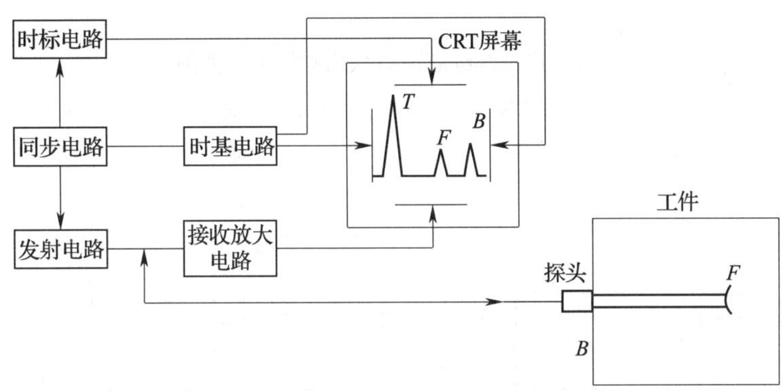

图 6—13 超声波探伤仪的电路方框图

探头是一种声电换能器，也称超声波转换器。它由压电晶片、透声楔块和阻尼吸收块组成（见图 6—14）。探头内的压电晶片能把接收的高频交变电压脉冲变成超声振动，向焊件发射出超声波；反之，当压电晶片接收到超声波后，也会产生高频脉冲电信号（逆压电效应现象）。因此同一探头能完成发射和接收的功能。探头内的吸收阻尼块可以阻止晶片因惯性引起的自由振动和吸收背面的辐射声能，减少噪声和缩短脉冲宽度。用直探头探伤时，将探头与焊件接触，在示波器屏幕上显示出“始脉冲” *T*，表示已向焊件发射超声波。“始脉冲”的位置表示晶片发射点，也就是发射超声波的起点。进入焊件内的超声波在其传播方向上未遇到缺陷时，超声波一直发射到底部才被反射回来。这些反射回来的超声波信号被探头接收后，将声波变成电压，经接收放大器放大后，在示波器屏幕上就出现反射信号“底脉冲” *B* 的波形（见图 6—15a）。若进入焊件内的超声波，在其传播方向上遇到小缺陷时，一部分超声波反射回来，其余部分继续传播，直至遇到焊件底部才反射回来，由探头接收，经放大器放大后，在示波器屏幕上分别显示出“缺陷脉冲” *F* 和“底脉冲” *B*（见图 6—15b）。缺陷脉冲 *F* 的高低与其反射面积的大小有关，此时的底脉冲幅度会有下降。当焊件中的缺陷大于声束直径时，超声波全部被反射回来，而底脉冲全部消失，在屏幕上只有始脉冲和缺陷脉冲（见图 6—15c）。

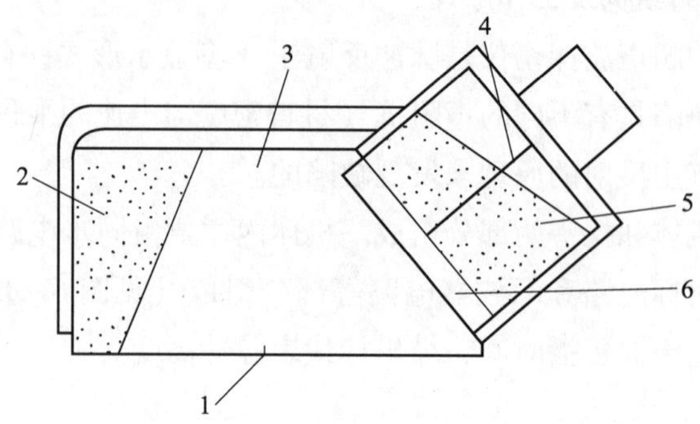

图 6—14　焊缝超声波探伤斜探头示意图

1—声波入射点　2—吸收块　3—有机玻璃透声楔块

4—探头引线　5—阻尼块　6—压电晶片

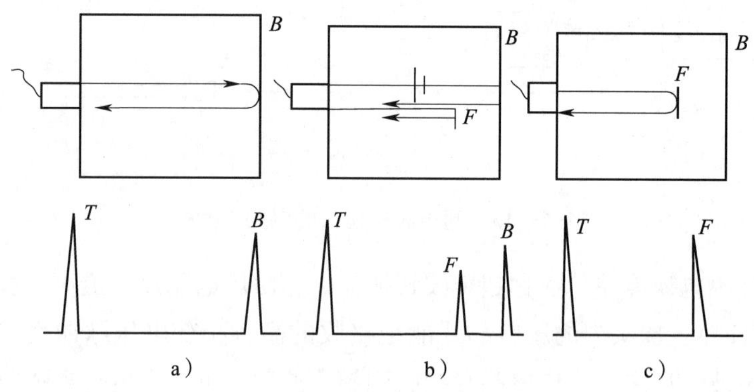

图 6—15　脉冲反射法探伤原理图

a）无缺陷　b）有小缺陷　c）有大缺陷

T—始脉冲波　*B*—底脉冲波　*F*—缺陷波

超声波探伤焊缝中的缺陷一般采用斜探头，因为实际生产中探伤焊缝时，焊缝的余高并不去除，因此不能用直探头从焊缝表面将超声波传入焊缝内部。同时，焊缝中的裂纹和未焊透缺陷在多数情况下垂直于焊缝表面，当声波从表面传入时，声波的传播方向与缺陷方向平行，就不易发现缺陷。应用斜探头探伤可以使声波从焊缝两侧的基本金属表面以一定角度传入焊缝（见图 6—16）。当斜探头置于 *M* 处时，若超声波没有遇到焊缝中的缺陷，一直传播到底部 *K* 处后继续向前反射传播，探头接收器接收不到反射波，因此示波器屏幕上仅有“始脉冲” *T*。当探头移至 *N* 处时，超声波遇到缺陷 *c*，就被反射回来，探头接收后，在屏幕上就会出现“缺陷脉冲” *F*（见图 6—16），缺陷位置可以按下式计算：

$$h = ac \cdot \cos\gamma$$

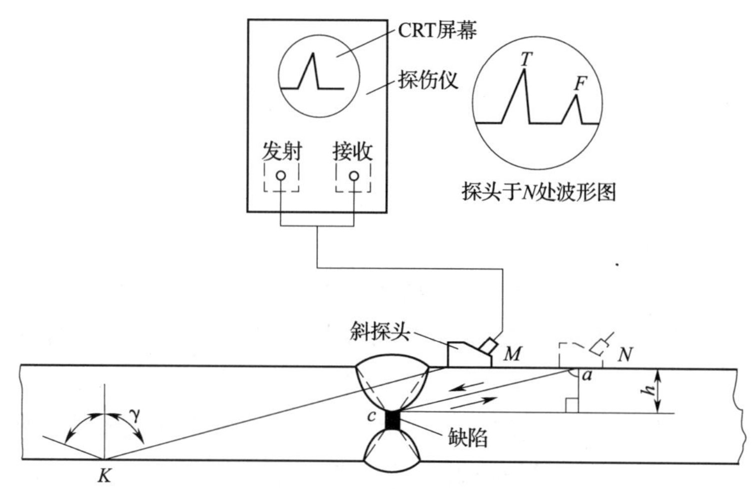

图 6—16　斜探头探伤原理示意图

超声波探伤前应将焊缝两侧探伤表面打磨光洁，表面粗糙度值不超过 6. 3 μm，以保证良好的声波耦合。探头中发射出的脉冲超声波是通过声波耦合介质（水、油、甘油或糨糊等）传播到焊件中的，实际中最佳的耦合介质是浓度为 75% 以上的甘油溶液。

3. 用超声波探伤仪判断焊缝缺陷

用超声波探伤焊缝中的缺陷时，根据所反射的不同波形特征，可判断缺陷的性质、位置和大小。各种缺陷的波形特征如下：

（1）气孔

气孔呈球形，反射面较小，对超声波的反射不大，可在屏幕上单独出现一个尖波，波形也比较单纯。而对链状气孔，屏幕上则不断出现缺陷波。对密集气孔，屏幕上则出现数个此起彼落的缺陷波。单个气孔的波形如图 6—17a 所示。

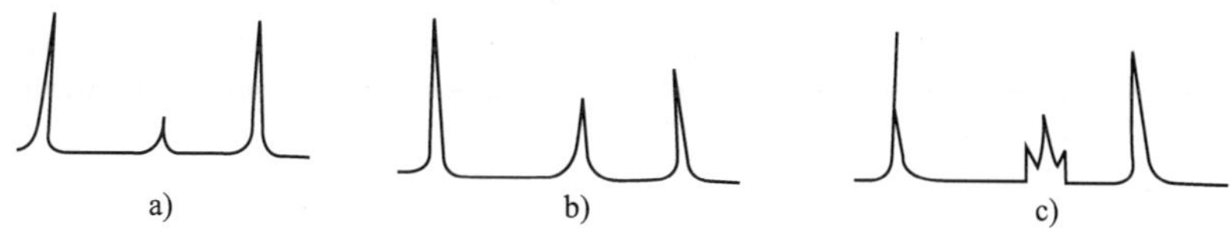

图 6—17　各种缺陷的波形

a）气孔波形　b）裂纹波形　c）夹渣波形

（2）裂纹

裂纹的反射面积比气孔大，且较为曲折。用斜探头检验时，屏幕上会出现锯齿较多的尖波波形（见图 6—17b）。

（3）夹渣

夹渣本身的形状不规则，表面粗糙，因此，波形是由一串高低不同的小波组成，且波形根部较宽（见图 6—17c）。

五、磁粉检验

1. 磁粉检验的原理

磁粉检验是一种对铁磁材料的焊件表面缺陷和近表面缺陷的无损检测法。它是利用外界施加的强磁场对被测焊件进行磁化，由其表面产生的漏磁现象来发现焊件表面和近表面的缺陷。

当铁磁材料的焊件沿轴向通入电流或在其上面放置“轭”形的磁铁，此时焊件内部就有磁力线通过，也就是说这个焊件被磁化了。若被磁化的材料（或焊件）其内部组织均匀、没有任何缺陷，磁力线在焊件内部是平行、均匀分布的。当焊件存在裂纹、气孔、夹渣等缺陷时，由于这些缺陷中的物质是非磁性的，磁阻很大，因此遇到缺陷的磁力线只能绕过缺陷部位，结果在缺陷上下部位出现磁力线聚集和弯曲现象。当缺陷离焊件表面较远时，磁力线绕过缺陷后，可以逐步恢复原状，并以直线形式分布，此时在工件表面不会有任何反应（见图 6—18a）。当缺陷分布在焊件表面或近表面时，缺陷一端被聚集和弯曲的磁力线被挤出焊件表面，通过外部空间再回到焊件中去，即所谓产生了漏磁现象，如图 6—18b 中的 *C* 和 *D* 所示。这种漏磁在焊件表面形成一个 S、N 两极的局部小磁场。此时 *C* 和 *D* 处表面的磁力线密度增加，如在 *C* 和 *D* 处喷洒磁导系数大而矫顽率小的磁悬液，其中的磁粉将会吸附在漏磁部位，形成磁粉堆积，即表明此处存在缺陷。磁粉检验就是利用此原理进行的。

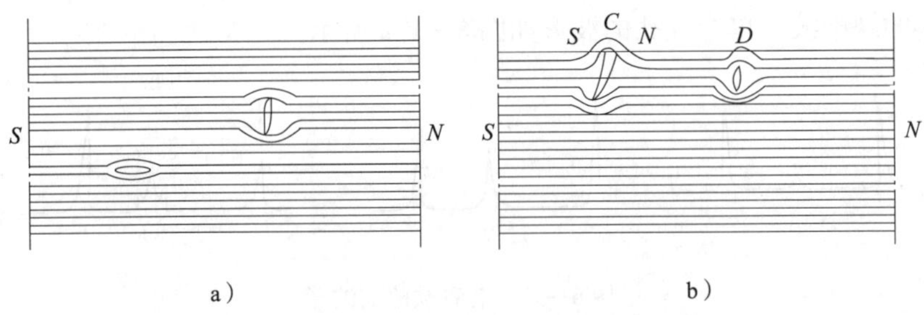

图 6—18　焊件中有不同缺陷时磁力线分布情况

a）内部缺陷　b）表面及近表面缺陷

磁粉是磁粉检验的显示介质，是由高磁导率、低矫顽率的铁磁材料制成的 4 ~ 60 μm 的针状粉末。为了增加反差，常用 Fe_2O_3 制成红褐色磁粉；Fe_3O_4 制成黑色磁粉；纯铁、磁性氧化铁与羟基铁粉制成荧光磁粉。

磁悬液是含有磁粉的悬浮液，常用的有低硫轻石油悬液或含有添加剂的水悬液。在检验表面被油污染过的焊缝时，宜用油悬液。对不得有油污染或有防火要求的焊缝检验中，宜用水悬液。

焊件在磁粉检验过程中被磁化后，并不是对所有缺陷的磁力线都能产生漏磁，这和缺陷的形状、缺陷离焊件表面的距离以及缺陷和磁力线的相对位置有关。对于球状缺陷（如气孔），磁力线弯曲不显著，不容易产生漏磁；缺陷离焊件表面越远，产生的漏磁也就越小；线状缺陷的长度方向与磁力线方向平行时，漏磁很小，不易显露出来，只有当缺陷的长度方向与磁力线垂直或相交成一定的角度时，才会产生漏磁现象。因此，检验焊缝中的缺陷时，至少应从两个方向来充磁。当焊缝充磁后产生的磁力线与焊缝平行时（见图 6—19a），显露出横向缺陷；当焊缝充磁后产生的磁力线与焊缝垂直时（见图 6—19b），显露出纵向缺陷。

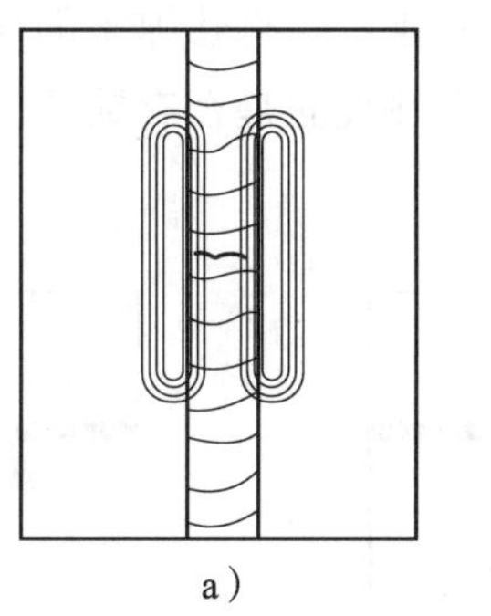

a）

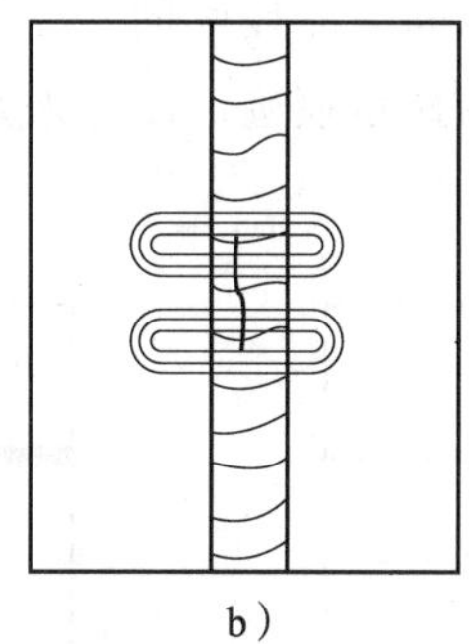

b）

图 6—19　磁力线与纵、横缺陷相对位置

a）横向缺陷　b）纵向缺陷

2. 检验方法

磁粉检验时，应先将检验部位表面磨光，防止因焊件表面的粗糙引起漏磁而降低检验的准确性。磁粉检验所发现的缺陷只能做定量分析，而对缺陷的性质和表面深度只能根据经验来估计。

磁粉检验时根据磁痕的形状来评定焊接缺陷的种类和等级。磁痕显示一般分为三类：第一类是表面缺陷，其特征是磁痕尖锐、清晰，轮廓明显，磁粉附着紧密；第二类是近表面缺陷，其特征是磁痕不明显，宽而尖；第三类是伪磁痕，特征是磁痕模糊。缺陷的磁痕评定要求是：

（1）长度与宽度之比大于 3 的缺陷磁痕为线状缺陷磁痕。

（2）长度与宽度之比小于或等于 3 的缺陷磁痕为圆形缺陷磁痕。

（3）缺陷磁痕的长轴方向与焊件轴线与母材的夹角大于或等于30°的为横向缺陷磁痕；其他按纵向缺陷处理。

（4）两条或两条以上缺陷磁痕在同一直线上且间距小于或等于2 mm时，按一条缺陷处理，其长度为两条缺陷之和加间隙。

（5）长度小于0.5 mm的缺陷磁痕不计。

磁粉检验只适用于铁磁性材料（包括焊件）。非铁磁性材料如奥氏体不锈钢、铜、铝等均不适用。另外，磁粉检验后会在焊件上留有剩磁，如剩磁妨碍以后的加工和使用时，检验后应进行退磁处理。

六、渗透检验

渗透检验就是在被检焊件喷涂含有能显示出颜色的染料渗透液，利用液体的毛细管作用，将从开口的孔隙中渗入渗透液，然后用水和乳化剂（或清洗剂）去除焊件表面的渗透液，干燥后，在焊件表面喷涂显像剂，经毛细管作用，将孔隙中的渗透液吸附出来，在焊件表面上形成有颜色的显示痕迹，以此来判断焊件表面是否有缺陷。渗透检验的基本步骤如图6—20所示。

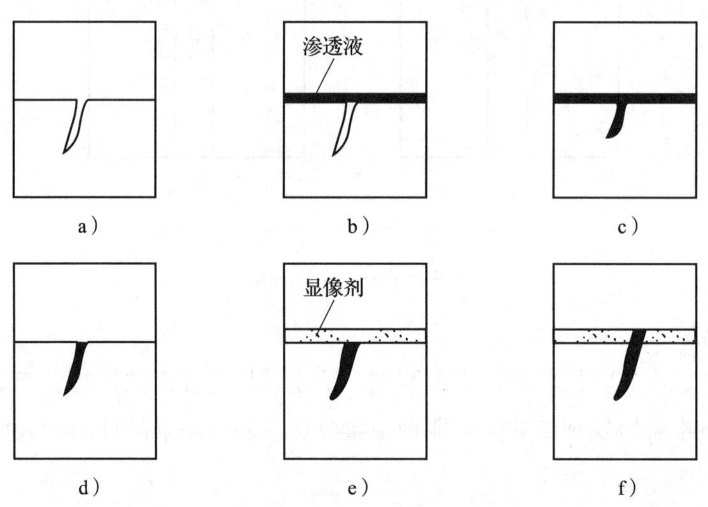

图6—20　渗透检验的基本步骤

a）检验前　b）涂渗透液　c）渗透　d）清理表面　e）涂显像剂　f）显像

渗透检验根据渗透剂中的溶质不同，可分为荧光检验法和着色检验法两大类。

1. 荧光检验法

荧光检验法是先将焊件涂上或浸在渗透性很强的荧光渗透液中，并停留5～10 min，然后去除表面多余的荧光渗透剂，待焊件表面干燥后，再撒上氧化镁粉（荧光粉），此时少量的氧化镁粉留在缺陷的空隙处。待表面的氧化镁粉清除后，在暗室内用水银石英灯对焊件进行照射，水银石英灯发出的紫外线能使缺陷内的氧化镁粉发光，其发光部位就表示缺陷的位置和大小。这种检验方法需要一定的设备和条件，使用受到一定的限制。因此，常用于不锈钢和有色金属及其合金等非磁性材料焊件的检查。

2. 着色检验法

着色检验法是在焊件表面喷洒或涂上一层带有红褐色的渗透剂（其作用相当于荧光检验法中的荧光渗透剂），待其渗入焊件表面缺陷中后，再去除焊件表面的渗透剂并喷上能吸附渗透剂的显像剂，根据焊件表面显露出的颜色部位，就表示缺陷的位置和大小。着色检验法操作方便，不需要紫外线灯，因此便于在工厂广泛使用，适用于检验各种材料，特别是非磁性材料焊接接头的表面缺陷。

渗透检验各种焊接缺陷痕迹的显示特征是：

(1) 气孔

气孔显示呈圆形、椭圆形或长圆形（长度与宽度之比小于或等于3）。显示比较均匀，边缘减淡。

(2) 裂纹

显示略带曲折的波浪状或锯齿状的细条纹表示热裂纹；显示呈直线细条纹表示冷裂纹。

(3) 未焊透

未焊透显示呈一条连续或断续直线条纹，位于焊缝中间部位。

(4) 未熔合

未熔合显示呈直线状或椭圆形条纹，位于焊缝两侧的交界部位。

(5) 夹渣

夹渣缺陷显示不规则，形状多样且颜色深浅不一。

第3节　焊接接头的破坏性检验

一、破坏性检验方法的定义

在产品投产前，要进行焊接性试验和焊接工艺评定试验，其试验结果是编制焊接工艺文件的依据。焊接性试验和焊接工艺评定试验时，要进行焊接接头大量的破坏性试验。在制造过程中，产品的一些重要焊接接头要制备产品焊接试板或直接从产品部件上截取检查试样进行焊接接头的破坏性试验，以检验产品焊接接头的性能是否符合产品技术条件的要求。

焊接接头的破坏性检验包括焊缝金属及焊接接头的力学性能试验、理化检验以及产品制造技术条件所要求的其他使用性能检验。

1. 理化检验

焊接接头的理化检验主要是对焊接接头（焊缝、热影响区、基体金属）进行宏观和微观（显微组织）分析。

焊接接头的理化性能检验包括化学分析、金相检验、铁素体含量测定和腐蚀试验等。目的是检验焊缝金属或焊接接头的成分、组织及特定条件下的理化性能是否满足产品的制造技术条件所规定的性能要求。

2. 力学性能检验

焊接接头的力学性能检验是评定所选用的焊接材料、焊接规范在一定的工艺条件下，焊后的接头性能是否符合规定的技术指标。

常用的焊接接头力学性能的检验项目包括焊接接头拉伸试验、弯曲及冲击试验、焊接接头及堆焊金属硬度试验和焊缝金属的拉伸试验。而焊接接头断裂韧性试验、疲劳试验、持久强度和蠕变试验等使用焊接性试验，只是在材料进行焊接性试验时，有选择性地进行。各种试验的试样必须取于同一块试板上。试板焊后经无损检测确认内在无缺陷的情况下，按要求用机械方法和切削方法取样。

二、破坏性检验的相关试验

1. 拉伸试验

拉伸试验是将被试的焊接接头或焊缝金属，按规定制成拉伸试样，放在拉力机上，在轴向加上载荷，随着载荷的不断增加，到一定值时试样开始伸长变形直至被拉断为止的一种试验方法。

焊缝金属的拉伸试验用以测定焊缝金属的抗拉强度（σ_b）、屈服点（σ_s）、伸长率（δ）和断面收缩率（ψ）等力学性能指标，并可发现断口上的缺陷（如白点）。而焊接接头一般情况下只能测定抗拉强度（σ_b）。通常焊缝金属的拉力试样为圆形试样；焊接接头的拉力试样为板状试样。拉伸试验后的 σ_b、σ_s 为强度指标；δ、ψ 为塑性指标。

2. 弯曲试验

弯曲试验是将焊接接头按规定制成试样后，放在压力机上加上一定的载荷，使试样弯成90°、120°、180°等一定的角度，检查其拉伸面上是否出现裂纹等缺陷。

弯曲试验采用对接接头的试件进行，弯曲试样有正弯、反弯、侧弯三种形式。当焊件板厚≤20 mm时，进行正弯和反弯试验；当焊件板厚＞20 mm时，采用侧弯试验。对于多种焊接方法组合时，当壁厚≥10 mm时，一般推荐采用侧弯。通过试验测定焊接接头的塑性指标。

3. 冲击试验

用冲击试验来测定焊接接头或焊缝金属的韧性和缺口敏感性。冲击试验是将按规定加工后的试样放在冲击机上，加一定的冲击载荷将试样打断。

目前采用的冲击试样主要有两种，一种是U形缺口冲击试样（梅氏冲击试样），另一种为V形缺口冲击试样（夏比冲击试样）。

根据试验的目的，冲击试样的缺口位置可分别开在焊缝中心、熔合线或热影响区上。根据产品的使用条件，冲击试验可在常温（18～25℃）或低温（0℃、－10℃、－20℃、－40℃）条件下进行。钢材和焊缝的冲击韧度值随着温度的降低而下降。当温度降低到一定程度时，钢材和焊缝将从塑性状态迅速转变为脆性状态。

4. 硬度试验

硬度试验用来测量焊缝和热影响区金属材料的硬度。金属材料的硬度与强度、弹性、塑性等有一定的关系，通常硬度比较高的金属材料，其强度也比较高，而塑性则随着硬度的增高而降低。

焊接接头的硬度试验是在其横截面上画上标线及测点位置进行试验的。硬度试验方法有布氏硬度（HBW）、洛氏硬度（HRB、HRC）和维氏硬度（HV），三种硬度值之间可通过查表进行换算。

5. 宏观金相分析

宏观金相分析的试样（磨片）一般在焊缝的横截面制取。试样经过刨削、打磨、抛光、浸蚀和吹干等步骤，然后用肉眼或在低倍放大镜下进行观察。金相试验是在试件做力学性能试验和工艺试验后进行的，它可判明金属是塑性破坏还是脆性破坏，并可发现是否有焊接缺陷，有助于分析破坏原因、找出撕裂起源。从焊接接头磨片的宏观分析中，可确定焊缝的断面形状与尺寸、焊接接头各区域的界限，能发现焊缝中较大的工艺缺陷（如裂纹、夹渣、气孔、未焊透等），还可显示焊缝的组织偏析等。

6. 微观金相分析

微观金相分析通常是在100～1 500倍显微镜下观察金属的显微组织。用这种方法可以确定焊接接头各部分的组织、晶粒大小，以此可粗略估计接头各部分的力学性能；焊缝金属和热影响区的冷却速度；合金钢焊接时，焊缝金属和热影响区内碳化物的析出情况；焊接接头的显微缺陷（夹杂物、裂纹）与组织缺陷（如合金钢中的淬火组织、铸铁的白口、过烧现象）及氧化、氮化等。若以更高倍（几千乃至上万倍）的电镜观察，可做微观断裂特征（如解理、准解理及韧窝等）分析。根据分析结果，可确定焊接材料、焊接工艺方法、焊接规范的大小和焊后热处理方法等是否合理。

供微观分析的试样（磨片），一般是从试件上或产品上割取的。割取试样的部位要真正代表所要求的焊接接头的组织，一般也在焊缝横断面制取磨片。必要时，可把宏观分析和微观分析的试样通过照相成像，供进一步分析时使用。

7. 焊缝金属的化学分析试验

一般对化学成分没有特殊要求的产品不需要进行化学分析。但在研究试验焊件中，或在制定和采用新的焊接工艺、选用焊接材料（焊条、焊丝、焊剂、衬垫等）及产品质量出现问题时，则需要进行焊缝化学成分分析，从而判别或确定所选用的焊接材料、焊接规范是否合适。

焊缝金属化学分析的试样应从堆焊层内或焊缝金属内取得。一般采取钻、刨、铣等机械加工方法取得试样，其数量视分析的化学元素多少而定，一般常规分析需试样为50～60 g。碳素钢焊缝通常分析的元素有碳、锰、硅、硫、磷等。对一些合金钢或不锈钢焊缝，尚需分析相应的合金元素的成分，如铜、钒、钛、铝、铬、钼、镍等元素，必要时也可对焊缝中的氮、氧或氢的含量做分析。另外，可采用直读光谱仪直接进行化学成分分析。直读光谱仪是根据被测元素的原子或离子，在光源中被激发而产生特征辐射，通过判断这种特征辐射的存在及其强度的大小，对各元素进行定性和定量分析。

复 习 题

1. 简述焊接质量检验的作用和意义。
2. 常用的非破坏性焊接检验方法有哪些？
3. 简述焊接检验过程的三个阶段。
4. 常用的破坏性焊接检验方法有哪些？
5. 致密性检验包括哪几种？
6. 射线检验时，采用γ射线与采用X射线有什么区别？

7. 力学性能检验时，拉伸试验是否可以代替弯曲试验？请简述理由。

8. 磁粉检验是否可以代替射线检验？请说明理由。

9. 常用的硬度检验方法有几种？

10. 常见的理化试验有哪些？

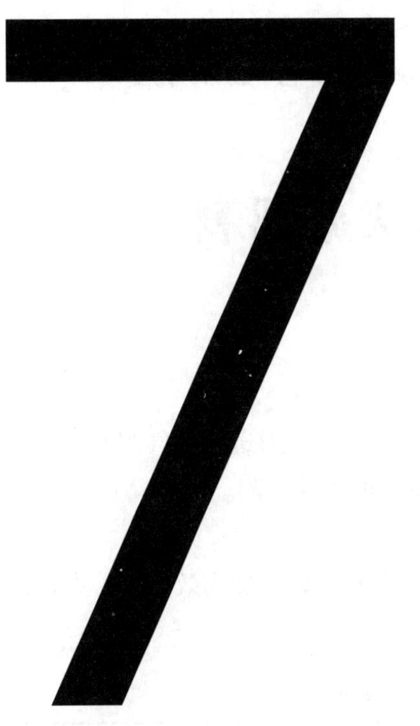

第 7 章

特种切割

学习目标

➢ 了解气体火焰、等离子弧和激光切割的基本原理。

➢ 熟悉气体火焰、等离子弧和激光切割的适用范围及特征。

➢ 掌握气体火焰、等离子弧和激光切割的安全操作工艺和防护措施。

第1节 气体火焰切割

一、不锈钢氧—熔剂气割

不锈钢氧—熔剂气割分内送粉式和外送粉式两种方法。内送粉式气割时，熔剂由切割氧通过割嘴送入切割区，一般用于厚度大于500 mm的工件气割。

1. 熔剂

不锈钢氧—熔剂气割采用的熔剂有两种类型，即常用熔剂和高效熔剂，熔剂的组成及对粒度的要求见表7—1。

表7—1　熔剂的类型、组成及对粒度的要求

类型	熔剂组成	对粒度要求
常用熔剂	低碳铁粉+铝粉	内送粉式：粒度0.5~1.0 mm 外送粉式：粒度0.1~0.3 mm
高效熔剂	铁粉56%+铝粉17%+环氧树脂18.9%+聚丙树脂2.97%+甲苯2.97%+聚乙烯胺2.15%	上述组成的成分经充分混合后制成0.1~0.2 mm粒度

2. 气割工艺

1Cr18Ni9Ti不锈钢板采用内送粉式气割时，采用的工艺参数见表7—2。直径为1~1.3 m的不锈钢浇铸冒口的工艺参数见表7—3。

表7—2　不锈钢板采用内送粉式的气割工艺参数

工艺参数	板厚（mm）					
	10	20	30	40	70	90
割嘴号码	1	1	2	2	3	3
氧气压力（kPa）	440	490	540	590	690	690

续表

工艺参数	板厚（mm）					
	10	20	30	40	70	90
氧气消耗量（m^3/m 割缝）	1.1	1.3	1.6	1.75	2.3	3.0
天然气用量（m^3/m 割缝）	0.11	0.13	0.15	0.18	0.23	0.29
熔剂消耗量（kg/m 割缝）	0.7	0.8	0.9	1.0	2.0	2.5
切割速度（mm/min）	230	190	180	160	120	90
切割宽度（mm）	10	10	11	11	12	12

表 7—3　　直径为 1～1.3 m 的不锈钢浇铸冒口的工艺参数

熔剂	铁粉流量（kg/h）	切割氧		预热氧	乙炔		送粉氮气		割嘴与工件的距离	预热时间（s）	切割速度（mm/min）
		压力（kPa）	流量（m^3/h）	压力（kPa）	压力（kPa）	流量（m^3/h）	压力（kPa）	流量（m^3/h）			
铁粉	18	780	200	98	10	20	50	2	40～50	120	20～25

二、快速氧气切割

1. 基本原理

氧气切割是铁和氧的燃烧反应过程，在气割过程的三个阶段中，起主导作用的因素是氧。根据资料介绍，钢材在气割过程中所需的热量，其中 70% 左右来自铁在切割氧射流中燃烧时所产生的化学反应热。如 1 g 铁生成氧化亚铁（FeO）时放出的热量为 4.81 kJ；生成四氧化三铁（Fe_3O_4）时放出的热量为 6.62 kJ。而将 1 g 铁从常温加热到熔点所需的热量为 0.67 kJ。因此，钢材在气割过程中，铁和氧的化学反应热是预热钢材的主要热源。

根据氧气切割原理，如果要提高气割速度，就必须强化切割氧射流的各个参数，但主要是增加其流量和动能，使燃烧反应区获得具有较大流量和动能的高纯度氧射流，以加速铁的燃烧过程并增强吹除氧化熔渣的能力。另外，要相应地加强预热，以缩短钢材表面的气割时间。

为使切割氧射流具有很大的流量和动能，必须采取一些有效措施来保证。首先应采用特殊的割嘴。根据拉瓦尔喷管的原理，把割嘴的切割氧孔径制成缩放型，如图 7—1 所示，并相应提高切割氧压力。使用缩放型割嘴时，切割氧不但具有很大的流量，而且经孔径的收缩和膨胀，使切割氧射流离开割嘴时，达到较高的超音速，并减少涡流，也即使切割氧射流具有极大的动能，从而大大加速铁的燃烧过程，增强从切口吹除氧化熔渣的能力。

采用缩放型割嘴气割时，切割氧射流呈很长的锥柱形。为了进一步提高气割速度，可将割嘴沿气割方向后倾一定角度，使切割氧射流与割缝形成一个冲角，如图7—2所示。切割氧射流沿气割方向产生一个水平方向的分速度 v_x，此分速度的动能一方面把部分氧化熔渣强制地吹向待气割的钢板，使热量传递给钢板，加强对割缝的预热；另一方面又使边界层减薄，促进燃烧反应的传播，并使实际后拖量大为减少。同时分速度 v_x 也随氧射流动能的增大而增强，使排除氧化熔渣的能力也增加。

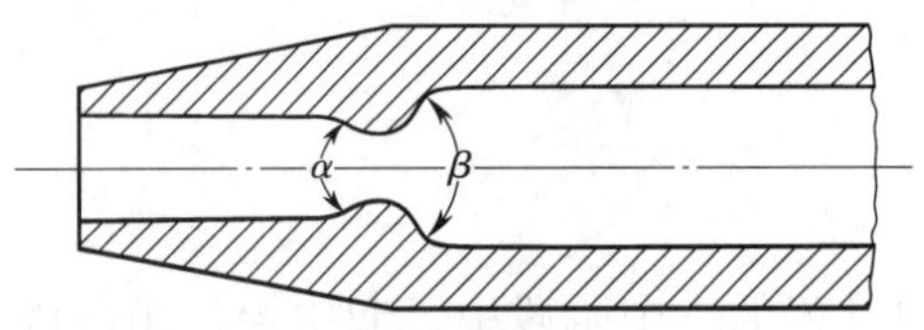

图7—1　缩放型割嘴切割氧孔径示意图

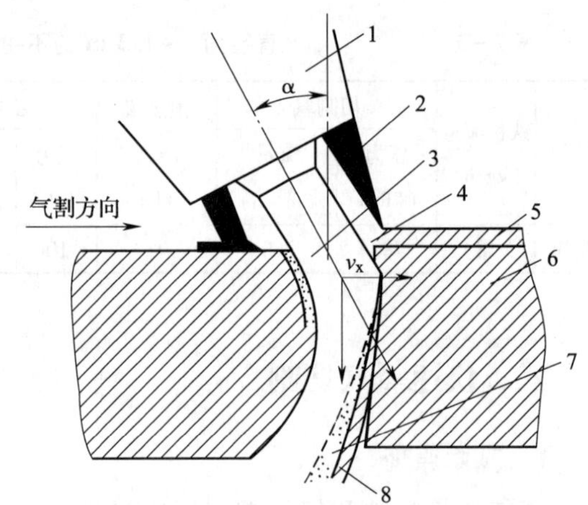

图7—2　快速气割过程示意图

1—割嘴　2—预热火焰　3—切割氧射流

4—氧气混合层　5，8—熔渣

6—割件　7—燃烧气体

2. 快速割嘴

根据JB/T 7950—1999《快速割嘴》规定，快速割嘴用电铸法和机械加工两种方法制造，分别以GK和GKJ表示。快速割嘴的切割氧压力分0.7 MPa及0.5 MPa两类。0.7 MPa的不加代号，0.5 MPa的以代号A表示。快速割嘴按燃气及尾锥角度分为4个品种，其代号如下：

1—30°尾锥面乙炔割嘴。

2—45°尾锥面乙炔割嘴。

3—30°尾锥面液化石油气割嘴。

4—45°尾锥面液化石油气割嘴。

型号表示如下：

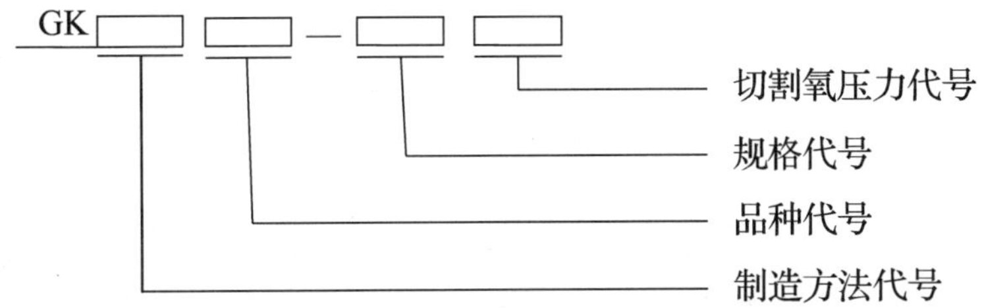

快速割嘴采用的切割氧压力为 0.7～0.8 MPa，出口流速为 2 倍音速，与普通割嘴相比，其氧射流出口流速增加 2 倍以上。流量和动能都急剧增大，以适应快速气割的需要。

快速割嘴的工作原理如图 7—3 所示。其切割氧孔道是根据拉瓦尔喷管原理设计的。它主要由稳定段、收缩段、喉部以及扩散段四个部分组成。

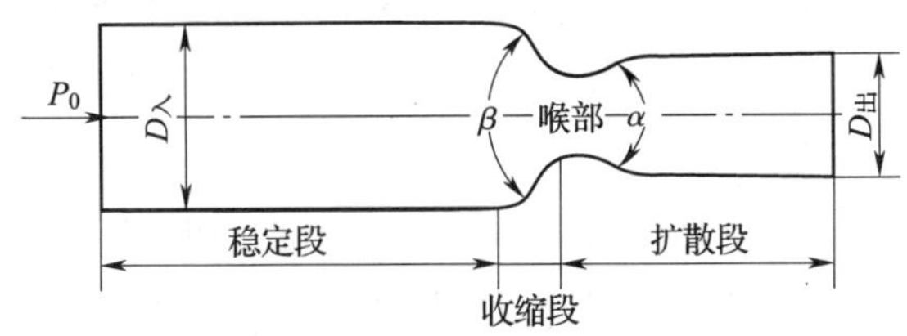

图 7—3　快速割嘴工作原理示意图

将压力为 p_0 的切割氧从孔道入口导入稳定段，气流速度均匀化后，流经收缩段逐渐加速，至喉部处达到音速（320 m/s），这一高速气流通过喉部后，在扩散段内不断膨胀，速度继续提高，至孔道出口处即能获得超音速。所以拉瓦尔喷管式切割氧孔道的作用是把喷管进口处切割氧射流的势能转化成出口处的动能，从而使氧射流获得巨大的速度。

快速气割时，除了必须增大切割氧的流量和动能外，割嘴的起割能力也必须相应跟上，因此必须加大预热火焰的能率，通过增加割嘴预热孔的数量来确保火焰能拉得长，且各火焰的末端能集中于一点，以提高预热效率。

国产等压式 GK1 型快速割嘴的工艺参数见表 7—4。其切割氧的出口流速为 2 Ma（马赫数）。它以拉瓦尔喷管作切割氧气管来获得高速切割氧射流，切割钢板的速度比用普通等压割嘴提高 20%～30%。

表 7—4　　　　GK1 型快速割嘴的工艺参数

割嘴号	喉径（mm）	切割厚度（mm）	切割速度（mm/min）	乙炔压力（MPa）/丙烷压力（MPa）	切割氧压力（MPa）	切割耗氧量（m^3/h）
1	0.6	5～10	400～500	>0.03	0.7～0.8	1.25
2	0.8	10～20	600～380	>0.03	0.7～0.8	2.23

续表

割嘴号	喉径（mm）	切割厚度（mm）	切割速度（mm/min）	乙炔压力（MPa） 丙烷压力（MPa）	切割氧压力（MPa）	切割耗氧量（m^3/h）
3	1	20～40	500～350	>0.03	0.7～0.8	3.48
4	1.25	40～60	420～300	>0.03	0.7～0.8	5.44
5	1.5	60～100	320～200	>0.03	0.7～0.8	7.84
6	1.75	100～150	260～140	>0.04	0.7～0.8	10.68
7	2	150～180	180～130	>0.04	0.7～0.8	13.90

3. 快速气割技术

用缩放型割嘴快速气割时，在工艺上具有很多特点，因此是否正确掌握规范参数，对气割速度和割缝质量影响很大。下面分别介绍各规范参数的影响。

（1）切割氧压力

采用缩放型割嘴气割时，能保证得到超音速的圆锥形切割氧射流，使其使用的氧气压力必须保持一定值。不论是气割厚板或薄板，均要求氧气压力在0.7～0.8 MPa，因为切割氧工作压力是按其出口流速为2 Ma的要求确定的。在这种情况下（即氧气压力为标准设计压力），氧射流离开割嘴时的压力等于大气压力，并在扩散膨胀到出口时正好膨胀结束，其波纹均匀地向前流动。由于消耗最少且产生的动能最大，氧射流边界呈直线形（见图7—4a）。此时气割速度和割缝质量均较好。

氧气压力过高时，氧射流的出口压力高于大气压力，则氧射流离开割嘴后仍继续膨胀，然后因冲波的影响又发生收缩，使氧射流形成锯齿形（见图7—4b）。氧射流边界呈先膨胀后收缩的波浪形向前流动，此种氧射流形状对割缝的质量是不利的，容易产生凹坑。

氧气压力过低时，氧射流的出口压力低于大气压力，则氧射流离开割嘴后会产生斜冲波，它使氧射流向内倾斜进行收缩，然后再膨胀，同样形成锯齿形（见图7—4c）。使氧射流边界呈先收缩后膨胀的波浪形向前流动，此种氧射流形状使气割速度和割缝质量下降。

所以快速气割时，只有采用规定的氧气工作压力才能发挥缩放型割嘴的作用，否则气割速度和割缝质量都将显著下降，同时还会增加氧气的消耗量。

（2）预热火焰能率

快速气割时，预热火焰能率对气割质量有明显的影响。当预热火焰能率过大时，会使割缝上缘有连续珠状的钢粒，甚至会发生熔化而形成圆角，同时割缝反面粘附的熔渣增多，割缝表面也不平整，在开启氧射流时，预热火焰会离开预热孔出口。

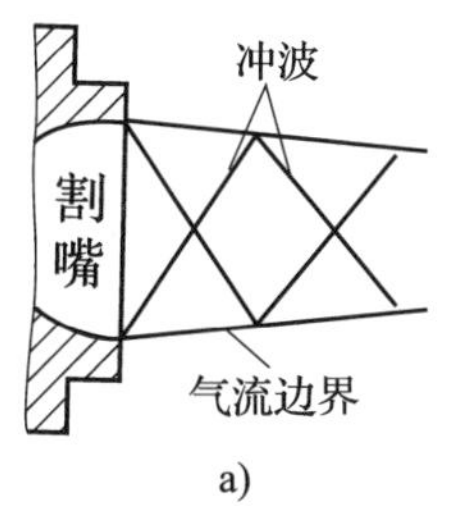

a)

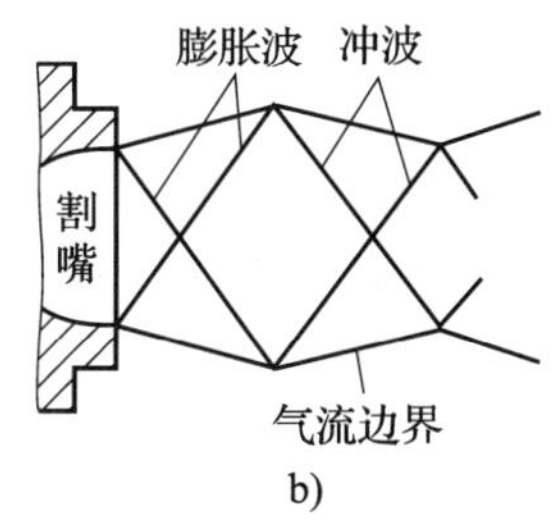

b)

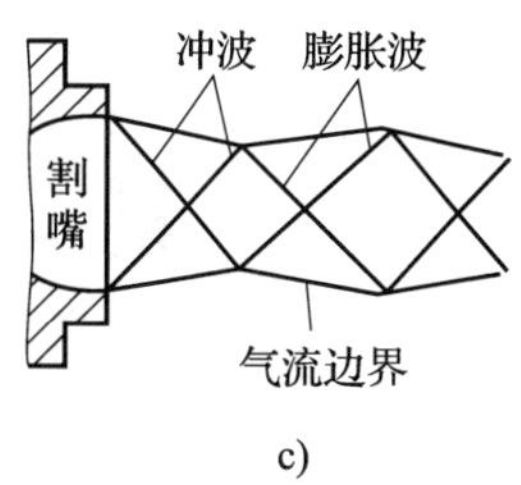

c)

图 7—4　不同氧气压力时氧射流流动示意图

a）使用标准设计压力　b）氧气压力过高　c）氧气压力过低

预热火焰能率过低时，气割速度过慢，特别在气割较薄的钢板时，会增大后拖量和使割缝后拖线变粗，另外容易发生回火或使气割过程中断。因此在气割薄板时，由于气割速度快，预热火焰能率应相对大些；而在气割厚钢板时，为防止割缝上缘熔化，预热火焰能率应相对低些。

（3）割嘴倾斜角

直线割缝快速气割时，采用割嘴沿气割方向后倾一定角度，使氧化熔渣吹向钢板前缘，提高对割缝的预热程度，促使气割速度提高。但后倾角不宜过大，否则反而影响气割能力和割缝质量。割嘴后倾角与气割钢板厚度的关系见表 7—5。

表 7—5　　割嘴后倾角与气割钢板厚度的关系

钢板厚度（mm）	<10	10～14	14～20	20～30	>30
割嘴后倾角	35°～40°	30°～35°	25°～30°	10°～20°	5°～前倾 15°

（4）气割速度

快速气割时，合适的气割速度可根据落下的火花方向来判断。当采用割嘴后倾法进行直线气割时，以气割的相反方向倾斜为准进行。

厚度较大的钢板气割时，合适的气割速度可根据落下的火花方向来判断。当采用割嘴后倾法进行直线气割时，以气割的相反方向倾斜为准进行。

厚度较大的钢板气割时，因气割速度较快，此时落下的火花较少，也没有“啪，啪”的爆鸣声。在这种情况下割缝上缘无熔化现象，割缝表面也很平整光滑。

（5）割嘴离割件表面的距离

此距离与普通气割相似，一般为了防止割缝上缘熔化并防止渗碳，要求焰心不触及钢板表面。但不论气割厚的或薄的钢板时，均要求切割氧出口端面离割件表面的距离为

3 mm以上，以免出口端部被烧坏，或被溅出的熔渣堵塞而影响气割的正常进行。

第 2 节　等离子弧切割

一、概述

1. 等离子弧切割原理

等离子弧切割是依靠高温高速的等离子弧及其焰流，把切割区的材料熔化、蒸发，并吹离母材，随着割炬的移动而形成割缝的切割方法。由于等离子弧的弧柱温度高达 10 000 ~ 14 000℃，远远超过所有金属以及非金属的熔点，因此，能够切割绝大部分金属及非金属材料。这种方法最初用于切割氧—乙炔焰无法切割的金属材料，如铝合金及不锈钢等。随着这种方法的发展，其应用范围已经扩大到碳钢和低合金钢等。由于等离子弧能量高度集中，所以具有切割速度快、生产效率高、变形小，并且割缝窄、热影响区小、切割质量好等优点。

2. 等离子弧切割方法

等离子弧切割方法可分为一般等离子弧切割、水压缩等离子弧切割以及空气等离子弧切割等。

（1）一般等离子弧切割

如图 7—5a 所示为转移型电弧等离子弧切割原理示意图，转移型电弧适用于切割金属材料，如图 7—5b 所示为非转移型电弧等离子弧切割原理示意图，非转移型电弧适用于切割非金属材料。一般等离子弧切割不用保护气，工作气体和切割气体从同一喷嘴内喷出。引弧时喷出小气流离子气体作为电离介质；切割时则同时喷出大气流气体以排除熔化金属。

（2）水压缩等离子弧切割

水压缩等离子弧切割方法如图 7—6 所示。高压水从枪体径向通入，由喷嘴孔道喷出，与等离子弧直接接触。一方面强烈压缩等离子弧，使其能量密度提高；另一方面由于等离子弧的高温而分解成氢和氧，构成切割气体的一部分。分解成的氧对切割碳钢更有利，增加了碳钢的燃烧程度。高速水流除冲刷切割处外，还对工件有强烈的冷却作用。割口倾斜角度小，割口质量好。这种方法应用于水中切割工件时，可大大降低切割噪声和烟尘。枪体下部可用陶瓷加工，减少双弧危险。

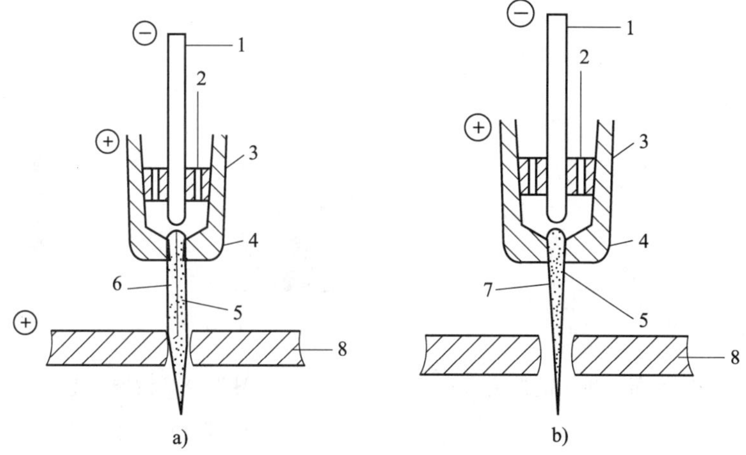

图 7—5　一般等离子弧切割原理示意图

a）转移型等离子弧　b）非转移型等离子弧

1—电极　2—工作气体　3—找中块　4—带冷却的压缩喷嘴　5—电流通路
6—等离子电弧　7—等离子焰流　8—被切割材料

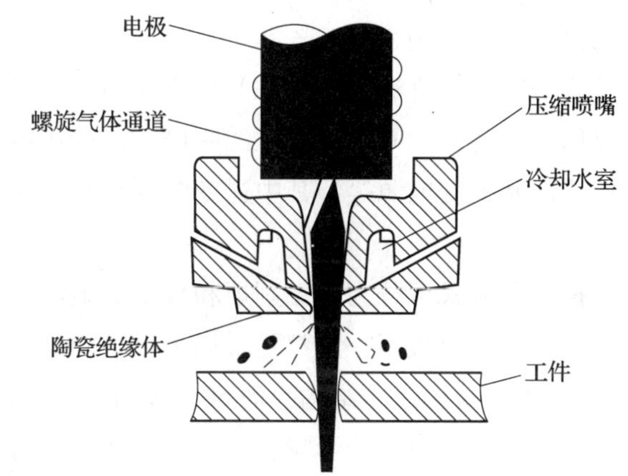

图 7—6　水压缩等离子弧切割方法

（3）空气等离子弧切割

空气等离子弧切割方法如图 7—7 所示。此法摒弃了传统的惰性气体作离子气，采用取之不尽的空气经压缩后直接通入喷嘴，经电弧加热后分解出氧，未分解的空气以高速冲刷割口。分解出的氧与工件产生强烈反应，特别适宜于切割黑色金属。但是，空气对高温状态的钨会产生氧化作用，因此，采用锆、铪或其合金作为电极。为了提高电极的工作寿命，电极一般做成直接水冷的镶嵌式（见图 7—8a），小电流切割时，也可不用水冷（见图 7—8b）。

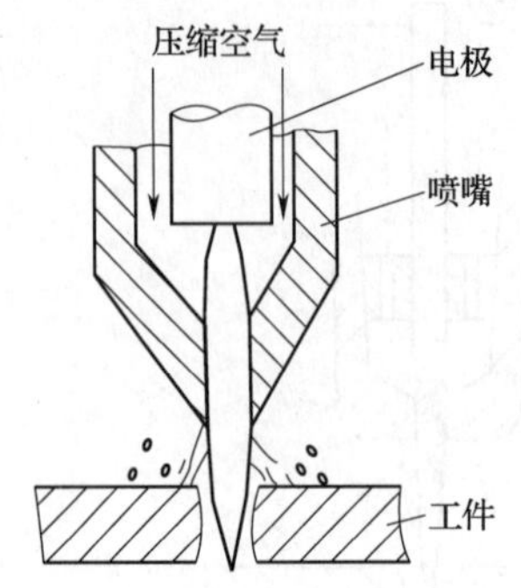

图7—7　空气等离子弧切割方法

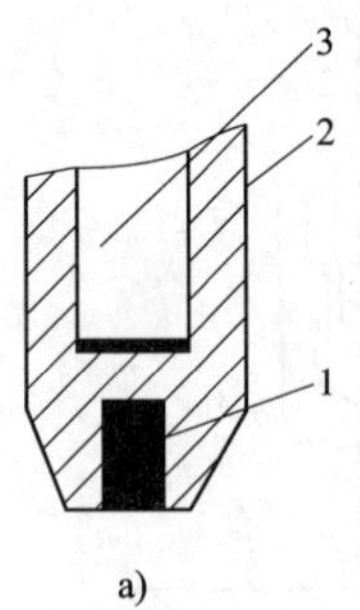

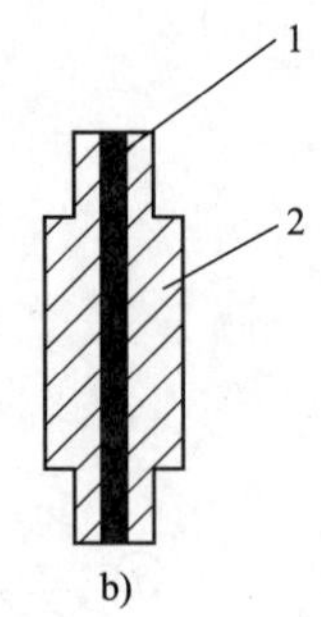

图7—8　镶嵌式电极
a）水冷式　b）风冷式
1—钨　2—铜　3—水槽

二、切割设备和工艺

1. 等离子弧切割设备的组成

等离子弧切割设备主要由切割电源、割炬以及供气装置等部分组成。水冷割炬还需有冷却循环水装置。自动切割则配有切割小车。

等离子弧切割采用陡降外特性的直流（正接法）切割电源。为获得满意的引弧和稳弧效果，切割电源的空载电压一般为切割时电弧电压的两倍，为150～400 V。常用切割电源有硅整流式、晶闸管整流式以及逆变电源等。其中逆变电源具有高效、体积小及节能等优点。

等离子弧切割用割炬按操作方式可分为手工割炬和自动割炬两类。割炬基本上与等离子弧焊炬相似，只是割炬的喷嘴和电极不一定都要采用水冷结构，具体形式取决于割炬的电流等级，一般60 A以下割炬多采用风冷结构，而60 A以上多采用水冷结构。割炬的喷嘴结构尺寸对等离子弧的压缩及稳定有直接影响，并关系到切割能力、割口质量及喷嘴寿命。

割炬中的电极常采用铈钨极，但用空气等离子弧切割时，则采用镶嵌式锆或铪电极，有风冷和水冷两种形式。

由于等离子弧割炬在极高的温度下工作，割炬上的零件易损坏，为保证切割质量，必须定期更换。

等离子弧的切割过程相对简单，主要有启动、停止控制、联锁控制及切割轨迹控制等。等离子弧切割机的型号及主要技术参数见表7—6。

2. LG－400－2型等离子弧切割机

LG－400－2型等离子弧切割机是利用特殊结构的割炬产生的高温来熔化金属进行切

割的。它可切割钨、钼、不锈钢、紫铜、铝及铝合金等各种耐高温、导热性好、易氧化的金属材料。割缝呈直线形和圆形，采用手工割炬可切割任意形状的金属材料。切割机的主要技术参数见表7—6。

表7—6　　等离子弧切割机的型号及主要技术参数

项目＼型号	LG－400－2	LG－250	LG－100	LGK－90	LGK－100	LGK－400	LGK－800
空载电压（V）	300	250	350	240	430		
切割电流（A）	100～500	80～320	10～100	45～90	50～150	150～500	250～900
工作电压（V）	100～150	100～150	100～150	140	250～350		
负载持续率（%）	60	60	60	60	100		
电极直径（mm）	6	5	2.5	—	—		
备注	自动型	手工型	微束型	压缩空气型	压缩空气型		

（1）构造

LG－400－2型等离子弧切割机主要由控制箱、切割小车（含自动等离子弧割炬）、手工割炬及切割电源（ZXG2－400型）等部分组成。

1）控制箱。控制箱内装有自动和手动切割电路、气路和冷却水路系统控制用的各种电器元件，面板上装有电源开关、电源和冷却水的指示灯、控制电源和小车电动机的熔断丝、气流调节开关旋钮以及高频调试开关等。控制箱的侧面装有接线板，用以连接切割电源、切割小车（或手动割炬）以及气源、水源等。控制箱内的水流开关可以保证在无冷却水或水路被堵塞的情况下不能引弧或停止工作。控制箱内的电弧气阀用来控制气路系统气体的通断。气流的大小由调节阀来调节。切割小车的速度利用晶闸管调速线路进行调节。

2）自动切割小车。自动切割小车由小车、割炬及调节机构和装于小车上的电器控制元件等组成。小车内装有一台直流电动机，经减速后带动小车行走。小车的面板上装有自动切割用的控制按钮、开关和小车速度调节旋钮等。小车上还装有割炬的安装和调节机构，割炬位置可以在大范围内进行左右、高低的调节，并可做前后和左右倾斜。小车割炬的结构与手动割炬相同，只是比手动割炬少一个手柄、操作开关和隔热用的挡板。

3）割炬。割炬是产生等离子弧的装置，一般由上枪体、下枪体和喷嘴三部分组成。割炬结构的合理与否，直接关系到切割质量。为保证得到能量集中、火焰稳定的等离子弧，要求割炬的电极与喷嘴之间应有准确的同轴度，气体对电极和喷嘴要有良好的冷却作用，上、下枪体之间绝缘可靠，同时要求枪体结构简单、密封性好、调节操作方便、喷嘴拆装容易等。

手动割炬的构造如图7—9所示。它由割炬和手柄组成。割炬的上枪体由电极夹头6、上冷却套5、上螺母7、小螺母9、上出水管（电缆）10等组成；下枪体由下冷却套3、圆螺母2、进水管11等组成。钨极8夹持在电极夹头中间，为了强迫冷却喷嘴1和钨极，冷却水由进水管11进入下冷却套3，经过喷嘴、绝缘柱4、上冷却套，经出水管10排出。气体由进气管进入下冷却套，沿枪体内壁切线方向以螺旋方式由喷嘴喷出。松开上螺母7，便可取出电极夹头和钨极。小螺母9用来夹紧钨极，上、下冷却套之间用绝缘柱分开，圆螺母2用来紧固喷嘴。手柄上装有操作开关12和挡板14。

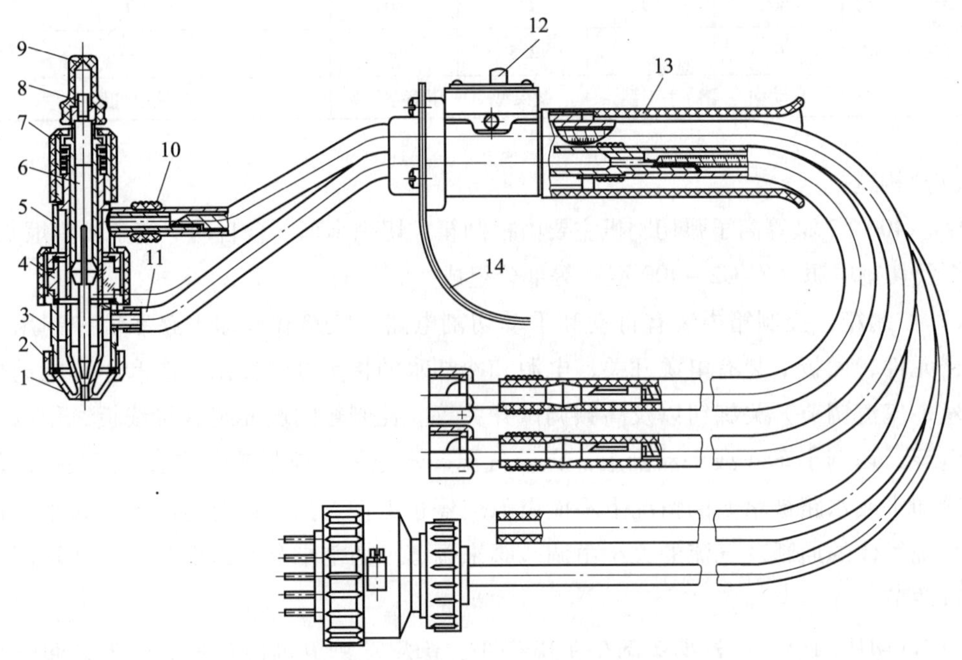

图7—9　等离子弧切割用的手动割炬

1—喷嘴　2—圆螺母　3—下冷却套　4—绝缘柱　5—上冷却套　6—电极夹头
7—上螺母　8—钨极　9—小螺母　10—上出水管（电缆）
11—进水管　12—操作开关　13—手柄　14—挡板

4）ZXG2－400型切割电源。ZXG2－400型硅整流电源具有陡降的外特性，并能稳定地调节电弧电流。它由三相电源变压器、三相磁放大器、通风机组、输出电抗器、稳压器、过压保护装置、过流保护装置、电位器、转换开关及一些电器元件组成。三相交流电经电源变压器降压后输入三相磁放大器，再经由硅整流元件组成的三相桥式全波整流线路整流，所得到的直流电最后经电抗器输出。

ZXG2－400 型硅整流器电源的主要技术参数：

额定切割电流：400 A

电流调节范围：100～500 A

空载电压：300/180 V

工作电压：160/50 V

额定暂载率：60%

电源电压：3 相 380 V

额定输入容量：130 kV·A

额定输出功率：64 kW

5）气路和水路系统。枪体内通入的冷却气体除了起压缩电弧的作用外，还可以使电极不被氧化并且不烧坏喷嘴，因此切割时必须保证气路畅通。采用一种气体切割时的气路系统如图 7—10 所示。图中的储气筒可在主电弧气流刚接通时起缓冲作用，使等离子电弧稳定、正常地产生。气体通断由电磁气阀 DF_1、DF_2 控制，气体的流量由调节阀来调节。当采用混合气体切割时，气路系统如图 7—11 所示。

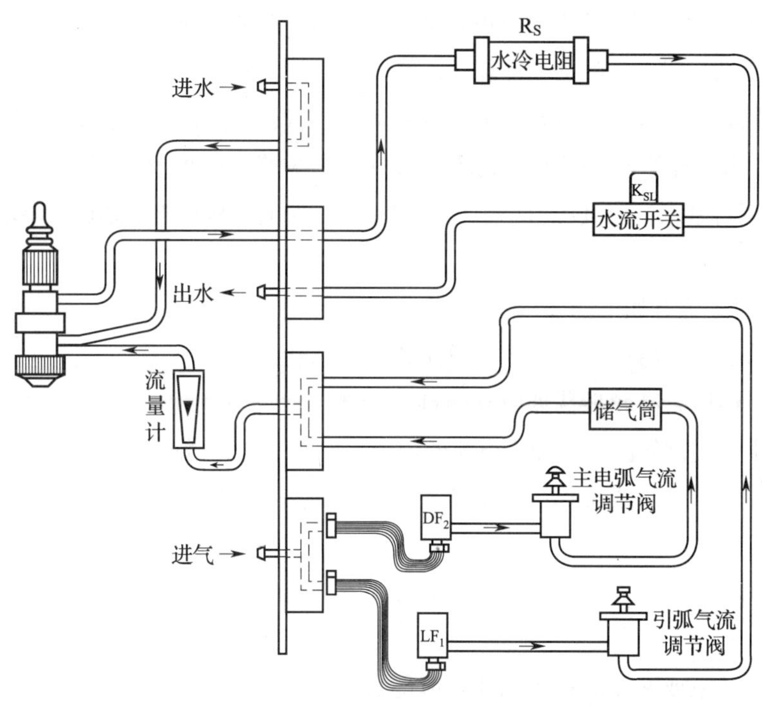

图 7—10　气路和水路系统图

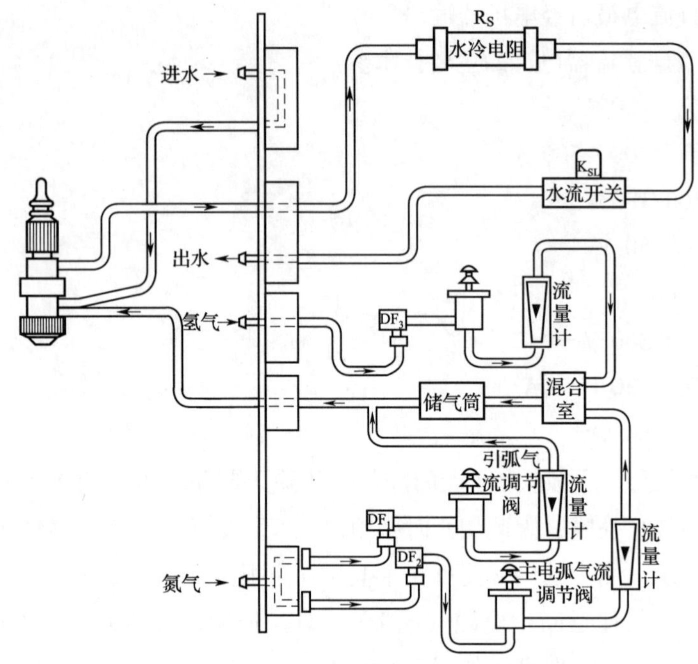

图 7—11　混合气体气路和水路系统图

为了防止等离子弧割炬的喷嘴不被等离子弧烧坏，割炬必须通水强制冷却。在工作过程中，当出现断水情况时，喷嘴会立即烧坏，使切割中断，故枪体内的冷却水必须保证畅通无阻。在冷却水路系统中装有水流开关 K_{SL}，冷却水首先冷却枪体，后经水冷电阻 R_S，水流开关 K_{SL} 而流出。水流开关可以保证在无冷却水或水路被堵塞的情况下不能引弧或停止工作。冷却水一般采用自来水，当其压力小于 0.1 MPa 时，为了提高水压，必须安装增压泵。

（2）电气控制系统

对电气控制系统有如下的要求：

1）能提前输送及滞后停送气体，以防止钨极氧化。

2）电弧引燃后，高频振荡器应立即自行断开。

3）主气流（切割气流）应随主电弧的逐渐形成而缓慢地增加，使等离子弧稳定形成。

4）若冷却水未接通或工作中途断水，切割机应不能启动或立即停止工作，以保证割炬的喷嘴不被烧坏。

5）引弧高频、气体以及切割小车的行走应可单独调节，在切割电源未接通时，应能单独检视高频。

6）当切割结束或断弧时，控制线路应能自动断开。

7）当切割电源短路或过载时，过流保护装置动作，自动切断电源。

（3）切割机的外部接线

LG－400－2 型等离子弧切割机的外部接线应按图 7—12 的安装接线图所示正确连接，并可靠接地。

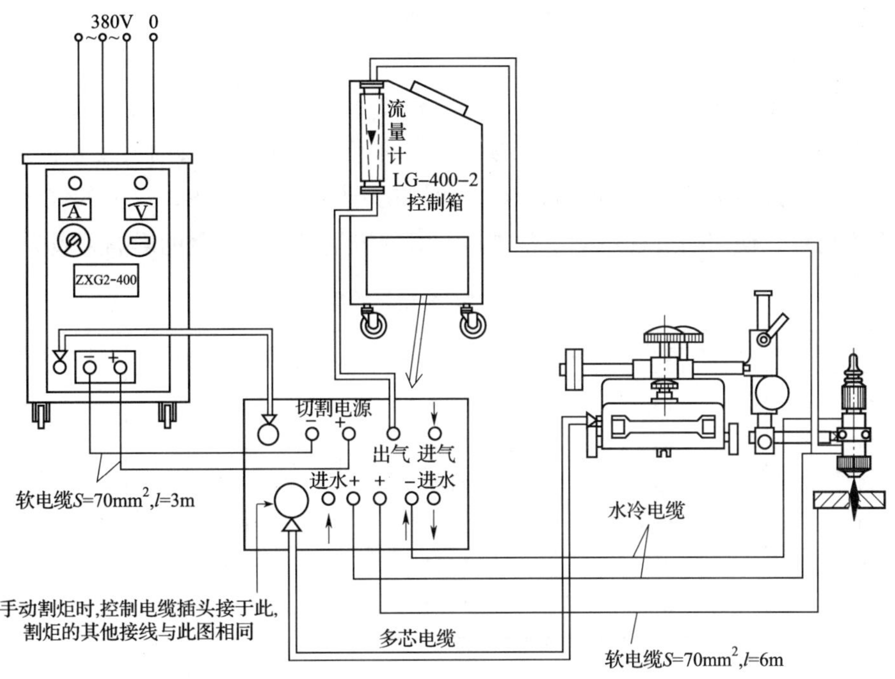

图 7—12 LG－400－2 型等离子弧切割机外部安装接线图

3. 等离子弧切割规范的选择

等离子弧切割规范参数很多，主要有空载电压、切割电流、工作电压、气体流量、切割速度、喷嘴至割件的距离、钨极至喷嘴面的距离以及喷嘴直径、喷嘴孔径与钨极直径等。各种参数在不同程度上都会影响切割过程的稳定和切割质量，现分别叙述如下：

（1）空载电压

等离子弧切割时为使电弧易于引燃并稳定燃烧，切割电源必须具有较高的空载电压（150 V 以上）。当割件厚度在 20 ~ 80 mm，空载电压必须在 200 V 以上，才能使切割过程稳定并保证切割质量。

（2）切割电流及工作电压

切割电流及工作电压是等离子切割最重要的规范参数，它直接影响切割金属的厚度和切割速度。一般希望采用较大的切割电流和工作电压，以提高切割速度，但它受到最大允许电流的限制，单独增加切割电流会使等离子弧柱变粗，割缝宽度也增加，同时影响喷嘴使用寿命。为了提高电弧功率，可增加工作电压。提高工作电压可以通过增大气体的流量和改变气体的成分（可在气体中加入散热能力强的氢气）来实现，这样不会降低喷嘴的使用寿命。但是当工作电压超过空载电压的65%时，会出现电弧不稳定现象。因此，切割大厚度金属时，一般使用具有较高空载电压的电源。

（3）气体流量

增加气体流量既能提高工作电压，又能增强对电弧的压缩作用，使等离子弧的能量更加集中，有利于提高切割速度和切割质量。但气体流量过大时，反而会使切割能力减弱。这是因为部分电弧热量被冷却的气流带走，使熔化金属的热量减少；过大的气体流量，也会使电弧不稳定，使切割过程不能正常进行。氮气流量对切割质量的影响见表7—7。

表7—7　氮气流量对切割质量的影响

切割电流（A）	工作电压（V）	氮气流量（L/h）	切割宽度（mm）	切缝表面质量
240	84	2 050	12.5	渣多
225	88	2 200	8.5	有渣
225	88	2 600	8.0	少渣
230	90	2 700	6.5	无渣
235	82	3 300	10	有渣
230	84	3 500	—	未割透

（4）切割速度

在电弧功率不变的情况下，提高切割速度能提高生产效率，并使割缝变窄，割缝两侧受热减少，热影响区缩小。合适的切割速度能消除割口背面的黏渣；但切割速度过大，割件不能割穿；速度过慢，不但降低生产效率，而且黏渣增加，易出现割缝表面粗糙等缺陷，割件变形也增大。不同的切割速度对切割质量的影响见表7—8。一般要求在保证切割质量的前提下，应尽可能选用较高的切割速度。

表7—8　不同切割速度对切割质量的影响

切割电流（A）	工作电压（V）	切割速度（m/h）	割缝宽度（mm）	割缝表面质量
160	110	60	5.5	少渣
150	115	80	4.0～5.0	无渣
160	110	104	3.4～4.0	光洁无渣
160	110	110	—	有渣
160	110	115	—	割不透

(5) 喷嘴至割件的距离

喷嘴至割件的距离一般为4~7 mm，这样不但能获得较窄的割缝，而且又可保证切割过程的稳定；距离过大，会影响电弧功率的有效利用，使切割能力降低，割缝变宽；距离过小，虽功率得到充分利用，但操作控制较难。

(6) 钨极至喷嘴端面的距离

合适的距离可以使电弧在喷嘴内得到良好的压缩，获得能量集中、温度高的等离子弧，保持最强的切割能力；不合适时则易使喷嘴烧坏，钨极严重烧损，并有电弧摆动等现象，同时切割能力也降低。一般取钨极端头至喷嘴端面距离为8~11 mm。

上述各规范参数应综合考虑，不同材料切割规范也不同。被割板材的备料余量和各种材料的切割规范分别见表7—9、表7—10、表7—11及表7—12。另外，对其他各种材料所采用的切割规范见表7—13。

表7—9　　被割板材的备料余量　　mm

板材厚度	割缝宽度		备料余量	
	自动	手工	自动	手工
<16	<5.5	<7	10	12
<25	<8	<9	12	12
<40	<10	<12	14	16
<50	<12	<14	15	18
60~80	<15	<20	25	30

表7—10　　不锈钢切割规范的选用

厚度(mm)	喷嘴孔径(mm)	工作电压(V)	切割电流(A)	切割速度(m/h)	气体流量和种类(m^3/h)		
					氮	氢	氩
12	2.4	110~140	150~160	100~130	2.4		
16	2.8	130~140	200~210	85~95	3.0		
20	2.8	130~140	200~210	70~80	3.0		
25	3.0	130~140	240~250	45~55	3.0		
30	3.2	140~150	270~280	30~35	3.0		
40	3.5	140~150	320~340	25~30	3.0		
60	4.5	140~150	370~380	16~15	3.0		
70	4.5	140~150	390~400	10~12	2.4		0.6
80	5.5	140~150	400~420	8~9	2.4		0.6

续表

厚度（mm）	喷嘴孔径（mm）	工作电压（V）	切割电流（A）	切割速度（m/h）	气体流量和种类（m^3/h）		
					氮	氢	氩
100	5.5	150～160	500～600	9～12		2.0	3.0
125	5.5	150～170	500～600	7～10		2.0	3.6
150	6～7	160～180	600～800	4.5～8		2.2	4.0
200	7～9	180～200	700～1 000	3～7		2.8	5.7

表7—11　　铜板切割规范的选用

厚度（mm）	喷嘴孔径（mm）	工作电压（V）	切割电流（A）	切割速度（m/h）	气体流量和种类（m^3/h）	
					氢	氩
10	2.8～3.5	120～140	200～300	60～100	0.5	1.6
20	3.5～4	120～140	300～350	20～30	0.8	2
30	3.5～4	120～140	300～350	12～14	0.8	2
40	3.5～4.5	120～140	320～380	8～14	1	2
50	4～4.5	130～150	350～400	6～8	1	2.5
80	4.5～5	150～160	400～450	5～7	1	2.5
100	5～5.5	150～160	450～500	4～6	1	2.5
120	5～5.5	160～170	480～550	3～5	1	2.5
150	5.5～6	160～180	500～600	2～4	1	2.5

表7—12　　铝板切割规范的选用

厚度（mm）	喷嘴孔径（mm）	工作电压（V）	切割电流（A）	切割速度（m/h）	气体流量和种类（m^3/h）		
					氮	氢	氩
6	2.4	100～140	180～200	200～400		0.9	1.7
10	2.4	100～150	200～280	200～300		0.9	1.8
20	2.8～3.5	120～150	280～320	100～130		1.0	2.0
30	2.8～3.5	120～150	280～320	30～80		1.0	2.0
40	3.5～4.0	120～150	300～350	30～50		1.0	2.0
50	3.5～4	130～150	300～350	20～35		1.0	2.0
60	4～4.5	130～150	300～350	15～25		1.0	2.0
70	4～4.5	140～160	340～380	15～20		1.0	2.0
80	4～4.5	160～180	350～400	15～20	2.5	1.4	

续表

厚度 (mm)	喷嘴孔径 (mm)	工作电压 (V)	切割电流 (A)	切割速度 (m/h)	气体流量和种类 (m^3/h)		
					氮	氢	氩
100	5～5.5	160～180	400～420	15～17	2.8	1.4	
120	5～5.5	160～180	400～450	13～15	2.9	1.5	
150	5.5～6	180～200	500～600	10～12	3	1.6	

表 7—13　　其他各种材料的切割规范选用

材料	割件厚度 (mm)	喷嘴孔径 (mm)	工作电压 (V)	切割电流 (A)	氮气流量 (L/h)	切割速度 (m/h)
钼铬钢	85	3.5	110	300	1 050 H_2∶Ar＝15∶85	5
铸铁	130	4.5	160	355	2 300	3.6
钼板	5	2.4	85	190	2 200	75
钨板	3	2.4	80	160	1 760	30

4. 等离子弧切割操作步骤

一般等离子弧切割时按下列步骤操作：

（1）割件放在工作台上后，使接地线与割件接触良好，开启排尘装置。

（2）根据切割对象，调整好切割电流、工作电压，检查冷却水系统是否畅通、有否漏水。

（3）检查控制系统情况，接通控制电源，检查高频振荡器的工作情况，调整电极和喷嘴的同心度。

（4）检查气体流通情况，并调节好气体的压力和流量。

（5）按启动引弧按钮，产生“小电弧”使与割件接触。

（6）按切割按钮，产生大电弧（切割电弧），待在割件上形成切口后使割炬移动，进行正常切割。若切割内圆或内部轮廓时，应在板材上预先钻 ϕ12～16 mm 的孔，切割由孔处开始。

（7）切割终了，按停止按钮，切断电源。

三、安全与防护

等离子弧切割时的有害因素主要有：有害气体、金属烟尘、噪声、弧光（紫外线）辐射、高频电磁场等。危险因素主要是电击。因此，必须十分重视安全与防护工作。

1. 防电击

等离子弧切割用的电源空载电压较高，尤其在手工操作时，有电击危险。因此，电源在使用时，必须可靠接地；割炬与手触摸部分必须可靠地绝缘。只要有条件尽可能采用自动操作。

2. 防弧光辐射

等离子弧较其他电弧的光辐射强度大，尤其是紫外线，它对皮肤损伤严重。手工切割时，操作者必须戴上良好的面罩、手套、颈部保护。面罩除用黑色目镜外，最好再加入吸收紫外线镜片。自动切割时设防护屏与操作者隔开。最好在水中切割，利用水吸收辐射。

3. 防烟尘

等离子弧切割时伴随大量金属蒸气、臭氧和氮化物等，加上切割时气体流量大，导致工作场地灰尘大量扬起，对操作人员呼吸道和肺有严重影响。故工作场地必须配备良好通风设备，如在栅格切割台下方安置排风装置等。也可在水中切割，由水吸收烟尘。

4. 防噪声

等离子弧切割时发出很大的噪声，源于割炬的前端和切口区。噪声大小主要决定于切割电流，电流越大，噪声越强。噪声对听觉系统和神经系统有害，当噪声能量集中在2 000 ~8 000 Hz，要求操作者戴耳塞。可能的话采用自动切割，操作者在隔音室内操作。也可在水中切割，利用水吸收噪声。

5. 防高频

等离子弧切割需采用高频振荡引弧。高频对人体有一定危害。防治措施主要是：引弧频率选择在20 ~60 kHz为宜；高频发生器配屏蔽罩；工件可靠接地；转移弧引燃后，立即可靠地切断高频发生器；用高频火花检查电极对中时，应尽量缩短时间。

第3节　激光切割

一、概述

1. 激光切割的类型及原理

利用激光束的能量对材料进行热切割的方法称为激光切割。它可以切割金属材料和非金属材料，是一种多功能切割工艺方法。

（1）激光熔化切割

像激光深熔焊一样，利用激光加热工件使之熔化，然后喷吹非氧化性气体，排除熔融物质，形成割缝。大多数金属材料的切割都属于这类切割。

（2）激光气化切割

当高功率密度的激光照射到材料表面时，材料在极短时间内被加热到气化点，并以气体或者为气体冲击以液态、固态微粒形式逸出，形成割缝。由于材料的气化热很大，所以多用于非金属材料切割。

（3）激光燃烧切割

利用激光热能将工件加热至其燃点，再用活性气体（如氧气、空气）使其燃烧，并排除燃烧物，形成割缝。其原理类似氧气切割，只是利用激光作预热热源。此法主要用于切割钢、钛、铝等金属材料。

2. 激光切割的特点

（1）切割质量好

由于激光光斑小，因而切缝细，一般碳钢切缝宽度可小到 0.1 ~0.2 mm；切口两边平行并与表面垂直，切割零件的尺寸精度可达 ±0.05 mm，切割表面光洁美观，其表面粗糙度达 $Ra10$ μm 级，一般割后不必机械加工即可直接使用；材料经激光切割后，热影响区仅有 0.01 ~0.1 mm，其性能不受影响，而且变形很小。

（2）切割效率高

可以实现高速切割，尤其是薄板，切割速度可达每分钟数米至数十米；由于变形很小，切割时，工件不必用工夹具固定；可以多工位操作，即一台激光器可供几个工作台切割。

（3）无接触切割

切割时割炬与工件无接触，不存在工具磨耗问题；对不同材料或不同零件切割，不需要更换任何零部件，易于实现无人化自动切割；噪声低，振动小，对环境基本上无污染。

但是，目前因受激光器功率和设备体积的限制，只能切割中、小厚度的材料。而且随着工件厚度增加，切割速度明显下降。

原则上激光可切割金属材料和非金属材料，但实用上，却因材料自身的热物理性能及对激光的吸收率不同，表现出不同的激光切割适应性，见表 7—14。

表 7—14　　材料的激光（CO_2 激光器）切割性

<table>
<tr><th colspan="3">材料</th><th>对激光的吸收性能</th><th>切割性能</th></tr>
<tr><td colspan="2" rowspan="3">金属</td><td>Au、Ag、Cu、Al</td><td>对激光的吸收量极小</td><td>一般来说较难加工，1 ~ 2 mm 的 Cu 和 Al 的薄板可激光切割</td></tr>
<tr><td>W、Mo、Cr、Ta、Zr、Ti 等高熔点材料</td><td rowspan="2">对激光的吸收量大</td><td>若用低速加工，薄板能进行切割。但 Zr、Ti 等金属需用 Ar 作辅助气体</td></tr>
<tr><td>Fe 系、Ni、Pb、Sn 等其他材料</td><td>比较容易加工</td></tr>
<tr><td rowspan="4">非金属</td><td rowspan="2">有机材料</td><td>丙烯酰、聚乙烯、聚丙烯、聚酯、聚四氟乙烯</td><td>可透过自然光</td><td rowspan="2">大多数材料都能用小功率激光器进行切割，但因这些材料是可燃的，切割表面易被碳化。
丙烯酰、聚四氟乙烯不易碳化，一般可用但其需要干燥气体作辅助气体</td></tr>
<tr><td>皮、木、布、橡胶、纸、玻璃、环氧树脂、酚醛塑料</td><td>透不过自然光</td></tr>
<tr><td rowspan="2">无机材料</td><td>玻璃、玻璃纤维</td><td>热膨胀大</td><td rowspan="2">玻璃、陶瓷、瓷器等在加工过程中或加工后易发生开裂。石英玻璃，厚度小于 2 mm，切割性良好</td></tr>
<tr><td>陶瓷、石英玻璃、石棉、云母、陶瓷</td><td>热膨胀小</td></tr>
</table>

影响金属材料对激光吸收的因素除了材料的性质外，还有温度和激光波长以及材料的表面状态。一般金属材料对激光吸收率随其电阻率的增加而增加，随激光波长的增加而减少，随温度上升而增加。CO_2 激光器由于其波长较大（10.6 μm），所以切割一些高电导率材料，如 Cu、Ag 和 Au 较困难。此外，表面经过抛光的金属材料，因对激光产生反射影响吸收而使切割变得困难。

二、切割设备及工艺

1. 激光切割设备

激光切割设备包括激光器光学偏转聚焦系统 、控制系统和工作台等。切割大都采用 CO_2 激光器。如图 7—13 所示为典型的二维 CO_2 激光切割设备的基本组成。激光器由激光电源提供高压电源，产生的激光经反射镜把激光导向所需的方向；实现切割的主要部件是割炬（枪），它包括枪体、聚焦透镜和辅助气体喷嘴等零件，割炬由伺服电动机通过丝杆等传动件驱动，按控制程序沿 X 轴和 Z 轴（上下）方向运动；切割工作台用于安放割件，由伺服电动机驱动，按程控做水平方向移动。激光器所需补充的工作气体和切割用的辅助气体一般由气瓶供给。激光切割设备必须水冷却，因 CO_2 气体激光器的转换效率只有 20% 左右，余下 80% 的能量变为热量，须使用冷却水把热量带走，以保证激光器正常工作。

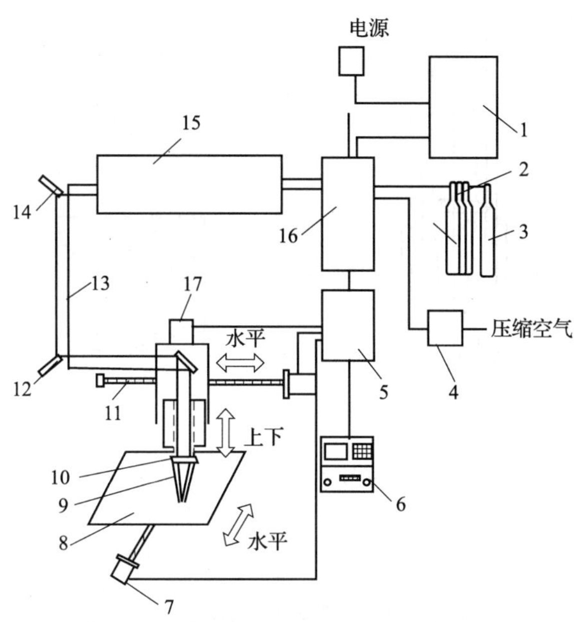

图 7—13 CO_2 激光切割装置基本构成图

1—冷却水装置 2—激光气体瓶 3—辅助气体瓶 4—空气干燥器 5—数控装置 6—操盘 7—伺服电动机 8—切割工作台 9—割炬 10—聚集透镜 11—丝杆 12—反射镜 13—激光束 14—反射镜 15—激光振荡器 16—激光电源 17—伺服电动机和割炬驱动装置

如图 7—14 所示为激光切割炬的结构简图。切割要求激光器输出的光束为基模，经聚焦后的光斑直径最小，功率密度最高。喷嘴用于向切割区喷射辅助气体，其结构形状对切割效率和质量有一定影响。如图 7—15 所示为几种常见切割喷嘴的结构，喷孔的形状有圆柱形、锥形和缩放形等。一般根据切割工件材质、厚度、辅助气体压力等再经试验后确定。

上述激光切割设备适用于平板（即二维）切割。若使用工业机器人就可以实现立体（即三维）工件的切割。

2. 激光切割工艺

这里仅介绍金属材料 CO_2 气体连续激光切割的工艺参数。

（1）激光功率

它对切割厚度、切割速度和切口宽度等有很大影响。一般激光功率增大，所能切割的

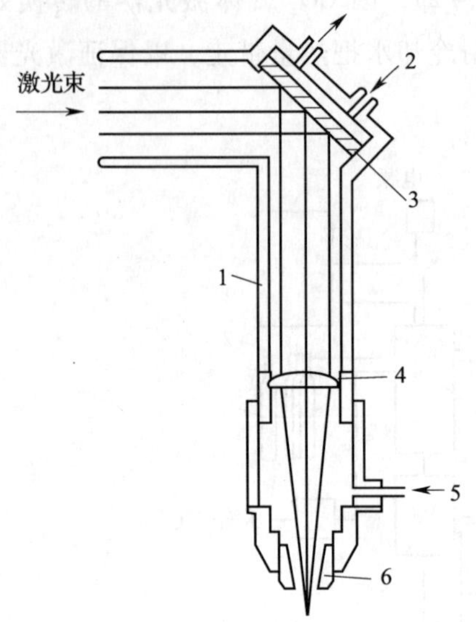

图7—14　激光切割炬的结构简图

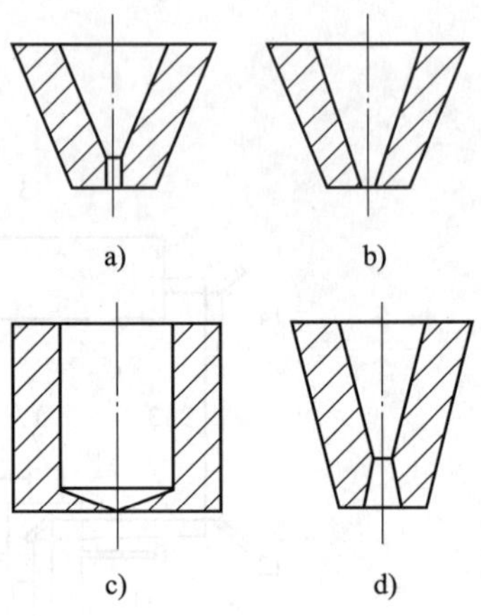

图7—15　几种喷嘴的形状

a）收缩准直型　b）收缩型

c）准直收缩型　d）收缩扩张型

板厚也增大，切割速度也快。如图7—16所示为功率0.5～1.4 kW的CO_2连续激光切割低碳钢时，激光功率与切割厚度和切割速度的关系。此外，随着功率的增大，切口宽度也略有加大。

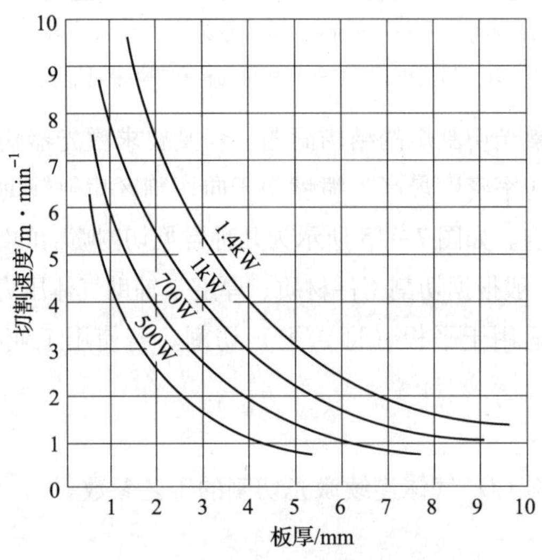

图7—16　CO_2激光功率与切割厚度和速度的关系（低碳钢）

研究表明，激光氧气切割所需功率比激光熔化切割小得多。或者在激光功率相同条件下，激光氧气切割的速度比激光熔化切割快得多。

(2) 辅助气体的种类和压力

切割低碳钢多采用 O_2 作辅助气体，以利用铁—氧燃烧反应热促进切割过程，而且切割速度快，切口质量好，可获得无挂渣的切口。切割不锈钢时，常使用 O_2+N_2 混合气体或双层气流。单用 O_2 在切口下部会发生挂渣。

气体压力增大，由于其动量增加，故排渣能力增强，因而可使无挂渣的切割速度增加。但压力过大，切割面反而变粗。如图 7—17 所示为激光氧气切割时，氧气压力对切割速度的影响。从图中看出，当板厚一定时，存在一个最佳氧气压力，使切割速度最大；在一定功率的条件下，切割氧气压力的最佳值，随板厚的增加而减小。

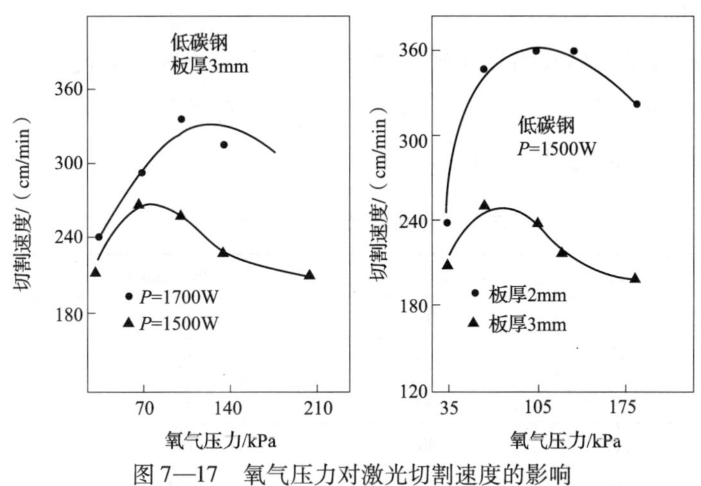

图 7—17 氧气压力对激光切割速度的影响

(3) 切割速度

它直接影响切割质量。如图 7—18 所示是切割速度对切缝表面粗糙度的影响。在其他条件一定的情况下切割速度有一个最佳值，使切缝的表面粗糙度值最低。

(4) 焦点位置（离焦量）

切割低碳钢时，一般把聚焦的光斑设在割件的上表面，即离焦量 ΔF 为零，也有设离焦量为 +0.5 mm 的。这样可以提高切口前沿的温度，以获得较高的切割速度。

(5) 焦点深度

切割较厚的钢板时，应采用焦点深度大的光束，以获得垂直度较好的切割面。但焦点深度大，光斑直径也增大，功率密度随之减小，使切割速度降低。若要保持一定切割速度，则需增大激光的功率；切割薄板宜用小的焦点深度，这样，光斑直径小，功率密度高，切割速度加快。

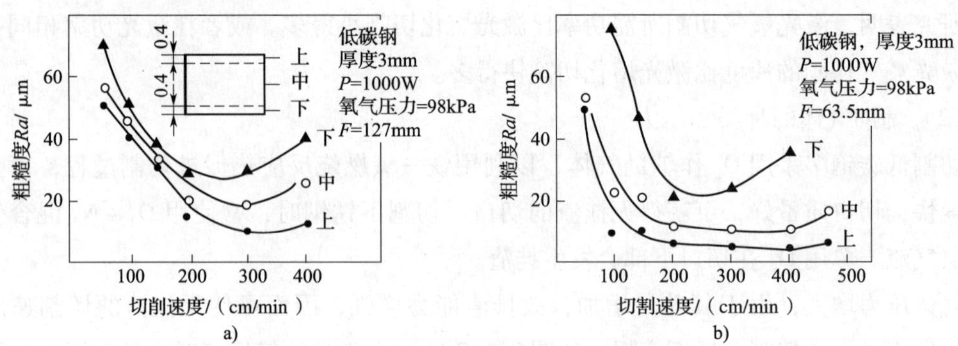

图7—18　切割速度对切缝表面粗糙度的影响

（沿切割面厚度方向分上、中、下部位）

（6）喷嘴高度

喷嘴高度是指辅助气体喷嘴端面到工件上表面的距离。喷嘴高度大，喷出辅助气流的动量易波动，影响切割质量和速度。一般应尽量减小喷嘴高度，常取0.5～2.0 mm。表7—15为常用金属材料激光切割的工艺参数。

表7—15　　常用金属材料激光切割的工艺参数

材料	厚度（mm）	激光功率（W）	切割速度（cm/min）	切割气体
低碳钢板	1.5	300	300	O_2
	3.0	300	200	
	1.0	1 000	900	
	6.0	1 000	100	
	16.25	4 000	114	
	35	4 000	50	
30CrMnSi	1.5	500	200	
	3.0	500	120	
	6.0	500	50	
不锈钢	0.5	250	450	
	2.0	250	25	
	3.175	500	180	
	1.0	1 000	800	
	1.57	1 000	456	
	6.0	1 000	80	
	4.8	2 000	400	
	6.3	2 000	150	
	12	2 000	40	

续表

材料	厚度（mm）	激光功率（W）	切割速度（cm/min）	切割气体
钛合金	3.0	250	1 300	O_2
	8.0	250	300	
	10.0	250	280	
	40.0	250	50	

3. 激光切割的质量

（1）割件零件尺寸精度

激光切割后的变形很小，因此切割零件尺寸的精度主要决定于切割设备的机械精度和控制精度。连续激光切割零件尺寸精度一般为 ±0.2 mm，个别达到 ±0.1 mm，脉冲激光切割可达到微米级。

（2）切口质量

激光切割的切口质量要素如图 7—19 所示。

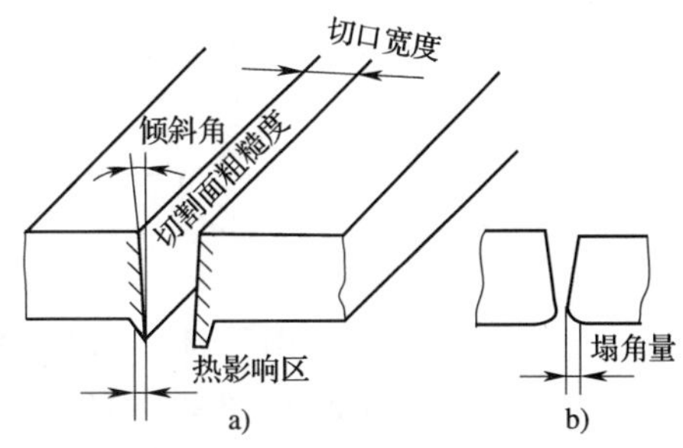

图 7—19　激光切割的切口质量要素

1）切口宽度。它与激光束模式和聚焦后光斑直径有关。切割要求激光器输出基模或低阶模，因其光强接近高斯分布，光束能量集中度最好，聚集后光斑直径最小，可以获得很窄的切口。根据光束模式和焦距，切口宽度一般在 0.15 ~0.3 mm。切割低碳钢薄板时，在适当加快切割速度情况下，因焦点设在工件上表面故其切口大致等于光斑直径。随着板厚增大，切割速度下降，切口形成上宽下窄的楔形切口（见图 7—19a）。上部切口宽度一般大于光斑直径。

2）切割面的倾斜角。切割厚板时，出现切口上宽下窄，切割面产生倾斜角。切割碳钢时，倾斜角在 0° ~1°；切割不锈钢时，因焦点位置常设在板表面以下部位，其倾斜角比碳钢略大。

3）切口下缘塌角量。切口下缘出现倒 V 形塌角量（见图 7—19b）与激光功率密度有关。当采用高功率密度的激光束，该塌角量就不明显。

4）切割面的粗糙度。影响因素较多，与光束模式、切割工艺参数、激光的功率密度、工件材质和厚度都有关。切割面沿板厚方向上的粗糙度不一样，一般是上部细、下部粗（见图 7—20 中的上、中、下）。其平均粗糙度随板厚增大而变粗。CO_2 脉冲激光切割面的粗糙度远低于连续激光切割。铝合金 CO_2 连续激光切割面的粗糙度比碳素钢大得多。钛合

金的 CO_2 激光切割面粗糙度一般为 15～170 μm。

5）热影响区的宽度和硬度。激光切割热影响区宽度比氧火焰切割小得多。切割厚 10 mm的碳钢。激光切割热影响宽度只有 0.075 mm，而氧火焰切割为 0.8 mm。在热影响区上硬度分布的规律，对低碳钢切割一般是越靠近切割面越高；硬化区的宽度，钢板上表面比下表面窄；切割面下部的硬度高于上部；最大硬度值可达 390 HV。随着板厚的增加，硬化区宽度和最高硬度值也随之增大。

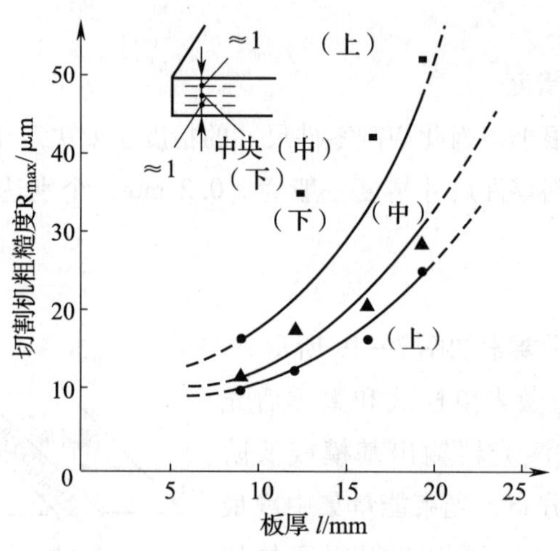

图 7—20　低碳钢的 CO_2 激光切割面的最大粗糙度

（激光功率：3 kW；辅助气体：O_2 0.37～0.47 MPa；离焦量：+0.5 mm）

三、安全与防护

1．激光对人体的危害

激光具很高的功率密度和能量，其亮度比太阳光、电弧光要高数个数量级。而且激光设备中有数千伏至数万伏的高压激励电源，这些都能对人体发生伤害，必须加以安全防护。

（1）对眼睛的伤害

由于激光的加热效应，眼睛受激光直接照射就会造成视网膜烧伤，可瞬间使人致盲。即使是小功率激光，如数毫瓦的 He－Ne 激光，也由于人眼的光学聚焦作用，导致眼底组织的损伤。

激光加工时，由于工件表面对激光的反射，强反射光具有同样的危险。漫反射光会使眼睛受慢性伤害，引起视力下降。

（2）对皮肤的伤害

皮肤受激光直接照射会造成烧伤，若受到经聚焦后的激光照射，伤害力更大，这种灼伤很难愈合。长时间受紫外光、红外光漫反射的作用，会导致皮肤老化、炎症和皮肤癌等病变。

（3）电击

激光设备中的高压电源及大电容储能装置等有可能使人体受到电击。

（4）有害气体

激光切割时，材料受激烈加热而蒸发、气化，产生各种有毒的金属烟尘，高功率激光加热时形成的等离子体会产生臭氧，对人体有一定损害。

2. 激光的安全防护

（1）对激光设备的安全防护

1）电器系统外罩的所有维修门应有适当的互锁装置，而且外罩应有相应措施以便在进入维修门之前使电容器组放电。设备应有良好接地。

2）在设备上应设有明显的危险警告标志或信号，如“激光危险”“高压危险”等字样。

3）激光光路系统尽可能全封闭，如使激光在金属管中传递，以防对人体直接照射，若不可能全封闭，则光路应设于较高位置，使光束避开人的头部等重要器官，从高处通过。

4）激光加工工作台应采用玻璃等防护装置，防止反射光。

5）激光加工场地应设安全标志，并设置栅栏、隔墙、屏风等，防止无关人员误入危险。

（2）对人身的保护

1）对现场操作人员必须配备激光防护眼镜。

2）操作人员应穿白色工作服，以减少漫反射的影响。

3）只允许有经验的工作人员进行操作。

4）切割区应配备有效的通风或排风装置。

复　习　题

1. 等离子弧切割有哪些优点？
2. 等离子弧切割主要有哪几种方法？

3. LG－400－2型等离子弧切割机的主要构造有哪些？
4. 激光切割有哪些优点？
5. 激光切割设备包括哪几部分？
6. 激光切割对人体有哪些危害？
7. 等离子弧切割的原理是什么？
8. 简述等离子弧切割的操作步骤。
9. 等离子弧切割的安全与防护措施有哪些？
10. 激光切割的安全与防护措施有哪些？